经济类联考通关系列

经济类联考综合能力
逻辑通关宝典

主编 杨涵

北京理工大学出版社

版权专有　侵权必究

图书在版编目（CIP）数据

经济类联考综合能力逻辑通关宝典 / 杨涵主编 . —北京：北京理工大学出版社，2021.1
ISBN 978 – 7 – 5682 – 9555 – 0

Ⅰ. ①经… Ⅱ. ①杨… Ⅲ. ①逻辑 – 研究生 – 入学考试 – 自学参考资料 Ⅳ. ① G643

中国版本图书馆 CIP 数据核字（2021）第 029467 号

出版发行 /	北京理工大学出版社有限责任公司
社　　址 /	北京市海淀区中关村南大街 5 号
邮　　编 /	100081
电　　话 /	（010）68914775（总编室）
	（010）82562903（教材售后服务热线）
	（010）68948351（其他图书服务热线）
网　　址 /	http://www.bitpress.com.cn
经　　销 /	全国各地新华书店
印　　刷 /	三河市良远印务有限公司
开　　本 /	787 毫米 ×1092 毫米　1/16
印　　张 /	30
字　　数 /	749 千字
版　　次 /	2021 年 1 月第 1 版　2021 年 1 月第 1 次印刷
定　　价 /	99.80 元

责任编辑 / 徐艳君
文案编辑 / 徐艳君
责任校对 / 刘亚男
责任印制 / 李志强

图书出现印装质量问题，请拨打售后服务热线，本社负责调换

学习指南

欢迎踏上管理类与经济类专业学位联考综合能力[①]逻辑推理科目的备考之路！

首先，我要夸赞一下，翻阅正文之前懂得先看"学习指南"的你，你真的太棒了！因为你知道在开始学习之前明确自己的方向！这正迎合了应试的要点。下面，我们切入正题。

刚备考的你，或许听过往届生的抱怨："我每天很努力地学习经综，很早去图书馆，很晚才回宿舍，但是我的分数还不如晚起早走的室友。所以，经综的考试是需要运气的，是靠智商的，天道并不酬勤！"

我觉得，天道还是酬勤的，但这有个前提条件——努力的方向是正确的！如果你努力的方向不对，甚至背道而驰，那还如何让天酬你呢？所以，虽然每门考试都有运气、智商的成分，但如果你真的没考好经综，大概率还是学习的方法有问题。

很多小伙伴会按照以往的学习方法来学习经综，但实际上，经综和其他考试不一样。现在，我就带着小伙伴们一起看看经综的本质是什么，然后再给大家提供备考方向上的建议。准备好了吗？Here We Go！

一、经综本质

（一）经综不是真的考知识

我们先看一下经综所包含的科目及题型情况，如下表所示。

科目	数学	逻辑	写作
题型情况	35道单选题	20道单选题	两篇作文，共1 300字

写作科目是没有知识点的，有的顶多是套路——标题、开头等怎么写更符合评分标准的要求。

数学和逻辑科目考的是"单选题"，单选题重视的是结果，哪怕是蒙的都没有问题。所以，如果要考查考生是否掌握了某些考点，那么更应该出论述题、简答题、证明题，就算没有这些题型，至少也得有填空题才对。

所以，经综并不是真的考查考生是否掌握了某些知识点。

我们可以看一下，经综会用到的知识点：

如果你看过张宇老师的《张宇经济类联考综合能力数学通关宝典》，你就会发现经综考查的数学知识点比普研数学少太多，难度也大大下降。

而逻辑和写作，虽然你以前没有接触过，但你看过的经验帖、导学课等，没有一个会说逻辑和写作的知识点和专业课一样难吧？

所以，经综作为针对具有本科水平的群体的考试，为什么要考如此简单的内容呢？其实

[①] 后文将管理类专业学位联考综合能力简称"管综"；将经济类专业学位联考综合能力简称"经综"；将管理类与经济类专业学位联考综合能力简称"联考"。

经综的本质就不是考查知识,而是以这些知识为工具,考查别的内容而已。

(二)经综是真的考能力

如果经综考的不是知识,那考的是什么呢?我们来看一下经综的考试大纲:

1. 具有运用数学基础知识、基本方法分析和解决问题**能力**。

2. 具有较强的逻辑分析和推理论证**能力**。

3. 具有较强的文字材料理解能力和书面表达**能力**。

如果小伙伴们觉得这还不够明显的话,那我们可以做个对比,下面是普研数学的考试大纲:

1. 要求考生比较系统地理解数学的**基本概念**和**基本理论**,掌握数学的**基本方法**。

2. 具备抽象思维**能力**、逻辑推理**能力**、空间想象**能力**、运算**能力**、综合运用所学的知识分析问题和解决问题的**能力**。

由此,我们可以发现,经综和其他科目不同,其重点不在于"知识",而在于"**能力**"。

那么,经综所考查的是什么样的能力呢?我们来看一道逻辑真题。

在做这道题之前,我先说明一下,这道题是一道难题,现在还没开始学习的你,不会做或者做题速度很慢,是非常正常的。拿这道题举例,主要目的是用具体的试题,来分析经综考查的能力是什么,而不是真的让大家做题。

例题:某校四位女生施琳、张芳、王玉、杨虹与四位男生范勇、吕伟、赵虎、李龙进行中国象棋比赛。他们被安排到四张桌上,每桌一男一女对弈,四张桌从左到右分别记为1、2、3、4号,每对选手需要进行四局比赛。比赛规定:选手每胜一局得2分,和一局得1分,负一局得0分。前三局结束时,按分差大小排列,四对选手的总积分分别是6:0、5:1、4:2、3:3。已知:

(1) 张芳跟吕伟对弈,杨虹在4号桌比赛,王玉的比赛桌在李龙比赛桌的右边;

(2) 1号桌的比赛至少有一局是和局,4号桌双方的总积分不是4:2;

(3) 赵虎前三局总积分并不领先他的对手,他们也没有下成过和局;

(4) 李龙已连输三局,范勇在前三局总积分上领先他的对手。

如果下列有位选手前三局均与对手下成和局,那么他(她)是谁?

A. 施琳。 B. 张芳。 C. 范勇。 D. 王玉。 E. 杨虹。

题源:2018—1—55[①]

解析:小伙伴们如果自己做本题的话,是不是先阅读题干中的条件,然后再往下阅读题目,最后阅读选项?甚至,小伙伴们是不是要列一张表格,把每个人比赛的情况列出来后,再选择答案?

其实这种方法是错误的,因为我们做该题的目的,只是要选出答案,而不是把结果完全

---

① 这里的题源序号与《MBA MPA MPAcc MEM 管理类联考逻辑历年真题全解》(题型分类版)中的真题序号是对应的,示范如下:2018—1—37 表示此题为 2018 年入学管综逻辑第 37 题,396—2016—2 表示此题为 2016 年入学经综逻辑第 2 题,2008—10—37 表示此题为 2008 年 10 月 MBA 联考逻辑第 37 题。后续序号同理。

推理出来。按照这样的方法，虽然能得出答案，但是考试时间只有 3 个小时，还有那么多道逻辑题甚至还有写作等着我们，我们还有时间和精力去完成这些吗？

因此，小伙伴们应该这样：

首先，阅读试题的题目，紧抓目的意识。

如此，我们就找到了破题的方向——题目要求寻找"和局的选手"。

其次，根据题目要求，依照同义替换词顺藤摸瓜，寻找相关条件。

题干条件中提到"比分""选手"两项要素的，就只有条件（3）和（4），因此优先关注条件（3）和（4）。观察条件（3）和（4）后可以发现，李龙连输三局，一定不可能和局；范勇领先对手，一定不可能和局；赵虎没下成和局，一定不可能和局。他们都是男生，排除掉三个后，就只剩下吕伟，但选项中并没有吕伟。

此时，抓住吕伟这个条件，依照同义替换词顺藤摸瓜，寻找相关条件。从而发现，条件（1）中，张芳和吕伟对弈，因此张芳也符合题意，从而选择 B 项。

解此题根本用不到条件（2），也根本没必要把每个人的情况都列出来。这样，不仅节约时间，更节省脑力。而这种解法的关键，就在于两个思维——目的意识、顺藤摸瓜。

这两个思维不正是我们生活尤其工作中所需要的吗？根据自己的目的，顺藤摸瓜找到最省事、省时、省钱的资源，来实现所求，从而达到效用最大化。

由此，我们可以发现，经综考的能力，其实是日常思考的**"基础性"能力**。

大家再看一下经综的全称——"经济类**专业学位**联考综合**能力**"，经综考试是为高等院校和科研院所招收金融硕士、应用统计硕士、税务硕士、国际商务硕士、保险硕士和资产评估硕士而设置的，其目标就是要给未来输送各**专业**层面的人才。所以，在入学之前，先要看看大家是否具备相应的**基本能力**！

二、经综备考方向

既然我们已经知道了经综的本质，下面来谈一谈经综备考的方向。

因为本书讲解的是逻辑科目，所以这里只讨论逻辑备考的方向。

另外，这里所列的都是经综逻辑备考的大方向，逻辑每个部分的细节的学习方法，我会在对应部分开篇前做规划指导。

（一）研究运用而非考点

很多小伙伴到备考中期时，会发出这样的疑问：考点我都学完了，但看到题，我为什么还是不知道考什么呢？

其根本原因在于，这些小伙伴还不知道考点是如何在试题中运用的。学习一个逻辑考点，仅知道考点本身的定义、性质等内容，是没有用的，因为我们考的是单选题，你得知道它在单选题中的运用方法，这样才能算是真正学完了考点。

我在书写本书的过程中，故意降低知识的比重，提高试题的比重，其原因就在于，联考考的是"单选题"。

这里，我给小伙伴们提出如下学习建议：

第一，学完考点的知识要点部分，就要立马学习对应的考查用法或解题套路。

第二，结合具体例题，体会知识在试题当中是如何展开的，即学习试题中的套路。

第三，学习完每一章的内容后，要去画思维导图。在思维导图中，必须汇总考点的用法、题型的变化，甚至，可以在旁边附上对应的例题，并标注针对展开方式的描述。

请大家把下面这句话，印在脑海当中，并贯穿整个备考过程：

考点学习，重在用法，结合试题，总结运用！

（二）关注应试而非专研

有些小伙伴到备考中期时，还会提出这样的疑问：老师，我知道这道题快速选出 C 项的方法，但具体是怎么算的呢？

一般来说，试题会有多种解法，有的方法会让解题速度变得比较快，有的方法则会让解题速度变得很慢，例如上述例题，除了前面"目的意识""顺藤摸瓜"的解法外，也可以把每个人物的比赛情况完全列出来后，再选择答案。但明显前者更加应试，后者反而是背道而驰。

所以我们平时研究的，就应该是**应试方法**，也就是最省时间、最省脑力的方法，而不是把自己当成辅导老师，专研试题的方方面面，更不是把自己当成逻辑学者，研究学术性内容。要知道，你只有一年的备考期（不许说自己要二战！）。并且，你需要备考的科目不仅仅有逻辑，还有英语、数学和写作呢！

此点，也是很多小伙伴非常努力，但是难有收获的原因——研究错了地方。

请大家把下面这句话，印在脑海当中，并贯穿整个备考过程：

研究应试，省时省力，过度专研，有悖考试！

（三）重点研究真题而非模拟题

经综考试的时间只有 3 个小时，如果写作用 1 个小时，再用 10 分钟填涂答题卡，那么数学和逻辑科目的 55 道选择题，就必须 2 分钟做完一道，时间非常有限。所以上述讲到的思维，你就得形成条件反射，否则就难以在规定的时间内完成所有的题目。

而想要形成条件反射，无外乎多做题，就像学习开车，不开出上万千米，哪儿来的驾轻就熟？这时候，很多小伙伴会选择模拟题进行练习。但是，且不谈我们要研究的应该是真题命题人的套路，单从命题质量来看，模拟题必然比不过真题。小伙伴可以做个对比：

逻辑真题是由多位命题专家、逻辑学者，闭关几个月，才研究出来的，而且只研究出两套题目——一套作为当年真题，一套作为备用真题。

至于模拟题，大家也可以查阅一下手边的资料，你会发现，很多试题，就是公务员、GCT 等其他考试的逻辑真题改编而成，而那些考试的考查目标，本来就和经综不一致，因此两者如何能比？但这也不怪老师们，毕竟老师们除了写稿子，还得上课，没有那么多时间去研究命题规律，有的老师甚至需要用 10 天左右的时间赶制 10 套卷子。

有小伙伴可能会说，老师，你这不是连你自己也骂了吗？是啊，这没什么不好意思承认的。我们毕竟是研究命题人思路的老师，当然比不了命题人了。如果我出一道思路和命题人风格非常一致的高质量模拟题，算上资料查阅、考点甄选、语言组织的时间，我至少得花费一天时间。也正是因为如此，我至今不敢轻易去编写模拟题。

因此，我发自肺腑地和大家说这六字箴言：

真题！真题！！真题！！！

下面，我给大家普及一下我们可以参考的逻辑真题。在本书题型部分的**命题数量统计表**中，每部分真题对应的年份也如下所示：

经综是 2011 年正式开考的，起初由中国人民大学组织命题，一共考过 10 次，在此 200 道真题中，有 90 道直接抄袭管综真题，其余部分大多借鉴了其他考试的真题，命题人自己命制的题目数量极少，且质量较低，因此参考意义极低。

从 2021 年考研开始，经综便由教育部考试中心统一组织命题。这意味着：一方面，2021 年的经综真题，是唯一一套具有参考意义的经综真题；另一方面，从此之后，经综命题人和管综命题人是一致的。因此，管综真题对于考经综的学生来说，具有极强的参考意义。

管综是 2010 年正式开考的，到 2021 考研，一共考过 12 次。

管综的前身是 MBA 联考，1997 年正式全国统考，每年考 2 次，考试的时间为 1 月和 10 月。1 月 MBA 联考于 2010 年被管综取代；10 月 MBA 联考于 2016 年并入管综。

因此，"逻辑真题"共有 44 套，1 535 道题，分别是：1 套经综（2021 年），共有 20 道题；12 套管综（2010—2021 年），共有 360 道题；13 套 1 月 MBA 联考（1997—2009 年）、18 套 10 月 MBA 联考（1997—2014 年，2015 年 10 月 MBA 联考真题尚无官方版本），共有 1 155 道题。

如果从质量上划分，那么我认为，**2021 年的经综逻辑真题、2013 年及其以后的管综逻辑真题**，研究价值最大！小伙伴们务必要等到学完全部套路，可以成套做题的时候，再去大量做题！否则前期剧透太多，等自己做的时候，就不知道是因为自己已经掌握方法而做对的，还是因为剧透而做对的，从而就没有自己研究真题的效果了。本书为确保此点，例题和习题部分特意尽量避开了这部分真题。

不过，小伙伴们可别认为，我是在绝对禁止模拟题，其实不然。在冲刺模考阶段，因为真题已经全部做完了，为了更好地体会在考场时的感觉，你们就可以敞开去做模拟题了。毕竟，那个时候题目已经显得不重要了，研究做的过程才是最重要的。

至于具体的真题研究方法、模拟题训练方法，现在我就不赘述了，还没有到那个学习阶段，大家也体会不到。因此，等到对应阶段之时，我会做直播，并且，也会在我的微博

（@ 管综经综杨涵）上分享详细的文字版研究方法。

　　读到此处，小伙伴们就算了解了经综逻辑的备考方向，接下来，就让我带领大家，领略经综逻辑的具体内容吧！Here We Go！

　　最后，请允许我在这里，感谢一下为《经济类联考综合能力逻辑通关宝典》正常出版而辛苦付出的老师们！他们分别是：

负责练习题编写的，启航教研中心徐荐老师！

负责统筹规划的，时代云图项目部王朋朋老师、王光平老师！

负责审校编纂的，时代云图编辑部霍临老师、李芷芮老师！

负责版式设计的，时代云图营销部褚琼老师！

负责封面设计的，时代云图营销部张圆惠老师！

负责项目运营的，启航教育刘亚楠老师！云图教育单夕芮老师、夏鹏老师！

　　还有为本书提供大量建设性意见以及生动性实例的广大读者、考生朋友！感谢你们！因篇幅限制，恕不能一一答谢，但感激之情，溢于言表！

管综经综杨涵

目 录

第一篇　形式逻辑

形式逻辑满分指导 ·· 003
第一章　性质命题 ·· 005
　考点①性质命题的含义 ··· 006
　考点②性质命题的关系 ··· 008
　考点③性质命题的换位性质 ··· 023
　考点④性质命题的截取 ··· 033
　考点⑤性质命题的传递 ··· 042

第二章　模态命题 ·· 056
　考点⑥模态命题的含义 ··· 056
　考点⑦模态命题的关系 ··· 058
　考点⑧否定等值规则 ·· 061

第三章　联言与选言命题 ··· 072
　考点⑨联言与选言命题的含义 ·· 073
　考点⑩联言与选言命题的真假性质 ·· 076
　考点⑪德摩根定律 ·· 084
　考点⑫选言命题的传递 ··· 087

第四章　条件命题 ·· 099
　考点⑬条件命题的含义 ··· 100
　考点⑭条件命题的逆否式 ·· 107
　考点⑮条件命题的矛盾式 ·· 111
　考点⑯条件命题的恒真式 ·· 115

001

考点⑰ 条件命题的截取 ·· 120

考点⑱ 条件命题的传递 ·· 127

第五章　对当关系 ·· 143

第六章　变形推理 ·· 148

第七章　否定等值 ·· 151

第八章　矛盾推理 ·· 155

第九章　等价推理 ·· 161

第十章　截取推理 ·· 169

第十一章　传递推理 ·· 174

第十二章　两难推理 ·· 179

第十三章　补全推理 ·· 182

第十四章　反驳推理 ·· 189

形式逻辑返璞归真 ·· 193

形式逻辑题型练习1 ·· 196

形式逻辑题型练习2 ·· 208

第二篇　综合推理

综合推理满分指导 ·· 223

第十五章　真话假话 ·· 227

第十六章　顺藤摸瓜 ·· 240

第十七章　假设反证 ·· 257

第十八章　数字题型 ·· 269

综合推理返璞归真 ·· 284

综合推理题型练习1 ·· 286

综合推理题型练习2 ·· 295

综合推理题型练习3 ·· 308

综合推理题型练习4 ·· 318

第三篇　论证逻辑

论证逻辑满分指导	337
第十九章　削弱题型	340
第二十章　支持题型	362
第二十一章　评价题型	375
第二十二章　假设题型	379
第二十三章　解释题型	391
第二十四章　相似题型	397
第二十五章　概括题型	403
第二十六章　归纳题型	408
第二十七章　焦点题型	412
论证逻辑返璞归真	415
论证逻辑题型练习1	417
论证逻辑题型练习2	430
论证逻辑题型练习3	444
论证逻辑题型练习4	456

第一篇

形式逻辑

形式逻辑满分指导

一、形式逻辑的本质

欢迎小伙伴们来到形式逻辑的世界！形式逻辑的本质是公式化，即无须做任何语义层面的理解，仅按公式进行推理即可解题。如下例所示：

例1 已知某班共有 25 位同学，女生中身高最高者与最矮者相差 10 厘米，男生中身高最高者与最矮者相差 15 厘米。小明认为，根据已知信息，只要再知道男生最高者和女生最高者的具体身高，或者再知道男生、女生的平均身高均可确定全班同学中身高最高者与最低者之间的差距。

以下哪项如果为真，最能构成对小明观点的反驳？

A. 根据已知信息，如果不能确定全班同学中身高最高者与最低者之间的差距，则也不能确定男生、女生身高最高者的具体身高。

B. 根据已知信息，即使确定了全班同学中身高最高者与最低者之间的差距，也不能确定男生、女生的平均身高。

C. 根据已知信息，如果不能确定全班同学中身高最高者与最低者之间的差距，则既不能确定男生、女生身高最高者的具体身高，也不能确定男生、女生的平均身高。

D. 根据已知信息，尽管再知道男生、女生的平均身高，也不能确定全班同学中身高最高者与最低者之间的差距。

E. 根据已知信息，仅仅再知道男生、女生最高者的具体身高，就能确定全班同学中身高最高者与最低者之间的差距。

题源：2014—1—32

解析 本题所涉及的公式如下：

"只要 A 就 B" 的矛盾是 "A 且非 B"。

题干中小明的观点为：只要再知道男生最高者和女生最高者的具体身高，或者再知道男生、女生的平均身高均可确定全班同学中身高最高者与最低者之间的差距。

根据上述公式，能"反驳"小明观点的选项，必然要表达出"且"的意思，而 A 项、C 项为"如果……则……"，E 项为"……就……"，均与本要求不符，故排除。

再根据上述公式，正确选项还要能否定小明观点的后半部分"可确定……差距"，而 B 项为"确定……差距"，与本要求不符，故也排除。

故选 D 项。

此处并未对试题做语义理解，而是通过公式的定性分析得出答案，这就是形式逻辑"公式化"的体现。

既然形式逻辑是公式化的，那么小伙伴们应该如何学习呢？

二、形式逻辑指导

小伙伴们在学习过程中，需要做到以下两点：

（一）抓本质，越学越轻松

形式逻辑公式确实很多，小伙伴们便喜欢拿出笔记本，抄写结构词、技巧或公式，然后一顿"考点狂背"！但这是把联考变成政治了，这样只会越学越多，越学越累。

其实，所有的公式都有源头，把本质理解后，其余都是变形。所以，我将形式逻辑四大部分的本质分别提炼出来，并且，将本质演变出来的公式，按照可以迁移的方式做了顺序上的编排。所以，如果按照我所编排的顺序学习，那么学习前一个公式就能帮助我们理解后一个公式，这样学起来会更顺畅和高效。

因此，<u>小伙伴们一定要把 4 个本质（在考点①、考点⑥、考点⑨和考点⑬中）理解透彻，并按我排列的顺序学习</u>。学完前四章后，你会发现后续三章每一章都有第一章的影子，这就是本质的演变。这样学习便会有借力打力，越学越轻松之感。

（二）抓用法，不钻研公式

以前的学习，更多关注的是知识本身，所以我们养成了对知识刨根问底的习惯。

其实，对于联考，我们虽然要学习部分逻辑学知识，但其目的不是让我们专研学术，而是解题。正如 例1 所示，如果在解题过程中真的用公式证明每个选项，那么解题速度会极慢，反而是看似不求甚解的定性排除，更符合联考应试的要求。

因此，如果你只需要做联考逻辑题，那么请不要过于<u>研究公式本身，而应更多关注解题过程中如何运用这些知识</u>。

具体而言，<u>每个考点中的"考场用法"环节，就是我凸显考点运用的地方</u>，不管自己是否做对，大家都要认真去看每道例题的解析，尤其是"思维分析"，并用笔记本或思维导图软件记录下来；每次回顾时，除了理顺公式脉络，<u>更要思考如何运用公式</u>。如此才能轻松在形式逻辑中获得满分。

第一章 性质命题

考点体系

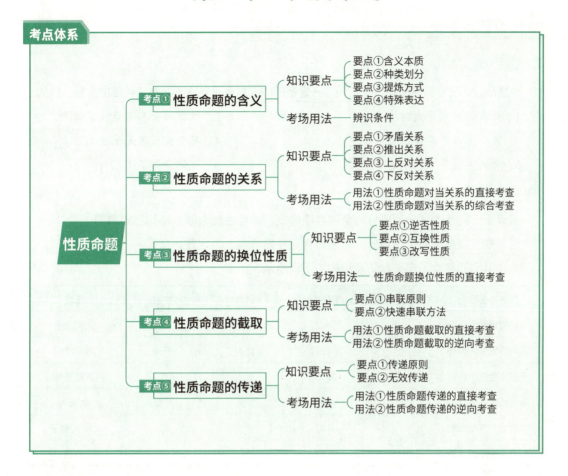

命题情况

以性质命题为直接考查对象的试题，约占形式逻辑试题总数的 1/3。

考点①性质命题的含义，为基本概念，联考不会考查，但其为性质命题的本质，理解后有利于快速掌握后续考点。

考点②性质命题的关系，直接考查的概率较低，以中间过程作为考查方式的概率较高，故小伙伴们需对其形成条件反射。

考点③性质命题的换位性质，直接考查的概率极低，以中间过程作为考查方式的概率极高，故小伙伴们需对其形成条件反射。

考点④性质命题的截取，直接考查的概率极高，小伙伴们尤其要关注其余考点是如何在其中运用的。

考点⑤性质命题的传递，直接考查的概率较高，小伙伴们尤其要关注其余考点是如何在其中运用的。

考点① 性质命题的含义

📖 知识要点

要点①含义本质

性质命题，又称直言命题，是指断定**一定范围**内某**对象**具有或不具有某**性质**的命题。例如：

1. 所有的男人是大猪蹄子。
2. 所有的女人不是败家娘们。
3. 某个男人是答疑狂魔。
4. 某个女人不是女强人。
5. 有的学员是180分苗子。
6. 有的渣男不是东西。

要点②种类划分

若以<u>断定的范围</u>划分，可分为全称性质命题、单称性质命题、特称性质命题。
若以<u>是否具有某种性质</u>划分，可分为肯定性质命题、否定性质命题。
上述示例的种类、含义本质及结构如下表所示。

种类名称	含义本质	结构词	对象	谓语	性质
全称肯定性质命题	=all	所有的	男人	是	大猪蹄子
全称否定性质命题		所有的	女人	不是	败家娘们
单称肯定性质命题	=1	某个	男人	是	答疑狂魔
单称否定性质命题		某个	女人	不是	女强人
特称肯定性质命题	≥1	有的	学员	是	180分苗子
特称否定性质命题		有的	渣男	不是	东西

上述三个含义本质要完全理解！本章后续，甚至第三章均由此展开，完全理解后方可降低学习负担。

要点③提炼方式

用数学符号"∀""∃!""∃"①，分别表示全称结构词、单称结构词和特称结构词。
用箭头"→"衔接对象和性质，箭头前面放对象，箭头后面放性质。
用逻辑符号"¬（非）"表示否定。
例如：
所有的男人是大猪蹄子，即"∀男→大"。
某个男人是答疑狂魔，即"∃!男→答"。
有的渣男不是东西，即"∃渣→¬东"。

---

① "∀""∃!""∃"分别读作任意、存在唯一、存在，我们这里直接读作所有、某个、有的即可。

若单称性质命题是针对具体的对象，如"小涵是答疑狂魔"，则提炼方式可简化为"涵→答"或"涵（答）"。

高能提示

> 考场时间有限，所以大家别照抄对象和性质，像上述示范般简单提炼就好了呀！

要点④ 特殊表达

上述所列的性质命题均为标准形式，而真题中遇到的性质命题往往是特殊表达，共有四类。

第一类是同义替换。

这类特殊表达是将性质命题标准结构词替换后所得。常见替换词示例如下：

全称：任意、都、任何、每个等。

单称：具体单一对象等。

特称：存在、有、有些、至少一个、大多数、小部分等。

高能提示

> 其中，"大多数""小部分"等特称替换词，除了表示"≥1"，还能体现大致数量情况！为了简化，小伙伴们在提炼时虽可直接当"有的"提炼，但也要注意试题可能考查这个细节。

第二类是否定转化。

这类特殊表达会在结构词前加上否定词，从而其含义会发生变化。例如：

没有人心疼渣男⇔所有人都不心疼渣男，即"∀人→¬疼"。

没有人不爱学习⇔所有人都爱学习，即"∀人→学"。

学员不都烦恼择校问题⇔有的学员不烦恼择校问题，即"∃员→¬烦"。

学员不都不努力⇔有的学员努力，即"∃员→努"。

第三类是无结构词。

这类特殊表达没有任何结构词，需要根据语义转化为标准形式后再提炼。例如：

不拥有小涵便没有青春⇔所有不拥有小涵的人都没有青春，即"∀¬涵→¬春"。

我们不欢迎没有收到邀请函的人⇔所有被欢迎的人都收到了邀请函，即"∀欢→邀"。

第四类是双结构词。

这类特殊表达的主语和宾语都有结构词，其提炼方式会与前述有所不同。例如：

有的老师关心着所有学员，即"∃老→∀员"。

所有学员被有的老师关心着，即"∀员→∃老"。

高能提示

> 双结构词命题的规则与单结构词有所不同，例如，前面几类的"→"等同于"是"，而此处的"→"表示"关心着、被关心着"。真题对此考查不深，大家只需掌握本书对应内容即可。

考场用法

用法 辨识条件

本考点的考场用法就是，快速识别并提炼试题当中出现的性质命题。

套路：根据含义本质转化为标准形式后，再进行提炼。当熟练度变高后，可直接提炼。

考点练习

练1 请提炼下述性质命题。

1. 每种酒都辣。
2. 多金都是爸。
3. 没人爱小涵。
4. 无人不烦恼复试问题。
5. 小明不烦恼择校问题。
6. 每个人都不功利。
7. 不少为富者不仁。
8. 有70%的学生考试及格了。
9. 无奸不商。
10. 至少有一所学校是你喜欢的。

考点练习解析

练1 【解析】提炼式如下：

1. $\forall$ 酒→辣。
2. $\forall$ 多→爸。
3. $\forall$ 人→¬涵。
4. $\forall$ 人→烦复试。
5. 明→¬烦择校，或明（¬烦择校）。
6. $\forall$ 人→¬功利。
7. $\exists$ 富→¬仁。
8. $\exists$ 学→及。
9. $\forall$ ¬奸→¬商。
10. $\exists$ 校→喜。

此处第3、4、9小题相对难理解，特做如下说明：

对于第3小题，没人爱小涵＝没（有人爱小涵），根据第二类特殊表达，其等同于"所有人都不爱小涵"，故提炼式如上。

对于第4小题，无人不烦恼复试问题＝没（有人不烦恼复试问题），根据第二类特殊表达，其等同于"所有人都烦恼复试问题"，故提炼式如上。

第9小题属于第三类特殊表达，补上结构词后，其等同于"所有不奸诈的都不是商人"，故提炼式如上。

考点② 性质命题的关系

知识要点

六种性质命题之间共有四种关系，总称为对当关系。

其中包括：矛盾关系、推出关系、上反对关系、下反对关系。

上述对当关系，可用如下对当方阵图加以表示。

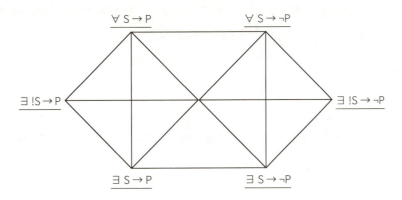

> **高能提示**
>
> 图中任意"S""P"都必须是同一概念！例如，"∀S→P"和"∀A→P"不能在同一图中，它也不能和"∀¬S→P"在同一图中。

要点①矛盾关系

○ 含义

矛盾关系，是指两个命题之间具有"不能同时为真，也不能同时为假"的关系，即**必然一真一假**。下图所示的 α 与 β 便具有矛盾关系。

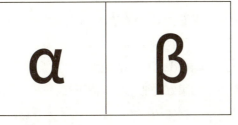

由此可知，矛盾关系的两种表现形式如下：

▶ **一真另必假**：如果 α 为真，必然 β 为假；如果 β 为真，必然 α 为假。

▶ **一假另必真**：如果 α 为假，必然 β 为真；如果 β 为假，必然 α 为真。

> **高能提示**
>
> 此处，小伙伴们仅需掌握"矛盾关系必然一真一假"即可。这是本质，两个表现形式均由此展开。下述三类关系也是如此，这就是抓本质的妙处。
>
> 小伙伴们切勿死记硬背！联考试题很灵活，掌握本质去运用才是根本。

○ 种类

矛盾关系共有三组，分别是对当方阵图的三组对角线。

1. "∀S→P"和"∃S→¬P"是矛盾关系。例如：

"男人都是大猪蹄子"和"有的男人不是大猪蹄子"是矛盾关系，必有一真和一假。

2. "∃!S→P" 和 "∃!S→¬P" 是矛盾关系。例如：

"男人小涵是大猪蹄子" 和 "男人小涵不是大猪蹄子" 是矛盾关系，必有一真和一假。

3. "∀S→¬P" 和 "∃S→P" 是矛盾关系。例如：

"男人都不是东西" 和 "有的男人是东西" 是矛盾关系，必有一真和一假。

要点②推出关系

含义

推出关系[①]，是指两个命题之间具有"真可向下流动，假可向上流动"的关系，即√顺×逆。下图所示的 α 与 β 便具有推出关系。

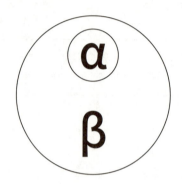

由此可知，推出关系的两种表现形式如下：

▶ **√可以顺流而下**：如果 α 为真，必然 β 为真。

▶ **× 可以逆流而上**：如果 β 为假，必然 α 为假。

注意，小伙伴们切不可与以下两种混淆：

▶ **√不可以逆流而上**：如果 β 为真，α 真假不知。

▶ **× 不可以顺流而下**：如果 α 为假，β 真假不知。

种类

推出关系共有两组，分别是对当方阵图的左右两边。

1. "∀S→P ⇒ ∃!S→P ⇒ ∃S→P"。例如：

男人都是大猪蹄子 ⇒ 男人小涵是大猪蹄子 ⇒ 有的男人是大猪蹄子。

2. "∀S→¬P ⇒ ∃!S→¬P ⇒ ∃S→¬P"。例如：

男人都不是东西 ⇒ 男人小涵不是东西 ⇒ 有的男人不是东西。

上述两条链条综合后，可简单表示为 "∀ ⇒ ∃！⇒ ∃"。

另外，上述两条链条均可截取，从而得到 "∀S→P ⇒ ∃S→P" 和 "∀S→¬P ⇒ ∃S→¬P"。

同时，"大多数""小部分"与"有的"之间也有推出关系，即 "大多数 ⇒ ∃" 和 "小部分 ⇒ ∃"。

[①] 逻辑学上称为"差等关系"或"从属关系"，这个名称不利于记忆，我特意改成了"推出关系"。

> 通过矛盾关系与推出关系，在已知任意一个性质命题为真或为假时，便能直接得出其余五种对象、性质均相同的性质命题的真假情况。
> 　　小伙伴们现在可以做 例2 ，配合对当方阵图解题，会更轻松哦！Here We Go！

例2 请按要求完成下述推理。

1. 已知"∀S→P"为真，请判断其余五种性质命题的真假情况。
2. 已知"∃!S→P"为真，请判断其余五种性质命题的真假情况。
3. 已知"∃S→P"为真，请判断其余五种性质命题的真假情况。
4. 已知"∀S→P"为假，请判断其余五种性质命题的真假情况。
5. 已知"∃!S→P"为假，请判断其余五种性质命题的真假情况。
6. 已知"∃S→P"为假，请判断其余五种性质命题的真假情况。

解析 1. 因为"∀S→P"为真，根据矛盾关系可知，"∃S→¬P"为假。

再根据推出关系可知，"∃!S→P""∃S→P"顺次为真，"∃!S→¬P""∀S→¬P"顺次为假。

思维路径如下图所示。

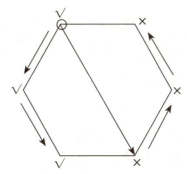

2. 因为"∃!S→P"为真，根据矛盾关系可知，"∃!S→¬P"为假。

再根据推出关系可知，"∃S→P"为真，"∀S→¬P"为假，其余两种则真假不知。

思维路径如下图所示。

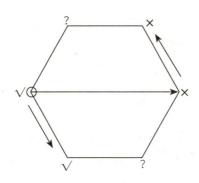

3. 因为"∃S→P"为真，根据矛盾关系可知，"∀S→¬P"为假。

再根据推出关系可知，其余四种均真假不知。

思维路径如下图所示。

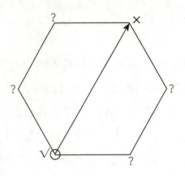

4. 因为"∀S→P"为假，根据矛盾关系可知，"∃S→¬P"为真。

再根据推出关系可知，其余四种均真假不知。

思维路径如下图所示。

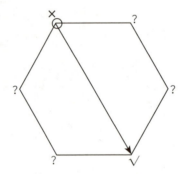

5. 因为"∃!S→P"为假，根据矛盾关系可知，"∃!S→¬P"为真。

再根据推出关系可知，"∀S→P"为假，"∃S→¬P"为真，其余两种则真假不知。

思维路径如下图所示。

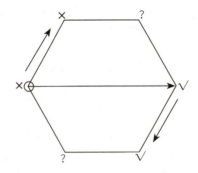

6. 因为"∃S→P"为假，根据矛盾关系可知，"∀S→¬P"为真。

再根据推出关系可知，"∃!S→P""∀S→P"顺次为假，"∃!S→¬P""∃S→¬P"顺次为真。

思维路径如下图所示。

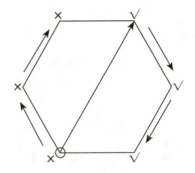

要点③上反对关系

○ 含义

上反对关系，是指两个命题之间具有"至少有一个为假，不能同时为真，但可以同时为假"的关系，即**至少有一假**。下图所示的 α 和 β 便具有上反对关系。

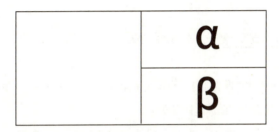

由此可知，上反对关系的两种表现形式如下：

▶ **一真另必假**：如果一个为真，必然另外一个为假。
▶ **一假另不知**：如果一个为假，另外一个真假不知。

○ 种类

1. "$\forall S \to P$" 和 "$\forall S \to \neg P$" 是上反对关系。

证明如下：

不妨先设 "$\forall S \to P$" 为真，根据矛盾关系可知，"$\exists S \to \neg P$" 为假，再根据推出关系可知，"$\exists !S \to \neg P$" "$\forall S \to \neg P$" 顺次为假。

再设 "$\forall S \to P$" 为假，根据矛盾关系可知，"$\exists S \to \neg P$" 为真，再根据推出关系可知，"$\exists !S \to \neg P$" "$\forall S \to \neg P$" 真假不知。

假设 "$\forall S \to \neg P$" 的情况同理，故上述两者为上反对关系（至少有一假）。

证毕。

2. "$\forall S \to P$" 和 "$\exists !S \to \neg P$" 是上反对关系。

3. "$\forall S \to \neg P$" 和 "$\exists !S \to P$" 是上反对关系。

后两个的证明与前述同理，故省略。

要点④ 下反对关系

含义

下反对关系，是指两个命题之间具有"至少有一个为真，不能同时为假，但是可以同时为真"的关系，即**至少有一真**。下图所示的 α 和 β 便具有下反对关系。

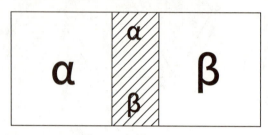

由此可知，下反对关系的两种表现形式如下：

▶ **一真另不知**：如果一个为真，另外一个真假不知。
▶ **一假另必真**：如果一个为假，必然另外一个为真。

种类

1. "∃S → P" 和 "∃S → ¬P" 是下反对关系。

证明如下：

不妨先设 "∃S → P" 为真，根据矛盾关系可知，"∀S → ¬P" 为假，再根据推出关系可知，"∃!S → ¬P" "∃S → ¬P" 真假不知。

再设 "∃S → P" 为假，根据矛盾关系可知，"∀S → ¬P" 为真，再根据推出关系可知，"∃!S → ¬P" "∃S → ¬P" 顺次为真。

假设 "∃S → ¬P" 的情况同理，故上述两者为下反对关系（至少有一真）。

证毕。

2. "∃S → P" 和 "∃!S → ¬P" 是下反对关系。
3. "∃S → ¬P" 和 "∃!S → P" 是下反对关系。

后两条的证明与前述同理，故省略。

> **高能提示**
>
> 知其然，知其所以然，知吾"欲何然"！
> 本考点的知识讲完了，小伙伴们还记得"形式逻辑满分指导"中提及的抓用法吗？那时候说过仅仅掌握知识是不够的，更重要的是掌握考点的用法。这就是，知其然，知其所以然，知吾"欲何然"！
> 因此，小伙伴们在总结考点和画思维导图时，一定要在考点旁边备注一两道例题，或者描述下它在题中是如何表现的。如果这样的内容都能写出来，则表明你已经可以站在命题人的角度思考了，若当真如此，那你对自己出的题还不了然于胸吗？

考场用法

用法①性质命题对当关系的直接考查

试题特征

- 题干中有性质命题，其对象与性质的位置，与选项中的性质命题是一致的。
- 题目告知题干或选项某性质命题的真假情况。
- 以此判断选项或题干命题的真假情况。

解题套路

套路Ⅰ：利用**对当方阵图**，画图解题。

套路Ⅱ：利用**对当关系的含义**，直接判断。

> **高能提示**
>
> 　　小伙伴们现在对四类关系并不熟悉，所以往往会用对当方阵图解题。它虽然直观，但会影响解题速度。就像学习骑自行车，早期需要两个附轮帮助你上手，但学会后就需要去掉附轮。
>
> 　　另外，当下许多联考真题已将本用法作为解题的中间过程或者附加陷阱（如 例4 所示）进行考查，所以，更加需要小伙伴们形成对对当关系含义的条件反射。
>
> 　　因此，小伙伴们要以对当方阵图为基础，锻炼条件反射能力，并逐步达到只凭借对当关系的含义就能解题的境界。

套路示范

例3 在中唐公司的中层干部中，王宜获得了由董事会颁发的特别奖。

如果上述断定为真，则以下哪项断定不能确定真假？

Ⅰ．中唐公司的中层干部都获得了特别奖。

Ⅱ．中唐公司的中层干部都没有获得特别奖。

Ⅲ．中唐公司的中层干部中，有人获得了特别奖。

Ⅳ．中唐公司的中层干部中，有人没获得特别奖。

A．只有Ⅰ。　　　　　　B．只有Ⅲ和Ⅳ。　　　　　　C．只有Ⅱ和Ⅲ。

D．只有Ⅰ和Ⅳ。　　　　E．Ⅰ、Ⅱ和Ⅲ。

题源：2008—10—31

解析 注意本题的相反陷阱，寻找的是"不能确定真假"的选项。

套路Ⅰ：利用对当方阵图解题。

题干条件可提炼为：王（获）⇒∃!中→获。由此可得如下对当方阵图。

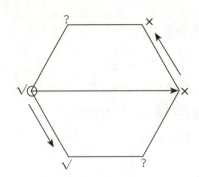

复选项 I 可提炼为：∀中→获。在上图的左上角，所以真假不知，排除 B 项和 C 项。

复选项 II 可提炼为：∀中→¬获。在上图的右上角，所以必然为假，排除 E 项。

剩余的 A 项和 D 项中均无复选项III，故跳过该项。

复选项IV可提炼为：∃中→¬获。在上图的右下角，所以真假不知，排除 A 项。

故选 D 项。

套路 II：利用对当关系的含义解题。

题干条件可提炼为：王→获。

复选项 I 可提炼为：∀中→获。其与题干条件构成推出关系，真假不知，排除 B 项和 C 项。

复选项 II 可提炼为：∀中→¬获。其与题干条件构成上反对关系，必然为假，排除 E 项。

剩余的 A 项和 D 项中均无复选项III，故跳过该项。

复选项IV可提炼为：∃中→¬获。其与题干条件构成下反对关系，真假不知，排除 A 项。

故选 D 项。

> **效用思维**
>
> 　　小伙伴们，现在我要分析本题的解题思维了，前面提到过，逻辑是很重视解题思维的，所以这是重点哦！
> 　　本题运用了**效用思维（每步匹配）**。
> 　　效用思维是指，当有多条解题路径时，选择效用相对最大的一条，即最省时和最省脑力的那条。
> 　　每步匹配有多种理解，这里是指，当遇到有复选项的试题时，每判断出一个复选项，就去做选项匹配。
> 　　毕竟，解题的目的是得出答案，而不是把试题推理出来。再加上逻辑是单选题，排除四个选项后，剩余的必然是答案。所以，这样便会减少阅读量，在节约时间的同时，也能节省脑力。

为了降低疑惑，复选项III也稍做分析，但小伙伴们要明白，这样非常不应试。

复选项III可提炼为：∃中→获。在对当方阵图的左下角，其与题干条件构成推出关系，必然为真。

例4 学者张某说:"问题本身并不神秘,因与果不仅是哲学家的事。每个凡夫俗子一生之中都将面临许多问题,但分析问题的方法与技巧却很少有人掌握,无怪乎华尔街的大师们趾高气扬、身价百倍。"

以下哪项如果为真,最能反驳张某的观点?

A. 掌握分析问题的方法与技巧对多数人来说很重要。

B. 凡夫俗子中很少有人能掌握分析问题的方法与技巧。

C. 华尔街的分析大师们大都掌握分析问题的方法与技巧。

D. 有些凡夫俗子一生之中将要面临的问题并不多。

E. 有些凡夫俗子可能不需要掌握分析问题的方法与技巧。

题源:2014—1—34

解析 扫视题干和选项,发现均有性质命题结构词,如题干中的"每个",选项中的"很少有""大都""有些"。故先以形式逻辑的思路解题。

题干中唯一带有结构词的条件是"每个凡夫俗子一生之中都将面临许多问题",可提炼为:∀凡→问。根据对当关系的含义,D项"∃凡→¬问"可使其为假,已是最强反驳。故选D项。

> **效用思维**
>
> 本题运用了**效用思维(已知答案,其余不看)**。
>
> "已知答案,其余不看"是指,在必然性推理试题中,找到符合项后,无须比较其他选项的强弱,符合项便是答案。
>
> 因为当推理是必然性的时候,结论只会有一个,因此符合要求的选项必然是答案。
>
> 注意,后续的综合推理也具有该性质,但论证逻辑是或然性推理,不可使用此点。

为了减少疑惑,其他几个选项也稍做分析,但小伙伴们要明白,这样非常不应试。

A项,题干并未提及方法与技巧的"重要性",故排除。

B项,题干虽提及方法与技巧很少有人掌握,但并非针对"凡夫俗子",故排除。

C项,题干虽提及方法与技巧很少有人掌握,但并非针对"华尔街的分析大师",故排除。

E项,题干并未提及方法与技巧是否"需要掌握",故排除。

> **高能提示**
>
> 小伙伴们发现没?本题要想得出答案,只需用一句话,那其余信息为何存在?干扰呀!
>
> 还有,如果小伙伴们学到后面的论证逻辑,就会发现本题题目与削弱题型的表达一致,所以极易错判为论证逻辑,这又是一种干扰!
>
> 这就是我在前面提到的陷阱,所以,例3 早已是过去的套路,例4 才是当下新的形式。
>
> 因此,希望小伙伴们打好基础,学好前四章的考点及用法,在第五章到第十四章中,我会带大家体会当下的命题形式。

用法②性质命题对当关系的综合考查

试题特征

- 题干中有多句性质命题。
- 在题干的最后或题目的开头,会给出限定条件——上述命题中有几真、几假。
- 题目让根据上述条件进行推理后,判断选项的真假情况。

解题套路

从**条件间关系**入手⇒**用减法**倒逼⇒选项**匹配**或选项**代入**。

从**条件间关系**入手:找到具有对当关系的两句性质命题,并**标记真假数量**。

用减法倒逼:用限定条件(几真、几假)**减去标记的真假数量**,便可倒逼出某条件的真假情况。

选项**匹配**或选项**代入**:用已知真假的条件匹配选项,若找不到答案,再代入题干进行推理。

另外,本处为综合推理试题中真话假话的类型之一,其余类型会在综合推理部分详细讲解。

套路示范

例 5 关于管综考生是否具备逻辑思维,三位老师产生了以下分歧:

小聪老师说:"所有考管综的学生都有逻辑思维。"

徐荐老师说:"有的考管综的学生没有逻辑思维。"

杨晶老师说:"考管综的学生小涵有逻辑思维。"

已知上述三句话中,有两句话是真的,有一句话是假的。

据此可以得出以下哪项?

A. 杨晶老师说假话。　　B. 杨晶老师说真话。　　C. 徐荐老师说假话。
D. 徐荐老师说真话。　　E. 小聪老师说假话。

解析 题干条件可提炼为:

聪:∀管→逻。

徐:∃管→¬逻。

杨:涵(逻)⇒∃!管→逻。

题干限定条件为:2 真 1 假。

聪与徐的话是矛盾关系,必然 1 真 1 假。

从而可做如下倒逼:

　　2 真 1 假
－　1 真 1 假
─────────
　　1 真 0 假

所以,杨的话必然为真话。

故选 B 项。

当然，本题也可采用推出关系。聪与杨的话是推出关系，若杨的话为假则聪的话也为假。从而可做如下倒逼：

　　2 真 1 假
－　　　2 假
─────────
　　2 真 –1 假

这不符合限定条件的要求，所以，杨的话只能为真话。

效用思维

本题运用了**效用思维（每步匹配）**。

每步匹配有多种理解，这里是指，当遇到真话假话试题时，每得出一个确定情况，就去做选项匹配。

如果小伙伴们自己做本题的话，是不是在得出杨的话为真后，特别想将其代入题干，分析聪和徐的话到底谁真谁假呢？但实际上根本没法得知，而这妨碍我们得出答案吗？

所以，这是命题人根据考生常见的做题习惯——刨根问底，而设置的干扰陷阱，企图延长考生的解题时间！因此，我再次强调，小伙伴们一定要抛除陈旧的解题习惯，培养咱们联考的应试思维！要知道，本题的陷阱设置，相比近年真题已经算是轻微的啦！

例 6 关于经综考生是否具备逻辑思维，三位老师产生了以下分歧：

小聪老师说："有的考经综的考生有逻辑思维。"

徐荐老师说："有的考经综的考生没有逻辑思维。"

杨晶老师说："考经综的考生小涵没有逻辑思维。"

已知上述三句话中，有一句话是真的，有两句话是假的。

据此可以得出以下哪项？

A. 杨晶老师说真话。　　　　B. 小涵没有逻辑思维。　　　　C. 小聪老师说假话。
D. 经综考生都有逻辑思维。　　E. 徐荐老师说真话。

解析 题干条件可提炼为：

聪：∃经→逻。

徐：∃经→¬逻。

杨：涵（¬逻）⇒∃!经→¬逻。

题干限定条件为：1 真 2 假。

聪与徐的话是下反对关系，必然有 1 真。

从而可做如下倒逼：

　　1 真 2 假
－　1 真 0 假
─────────
　　0 真 2 假

所以，杨的话必然为假话，即"涵（逻）"，从而排除 A 项和 B 项。

涵（逻）⇒∃!经→逻⇒∃经→逻，所以聪的话为真，再根据限定条件可知，徐的话为假，即"∀经→逻"为真。

故选 D 项。

当然，本题也可采用推出关系解题。

杨与徐的话是推出关系，若杨的话为真则徐的话也为真。

从而，可做如下倒逼：

　　1真2假
　　─ 2真
　　─────
　　─ 1真2假

这不符合限定条件的要求，所以，杨的话只能为假，后续同理。

> **效用思维**
>
> 　　本题采用**效用思维（每步匹配）**并未发挥出省时、省脑力的效果。
> 　　但正常解题本来就需要全部推完，而每步匹配有可能减少步骤，所以在无法预知的情况下，该思维用了不会吃亏，还有可能获益，为何不优先使用呢？

📝 考点练习

> **高能提示**
>
> 　　很显然，本处 练2 至 练4 的问法，考场上一定不会考到！那为何还要设置呢？主要是为了锻炼大家条件反射的能力。所以，我建议小伙伴们反复训练，直到自己能脱口而出。这样，你就能逐渐形成条件反射。
> 　　刚开始肯定会做吐，但是现在吐总比未来考场吐好，这也是锻炼脑力的过程。后续内容亦是如此，甚至会更加绕人。坚持住！加油！准备好了吗？Here We Go！

练2 请判断"没有一篇管综经综杨涵的文章是干货"分别为真、为假时，下列命题的真假情况。

1. 管综经综杨涵的文章都是干货。
2. 管综经综杨涵的文章都不是干货。
3. 管综经综杨涵的文章不都是干货。
4. 管综经综杨涵的文章不都不是干货。
5. 《努力与付出不成正比？》这篇管综经综杨涵的文章是干货。
6. 《从五大角度深度解读会计学硕与专硕》这篇管综经综杨涵的文章不是干货。

练3 请判断"管综经综杨涵的文章不都是干货"分别为真、为假时，下列命题的真假情况。

1. 管综经综杨涵的文章都是干货。
2. 管综经综杨涵的文章都不是干货。

3. 管综经综杨涵的文章不都是干货。

4. 管综经综杨涵的文章不都不是干货。

5. 《努力与付出不成正比？》这篇管综经综杨涵的文章是干货。

6. 《从五大角度深度解读会计学硕与专硕》这篇管综经综杨涵的文章不是干货。

练 4　请判断"管综经综杨涵的《经综逻辑抄袭趋势》这篇文章不是干货"分别为真、为假时，下列命题的真假情况。

1. 管综经综杨涵的文章都是干货。

2. 管综经综杨涵的文章都不是干货。

3. 管综经综杨涵的文章不都是干货。

4. 管综经综杨涵的文章不都不是干货。

5. 《努力与付出不成正比？》这篇管综经综杨涵的文章是干货。

6. 《从五大角度深度解读会计学硕与专硕》这篇管综经综杨涵的文章不是干货。

练 5　杨微涵说："有的数学老师很美。"

杨小涵说："有的数学老师不美。"

杨中涵说："数学老师杨晶就很美啊。"

杨大涵说："数学老师杨晶就不美啊。"

已知上述四句话中，有两句话是真的，有两句话是假的。

以下哪项必然为真？

A. 杨晶老师很美。　　B. 杨晶老师不美。　　C. 数学老师都很美。

D. 数学老师都不美。　　E. 无法得出结论。

考点练习解析

练 2　**解析**　当题干为真时：

"没有一篇管综经综杨涵的文章是干货"等于"所有管综经综杨涵的文章都不是干货"。

第 1 个与题干是上反对关系，因此它一定假。

第 2 个与题干是等价关系，因此它一定真。

第 3 个，"不都是"等于"有的不是"，即有的管综经综杨涵的文章不是干货，与题干是推出关系，因此它一定真。

第 4 个，"不都不是"等于"有的是"，即有的管综经综杨涵的文章是干货，与题干是矛盾关系，因此它一定假。

第 5 个与题干是上反对关系，因此它一定假。

第 6 个与题干是推出关系，因此它一定真。

当题干为假时：

先找到题干的矛盾，即"有的管综经综杨涵的文章是干货"为真。

第1个与题干的矛盾是推出关系，但是是由下推上，因此它不能确定真假。

第2个与题干的矛盾是矛盾关系，因此它一定假。

第3个与题干的矛盾是下反对关系，因此它不能确定真假。

第4个与题干的矛盾是等价关系，因此它一定真。

第5个与题干的矛盾是推出关系，但是是由下推上，因此它不能确定真假。

第6个与题干的矛盾是下反对关系，因此它不能确定真假。

练3 **解析** 题干等价于：有的管综经综杨涵的文章不是干货。

当题干为真时：

第1个与题干是矛盾关系，因此它一定假。

第2个与题干是推出关系，但是是由下推上，因此它不能确定真假。

第3个与题干是等价关系，因此它一定真。

第4个，"不都不是"等于"有的是"，即有的管综经综杨涵的文章是干货，与题干是下反对关系，因此它不能确定真假。

第5个与题干是下反对关系，因此它不能确定真假。

第6个与题干是推出关系，但是是由下推上，因此它不能确定真假。

当题干为假时：

先找到题干的矛盾，即"管综经综杨涵的文章都是干货"为真。

第1个与题干的矛盾是等价关系，因此它一定真。

第2个与题干的矛盾是上反对关系，因此它一定假。

第3个与题干的矛盾是矛盾关系，因此它一定假。

第4个，"不都不是"等于"有的是"，即有的管综经综杨涵的文章是干货，与题干的矛盾是推出关系，因此它一定真。

第5个与题干的矛盾是推出关系，因此它一定真。

第6个与题干的矛盾是上反对关系，因此它一定假。

练4 **解析** 当题干为真时：

第1个与题干是上反对关系，因此它一定假。

第2个与题干是推出关系，但是是由下推上，因此它不能确定真假。

第3个，"不都是"等于"有的不是"，即有的管综经综杨涵的文章不是干货，与题干是推出关系，因此它一定真。

第4个，"不都不是"等于"有的是"，即有的管综经综杨涵的文章是干货，与题干是下反对关系，因此它不能确定真假。

第5个与题干无关，因此它不能确定真假。

第 6 个与题干无关，因此它不能确定真假。

当题干为假时：

先找到题干的矛盾，即"管综经综杨涵的《经综逻辑抄袭趋势》这篇文章是干货"为真。

第 1 个与题干的矛盾是推出关系，但是是由下推上，因此它不能确定真假。

第 2 个与题干的矛盾是上反对关系，因此它一定假。

第 3 个，"不都是"等于"有的不是"，即有的管综经综杨涵的文章不是干货，与题干的矛盾是下反对关系，因此它不能确定真假。

第 4 个，"不都不是"等于"有的是"，即有的管综经综杨涵的文章是干货，与题干的矛盾是推出关系，因此它一定真。

第 5 个与题干的矛盾无关，因此它不能确定真假。

第 6 个与题干的矛盾无关，因此它不能确定真假。

练5 答案为 E 项。

解析 杨中涵与杨大涵的话是矛盾关系，必然一真一假；再依据共两真两假可得，杨微涵和杨小涵的话也是一真一假。因为此时仍然不能确定谁真谁假，因此可采用假设。

假设杨中涵的话为真时：

杨大涵的话与它矛盾，一定为假；杨微涵的话与它为推出关系，因此一定真，继而可得杨小涵的话为假，即"所有数学老师都很美"为真。

假设杨大涵的话为真时：

杨中涵的话与它矛盾，一定为假；杨小涵的话与它为推出关系，因此一定真，继而可得杨微涵的话为假，即"所有数学老师都不美"为真。

综上，A、B、C、D 四项都是可能为真，而不是一定为真，因此答案为 E 项。

考点③ 性质命题的换位性质[①]

知识要点

要点①逆否性质

含义

逆否性质，是指将原命题的对象和性质位置互换，并分别取否定，得到新等价命题的换位推理性质。例如：

所有的男人都是人⇔所有不是人的都不是男人。（∀男人→人⇔∀¬人→¬男人）

[①] 学术上，换位性质的讲解较为烦琐，我这里做了适当改编，对于应试而言，直接记忆结论即可。

○ 适用范围

全称命题可以逆否。（∀S→P⇔∀¬P→¬S）

注意，**特称命题不可以逆否**，若特称命题非要逆否，则逆否结果真假不知。

> **高能提示**
> 　　本处所列性质命题的逆否公式（∀S→P⇔∀¬P→¬S）仅为本质，其余变形公式，例如"∀¬S→P⇔∀¬P→S"，便不再罗列，小伙伴们可采用举一反三的方式加以推导。后续公式亦是如此。

▶ 要点②互换性质

○ 含义

互换性质，是指将<u>原命题的对象和性质位置互换</u>，得到新等价命题的换位推理性质。例如：

有的亚洲人是中国人⇔有的中国人是亚洲人。（∃亚→中⇔∃中→亚）

○ 适用范围

特称命题可以互换。（∃S→P⇔∃P→S）

注意，**全称命题不可以互换**，若全称命题非要互换，则互换结果真假不知。

另外，"大多数""少部分"这种限定范围的性质命题，是不可以互换的。例如：

"大多数男性是大猪蹄子"与"大多数大猪蹄子是男性"。

"少部分男性是好色之徒"与"少部分好色之徒是男性"。

▶ 要点③改写性质

○ 含义

改写性质，针对的是主语和宾语均有结构词的性质命题，是指将<u>原命题的主语和宾语连同其结构词进行位置互换</u>，得到新等价命题的换位推理性质。其相当于主、被动句改写。例如：

有的老师关心着所有学员⇔所有学员都被有的老师关心着。（∃老→∀学⇔∀学→∃老）

○ 适用范围

主语和宾语均有结构词的性质命题主要有四种，分别为：

∀S→∀P；∀S→∃P；∃S→∀P；∃S→∃P。

其中，**∀S→∃P不能改写**，若其非要改写，则改写结果真假不知。证明如下：

设老师有3人，学员也有3人。若每位老师都关心一位不同的学员，每位学员都被一位不同的老师关心着，此时可以说所有老师关心着有的学员，但不可以说有的学员被所有老师关心着。画图如下。

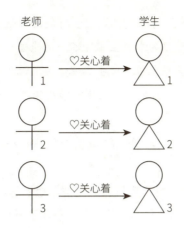

证毕。

其余三种都能改写。改写结果如下：

∀S→∀P⇔∀P→∀S；∃S→∀P⇔∀P→∃S；∃S→∃P⇔∃P→∃S。

🔔 考场用法

📗 用法　性质命题换位性质的直接考查

○ 试题特征

▶ 题干中有性质命题，其对象与性质的位置，与选项的性质命题相反。

▶ 题目让由此选出符合要求（一般为完全一致）的选项。

○ 解题套路

套路Ⅰ：若题干条件为全称性质命题（如 例7 所示），则**逆否**后进行选项匹配。

套路Ⅱ：若题干条件为特称性质命题，则**互换**后进行选项匹配。

套路Ⅲ：若题干条件为主、宾语均有结构词的性质命题（如 例8 所示），则**改写**后进行选项匹配。

注意，全称命题不可互换，特称命题不可逆否，"∀S→∃P"不可改写。

> **高能提示**
>
> 当下的真题，除改写性质外，已不再直接考查逆否性质和互换性质，而是将其作为解题的中间过程（如 例9 所示）进行考查。因此，小伙伴们一定要形成对逆否性质和互换性质的条件反射。

○ 套路示范

例7 所有免试进入北京大学攻读硕士学位的本科生，都已经获得所在学校的推荐资格。

以下哪项的意思和以上断言完全一致？

A. 没有获得所在学校推荐资格的本科生，不能免试去北京大学攻读硕士学位。

B. 免试去南洋大学攻读硕士学位的本科生，可能没有获得所在学校的推荐资格。

C. 获得了所在学校推荐资格的本科生，并不一定能进入大学攻读硕士学位。

D. 除了北京大学，本科生还可以免试去其他学校攻读硕士学位。

E. 提前毕业的本科生，也有可能进入北京大学攻读硕士学位。

题源：2014—10—38

解析 题干条件可提炼为：∀免→获。逆否后可得：∀¬获→¬免。

故选 A 项。

例8 社区组织的活动有两种类型：养生型和休闲型。组织者对所有参加者进行统计后发现：社区老人有的参加了所有养生型的活动，有的参加了所有休闲型的活动。

根据上述统计结果，以下哪项一定为真？

A. 社区组织的有些活动没有社区老人参加。

B. 有些社区老人没有参加社区组织的任何活动。

C. 社区组织的任何活动都有社区老人参加。

D. 社区的中年人也参加了社区组织的活动。

E. 有些社区老人参加了社区组织的所有活动。

题源：2014—10—46

解析 题干条件可提炼为：∃老→∀养；∃老→∀休。

分别改写后可得：∀养→∃老；∀休→∃老。

又因为社区活动只有养生型和休闲型两种，故可得：∀活→∃老。

故选 C 项。

例9 我想说的都是真话，但真话我未必都说。

如果上述断定为真，则以下各项都可能为真，除了：

A. 我有时也说假话。

B. 我不是想啥说啥。

C. 有时说某些善意的假话并不违背我的意愿。

D. 我说的都是我想说的话。

E. 我说的都是真话。

题源：2006—1—27

解析 注意本题的相反陷阱，本题寻找的是"各项都可能为真，除了"，即选择"必然为假"的选项。

根据"考点①"中第二类特殊表达可知，"真话我未必都说"相当于"有的真话我不说"。

从而，题干条件可以提炼为：∀想→真；∃真→¬说。

取上述命题的矛盾可得：∃想→¬真⇔∃想→假；∀真→说。

观察选项可以发现，C 项可提炼为：∃假→想。其是题干矛盾前半句的互换。

故选 C 项。

> **效用思维**
>
> 本题运用了**效用思维（优先验证）**。
>
> 优先验证有多种理解，这里是指，当题目要求选择必然为假的选项时，优先验证与题干相矛盾的命题。
>
> 按照常规思路，本题应该将选项逐一代入题干，但如果运气不好，答案是 E 项的话，就会有点浪费时间。尤其是在当下，真题是由教育部统一命题，试卷采取梅花卷编排的方式，从而考场座位相邻的同学的选项排序都是不一样的，所以这种情况是很有可能发生的。而如果采用优先验证，则有可能帮助我们节约时间。
>
> 当然，有些试题取矛盾后未必就是答案，此时再去逐一验证选项即可。不过，小伙伴们不要觉得不是必然最快就不去使用这个思维方法了，联考考的是一个"活"字，是没有必然最好的方法的，其看得就是两个方面：第一，考场上是否能灵活抉择出不同的应对策略；第二，平时训练的思维，是否在概率上是相对最好的。
>
> 我在本书中讲到的思维方法，都是我真题复盘后总结出的经验，大概率还是很有效的！

为了减少疑惑，其他几个选项也稍做分析，但小伙伴们要明白，这样非常不应试。

A 项可提炼为：∃说→假。其是题干后半句的逆否，无法判断真假。

B 项可提炼为：∃想→¬说。题干两句话是无法联立的，无法判断真假。

D 项可提炼为：∀说→想。题干两句话是无法联立的，无法判断真假。

E 项可提炼为：∀说→真。其是题干矛盾命题后半句的互换，无法判断真假。

考点练习

> **高能提示**
>
> 下面条件反射训练高能！准备好了吗？Here We Go！

 请判断"有些支持杨涵老师的不支持杨晶老师"分别为真、为假时，下列命题的真假情况。

1. 有些支持杨涵老师的支持杨晶老师。
2. 有些支持杨晶老师的不支持杨涵老师。
3. 所有支持杨涵老师的都支持杨晶老师。
4. 有些不支持杨晶老师的支持杨涵老师。
5. 有些支持杨晶老师的支持杨涵老师。
6. 有些不支持杨涵老师的支持杨晶老师。
7. 有些不支持杨涵老师的不支持杨晶老师。

8. 所有支持杨涵老师的都不支持杨晶老师。

9. 有些不支持杨晶老师的不支持杨涵老师。

10. 所有不支持杨晶老师的都支持杨涵老师。

11. 所有不支持杨晶老师的都不支持杨涵老师。

12. 所有不支持杨涵老师的都支持杨晶老师。

13. 所有不支持杨涵老师的都不支持杨晶老师。

14. 所有支持杨晶老师的都支持杨涵老师。

15. 所有支持杨晶老师的都不支持杨涵老师。

练7 请判断"所有的学员都会使用思维导图"分别为真、为假时，下列命题的真假情况。

1. 有的学员会使用思维导图。

2. 有的会使用思维导图的是学员。

3. 所有不会使用思维导图的都不是学员。

4. 有的不会使用思维导图的不是学员。

5. 非学员中有的不会使用思维导图。

6. 学员杨大涵会使用思维导图。

7. 不会使用思维导图的不是学员杨大涵。

8. 所有会使用思维导图的都是学员。

9. 所有不会使用思维导图的都是学员。

10. 所有学员都不会使用思维导图。

11. 所有非学员都会使用思维导图。

12. 所有非学员都不会使用思维导图。

13. 所有会使用思维导图的都不是学员。

14. 学员中有的不会使用思维导图。

15. 非学员中有的会使用思维导图。

16. 有的不会使用思维导图的是学员。

17. 有的会使用思维导图的不是学员。

练8 请判断"有的学员会使用思维导图"分别为真、为假时，下列命题的真假情况。

1. 没有一个学员不会使用思维导图。

2. 至少有一个会使用思维导图的是学员。

3. 任何不会使用思维导图的都不是学员。

4. 不会使用思维导图的不都是学员。

5. 非学员中不都会使用思维导图。

6. 学员杨小涵会使用思维导图。

7. 不会使用思维导图的不是学员杨小涵。

练9 在某次评选优秀论文的大会上，关于参会人员已知以下两个断定：

所有博士生导师都是评委，有些硕士生导师是评委。

已知以上断定第一个为假，第二个为真，则以下不能确定真假的是：

A. 不是评委的都不是博士生导师，所有硕士生导师都是评委。

B. 有的博士生导师不是评委，所有评委都不是硕士生导师。

C. 有的不是评委的是博士生导师，有的评委是硕士生导师。

D. 有的博士生导师不是评委，有的硕士生导师是评委。

E. 所有博士生导师都不是评委，有的评委不是硕士生导师。

练10 安华公司是一个以售卖电子图书为盈利手段的公司，近年来随着人们越来越多地利用碎片化时间读电子书，该公司的业务也发展得越来越好，公司的李经理经过对后台数据的统计发现：大部分青年人喜欢在上下班时间读电子书，少部分女生不喜欢读武侠小说。

如果上述为真，那么以下除了哪项均不可能为假？

A. 有的青年人喜欢在上下班时间读电子书。

B. 有的喜欢在上下班时间读电子书的是青年人。

C. 有的女生不喜欢读武侠小说。

D. 有的不喜欢读武侠小说的是女生。

E. 有的喜欢读武侠小说的不是女生。

考点练习解析

练6 【解析】上述命题可分别提炼为：

1. ∃涵→晶。
2. ∃晶→¬涵。
3. ∀涵→晶。
4. ∃¬晶→涵。
5. ∃晶→涵。
6. ∃¬涵→晶。
7. ∃¬涵→¬晶。
8. ∀涵→¬晶。
9. ∃¬晶→¬涵。
10. ∀¬晶→涵。
11. ∀¬晶→¬涵。
12. ∀¬涵→晶。
13. ∀¬涵→¬晶。
14. ∀晶→涵。
15. ∀晶→¬涵。

当题干为真，即"∃涵→¬晶"为真时：

第1个与题干是下反对关系，因此不能确定真假。

第2个是题干的逆否，特称不能逆否，因此不能确定真假。

第3个与题干是矛盾关系，因此一定假。

第4个与题干等价，因此一定真。

第5个的互换与题干是下反对关系，因此不能确定真假。

第6个是题干互换的逆否，特称不能逆否，因此不能确定真假。

第 7 个不是题干的互换，因此不能确定真假。

第 8 个与题干是推出关系，因此不能确定真假。

第 9 个不是题干的互换，因此不能确定真假。

第 10 个与题干的互换是推出关系，因此不能确定真假。

第 11 个与题干的互换是矛盾关系，因此一定假。

第 12 个不是题干的矛盾，因此不能确定真假。

第 13 个不是题干的矛盾，因此不能确定真假。

第 14 个不是题干的矛盾，因此不能确定真假。

第 15 个不是题干的矛盾，因此不能确定真假。

当题干为假，即"∀涵→晶"为真时：

第 1 个与题干的矛盾是推出关系，因此一定真。

第 2 个既不是题干的推出，也不是题干的矛盾，因此不能确定真假。

第 3 个与题干的矛盾等价，因此一定真。

第 4 个与题干矛盾的逆否是矛盾关系，因此一定假。

第 5 个的互换与题干的矛盾是推出关系，因此一定真。

第 6 个既不是题干的推出，也不是题干的矛盾，因此不能确定真假。

第 7 个的互换与题干矛盾的逆否是推出关系，因此一定真。

第 8 个与题干的矛盾是上反对关系，因此一定假。

第 9 个与题干矛盾的逆否是推出关系，因此一定真。

第 10 个与题干矛盾的逆否是上反对关系，因此一定假。

第 11 个是题干的逆否，因此一定真。

第 12 个的逆否与题干矛盾的逆否是上反对关系，因此一定假。

第 13 个的逆否是题干矛盾的互换，因此不能确定真假。

第 14 个是题干矛盾的互换，因此不能确定真假。

第 15 个的逆否与题干的矛盾是上反对关系，因此一定假。

练7 **解析** 上述命题可分别提炼为：

1. ∃员→思。　　　　2. ∃思→员。　　　　3. ∀¬思→¬员。

4. ∃¬思→¬员。　　 5. ∃¬员→¬思。　　 6. 杨→思。

7. ¬思→¬杨。　　　8. ∀思→员。　　　　9. ∀¬思→员。

10. ∀员→¬思。　　 11. ∀¬员→思。　　 12. ∀¬员→¬思。

13. ∀思→员。　　　14. ∃员→思。　　　 15. ∃¬员→思。

16. ∃¬思→员。　　 17. ∃思→¬员。

当题干为真，即"∀员→思"为真时：

第 1 个与题干是推出关系，因此一定真。

第 2 个的互换与题干是推出关系，因此一定真。

第 3 个是题干的逆否，因此一定真。

第 4 个是题干逆否的推出，因此一定真。

第 5 个的互换是题干逆否的推出，因此一定真。

第 6 个是题干的推出，因此一定真。

第 7 个由题干逆否可推出，因此一定真。

第 8 个是题干的互换，因此不能确定真假。

第 9 个是题干逆否的上反对，因此一定假。

第 10 个与题干是上反对关系，因此一定假。

第 11 个的逆否是题干逆否的上反对，因此一定假。

第 12 个的逆否是题干的互换，因此不能确定真假。

第 13 个的逆否是题干的上反对，因此一定假。

第 14 个是题干的矛盾，因此一定假。

第 15 个既不是题干的矛盾，也不是题干的推出，因此不能确定真假。

第 16 个是题干逆否的矛盾，因此一定假。

第 17 个既不是题干的矛盾，也不是题干的推出，因此不能确定真假。

当题干为假，即"∃员→¬思"为真时：

第 1 个与题干的矛盾是下反对关系，因此不能确定真假。

第 2 个的互换与题干的矛盾是下反对关系，因此不能确定真假。

第 3 个的逆否与题干的矛盾是矛盾关系，因此一定假。

第 4 个与题干矛盾的互换是下反对关系，因此不能确定真假。

第 5 个的互换与题干矛盾的互换是下反对关系，因此不能确定真假。

第 6 个与题干的矛盾是下反对关系，因此不能确定真假。

第 7 个的逆否与题干的矛盾是下反对关系，因此不能确定真假。

第 8 个与题干的矛盾不是矛盾关系，因此不能确定真假。

第 9 个与题干矛盾的互换是推出关系，因此不能确定真假。

第 10 个与题干的矛盾是推出关系，因此不能确定真假。

第 11 个的逆否与题干矛盾的互换是推出关系，因此不能确定真假。

第 12 个与题干的矛盾不是矛盾关系，因此不能确定真假。

第 13 个的逆否与题干的矛盾是推出关系，因此不能确定真假。

第 14 个与题干的矛盾等价，因此一定真。

第 15 个不是题干矛盾的互换，因此不能确定真假。

第 16 个是题干矛盾的互换，因此一定真。

第 17 个不是题干矛盾的互换，因此不能确定真假。

练8 解析 上述命题可分别提炼为：

1. ∀员→思。　　　　2. ∃思→员。　　　　3. ∀¬思→¬员。

4. ∃¬思→¬员。　　5. ∃¬员→¬思。　　6. 杨→思。

7. ¬思→¬杨。

当题干为真，即"∃员→思"为真时：

第1个与题干是推出关系，但是是由下推上，因此不能确定真假。

第2个是题干的互换，因此一定真。

第3个的逆否与题干是推出关系，但是是由下推上，因此不能确定真假。

第4个不是题干的互换，而特称不可以逆否，因此不能确定真假。

第5个不是题干的互换，因此不能确定真假。

第6个与题干是推出关系，但是是由下推上，因此不能确定真假。

第7个的逆否与题干是推出关系，但是是由下推上，因此不能确定真假。

当题干为假，即"∀员→¬思"为真时：

第1个与题干的矛盾是上反对关系，因此一定假。

第2个的互换与题干的矛盾是矛盾关系，因此一定假。

第3个的逆否与题干的矛盾是上反对关系，因此一定假。

第4个既不是题干的矛盾，也不是题干的推出，因此不能确定真假。

第5个既不是题干的矛盾，也不是题干的推出，因此不能确定真假。

第6个与题干的矛盾是上反对关系，因此一定假。

第7个的逆否与题干的矛盾是上反对关系，因此一定假。

练9 答案为 E 项。

解析 第一个断定为假，因此它的矛盾为真，即"∃博士→¬评委"为真；第二个断定"∃硕士→评委"为真。

A 项，前半句取逆否，即∀博士→评委，与题干第一个断定等价，一定假，因此 A 项后半句不用看，A 项为假。

B 项，前半句与题干第一个断定的矛盾等价，一定真；后半句"∀评委→¬硕士"与题干第二个断定矛盾，一定假。因此 B 项为假。

C 项，前半句互换后与第一个断定的矛盾等价，一定真；后半句取互换后与题干第二个断定等价，一定真。因此 C 项为真。

D 项，前半句与题干第一个断定的矛盾等价，一定真；后半句与题干第二个断定等价，一定真。因此 D 项为真。

E 项，前半句与题干第一个断定的矛盾是推出关系，不能确定真假；后半句与题干第二个断定是下反对关系，不能确定真假。因此 E 项不能确定真假。

练10 答案为 E 项。

解析 题干条件可提炼为：（1）∃青年人→喜欢在上下班时间读电子书；（2）∃女生→不喜欢读武侠小说。

A 项，∃青年人→喜欢在上下班时间读电子书，与（1）等价，因此一定真。

B 项，∃喜欢在上下班时间读电子书→青年人，与（1）是互换关系，因此一定真。

C 项，∃女生→不喜欢读武侠小说，与（2）等价，因此一定真。

D 项，∃不喜欢读武侠小说→女生，与（2）是互换关系，因此一定真。

E 项，∃喜欢读武侠小说→不是女生，是（2）的逆否，而特称命题不可以逆否，因此不能判定真假。

考点④ 性质命题的截取

知识要点

要点①串联原则

多个性质命题之间，可按以下原则进行串联：

1. **连接串联**：以重复项为纽带连接前后条件，统一用右箭头的方式进行串联。
2. **有的开头**："有的"只能放在首位，不能放在中间或末尾。
3. **所有任意**："所有"可放在任意位置。
4. **携带截取**：推理链条可以任意截取，但截取起始部分的结构词必须带上。

综上，一共可串联出以下两种链条：

第一种，$\forall A \to B$，$\forall B \to C$，$\forall C \to D$。

——可串联出：$\forall A \to B \to C \to D$。

——可截取出：$\forall A \to D$，$\forall A \to C$，$\forall B \to D$。

第二种，$\exists A \to B$，$\forall B \to C$，$\forall C \to D$。

——可串联出：$\exists A \to B \to C \to D$。

——可截取出：$\exists A \to C$，$\exists A \to D$，$\forall B \to D$。

注意，特称命题之间，即"有的"与"有的"之间，是无法串联的。

要点②快速串联方法

在需要串联的试题当中，往往命题较多，甚至能串联的条件与不能串联的条件会混杂在一起。因此，小伙伴们可遵循以下方法来解决上述问题。

1. **先找有的**：

特称命题只能放在开头，所以可先寻找"有的"，并以其为起始条件。

若题干均为全称命题，则可将只有前件或后件重复出现的全称命题作为起始条件。

2. 紧抓后件：

找到起始条件后，可通过逆否或互换，将重复的部分调整到后件。

3. 肯前否后：

如果该后件肯定了某全称命题的前件或否定了某全称命题的后件，则对应全称命题可与之串联。

例如，$\exists A \to B$，$\forall B \to C$，$\forall \neg B \to C$。

首先，先找有的，关注"$\exists A \to B$"。

其次，紧抓后件，紧抓住"B"。

最后，肯前否后。

——"B"与"$\forall B \to C$"的前件相同，所以肯定了其前件，即肯前，所以"$\exists A \to B$"与"$\forall B \to C$"可串联，从而得到"$\exists A \to B \to C$"。

——但是，"B"与"$\forall \neg B \to C$"的前件相异，否定了其前件，即否前，故"$\exists A \to B$"与"$\forall \neg B \to C$"不可串联。

又如，$\exists A \to B$，$\forall \neg C \to \neg B$，$\forall \neg C \to B$。

首先，先找有的，关注"$\exists A \to B$"。

其次，紧抓后件，紧抓住"B"。

最后，肯前否后。

——"B"与"$\forall \neg C \to \neg B$"的后件相异，否定了其后件，即否后，所以"$\exists A \to B$"与"$\forall \neg C \to \neg B$"可串联，从而得到"$\exists A \to B \to C$"。

——但是，"B"与"$\forall \neg C \to B$"的后件相同，肯定了其后件，即肯后，故"$\exists A \to B$"与"$\forall \neg C \to B$"不可串联。

考场用法

用法①性质命题截取的直接考查

试题特征

- 题干中有多个性质命题，且性质命题间有重复项。
- 题目让根据题干条件判断选项真假（一般为推出为真、推出为假、复选项或"除了"）。

解题套路

套路Ⅰ：若试题是**推出为真**，如 例10 所示，则**题干串联⇒首尾截取⇒选项匹配**。

套路Ⅱ：若试题是**推出为假**，如 例11 所示，则**题干串联⇒首尾截取⇒取矛盾⇒选项匹配**。

套路Ⅲ：若试题是**复选项或"除了"**，如 例12 所示，则**题干串联⇒选项代入**。

> **高能提示**
>
> 本用法主要以性质命题的换位性质为中间过程，主要是在串联、匹配或代入的过程中，会用到性质命题的逆否性质和换位性质。

○ **套路示范**

例10 新学年开学伊始，有些新生刚入学就当上了校学生会干部。在奖学金评定中，所有宁夏籍的学生都申请了本年度的甲等奖学金，所有校学生会干部都没有申请本年度的甲等奖学金。

如果上述断定是真的，则以下哪项有关断定也必定是真的？

A. 所有的新生都不是宁夏人。

B. 有些新生申请了本年度的甲等奖学金。

C. 并非所有宁夏籍的学生都是新生。

D. 有些新生不是宁夏人。

E. 有些校学生会干部是宁夏人。

题源：396—2015—5

解析 题干条件可提炼为：

∃新→干。

∀宁→甲。

∀干→¬甲。

题干条件可按如下方式串联：

首先，先找有的，关注"∃新→干"。

其次，紧抓后件，紧抓住"干"。

最后，肯前否后。

——"干"肯定了"∀干→¬甲"的前件，即肯前，所以"∃新→干"与"∀干→¬甲"可串联，从而得到，∃新→干→¬甲。

——现在"¬甲"为后件，再紧抓住"¬甲"，"¬甲"否定了"∀宁→甲"的后件，即否后，所以"∃新→干→¬甲"与"∀宁→甲"可串联，从而得到，∃新→干→¬甲→¬宁。

首尾截取后可得，∃新→¬宁。匹配选项后发现，D项与其相符。

故选D项。

> **效用思维**
>
> 本题运用了**效用思维（优先验证）**。
>
> 优先验证有多种理解，这里是指，<u>当题干条件可串联且题目要求寻找必然为真的选项时，优先验证首尾截取的命题</u>。当然，如果验证后发现没有答案，再将选项逐一代入。
>
> 这也是我复盘真题后总结出来的经验。

为了减少疑惑，其他几个选项也稍做分析，但小伙伴们要明白，这样非常不应试。

A 项可提炼为：∀新→¬宁。题干截取可得"∃新→¬宁"，两者构成推出关系，故 A 项真假不知。

B 项可提炼为：∃新→甲。题干截取可得"∃新→¬甲"，两者构成下反对关系，故 B 项真假不知。

C 项，根据"考点①"中第二类特殊表达可知，其相当于"有的宁夏籍学生不是新生"，即∃宁→¬新。题干截取可得"∃新→¬宁"，两者是特称命题的逆否关系，故 C 项真假不知。

E 项可提炼为：∃干→宁。题干截取可得"∀干→¬宁"，两者构成矛盾关系，故 E 项必然为假。

[例11] 在某住宅小区的居民中，大多数中老年教员都办理了人寿保险，所有买了四居室以上住房的居民都办理了财产保险。而所有办理了人寿保险的都没办理财产保险。

如果在题干的断定中再增加以下断定："所有的中老年教员都办理了人寿保险"，并假设这些断定都是真的，那么，以下哪项必定是假的？

A. 在买了四居室以上住房的居民中有中老年教员。
B. 并非所有办理人寿保险的都是中老年教员。
C. 某些中老年教员没买四居室以上的住房。
D. 所有的中老年教员都没办理财产保险。
E. 某些办理了人寿保险的没买四居室以上的住房。

题源：1998—1—46

[解析] 结合补充条件，题干条件可提炼为：

∀教→人。

∀四→财。

∀人→¬财。

题干条件可按如下方式串联：

首先，先找有的，题干条件中没有"有的"，故可以以单独前件或后件重复的"∀教→人""∀四→财"为起始条件。两者中的任何一个都能串联，现不妨采用前者，从而关注"∀教→人"。

其次，紧抓后件，紧抓住"人"。

最后，肯前否后。

——"人"肯定了"∀人→¬财"的前件，即肯前，所以"∀教→人"与"∀人→¬财"可串联，从而得到，∀教→人→¬财。

——现在"¬财"为后件，再紧抓住"¬财"，"¬财"否定了"∀四→财"的后件，即否后，所以"∀教→人→¬财"与"∀四→财"可串联，从而得到，∀教→人→¬财→¬四。

首尾截取后可得，∀教→¬四。

取其矛盾可得，∃教→四。

匹配选项后发现，A 项可提炼为"∃四→教"，与"∃教→四"是互换关系。

故选 A 项。

根据效用思维（已知答案，其余不看），可不用验证其余选项，本处为降低疑惑也稍做分析，但小伙伴们要明白，这样非常不应试。

B 项，根据"考点①"中第二类特殊表达可知，其相当于"有的办理人寿保险的不是中老年教员"，即∃人→¬教。由题干"∀教→人"可推出"∃人→教"，两者是下反对关系，故 B 项真假不知。

C 项可提炼为：∃教→¬四。题干截取可得"∀教→¬四"，两者构成推出关系，故 C 项必然为真。

D 项可提炼为：∀教→¬财。题干截取可得"∀教→¬财"，故 D 项必然为真。

E 项可提炼为：∃人→¬四。题干截取可得"∀人→¬四"，两者构成推出关系，故 E 项必然为真。

例12 有些具有优良效果的护肤化妆品是诺亚公司生产的。所有诺亚公司生产的护肤化妆品都价格昂贵，而价格昂贵的护肤化妆品无一例外地受到女士们的信任。

以下各项都能从题干的断定中推出，除了：

A. 受到女士们信任的护肤化妆品中，有些实际效果并不优良。
B. 有些效果优良的化妆品受到女士们的信任。
C. 所有诺亚公司生产的护肤化妆品都受到女士们的信任。
D. 有些价格昂贵的护肤化妆品是效果优良的。
E. 所有被女士们不信任的护肤化妆品价格都不昂贵。

题源：2008—10—32、2003—10—46、2002—10—41

解析 题干条件可提炼为：

∃优→诺。

∀诺→贵。

∀贵→信。

题干条件可按如下方式串联：

首先，先找有的，关注"∃优→诺"。

其次，紧抓后件，紧抓住"诺"。

最后，肯前否后。

——"诺"肯定了"∀诺→贵"的前件，即肯前，所以"∃优→诺"与"∀诺→贵"可串联，从而得到，∃优→诺→贵。

——现在"贵"为后件，再紧抓住"贵"，"贵"肯定了"∀贵→信"的前件，即肯前，所以"∃优→诺→贵"与"∀贵→信"可串联，从而得到，∃优→诺→贵→信。

A 项可提炼为：∃信→¬优。题干截取可得"∃优→信"，其互换后，两者构成下反对关系，所以 A 项真假不知。

故选 A 项。

根据**效用思维（已知答案，其余不看）**，可不用验证其余选项，本处为降低疑惑也稍做分析，但小伙伴们要明白，这样非常不应试。

B 项可提炼为：∃优→信。题干截取可得"∃优→信"，所以 B 项必然为真。

C 项可提炼为：∀诺→信。题干截取可得"∀诺→信"，所以 C 项必然为真。

D 项可提炼为：∃贵→优。题干截取可得"∃优→贵"，两者构成互换关系，所以 D 项必然为真。

E 项可提炼为：∀¬信→¬贵。题干条件截取可得"∀贵→信"，两者构成逆否关系，所以 E 项必然为真。

▶ 用法②性质命题截取的逆向考查

○ 试题特征

- ▸ 题干中有多个性质命题，且告知其中一个为结论，其余为前提。
- ▸ 题目让补充某个选项后，使得题干前提能推出这个结论。

○ 解题套路

性质命题的链条只有两种，故补充的情况只会有如下四种。

	∀A→B+∀B→C=∀A→B→C		∃A→B+∀B→C=∃A→B→C	
	情况 1	情况 2	情况 3	情况 4
已给前提	∀A→B	∀B→C	∃A→B	∀B→C
所补内容	∀B→C	∀A→B	∀B→C	∃A→B
已给结论	∀A→C	∀A→C	∃A→C	∃A→C

经观察，可发现如下规律。

	∀A→B+∀B→C=∀A→B→C		∃A→B+∀B→C=∃A→B→C	
	情况 1	情况 2	情况 3	情况 4
已给前提	∀A→B	∀B→C	∃A→B	∀B→C
所补内容	↓∀B→C	∀A→B↑	↓∀B→C	∃A→B↑
已给结论	∀A→C	∀A→C	∃A→C	∃A→C

从而此类试题的解题套路为：整理题干条件⇒补充缺失内容。

整理题干条件：通过性质命题的换位性质，将**题干条件整理**成上述四种标准情况。

补充缺失内容：**左边相同**，补充右边**上推下**的内容；**右边相同**，补充左边**下推上**的内容。

性质命题 第一章

注意，补充时，起始端的结构词必须带上。（情况 3 稍有不同，可特殊记忆。）

○ **套路示范**

例13 第一机械厂的有些管理人员取得了 MBA 学位。因此，有些工科背景的大学毕业生取得了 MBA 学位。

以下哪项如果为真，则最能保证上述论证的成立？

A. 有些管理人员是工科背景的大学毕业生。
B. 有些取得 MBA 学位的管理人员不是工科背景的大学毕业生。
C. 第一机械厂的所有管理人员都是工科背景的大学毕业生。
D. 第一机械厂的有些管理人员还没有取得 MBA 学位。
E. 第一机械厂的所有工科背景的大学毕业生都是管理人员。

题源：1999—10—15

[解析] 题干条件可提炼为：

已给前提：∃管→MBA。

已给结论：∃工→MBA。

题干条件可转化为：

已给前提：∃MBA→管。

已给结论：∃MBA→工。

其构成如下情况：

已给前提：∃MBA→管。
↓
已给结论：∃MBA→工。

从而需要补充∀管→工。

故选 C 项。

> **高能提示**
>
> 本题符合的情况 3 是历年真题中考查较多的，然后给大家挖个坑，此情况存在陷阱，至于是何种陷阱，我会在"第十三章"中展开说明。

> **效用思维**
>
> **效用思维（已知答案，其余不看）** 规定，在必然性推理试题中，找到符合项后，无须比较其他选项的强弱，符合项便是答案。
>
> 但在题目涉及"假设"时例外，后续 例15 就是如此。
>
> 原因在于此处涉及两个后续的知识点，分别是：
> ▼ 必要条件的含义，这个会在"考点⑬"中分析。
> ▼ 假设试题的要求，这个会在论证逻辑部分展开。

考点练习

练11 请根据已给条件连出逻辑链。

1. 已知 $\forall \neg A \to \neg B$，$\forall \neg C \to \neg A$。

2. 已知 $\exists A \to B$，$\forall \neg C \to \neg A$。

3. 已知 $\exists A \to B$，$\exists B \to C$。

4. 已知 $\forall \neg D \to \neg C$，$\forall \neg C \to \neg A$，$\exists A \to B$。

5. 已知 $\forall \neg D \to \neg A$，$\forall \neg C \to \neg A$，$\exists A \to B$。

6. 已知 $\exists \neg D \to \neg A$，$\forall \neg C \to \neg A$，$\exists A \to B$。

练12 某些理发师留胡子，所有理发师都穿白衣服。

由上述命题可以得出以下哪项结论？

A. 某些理发师不喜欢穿白衣服。

B. 某些穿白衣服的理发师不留胡子。

C. 所有理发师都不穿白衣服。

D. 某些理发师不喜欢留胡子。

E. 有些留胡子的穿白衣服。

练13 某些理发师留胡子。因此，某些留胡子的人穿白衣服。

下述哪项如果为真，足以佐证上述论断的正确性？

A. 某些理发师不喜欢穿白衣服。

B. 某些穿白衣服的理发师不留胡子。

C. 所有理发师都穿白衣服。

D. 某些理发师不喜欢留胡子。

E. 所有穿白衣服的人都是理发师。

题源：1997—1—3

练14 在家庭生活中，许多耐心的母亲是好母亲，但有些严厉的母亲也是好母亲。而所有的好母亲都懂得怎样教育孩子。

如果以上陈述为真，则以下哪项陈述也一定为真？

A. 所有懂得怎样教育孩子的母亲都是好母亲。

B. 有些严厉的母亲是懂得怎样教育孩子的。

C. 许多懂得怎样教育孩子的母亲是耐心的。

D. 有些懂得怎样教育孩子的母亲不是好母亲。

E. 不是好母亲就不懂得怎样教育孩子。

练15 在某大型理发店内,所有的理发师都是北方人,所有的女员工都是南方人,所有的已婚者都是女员工。

以下哪项为真可以使得题干为假?

A. 该店内有未婚的北方人。
B. 该店内有些未婚的人不是理发师。
C. 该店内有出生于南方的理发师。
D. 该店内有出生于南方的已婚员工。
E. 该店内有不是出生在北方的已婚员工。

考点练习解析

练11 **解析** 第 1 个,发现重复项位于箭头的一首一尾,可串联出:∀ ¬C → ¬A → ¬B。

第 2 个,找到重复项 A,由"∀ ¬C → ¬A"取逆否可得,∀ A → C,可串联出:∃ B → A → C。

第 3 个,两个特称命题之间不可串联。

第 4 个,两个全称命题串联可得,∀ ¬D → ¬C → ¬A,再找到全称命题和特称命题的重复项 A,可串联得出:∃ B → A → C → D。

第 5 个,两个全称命题都取逆否可得:(1) ∀ A → D;(2) ∀ A → C。由(1)可推出 (3) ∃ A → D。将 (3) 和 (2) 串联可得:∃ D → A → C。"∃ A → B" 与 (1) 和 (2) 分别串联,可得:∃ B → A → D;∃ B → A → C。

第 6 个,由"∀ ¬C → ¬A"和"∃ A → B"可串联出:∃ B → A → C。

练12 **答案为 E 项。**

解析 题干条件可提炼为:∃理→胡,∀理→白。串联可得:∃胡→理→白。

A 项出现"喜欢",而题干是"穿",而不是"喜欢",因此不能确定真假。

B 项"∃白→¬胡",与题干"∃胡→白"是下反对关系,因此不能确定真假。

C 项"∀理→¬白",与题干"∀理→白"是上反对关系,因此一定假。

D 项出现"喜欢",而题干是"留",而不是"喜欢",因此不能确定真假。

E 项"∃胡→白",是题干的首尾截取,因此一定真。

练13 **答案为 C 项。**

解析 题干条件可提炼为:(1) ∃理→胡;(2) ∃胡→白。将 (1) 互换后可得:∃胡→理。可构成情况 3,因此需要补充:∀理→白。答案一定是全称命题,排除 A、B、D 三项,选 C 项。

练14 答案为 B 项。

[解析] 题干条件可提炼为：（1）∃耐心→好；（2）∃严厉→好；（3）∀好→懂。

（1）和（3）串联可得（4）：∃耐心→好→懂。

（2）和（3）串联可得（5）：∃严厉→好→懂。

A 项 "∀懂→好" 与（3）是互换，因此不能确定真假。

B 项 "∃严厉→懂"，由（5）首尾截取可得，因此一定真。

C 项，看到 "许多" 大概率可直接排除，因为题干已经提炼成标准式，而依据 "有的" 无法得出 "大多数"。

D 项 "∃懂→¬好"，依据（3）不能确定真假。

E 项 "∀¬好→¬懂"，取逆否与（3）是互换，因此不能确定真假。

练15 答案为 C 项。

[解析] 题干条件可提炼为：（1）∀理→北；（2）∀女→南；（3）∀婚→女。

（1）（2）（3）串联可得：∀婚→女→南→¬北→¬理。

注意：是由选项为真推出题干为假。

A 项 "∃¬婚→北" 的互换，与题干 "∀婚→¬北" 的逆否是推出关系，因此 A 项为真时，题干不能确定真假。

B 项 "∃¬婚→¬理"，与题干 "∀婚→¬理" 不是矛盾关系，因此 B 项为真时，题干不能确定真假。

C 项 "∃南→理"，与题干 "∀南→¬理" 是矛盾关系，因此 C 项为真时，题干为假。

D 项 "∃南→婚" 的互换，与题干 "∀婚→南" 是推出关系，因此 D 项为真时，题干不能确定真假。

E 项 "∃¬北→婚" 的互换，与题干 "∀婚→¬北" 是推出关系，因此 E 项为真时，题干不能确定真假。

考点⑤ 性质命题的传递

知识要点

要点①传递原则

对于全称命题而言，有以下两条传递原则：

1. 已知 $\forall S \to P$，若 $A(S)$，那么可得 $A(P)$，即 $\forall S \to P | A(S) \Rightarrow A(P)$。例如：
已知所有小涵的小伙伴都是能考上的，杨晶是小涵的小伙伴，那么可得杨晶是能考上的。

2. 已知 $\forall S \to P$，若 $A(\neg P)$，那么可得 $A(\neg S)$，即 $\forall S \to P | A(\neg P) \Rightarrow A(\neg S)$。

例如：

已知所有小涵的小伙伴都是能考上的，大涵没考上，那么可得大涵不是小涵的小伙伴。

注意，特称命题不具有传递原则。

要点②无效传递

与传递原则相对应的还有两条无效传递。现列举如下：

1. 已知∀S→P，若A（¬S），那么无法得出其他具体情况。即∀S→P|A（¬S）⇒？。尤其需要注意的是，仅知A（¬S），无法得知A（¬P）。

2. 已知∀S→P，若A（P），那么无法得出其他具体情况。即∀S→P|A（P）⇒？。尤其需要注意的是，仅知A（P），无法得知A（S）。

考场用法

用法①性质命题传递的直接考查

试题特征

- 题干中有多个性质命题。
- 题干直接给出确定条件或题目补充确定条件。
- 题目让根据上述条件进行推理后，判断选项的真假情况。

解题套路

在涉及本用法的试题中，还可设置如下陷阱：

- 给出一个全称性质命题，确定条件否定了其前件，选项有该性质命题后件的具体情况。
- 给出一个全称性质命题，确定条件肯定了其后件，选项有该性质命题前件的具体情况。

上述都是**无效传递**，不应选择。

因此，我们可按以下方式灵活运用（此处可与"考点④"的快速串联方法结合记忆）：

套路Ⅰ：从**确定条件**入手⇒性质命题的**传递**（肯前否后）⇒**选项匹配**。
套路Ⅱ：从**确定条件**入手⇒性质命题的**无效传递**（否前肯后）⇒**定性排除**。

> **高能提示**
>
> 上述两种套路的学习，就是把考点学活了，小伙伴们需要灵活掌握各种方向的运用。能够这样掌握考点才符合联考命题的本质。请大家牢牢记住，联考是对思维的考查，而不是对知识点的考查！

套路示范

例14 所有爱斯基摩土著人都是穿黑衣服的；所有北婆罗洲土著人都是穿白衣服的；没有既穿白衣服又穿黑衣服的人；H是穿白衣服的。

基于以上事实，下列哪个判断必定为真？

A. H是北婆罗洲土著人。

B. H不是爱斯基摩土著人。

C. H不是北婆罗洲土著人。

D. H是爱斯基摩土著人。

E. H既不是爱斯基摩土著人，也不是北婆罗洲土著人。

题源：1997—1—32

【解析】题干的性质命题可提炼为：∀爱→黑；∀北→白；H（白）。

因为"H（白）"否定了"∀爱→黑"的后件，所以可传递出"H（¬爱）"。

故选B项。

注意，"H（白）"肯定"∀北→白"的后件，无法传递出"H（北）"。

用法②性质命题传递的逆向考查

试题特征

- 题干中给出性质命题和确定信息，并以性质命题为前提，以确定信息为结论。
- 题目让补充某个选项后，使得题干前提能推出这个结论。

解题套路

套路Ⅰ：选项**代入**⇒性质命题的**传递**⇒选择**能推出结论**的选项。

性质命题的传递只有两种，故补充的情况只会有以下两种。

	情况1	情况2
已给前提	∀S→P	∀S→P
所补内容	A（S）	A（¬P）
已给结论	A（P）	A（¬S）

从而此类试题的第二种解题套路为：

套路Ⅱ：从**结论入手**⇒依据性质命题的**传递**，**逆向推出**可能的选项。

套路示范

【例15】所有物质实体都是可见的，而任何可见的东西都没有神秘感。因此，精神世界不是物质实体。

以下哪项最可能是上述论证所假设的？

A. 精神世界是不可见的。

B. 有神秘感的东西都是不可见的。

C. 可见的东西都是物质实体。

D. 精神世界有时也是可见的。

E. 精神世界具有神秘感。

题源：2004—1—32

解析 题干条件可提炼为：

已给前提 1：∀物→见。

已给前提 2：∀见→¬神。

上述前提可串联为：∀物→见→¬神。

已给结论：精（¬物）。

套路Ⅰ：选项代入。

A 项可提炼为：精（¬见）。其代入题干后仅通过前提 1 便可得到结论。

B 项可提炼为：∀神→¬见。其与"精神世界"无关，故无法得出结论。

C 项可提炼为：∀见→物。其与"精神世界"无关，故无法得出结论。

D 项可提炼为：精（有时见）。其代入题干后，肯定前提 1 的后件，故无法得出结论。

E 项可提炼为：精（神）。其代入题干后通过前提 1 和前提 2 才可得到结论。

本题的 A 项和 E 项代入后都能得到结论，但因为是"最强假设"，而 E 项用到了所有前提，故相对最好。

套路Ⅱ：逆向传递。

根据性质命题的逆向传递，再补充精（神），则可得到结论。

故选 E 项。

考点练习

练16 在一个学校内，所有的学生会干部都是入党积极分子，所有的心语协会的成员都是大一新生，张磊是学生会干部，王宏是大一新生。

如果上述为真，那么有关这个学校，以下哪项一定为真？

A. 所有的入党积极分子都是学生会干部。

B. 所有不是心语协会的成员都不是大一新生。

C. 张磊是入党积极分子。

D. 王宏是心语协会的成员。

E. 所有的心语协会成员都不是大一新生。

练17 年底大华公司的总经理在公司的表彰大会上提出：销售部的员工都获得了激励奖；财务部的员工都获得了优秀奖；所有获得优秀奖的员工都获得了激励奖。张明明是公司的会计，周伟伟获得了激励奖。

如果上述为真，则以下哪项一定为真？

A. 周伟伟是财务部的员工。

B. 周伟伟不是财务部的员工。

C. 周伟伟获得了优秀奖。

D. 张明明获得了激励奖。

E. 张明明没有获得优秀奖。

练18 已知甲部落的人都讲真话，乙部落的人都讲假话，讲真话的人都住在北边，讲假话的人都住在东边。某个学者是来自部落的人。

补充以下哪项可以得出这个学者讲假话？

A. 这个学者不住在北边。

B. 这个学者住在东边。

C. 这个学者不来自甲部落。

D. 这个学者不住在东边。

E. 这个学者是乙部落的。

练19 甲班同学中，所有对军棋感兴趣的都对围棋感兴趣，所有对围棋感兴趣的都对象棋感兴趣，因此甲班的小王对象棋感兴趣。

以下哪项最可能是题干论证所假设的？

A. 小王对军棋感兴趣。

B. 小王对围棋感兴趣。

C. 所有甲班的同学都对象棋感兴趣。

D. 甲班所有对军棋感兴趣的都对象棋感兴趣。

E. 小王对下棋感兴趣。

练20 老张组织家人们进行了家庭聚餐，已知在他们所有人中，所有从事教育行业的人都穿了蓝色的上衣，所有从事物流行业的人都穿了黑色的上衣，有的男士没穿黑色上衣，老张穿了黑色的上衣。

根据上述信息可以得出以下哪项？

A. 老张是女士。

B. 有的男士不从事物流工作。

C. 老张从事物流行业。

D. 老张从事教育行业。

E. 以上各项均不能确定。

考点练习解析

练16 答案为 C 项。

解析 题干条件可提炼为：(1) $\forall$ 学→党；(2) $\forall$ 心→新；(3) 张→学；(4) 王→新。

由 (1) 和 (3) 可得：张磊是入党积极分子。因此 C 项一定为真。

由于（4）肯定了（2）的后件，因此什么也推不出，故排除 D 项。

A 项，"所有"后面肯定了（1）的箭头后件，因此不用继续往后看，A 项不是一定真。

B 项，"所有"后面否定了（2）的箭头前件，因此不用继续往后看，B 项不是一定真。

E 项，"∀心→¬新"与（2）是上反对关系，因此一定为假。

练17 答案为 D 项。

解析 题干条件可提炼为：（1）∀销→激；（2）∀财→优；（3）∀优→激；（4）张→会计；（5）周→激。

将（2）和（3）串联可得（6）：∀财→优→激。

将（4）代入（6）可得：张明明获得了优秀奖，也获得了激励奖。因此 D 项一定为真，E 项一定为假。

（5）肯定的是（1）和（6）的箭头后件，因此什么也推不出，可以快速排除 A、B、C 三项。

练18 答案为 E 项。

解析 题干条件可提炼为：（1）∀甲→真；（2）∀乙→假；（3）∀真→北；（4）∀假→东。

（1）和（3）串联可得（5）：∀甲→真→北。

（2）和（4）串联可得（6）：∀乙→假→东。

A 项否定了（5）的后件，可得学者不来自甲部落，但题干没有说明只有这两个部落。

B 项肯定了（6）的后件，什么也得不出。

C 项同 A 项，学者不来自甲部落，不一定就来自乙部落，还可能是其他部落的。

D 项代入（6）可得，这个学者不说假话。

E 项代入（2）可得，这个学者说假话。

练19 答案为 A 项。

解析 题干前提为：∀军棋→围棋→象棋。

题干结论为：小王→象棋。

补充 A 项可得出结论。B 项的问题在于没有充分利用题干的前提条件，所以不选。C 项、D 项是过度假设。

练20 答案为 B 项。

解析 题干条件可提炼为：（1）∀教育→蓝色；（2）∀物流→黑色；（3）∃男士→¬黑色；（4）张→黑色。

（1）和（2）串联可得（5）：∀教育→蓝色→¬黑色→¬物流。

（3）和（2）串联可得（6）：∃男士→¬黑色→¬物流。

（4）代入（5）可得：老张没穿蓝色上衣，也不从事教育行业。

B 项为（6）的首尾截取，因此一定真，其余各项均不能得出。

本章练习

练 21~练 22 题基于以下题干：

本问题发生在一所学校内。学校的教授中有一些是足球迷。学校的预算委员会的成员们一致要把学校的足球场改建为一个科贸写字楼，以改善学校收入状况。所有的足球迷都反对将学校的足球场改建为科贸写字楼。

练21 如果以上各句陈述均为真，则下列哪项也必定为真？

A. 学校所有的教授都是学校预算委员会的成员。

B. 学校有的教授不是学校预算委员会的成员。

C. 有的学校预算委员会的成员是足球迷。

D. 并不是所有的学校预算委员会成员都是学校的教授。

E. 有的足球迷是学校预算委员会的成员。

练22 如果作为上面陈述的补充，明确以下条件：所有的学校教授都是足球迷，那么下列哪项一定不可能为真？

A. 有的学校教授不是学校预算委员会的成员。

B. 有的学校预算委员会的成员是学校的教授。

C. 并不是所有的足球迷都是学校教授。

D. 所有的学校教授都反对将学校的足球场改建为科贸写字楼。

E. 有的足球迷不是学校预算委员会的成员。

题源：1999—10—47~48

练23 近期流感肆虐，一般流感患者可采用抗病毒药物进行治疗，虽然并不是所有流感患者均需要接受达菲等抗病毒药物的治疗，但不少医生仍强烈建议老人、儿童等易出现严重症状的患者用药。

如果以上陈述为真，则以下哪项一定为假？

Ⅰ. 有些流感患者需要接受抗病毒药物的治疗。

Ⅱ. 并非有的流感患者不需要接受抗病毒药物的治疗。

Ⅲ. 老人、儿童等易出现严重症状的患者不需要用药。

A. 仅Ⅰ。 B. 仅Ⅱ。 C. 仅Ⅲ。

D. 仅Ⅰ、Ⅱ。 E. 仅Ⅱ、Ⅲ。

题源：2012—1—52

练24 在一次歌唱竞赛中，所有的参赛选手都获得了优秀票。

如果上述断定为真，则以下哪项不可能为真？

Ⅰ. 所有的参赛选手都没有获得优秀票。

Ⅱ．有的没获得优秀票的不是参赛选手。

Ⅲ．有的参赛选手没有获得优秀票。

A．仅Ⅰ。　　　　　　　　B．仅Ⅱ。　　　　　　　　C．仅Ⅲ。

D．仅Ⅰ和Ⅱ。　　　　　　E．仅Ⅰ和Ⅲ。

题源：2006—1—47

练25 在地区老年运动赛事中，参加100米赛跑的选手都参加了800米游泳，参加500米接力的选手均没有参加800米游泳，年龄没有达到70岁的都参加了100米赛跑。

根据以上断定，以下哪项断定一定为真？

A．没有参加100米赛跑的选手也没有参加800米游泳。

B．没有参加800米游泳的选手都没有参加500米接力。

C．有些参加了100米赛跑的选手的年龄没有达到70岁。

D．没参加100米赛跑的选手都没有参加500米接力。

E．参加800米游泳的选手的年龄都没有达到70岁。

练26 张经理在公司大会结束后宣布："此次提出的方案得到一致赞同，全体通过。"会后，小陈就此事进行了调查，发现张经理所言并非事实。

如果小陈的发现为真，则以下哪项也必然为真？

A．有少数人未发表意见。

B．有些人赞同，有些人反对。

C．至少有人不赞同。

D．至少有人赞同。

E．大家都不赞同。

题源：2005—10—42

练27 除了吃川菜，张涛不吃其他菜肴。所有林村人都爱吃川菜。川菜的特色为麻辣香，其中有大量的干鲜辣椒、花椒、大蒜、姜、葱、香菜等调料。大部分吃川菜的人都喜好一边吃川菜，一边喝四川特有的盖碗茶。

如果上述断定为真，则以下哪项一定为真？

A．所有林村人都爱吃麻辣香的食物。

B．所有林村人都喝四川出产的茶。

C．大部分林村人都喝盖碗茶。

D．张涛喝盖碗茶。

E．张涛是四川人。

题源：2006—1—32

练28 所有校学生会委员都参加了大学生电影评论协会。张珊、李斯和王武都是校学生会委员，大学生电影评论协会不吸收大学一年级学生参加。

如果上述断定为真，则以下哪项一定为真？

Ⅰ．张珊、李斯和王武都不是大学一年级的学生。
Ⅱ．所有校学生会委员都不是大学一年级的学生。
Ⅲ．有些大学生电影评论协会的成员不是校学生会委员。

A．只有Ⅰ。　　　　　　B．只有Ⅱ。　　　　　　C．只有Ⅲ。
D．只有Ⅰ和Ⅱ。　　　　E．Ⅰ、Ⅱ和Ⅲ。

题源：2007—1—51

练29 高校2011年秋季入学的学生中有些是免费的师范生。所有的免费师范生都家境贫寒。凡家境贫寒的学生都参加了勤工助学活动。

如果以上陈述为真，则以下各项必然为真，除了：

A．2011年秋季入学的学生中有人家境贫寒。
B．凡没有参加勤工助学活动的学生都不是免费师范生。
C．有些参加勤工助学活动的学生是2011年秋季入学的。
D．有些参加勤工助学活动的学生不是免费师范生。
E．凡家境富裕的学生都不是免费师范生。

题源：396—2012—1

练30 捐助希望工程的动机，大都是社会责任，但也有的是个人功利。当然，出于社会责任的行为，并不一定都不考虑个人功利。对希望工程的每一项捐款，都是利国利民的善举。

如果以上陈述为真，则以下哪项不可能为真？

A．有的行为出于社会责任，但不是利国利民的善举。
B．所有考虑个人功利的行为，都不是利国利民的善举。
C．有的出于社会责任的行为是善举。
D．有的行为虽然不是出于社会责任，但却是善举。
E．对希望工程的有些捐助，既不是出于社会责任，也不是出于个人功利，而是有其他原因，如服从某种摊派。

题源：396—2012—2

练31 某班为了准备茶话会，分别派了甲、乙、丙、丁四位同学去买糖果、点心和小纪念品等。甲买回来的东西，乙全都买了；丙买回的东西包括了乙买的全部；丁买回的东西里也有丙买的东西。

根据上述信息，以下一定为真的是：

A．丁所买的东西里面一定有甲买的东西。
B．丁所买的东西里面一定有乙买的东西。
C．甲所买的东西里面一定没有丙买的东西。

D. 丁所买的东西里面一定没有乙买的东西。

E. 甲所买的东西里面一定有丙买的东西。

练32 已知关注身体健康的人每天都吃早饭，每天吃早饭的人都坚持早起，有的不常熬夜的人每天吃早饭，有的年轻人不常熬夜。

根据以上陈述，可以得出以下哪项？

A. 有的年轻人每天吃早饭。

B. 有的常熬夜的人每天吃早饭。

C. 有的每天吃早饭的人不坚持每天早起。

D. 有的坚持早起的人不常熬夜。

E. 有的关注身体健康的人不坚持早起。

练33 某企业员工都具有理财观念。有些购买基金的员工买了股票，凡是购买地方债券的员工都买了国债，但所有购买股票的员工都不买国债。

根据以上前提，以下哪项一定为真：

A. 有些购买了基金的员工没有买地方债券。

B. 有些购买了地方债券的员工没有买基金。

C. 有些购买了地方债券的员工买了基金。

D. 有些购买了基金的员工买了国债。

E. 有些购买了国债的员工买了基金。

练34 有的医生是党员，因此，有的党员有高级职称。

以下哪项为真，可以使得题干论证成立？

A. 所有医生都有高级职称。

B. 有的医生没有高级职称。

C. 有的医生有高级职称。

D. 有的党员没有高级职称。

E. 有的医生不是党员。

练35 恒科公司在统计员工的基础信息，得出以下结论：所有女员工都会说日语；有的财务部员工是女性；所有财务部员工都是研究生学历。

以下哪项为真，可以使得题干为假？

A. 所有财务部员工都会说日语。

B. 有的会说日语的员工是研究生学历。

C. 有的不会说日语的员工是研究生学历。

D. 所有具有研究生学历的员工都不会说日语。

E. 有的男员工具有研究生学历。

练36 近些年越来越多的老年人喜欢上了旅游，旅游不仅能锻炼身体还能观赏美景。最近某记者调查了花样旅行团的团友们，获得了以下信息：所有去过北京旅游的都去过云南旅游；没有一个去过云南旅游的没有去过西藏旅游；有的去过山东旅游的也去过云南旅游。依据上述信息，以下除了哪项都可能为假？

A. 没有去过西藏旅游的都去过云南旅游。
B. 有的没去过云南旅游的去过北京旅游。
C. 有的去过山东旅游的没有去过西藏旅游。
D. 有的去过西藏旅游的去过山东旅游。
E. 所有去过山东旅游的都去过西藏旅游。

本章练习解析

练21 答案为 B 项。

解析 题干条件可提炼为：(1) ∃教授→足球迷；(2) ∀预→改；(3) ∀足球迷→¬改。

(2) 和 (3) 串联可得 (4)：∀足球迷→¬改→¬预。

(1) 和 (4) 串联可得 (5)：∃教授→足球迷→¬改→¬预。

A 项与题干是矛盾关系，因此一定假；B 项是 (5) 的首尾截取，因此一定真；C 项与 (4) 的逆否 "∀预→¬足球迷" 矛盾，因此一定假；D 项可以提炼为，∃预→教授，不是 (5) 的首尾截取的互换，因此不能确定真假；E 项是 (4) 的首尾截取的矛盾，因此一定假。

练22 答案为 B 项。

解析 题干条件可提炼为：(1) ∀教授→足球迷；(2) ∀预→改；(3) ∀足球迷→¬改。

(1) (2) (3) 串联可得 (4)：∀教授→足球迷→¬改→¬预。

A 项是题干的推出，因此一定真；B 项是题干逆否命题的矛盾，因此一定假；C 项 "∃足球迷→¬教授"，既不是题干的矛盾也不是题干的推出，因此不能确定真假；D 项与题干等价，因此一定真；E 项是题干的推出，因此一定真。

练23 答案为 B 项。

解析 题干条件可提炼为：∃流感患者→不需要接受达菲等抗病毒药物的治疗。复选项 I 与题干是下反对关系，因此不能确定真假；复选项 II 与题干是矛盾关系，因此必然为假；复选项 III 说的是 "不需要"，题干说的是 "建议"，因此无法断定其真假。

练24 答案为 E 项。

解析 题干条件可提炼为：∀参赛选手→优秀票。复选项 I 与题干是上反对关系，因此一定假；复选项 II 是题干逆否命题的推出，因此一定真；复选项 III 是题干的矛盾命题，因此一定假。

练25 答案为 C 项。

解析 题干条件可提炼为：∀¬70岁→100米赛跑→800米游泳→¬500米接力。A 项，"不参加 100 米赛跑"只能与"70 岁"构建关系，但其与"参加 800 米游泳"构建关系，因此不一定真，同理 B、D 两项不一定真。C 项的互换"∃¬70岁→100米赛跑"，由题干可以推出，因此一定真。E 项，肯定"参加 800 米游泳"只能得出"没参加 500 米接力"，而它与"70 岁"构建关系，因此不一定真。

练26 答案为 C 项。

解析 对"一致赞同"取非，结果就是"有人不赞同"。注意，依据"有人不赞同"不能得出 B 项，因为有可能所有人都不赞同。

练27 答案为 A 项。

解析 题干条件可提炼为：(1) 张→吃川菜；(2) ∀林→吃川菜→麻辣香；(3) ∃吃川菜→吃川菜∧喝茶。(1) 和 (2) 串联可得，张吃麻辣香的食物，而张是否是林村人则不能确定。(2) 和 (3) 串联可得：∃吃川菜∧喝茶→吃川菜→麻辣香。依据 (2) 可知，A 项一定为真；题干未串联出林村人和茶的关系，因此 B、C 两项不能确定真假；(1) 和 (3) 未构建关系，可排除 D 项；只吃川菜不一定是四川人，因此 E 项不能确定真假。

练28 答案为 D 项。

解析 题干条件可提炼为：(1) ∀校学生会委员→电影评论协会；(2) 张∧李∧王→校学生会委员；(3) ∀电影评论协会→¬大学一年级学生。

(1) 和 (3) 串联可得：∀校学生会委员→电影评论协会→¬大学一年级学生。结合 (2) 可知：张∧李∧王→¬大学一年级学生。因此，复选项 I 和复选项 II 一定为真。依据题干"∀校学生会委员→电影评论协会"可得：∃校学生会委员→电影评论协会。再将这个特称命题互换可得，∃电影评论协会→校学生会委员，"∃电影评论协会→¬校学生会委员"则未知真假。故选 D 项。

练29 答案为 D 项。

解析 题干条件可提炼为：(1) ∃2011 年秋季入学→免费师范生；(2) ∀免费师范生→家境贫寒→勤工助学。(1) 和 (2) 串联可得 (3)：∃2011 年秋季入学→免费师范生→家境贫寒→勤工助学。A 项"∃2011 年秋季入学→家境贫寒"，B 项"∀免费师范生→勤工助学"，C 项"∃2011 年秋季入学→勤工助学"，E 项"家境富裕 (¬家境贫寒) →¬免费师范生"，都可以由 (3) 截取得出。D 项"∃勤工助学→¬免费师范生"，既不是题干"∀免费师范生→勤工助学"的矛盾，也不是它的推出，因此不能确定真假。

练30 答案为 B 项。

解析 题干条件可提炼为：(1) ∃捐助→动机是社会责任；(2) ∃捐助→动机是个人功利；

(3) ∃出于社会责任的行为→考虑个人功利；(4) ∀捐助→利国利民的善举。(1) 和 (4) 串联可得 (5)：∃动机是社会责任→捐助→利国利民的善举。(2) 和 (4) 串联可得 (6)：∃动机是个人功利→捐助→利国利民的善举。A 项"∃出于社会责任→不是利国利民的善举"与 (5) 是下反对关系，因此不能确定真假，可能为真；B 项"∀考虑个人功利→不是利国利民的善举"与 (6) 是矛盾关系，因此一定假；C 项由 (5) 可得一定真；D 项"∃非社会责任→善举"，由 (6) 的首尾截取可推出一定真；E 项，题干未表明仅有社会责任和个人功利两种动机，因此可能为真。

练31 答案为 E 项。

解析 题干条件可提炼为：(1) ∀甲买→乙买→丙买；(2) ∃丁买→丙买。因为 (1) 和 (2) 不可串联，因此 A、B、D 三项均不能确定真假；C 项一定为假；E 项"∃甲买→丙买"，由 (1) 可以推出，一定为真。

练32 答案为 D 项。

解析 题干条件可提炼为：(1) ∀关注身体健康→吃早饭→坚持早起；(2) ∃不常熬夜→吃早饭；(3) ∃年轻人→不常熬夜。(1) 和 (2) 串联可得 (4)：∃不常熬夜→吃早饭→坚持早起。题干不能构建"年轻人"和"吃早饭"的关系，因此 A 项不能确定真假；B 项的互换与 (2) 的互换是下反对关系，因此 B 项不能确定真假；C 项与 (1) 中"∀吃早饭→坚持早起"是矛盾关系，因此 C 项一定为假；D 项是 (4) 首尾截取的互换，因此 D 项一定为真；E 项与 (1) 中"∀关注身体健康→坚持早起"是矛盾关系，因此 E 项一定为假。

练33 答案为 A 项。

解析 题干条件可提炼为：(1) ∀员工→理财；(2) ∃基金→股票；(3) ∀地方债券→国债；(4) ∀股票→不买国债。(3) 和 (4) 串联可得 (5)：∀地方债券→国债→不买股票。(2) 和 (5) 串联可得 (6)：∃基金→股票→不买国债→不买地方债券。A 项由 (6) 可得一定为真；B、C、D、E 四项均不能确定真假。

练34 答案为 A 项。

解析 题干条件可提炼为：前提"∃党员→医生"，结论"∃党员→高级职称"。依据情况 3 可知，应补充的条件是"∀医生→高级职称"。

练35 答案为 D 项。

解析 题干条件可提炼为：(1) ∀女→日语；(2) ∃财务部→女；(3) ∀财务部→研究生。(2) 和 (1) 串联可得 (4)：∃财务部→女→日语。(2) 和 (3) 串联可得 (5)：∃女→财务部→研究生。A 项"∀财务部→日语"为真，使得 (4) 中相关信息为真；B 项为"∃日语→研究生"，题干由 (4) 可得"∃日语→财务部"，结合 (3) 可得"∃日语→财务部→研究生"，即"∃日语→研究生"，B 项为真会使得题干为真；C 项"∃非日语→研究生"为真，使得题干"∃日语→研究生"不能确定真假；D 项"∀研究生→非日语"为真，使得题干"∃日语→研究生"为假；E 项可以理解成"∃非女→研究生"，使得题干"∃女→研究生"不能确定真假。

练36 **答案为 D 项。**
解析 题干条件可提炼为：(1) ∀北京→云南；(2) ∀云南→西藏；(3) ∃山东→云南。(1) 和 (2) 串联可得 (4)：∀北京→云南→西藏。(3) 和 (4) 串联可得 (5)：∃山东→云南→西藏。由 (2) 可知 A 项一定假；由 (1) 可得 B 项一定假；由 (5) 可得 C、E 两项均不能确定真假，D 项一定为真。

第二章 模态命题

考点体系

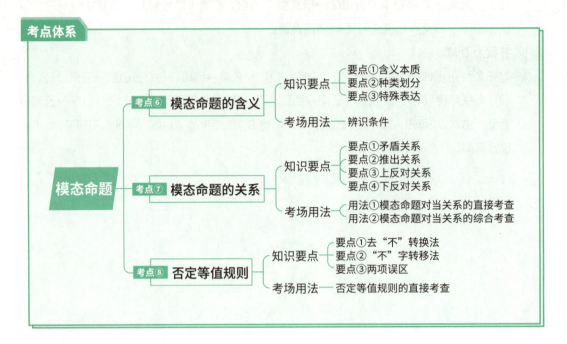

命题情况

联考基本没有以模态命题为直接考查对象的试题。涉及模态命题的试题，绝大多数以其作为中间过程进行考查。

考点⑥模态命题的含义为基本概念，联考不会考查，但其为模态命题的本质，理解后有利于快速掌握后续考点。

考点⑦模态命题的关系，直接考查的概率极低，以中间过程作为考查方式的概率极高，故小伙伴们需对其形成条件反射。

考点⑧否定等值规则，直接考查的概率较低，以中间过程作为考查方式的概率较高，故小伙伴们需对其形成条件反射。另外，本考点本质上是性质命题与模态命题综合的考点。

● 考点⑥ 模态命题的含义 ●

📖 知识要点

> **高能提示**
>
> 本考点与"考点①"非常类似，直接将后者对应内容迁移过来，即可快速学完哦！

要点①含义本质

模态命题是指，<u>断定事物发生的**必然性或可能性**</u>的简单命题。例如：

1. 必然大涵是胖子。
2. 必然大涵不是胖子。
3. 可能大涵是胖子。
4. 可能大涵不是胖子。

要点②种类划分

若以<u>发生的可能性</u>划分，可分为必然模态命题、可能模态命题。

若以是否具有性质划分，可分为肯定模态命题、否定模态命题。

上述示例的种类、含义本质及结构如下表所示。

名称	含义本质	结构词	主语	谓语	宾语
必然肯定模态命题	=100%	必然	大涵	是	胖子
必然否定模态命题		必然	大涵	不是	胖子
可能肯定模态命题	>0%	可能	大涵	是	胖子
可能否定模态命题		可能	大涵	不是	胖子

"事实上，大涵是胖子"与"事实上，大涵不是胖子"属于实际情况，并没有断定事物发生的必然性或可能性，因此，其不是模态命题。

要点③特殊表达

上述所列的模态命题是标准形式。而联考中遇到的模态命题往往是特殊表达，共有两类。

第一类，同义替换。

这类特殊表达是将模态命题标准结构词替换后所得。常见替换词示例如下：

必然：一定、肯定、必定、势必等。

可能：也许、或许、大概、可以等。

第二类，否定转化。

这类特殊表达会在结构词前加上否定词，从而其含义会发生变化。例如：

人不可能不犯错误⇔人必然犯错误。

明天不必然下雨⇔明天可能不下雨。

考场用法

用法　辨识条件

本考点的考场用法就是，快速识别并提炼试题当中出现的模态命题。

套路：根据<u>**含义本质**</u>，将其转化为<u>**标准形式**</u>，再进行提炼。当熟练度变高后，可直接提炼。

考点⑦ 模态命题的关系

知识要点

> **高能提示**
> 本考点与"考点②"非常类似，直接将后者对应内容迁移过来，即可快速学完哦！

四种模态命题之间共有四种关系，总称为对当关系。

包括：矛盾关系、推出关系、上反对关系、下反对关系。

模态命题对当关系如下图所示。

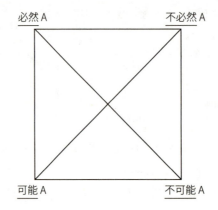

要点①矛盾关系

1. "必然"和"可能不"是矛盾关系。例如：

"必然天会下雨"和"可能天不会下雨"是矛盾关系，必有一真和一假。

2. "必然不"和"可能"是矛盾关系。例如：

"必然天不会下雨"和"可能天会下雨"是矛盾关系，必有一真和一假。

要点②推出关系

1. "必然⇒可能"。例如：

必然天会下雨⇒可能天会下雨。

2. "必然不⇒可能不"。例如：

必然天不会下雨⇒可能天不会下雨。

上述两条链条综合后，可简单表示为"必然⇒可能"。

> **高能提示**
> 与性质命题的关系同理，通过矛盾关系与推出关系，在已知任意一个模态命题为真或为假时，便能直接得出其余三种主语、宾语均相同的模态命题的真假情况。

🔹 要点③上反对关系

"必然"和"必然不"是上反对关系。例如：

"必然天会下雨"和"必然天不会下雨"是上反对关系，至少有一假。

🔹 要点④下反对关系

"可能"和"可能不"是下反对关系。例如：

"可能天会下雨"和"可能天不会下雨"是下反对关系，至少有一真。

🔔 考场用法

🔹 用法①模态命题对当关系的直接考查

> **高能提示**
>
> 本用法过于简单，所以目前为止并未设置单独考查的试题，但这并不意味着其不会被考到。事实上，很多试题都已将其作为中间过程进行考查（如 例16 所示）。
>
> 因此，小伙伴们在解带有模态命题结构词的试题时，要能对上述对当关系形成条件反射。

○ 套路示范

例16 你可以随时愚弄某些人。

假若以上属实，以下哪些判断必然为真？

Ⅰ．张三和李四随时都可能被你愚弄。

Ⅱ．你随时都想愚弄人。

Ⅲ．你随时都可能愚弄人。

Ⅳ．你只能在某些时候愚弄人。

Ⅴ．你每时每刻都在愚弄人。

A．只有Ⅲ。　　　　　　B．只有Ⅱ。　　　　　　C．只有Ⅰ和Ⅲ。

D．只有Ⅱ、Ⅲ和Ⅳ。　　E．只有Ⅰ、Ⅲ和Ⅴ。

题源：1999—1—42

解析 根据"考点⑥"中的第一类特殊表达，题干条件可转化为：你可能随时愚弄某些人。

复选项Ⅰ可转化为：你可能随时愚弄张三和李四。根据性质命题的推出关系，特称为真无法推出单称为真，所以复选项Ⅰ真假不知，排除 C 项和 E 项。

复选项Ⅱ中的"想愚弄人"，题干并未提及，所以真假不知，排除 B 项和 D 项。

故选 A 项。

根据效用思维（每步匹配），可不用验证其余复选项，本处为降低疑惑也稍做分析，但小伙伴们要明白，这样非常不应试。

复选项Ⅲ可转化为：你可能随时愚弄某些人。其与题干完全一致，必然为真。

复选项Ⅳ可转化为：你必然不能随时愚弄人。其与题干"可能随时"矛盾，必然为假。

复选项Ⅴ为事实命题，题干条件为模态命题，所以无法推理，故其真假不知。

用法②模态命题对当关系的综合考查

试题特征

▶ 题干中有多句模态命题。

▶ 在题干的最后或题目的开头会给出限定条件——上述命题中有几真、几假。

▶ 题目让根据上述条件进行推理后，判断选项的真假情况。

解题套路

从**条件间关系**入手⇒用**减法**倒逼⇒选项**匹配**或选项**代入**。

从**条件间关系**入手：找到具有对当关系的两句模态命题，并**标记真假数量**。

用减法倒逼：用限定条件（几真几假）**减去标记的真假数量**，便可倒逼出某条件的真假情况。

选项**匹配**或选项**代入**：用已知真假的条件匹配选项，若找不到答案，再代入题干进行推理。

另外，本处为综合推理试题中真话假话的类型之一，其余类型会在综合推理部分详细讲解。

套路示范

例17 关于男人是否是大猪蹄子，三位老师产生了以下分歧：

小聪老师说："男人必然是大猪蹄子。"

徐荐老师说："男人必然不是大猪蹄子。"

杨晶老师说："考管综的男人都不是大猪蹄子。"

已知上述三句话中，有两句话是真的，有一句话是假的。

据此可以得出以下哪项？

A. 杨晶老师说假话。　　B. 杨晶老师说真话。　　C. 徐荐老师说假话。
D. 徐荐老师说真话。　　E. 小聪老师说假话。

[解析] 题干限定条件为：2真1假。

小与徐的话是上反对关系，必然有1假。

从而，可做如下倒逼：

　　2真1假
－　　 1假
　　2真0假

所以，杨的话必然为真话，故选B项。

> **高能提示**
>
> 小伙伴们若将前述"考点①"与"考点②"的内容迁移到此处,是不是学得很快?
>
> 迁移还可以运用在很多地方。比如,论证逻辑中削弱题型的学习,可给论证有效性分析的沉淀做迁移;又如,条件命题含义的学习,可给条件充分性判断的理解做迁移;再如,论说文的行文方式,可给日后论文的书写做迁移;更如,平时生活中的分析思考,可给论说文写作水平的提高做迁移……
>
> 毕竟,很多事物的内在逻辑性是相通的。甚至,学习其他专业的思维方式,还可以增强本专业的学习能力,提高学习效率,正如杨振宁先生所言:"物理的尽头是哲学,哲学的尽头是宗教。"
>
> 但是,能否做到迁移,关键在于"引领"和"主动"。我会在后面的授课过程中,不断渗透迁移的理念,大家也要主动尝试,毕竟思维总是越用越灵活。

考点⑧ 否定等值规则

知识要点

否定等值规则[①]是指,在**性质命题**与**模态命题**中,否定原命题后,从中推出与它等值的新命题的推理规则。

因此,否定等值规则为:**不 + 原命题⇔新命题**。

要点①去"不"转换法

方法内容

先去掉开头否定,再将否定词之后的结构词按以下方法变化:所有变有的,有的变所有;必然变可能,可能变必然;肯定变否定,否定变肯定。

具体等值式如下:

并非所有⇔有的不　　　　　不必然⇔可能不

并非所有不⇔有的　　　　　不必然不⇔可能

并非有的⇔所有不　　　　　不可能⇔必然不

并非有的不⇔所有　　　　　不可能不⇔必然

例18 人都不可能不会犯错误,不一定所有人都会犯严重错误。

如果上述断定为真,则以下哪项一定为真?

A. 人都可能会犯错误,但有的人可能不会犯严重错误。

B. 人都可能会犯错误,但所有的人都可能不会犯严重错误。

C. 人都一定会犯错误,但有的人可能不会犯严重错误。

D. 人都一定会犯错误,但所有的人都可能不会犯严重错误。

[①] 如果严谨阐述否定等值规则,则需区分量词或模态词所在位置,甚至还要分成两步,所以,我对学术的阐述做了适当调整,相比而言,虽更加浅显,但就应试而言,已经足够。当然,这种调整并未违背学术本质。

E. 人都可能会犯错误，但有的人一定不会犯严重错误。

题源：2008—1—58

解析 根据去"不"转换法，题干条件可转化为：

人都必然会犯错误，可能有的人不会犯严重错误。C 项与之相符。

故选 C 项。

本题 A 项其实也符合题目要求。因为 A、C 两项后半句完全一致，而 A 项前半句可由 C 项前半句推出，故 A 项也一定为真。

一方面，此题确实命题有误，题目应改成"以下哪项与上述断定完全一致？"。

另一方面，采用去"不"转换法时，我们只会关注与题干完全一致的新命题，从而会忽略掉其他相关命题，这是此法的问题之一。

方法病症

去"不"转换法有以下三大病症：

病症 1：虽一步到位，却忽略了中间过程，而这些也可能是答案。

病症 2：快速使用该方法后，容易忽略结合对当关系的考查方法。

病症 3：该方法只适用于否定词在首位的情况，但否定词是可以在任意位置出现的。

鉴于此，我推荐第二种方法——"不"字转移法。

要点② "不"字转移法

方法内容

具体变化如下：

抓住目标否定词，将其向前或向后转移，否定词所跨过的结构词均需改变。（这样能避免病症 2）例如：

原命题：|并非|所有的学生必然会考上研究生。

⇔中间命题：有的学生|不|必然会考上研究生。（这样能避免病症 1）

⇔新命题：有的学生可能|不|会考上研究生。

又如：

原命题：有的学生可能|不|会考上研究生。（这样能避免病症 3）

⇔中间命题：有的学生|不|必然会考上研究生。

⇔新命题：|并非|所有的学生必然会考上研究生。

方法病症

此法有三个特殊之处，分别如下：

1. 双重否定表肯定："不"字转移时，如否定词重叠，可直接约掉。例如：

所有的鸟都|不|可能|不|会飞⇔所有的鸟都必然会飞。

2. 转移过后才能变："不"字转移时，没有跨过的结构词均保持不变。例如：

所有的鸟都<u>不</u>可能<u>不</u>会飞⇔所有的鸟都<u>必然</u>会飞。

3. 模态词可以移动：部分命题的模态词可以移动，但命题含义不变。例如：

所有的鸟都<u>必然</u>会飞⇔<u>必然</u>所有的鸟都会飞⇔所有的鸟都会飞是<u>必然</u>的。

又如：

所有的鸟都<u>必然</u><u>不</u>会飞⇔<u>必然</u>所有的鸟都<u>不</u>会飞⇔所有的鸟都<u>不</u>会飞是<u>必然</u>的。

要点③ 两项误区

在否定等值规则中，有两项常见误区，现示例如下，小伙伴们要记得避免。

1. 若否定词充当修饰成分，则不参与否定等值转换。例如：

非全日制不必然没有价值。

由于"非"修饰"全日制"，与陈述对象"全日制"成为整体，故不能进行否定等值转化。

2. "所有……都……"是固定搭配，其否定等值转化有以下情况：

(1) <u>并非</u>所有……都是……⇔有的……<u>不</u>是……

(2) 所有……<u>不</u>都是……⇔有的……<u>不</u>是……

(3) 所有……都<u>不</u>是……⇔<u>并非</u>有的……是……

(4) <u>并非</u>所有……<u>不</u>都是……⇔所有……都是……

(5) <u>并非</u>所有……都<u>不</u>是……⇔有的……是……

(6) 所有……<u>不</u>都<u>不</u>是……⇔有的……是……

(7) <u>并非</u>所有……<u>不</u>都<u>不</u>是……⇔所有……都<u>不</u>是……

其中（4）和（7）与日常认知有所不符，现证明如下：

对于（4），<u>并非</u>所有……<u>不</u>都是……⇔<u>并非</u>(所有……<u>不</u>都是……)⇔<u>并非</u>(有的……<u>不</u>是……)⇔所有……都是……

对于（7），<u>并非</u>所有……<u>不</u>都<u>不</u>是……⇔<u>并非</u>(所有……<u>不</u>都<u>不</u>是……)⇔<u>并非</u>(有的……是……)⇔所有……都<u>不</u>是……

证毕。

上述变化较为烦琐，而"所有……都……"是固定搭配，小伙伴们变化时，完全可以去掉"所有"，只看"都"，然后采用"不"字转移法，则可快速得到结论。例如：

对于（4），<u>并非</u>所有……<u>不</u>都是……⇔<u>并非</u>……<u>不</u>都是……⇔……都是……

对于（7），<u>并非</u>所有……<u>不</u>都<u>不</u>是……⇔<u>并非</u>……<u>不</u>都<u>不</u>是……⇔……都<u>不</u>是……

考场用法

用法 否定等值规则的直接考查

试题特征

▶ 题干中有模态命题或性质命题（往往是模态命题与性质命题的综合命题）。

▼ 在题干或题目中，会对上述命题加以否定。

▼ 题目让根据上述条件进行推理后，判断选项的真假情况（一般选择完全一致的选项）。

○ **解题套路**

运用"不"字转移法，每转化一步，便与选项进行匹配，即**每步匹配**。

> **高能提示**
>
> 当下真题已很少直接用到本用法，而是将其融入其他用法的解题过程中，因此，小伙伴们一定要形成对"不"字转移法的条件反射哦！

○ **套路示范**

例19 所有错误决策都不可能不付出代价，但有的错误决策可能不造成严重后果。

如果上述断定为真，则以下哪项一定为真？

A. 有的正确决策也可能付出代价，但所有的正确决策都不可能造成严重后果。

B. 有的错误决策必然要付出代价，但所有的错误决策都不一定造成严重后果。

C. 所有的正确决策都不可能付出代价，但有的正确决策也可能造成严重后果。

D. 有的错误决策必然要付出代价，但所有的错误决策都可能不造成严重后果。

E. 所有的错误决策都必然要付出代价，但有的错误决策不一定造成严重后果。

题源：2009—10—38

解析 题干主题词为"错误决策"，而 A 项和 C 项为"正确决策"，故排除。

题干前半句中，"所有……都……"在否定词前，而"不"字没有向前转移，所以不可转化，从而排除 B 项和 D 项。

故选 E 项。

> **定性思维**
>
> 本题用到两个**定性思维**：
> 1. A 项和 C 项的排除：形式逻辑不可能改变主题词。
> 2. B 项和 D 项的排除："不"字没有转移，结构词不能变化。

为了减少疑惑，E 项也稍做分析，但小伙伴们要明白，这样非常不应试。

题干信息完全转化后可得：所有错误决策都必然要付出代价，但有的错误决策不必然造成严重后果。故 E 项为真。

例20 设"并非无奸不商"为真，则以下哪项一定为真？

A. 所有商人都是奸商。　　B. 所有商人都不是奸商。　　C. 并非有的商人不是奸商。

D. 并非有的商人是奸商。　　E. 有的商人不是奸商。

题源：1997—10—4

解析 经观察，选项均为"商人"在前，"奸商"在后的结构，故题干条件必然要换位。

题干条件可提炼为：并非（∀¬奸→¬商）。逆否后可得：并非（∀商→奸）。其等价于：∃商→¬奸。

故选 E 项。

定性思维

本题也可运用**定性思维**。

题干条件是对全称命题的否定，结论必然为特称命题，故 A、B、C、D 四项均可排除。

考点练习

练37 将下列命题进行等价转化。

1. 并非有的人爱小涵。
2. 有的人并非爱小涵。
3. 并非所有考研学子都考政治。
4. 所有考研学子不都考政治。
5. 所有考研学子都不考政治。
6. 并非小涵必然不帅气。
7. 并非杨大涵可能娇气。
8. 并非杨晶老师可能没有骨气。
9. 并非有的考研学子可能懂得复习是看重效率的。
10. 并非所有的考研学子必然不懂得老师们的良苦用心。
11. 所有的鸟都不会飞必然是假的。
12. 所有的鸟不都可能不会飞。
13. 并非所有的鸟不都不可能会飞。
14. 并非有人考不上研究生。
15. 我们班可能不都考上研究生。
16. 我们班都不必然考不上研究生。
17. 不必然所有的学生都有逻辑知识。
18. 每天不都不是值得回忆的。
19. 不可能我们班都考不上不全自费的研究生。

练38 评论员小王说："甲队必然获得了这次比赛的冠军。"

如果小王说的话为假，则以下哪项真假不知？

Ⅰ．甲队可能没有获得这次比赛的冠军。
Ⅱ．甲队可能获得了这次比赛的冠军。
Ⅲ．甲队必然不会获得这次比赛的冠军。

A. 只有Ⅰ。   B. 只有Ⅱ。   C. 只有Ⅲ。
D. 只有Ⅱ和Ⅲ。   E. Ⅰ、Ⅱ和Ⅲ。

练39 据卫星提供的最新气象资料表明，原先预报的明年北方地区的持续干旱不一定会出现。

以下哪项最接近上文气象资料所表明的含义？

A. 明年北方地区的持续干旱一定不出现。
B. 明年北方地区的持续干旱可能出现。
C. 明年北方地区的持续干旱可能不出现。
D. 明年北方地区的持续干旱出现的可能性比不出现大。

E. 明年北方地区的持续干旱不可能出现。

题源：2002—10—54

练40 并非所有微生物都可能在湿热的环境下繁殖。

根据以上断定，以下哪项一定为真？

A. 所有微生物一定在湿热的环境下繁殖。

B. 微生物A可能在湿热的环境下繁殖。

C. 有些微生物可能在湿热的环境下繁殖。

D. 有些微生物可能不在湿热的环境下繁殖。

E. 微生物在湿热的环境下繁殖是一个大概率事件。

练41 没有人知道明天和幸福哪个先来，当然更没有人知道幸运什么时候降临。

如果以上陈述为真，则以下哪项陈述必然为假？

A. 所有人都不知道明天和幸福哪个先来，并且所有人都不知道幸运什么时候降临。

B. 有的人知道明天和幸福哪个先来，但所有的人都不知道幸运什么时候降临。

C. 有的人不知道明天和幸福哪个先来，并且有的人不知道幸运什么时候降临。

D. 没有人知道明天和幸福哪个先来，并且有的人不知道幸运什么时候降临。

E. 有的人不知道明天和幸福哪个先来，并且所有的人都不知道幸运什么时候降临。

考点练习解析

练37 解析 1．所有人都不爱小涵。

2．有的人不爱小涵。

3．有的考研学子不考政治。

4．有的考研学子不考政治。

5．考政治的都不是考研学子。

6．杨小涵可能帅气。

7．杨大涵必然不娇气。

8．杨晶老师必然有骨气。

9．所有考研学子必然不懂得复习是看重效率的。

10．有的考研学子可能懂得老师们的良苦用心。

11．必然有的鸟会飞。

12．有的鸟必然会飞。

13．鸟都必然不会飞。

14．所有人都考得上研究生。

15．我们班可能有人考不上研究生。

16. 我们班都可能考得上研究生。

17. 可能有的学生没有逻辑知识。

18. 有的日子是值得回忆的。

19. 必然我们班有人考得上不全自费的研究生。

练38 答案为 D 项。

解析 小王说的话为假，则他的话的矛盾关系为真，即甲队可能没有获得这次比赛的冠军。复选项Ⅰ与题干的矛盾等价，一定为真；复选项Ⅱ与题干的矛盾是下反对关系，因此不能确定真假；复选项Ⅲ与题干的矛盾是推出关系，但是"可能否定"为真时，"必然否定"的真假性不能确定。

练39 答案为 C 项。

解析 "不一定出现"变成标准式为：可能不出现。由此可以推出"明年北方地区的持续干旱可能不出现"。

练40 答案为 D 项。

解析 利用"不"字转移法，题干条件可变为：有的微生物必然不在湿热的环境下繁殖。依据"必然不"为真，可推出"可能不"为真，因此可以推出 D 项一定为真。

练41 答案为 B 项。

解析 "没"是一个否定词，把"有人"变"所有人"，"知道"变"不知道"，可得：所有人都不知道明天和幸福哪个先来，当然所有人都不知道幸运什么时候降临。A 项与题干等价，一定为真；B 项前半句与题干矛盾，因此一定假；C 项前后两句话可由题干推出，因此一定真；D 项前半句与题干等价，后半句可由题干推出，因此一定真；E 项前半句可由题干推出，后半句和题干等价，因此一定真。

本章练习

练42 并非有些南方人不可能不喜欢吃辣椒。

该命题与以下哪项是等价的？

A. 所有南方人可能不喜欢吃辣椒。

B. 所有南方人可能喜欢吃辣椒。

C. 所有南方人必然不喜欢吃辣椒。

D. 所有南方人必然喜欢吃辣椒。

E. 有些南方人必然不喜欢吃辣椒。

练43 未必所有的错误都能避免。

以下哪项最接近上述断定的含义？

A. 所有的错误必然都不能避免。

B. 所有的错误可能都不能避免。

C. 有的错误可能不能避免。

D. 有的错误必然能避免。

E. 有的错误必然不能避免。

练44 小王、小陈参加了某公司招工面试，不久，得知以下消息：

(1) 公司必然录用小陈；

(2) 公司可能不录用小王；

(3) 公司一定录用小王；

(4) 公司可能录用小陈。

其中两条消息为真，两条消息为假。

如果上述断定为真，则以下哪项为真？

A. 公司已录用小王，未录用小陈。

B. 公司未录用小王，已录用小陈。

C. 公司既录用小王，又录用小陈。

D. 公司可能不录用小王，可能录用小陈。

E. 两个人都没录用。

练45 宇宙中，除了地球，不一定有居住着智能生物的星球。

下列哪项与上述论述的含义最为接近？

A. 宇宙中，除了地球，一定没有居住着智能生物的星球。

B. 宇宙中，除了地球，一定有居住着智能生物的星球。

C. 宇宙中，除了地球，可能有居住着智能生物的星球。

D. 宇宙中，除了地球，可能没有居住着智能生物的星球。

E. 宇宙中，除了地球，一定没有居住着非智能生物的星球。

题源：396—2013—7

练46 某公司人力资源管理部人士指出：由于本公司招聘职位有限，在本次招聘考试中不可能所有的应聘者都能被录用。

基于以下哪项可以得出该人士的上述结论？

A. 在本次招聘考试中，可能有应聘者被录用。

B. 在本次招聘考试中，可能有应聘者不被录用。

C. 在本次招聘考试中，必然有应聘者不被录用。

D. 在本次招聘考试中，必然有应聘者被录用。

E. 在本次招聘考试中，可能有应聘者被录用，也可能有应聘者不被录用。

题源：2013—1—48

模态命题 第二章

练47 现在人们普遍会有各种压力，走在路上很少会见到一些笑脸，人们总是显得很冷漠。而实际上，并非有的不爱笑的人不是不可能不热情。

以下与实际情况同真的是：

A. 有的爱笑的人必然不热情。

B. 所有爱笑的人必然热情。

C. 有的不爱笑的人必然热情。

D. 所有不爱笑的人可能热情。

E. 所有不爱笑的人不可能不热情。

练48 某大学举办围棋比赛，已知围棋比赛不会出现平局。在进行第一轮淘汰赛后，进入第二轮的 6 位棋手实力接近。当然，还是可以分出高下的。在已经进行的两轮比赛中，棋手甲战胜了棋手乙，棋手乙战胜了棋手丙。明天，棋手甲和丙将进行比赛。

根据题干，以下哪项是正确的说法？

A. 棋手甲必然会赢。

B. 棋手丙必然会赢。

C. 两人必然战成平局。

D. 棋手甲很可能赢，但也有可能输。

E. 棋手甲肯定不会赢。

练49 我们国家的汽车市场产销率到达了一个非常高的位置，销售量是世界第一，保有量仅次于美国，是世界第二位。从 2019 年下半年开始，流通环节的库存压力带来了价格战，中国汽车市场现在已经进入了买方市场，市场开始走向成熟。中国汽车流通协会会长提到，授权经销商体系为主的多种业态并存可能是新车销售的一个格局。

以下哪项与他表达的意思最为接近？

A. 并非必然授权经销商体系为主的多种业态并存是新车销售的一个格局。

B. 授权经销商体系为主的多种业态并存是新车销售的一个格局，这是不可能的。

C. 授权经销商体系为主的多种业态并存必然是新车销售的一个格局。

D. 并非授权经销商体系为主的多种业态并存必然不是新车销售的一个格局。

E. 并非授权经销商体系为主的多种业态并存必然是新车销售的一个格局。

练50 宏光集团年终总结大会上，董事长发言说道："有的员工不能得到今年的年终奖，这是不必然的。"

根据董事长的发言，可以得出以下哪项？

A. 可能所有员工都能得到今年的年终奖。

B. 必然所有员工都能得到今年的年终奖。

C. 可能所有员工都不能得到今年的年终奖。

D. 必然有的员工能得到今年的年终奖。

E. 可能有的员工不能得到今年的年终奖。

练51 蓝天幼儿园大二班有 20 个小朋友，某天张阿姨去接她的孙子，她发现班级中陆续地走出了 8 个小朋友，这 8 个小朋友的手上都戴着一个相同的手环。由此她得出了一个结论。

根据以上信息，以下哪项作为张阿姨的结论，最有可能为真？

A. 这个班所有的小朋友必然都戴着这种相同的手环。

B. 这个班有的小朋友没有戴这种手环。

C. 这个班所有小朋友必然都喜欢戴这种相同的手环。

D. 这个班其他小朋友可能也戴着这种相同的手环。

E. 她的孙子手上一定也戴着这种相同的手环。

本章练习解析

练42 答案为 A 项。

解析 "有些"被"并非"否定，变成"所有"，"可能"前面有两个否定词，因此模态词不变。题干可转换成标准式：所有南方人可能不喜欢吃辣椒。

练43 答案为 C 项。

解析 注意题目的问题，是让我们选择和题干等价的选项。否定词是"未必"，题干可转换成标准式：可能有的错误不能避免。当题干转换成标准式后，模态词可以随意移动。所以 C 项和题干等价。

练44 答案为 D 项。

解析 (2) 和 (3) 是矛盾关系，必然一真一假；又依据题干条件"两条消息为真，两条消息为假"可得，(1) 和 (4) 也是一真一假，而 (1) 为真能推出 (4) 为真，所以 (1) 为假，(4) 为真，可排除 A、B、C、E 四项。故选 D 项。

练45 答案为 D 项。

解析 题干条件可以转化成：可能没有居住着智能生物的星球。D 项和题干等价。

练46 答案为 C 项。

解析 题干条件可以转化成：必然有的应聘者不能被录用。注意是由选项得出题干，C 项和题干等价。

练47 答案为 E 项。

解析 注意，找"与题干同真"，就是找"与题干等价"的意思。题干可转化成标准式：所有不爱笑的人必然热情。A、B 两项是爱笑的人，排除；C 项是"有的"，排除；E 项转化成标准式后与题干等价。

练48 答案为 D 项。

解析 A、B、C、E 四项中出现了"必然""肯定",而甲和丙谁能赢并不能确定,因此选择可能性结论。

练49 答案为 D 项。

解析 题干模态词为"可能是"。

A 项标准式为:可能授权经销商体系为主的多种业态并存不是新车销售的一个格局。

B 项标准式为:必然授权经销商体系为主的多种业态并存不是新车销售的一个格局。

C 项本身为标准式。

D 项标准式为:授权经销商体系为主的多种业态并存可能是新车销售的一个格局。

E 项标准式为:授权经销商体系为主的多种业态并存可能不是新车销售的一个格局。

练50 答案为 A 项。

解析 董事长的这句话为倒装句,转为正述语句:不必然有的员工不能得到今年的年终奖。其等价于"可能所有员工都能得到今年的年终奖"。

练51 答案为 D 项。

解析 依据 8 个小朋友都戴手环,不必然得出全班小朋友的情况,也不必然得出其他小朋友的情况,因此出现"必然""一定"等词的选项都可以排除,即排除 A、B、C、E 四项,D 项相对最好。

第三章 联言与选言命题

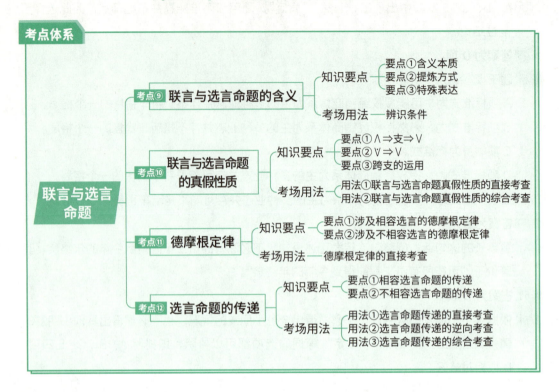

命题情况

联考中很少有以联言与选言命题作为直接考查对象的试题，涉及联言与选言命题的试题，大多数以其作为中间过程进行考查。

考点⑨联言与选言命题的含义，为基本概念，联考不会考查，但其为联言与选言命题的本质，理解后有利于快速掌握后续考点。

考点⑩联言与选言命题的真假性质，直接考查的概率极低，以中间过程作为考查方式的概率极高，故小伙伴们需对其形成条件反射。

考点⑪德摩根定律，直接考查的概率较低，以中间过程作为考查方式的概率较高，故小伙伴们需对其形成条件反射。

考点⑫选言命题的传递，直接考查的概率较低，以中间过程作为考查方式的概率较高，故小伙伴们需对其形成条件反射。

考点⑨ 联言与选言命题的含义

知识要点

要点① 含义本质

联言命题的含义本质

联言命题是指，<u>断定多个简单命题**同时存在**</u>的复合命题。含义本质为"=all"。例如：

杨大涵是男人并且杨小涵是大猪蹄子。

真题中出现的联言命题，往往只有两个支[①]，其构成的情况共有以下四种。

支（A）	支（B）	推出	A 且 B
真	真	⇒	真
真	假		假
假	真		假
假	假		假

故可总结如下性质：

<u>支全真，联言就真</u>；<u>联言为真，支全真</u>。

<u>支有假，联言就假</u>；<u>联言为假，支有假</u>。

> **高能提示**
> 小伙伴们此处仅需掌握"联言命题的含义本质为'=all'"。这是本质，后续性质均由此展开。下述选言命题也是如此。

选言命题的含义本质

选言命题根据支是否相容，可分为<u>相容选言命题</u>和<u>不相容选言命题</u>。

1. 相容选言命题的含义本质。

相容选言命题是指，<u>断定多个简单命题**至少存在一个**，并且**可以同时存在**</u>的复合命题。含义本质为"≥1"。例如：

或者杨大涵考上或者杨小涵考上。

真题中出现的相容选言命题，往往只有两个支，其构成的情况共有以下四种。

支（A）	支（B）	推出	A 或 B
真	真	⇒	真
真	假		真
假	真		真
假	假		假

---

① 联言命题所断定的某一简单命题叫作"支"，后续选言命题的"支"的定义同理。支的含义本质：=1。

故可总结如下性质:

支有真,相容就真;相容为真,支有真。

支全假,相容就假;相容为假,支全假。

2. 不相容选言命题的含义本质。

不相容选言命题是指,断定多个简单命题**存在且仅存在一个**的复合命题。含义本质为"仅=1"。例如:

要么杨大涵是男人要么杨大涵是女人。

真题中出现的不相容选言命题,往往只有两个支,其构成的情况共有以下四种。

支(A)	支(B)	推出	要么A要么B
真	真	⇒	假
真	假		真
假	真		真
假	假		假

口诀:

支一真一假,不容就真;不容为真,支一真一假。

支同真同假,不容就假;不容为假,支同真同假。

此处的三个含义本质要完全理解,此处理解后,"考点⑩"就能借助它的力啦!

▶ 要点②提炼方式

用逻辑符号"∧"(且)、"∨"(或)、"∨̇"(要么),分别表示联言、相容选言、不相容选言命题的结构词。例如:

杨大涵是男人并且杨小涵是大猪蹄子,即大(男)∧小(大)。

或者杨大涵考上或者杨小涵考上,即大(考)∨小(考)。

要么杨大涵是男人要么杨大涵是女人,即大(男)∨̇大(女)。

当然,考场上只要能记住对应的是什么,用一个字代表一个支也是可以的。

▶ 要点③特殊表达

○ 联言命题的特殊表达

上述所列联言命题是标准形式,而真题中遇到的联言命题往往是特殊表达,共有两类。

第一类,同义替换。

这类特殊表达是将联言命题标准结构词替换后所得。常见替换词示例如下:

和、但、而、兼得、既……又……、不但……而且……、虽然……但是……,等等。

> **高能提示**
>
> 对于有多个支的命题，就算只有一个结构词，所有支的关系都以其为准。例如：
> 杨大涵、杨中涵和杨小涵去参加选美。提炼式为：大（参）∧中（参）∧小（参）。
> 杨大涵，杨中涵和杨小涵去参加选美。提炼式也为：大（参）∧中（参）∧小（参）。
> 另外，后者其实是标点符号用错的写法，逗号、顿号都可以表示停顿，但逗号用于句子之间，顿号用于词汇之间，用错标点符号在写作里面可是要扣分的。

第二类，多种表达。

这类特殊表达，如果单独去看，则可理解为联言命题，也可理解为条件命题，这时就需要根据上下文的语境加以揣摩。例如：

你跳，我也跳。

好好学习，天天看小涵。

> **高能提示**
>
> 中国古人惜字如金，所以文言文中往往是没有结构词的。而在近几年真题中，每年都有一道文言文试题，所以小伙伴们可得当心此点呢！
> 文章一般是初高中语文课本中出现过的，虽很熟悉，但不排除小伙伴们有读不懂的可能，此时你就可以把它理解为条件命题。因为这种试题的题干绝大多数情况下都是条件命题，加上反正读不懂，不如死马当活马医。

○ 选言命题的特殊表达

上述所列选言命题是标准形式，而真题中遇到的选言命题往往是同义替换的特殊表达。

这类特殊表达是将选言命题标准结构词替换后所得。常见替换词示例如下：

相容：至少一个、可能……可能……、也许……也许……、不是……就是……，等等。

不相容：有且只有一个、必居其一，等等。

> **高能提示**
>
> 很多小伙伴会把"不是 A 就是 B"理解为不相容选言命题，但其实它并没有否定两者共存的情况，只是表达了"如果不是 A，就一定是 B"的意思而已。
> 若小伙伴们还是分不清，学完"考点⑯条件命题的恒真式"后，再回来看此处，你就会明白啦！
> 当然，大多数真题在使用"不是 A 就是 B"时，会附加限定条件——两者不可共存。例如，冠军不是老杨就是小涵，而冠军不可并列，此时因为加上了限定条件，就可以直接当成不相容选言命题。

考场用法

用法　辨识条件

本考点的考场用法就是，快速识别并提炼试题当中出现的联言与选言命题。

套路：根据含义本质将其转化为标准形式，再进行提炼。当熟练度变高后，可直接提炼。

考点⑩ 联言与选言命题的真假性质

知识要点

> **高能提示**
>
> 前方迁移之美的高能哦！准备好了吗？Here We Go！

要点① ∧ ⇒ 支 ⇒ ∨

在"考点②性质命题的关系"中，阐述了如下推出关系：∀ ⇒ ∃! ⇒ ∃。

将其用对应的"含义本质"替代可得：=all ⇒ =1 ⇒ ≥ 1。

若将对当方阵图中左半部分截取，可得示意图如下。

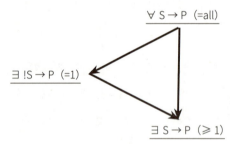

在"考点⑨联言与选言命题的含义"中，阐述了联言命题、支、相容选言命题的含义本质分别为：=all、=1、≥ 1。

这与全称、单称、特称性质命题的含义本质分别一致，故性质命题的推理链条也可迁移至联言与选言命题之中，从而得到：∧ ⇒ 支 ⇒ ∨。对应示意图如下。

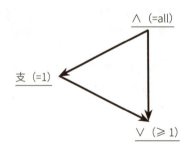

故该链条具备推出关系的所有性质：

1. √**可以顺流而下**：如果∧为真，则可推支为真，从而可推∨为真。
2. ×**可以逆流而上**：如果∨为假，则可推支为假，从而可推∧为假。
3. √**不可以逆流而上**：如果∨为真，则支、∧真假不知。
4. ×**不可以顺流而下**：如果∧为假，则支、∨真假不知。

▶ 要点②∨⇒∨

不相容选言命题的含义本质为：**仅=1**。

该情况是包含在≥1之中的，故可得如下链条：∨⇒∨。

故该链条具备推出关系的所有性质：

1. √**可以顺流而下**：如果∨为真，可推∨为真。
2. ×**可以逆流而上**：如果∨为假，可推∨为假。
3. √**不可以逆流而上**：如果∨为真，∨真假不知。
4. ×**不可以顺流而下**：如果∨为假，∨真假不知。

▶ 要点③跨支的运用

上述两条链条结合，可得方阵图如下。

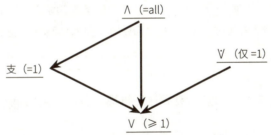

不过，上述推理链条仅能针对支一致的联言、选言命题使用。例如：

"杨晶和杨涵都考上了"为真，能推理出"杨涵考上了"为真，从而能推理出"杨晶或杨涵考上了"为真。但是，"杨晶和杨涵都考上了"为真，不能推理出"杨涵考不上"这个支为真。

"要么杨晶要么杨涵考上了"为真，能推理出"杨晶或杨涵考上了"为真。但是，"要么杨晶要么杨涵考上了"为真，不能推理出"杨晶或杨涵不能考上"为真。

如果想要跨支使用，可采用"紧抓重复支"的方式。例如：

"杨晶和杨涵都考上了"为真，能推理出"杨晶考上了"为真，从而能推理出"杨晶或小聪考上了"为真，即"（晶∧涵）√⇒（晶）√⇒（晶∨小）√"。

"杨晶和杨涵都考上了"为真，能推理出"杨晶考上了"为真，从而能推理出"杨晶没考上"为假，从而能推理出"杨晶和小聪都没考上"为假，即"（晶∧涵）√⇒（晶）√⇒（¬晶）×⇒（¬晶∧¬小）×"。

> **高能提示**
>
> 通过迁移的方式，我们快速分析了"∧与支""∧与∨""支与∨""∨与∨"之间的真假关系，剩余的类型，真题涉及得很少，我在这里简单阐述。
>
> 对于"支与∨"，知道任何一方的真假均无法推理另一方的真假，故两者之间无法互相推理。
>
> 对于"∧与∨"，两者的推理关系可由"不相容选言命题的含义本质"得知。

🔔 考场用法

◆ 用法①联言与选言命题真假性质的直接考查

○ 试题特征

- ▶ 题干中有联言或选言命题。
- ▶ 题目告知题干或选项某性质命题的真假。
- ▶ 以此判断选项或题干命题的真假情况。

> **高能提示**
>
> 所有真题加在一起，本用法只单独设置过 2 道题（如 例21 所示），更多的是将其融入其他试题当中（如 例22 和 例23 所示），使其作为中间过程进行考查。
>
> 因此，小伙伴们在解带有联言或选言命题的试题时，要能对上述真假性质形成条件反射。

○ 解题套路

套路Ⅰ：用联言与选言命题的真假性质**推理**，具体运用如 例21 和 例22 所示。运用规则如下：

- ▶ （∧）√ ⇒ （支）√ ⇒ （∨）√。
- ▶ （Ⅴ）√ ⇒ （∨）√。
- ▶ （∨）× ⇒ （支）× ⇒ （∧）×。
- ▶ （∨）× ⇒ （Ⅴ）×。

套路Ⅱ：用联言与选言命题的真假性质**排除**，具体运用如 例23 所示，运用规则如下：

- ▶ （∧）× ⇒ ? 。
- ▶ （Ⅴ）× ⇒ ? 。
- ▶ （∨）√ ⇒ ? 。

○ 套路示范

例21 所有的结果都有原因，但是有的原因没有结果。

以下哪项如果为真，能反驳上述结论？

Ⅰ．有的结果没有原因。

Ⅱ．有的原因有结果。

Ⅲ．有的结果没有原因，或者有的原因有结果。

A．只有Ⅰ。　　　　　B．只有Ⅱ。　　　　　C．只有Ⅲ。
D．只有Ⅰ和Ⅱ。　　　E．Ⅰ、Ⅱ和Ⅲ。

题源：396—2019—20

【解析】注意本题的相反陷阱，寻找的是"能反驳上述结论"的选项。

题干条件可提炼为：(∀结→原) ∧ (∃原→¬结)。

复选项Ⅰ可提炼为：∃结→¬原。其与"∀结→原"构成矛盾关系，所以能反驳题干，排除 B 项和 C 项。

复选项Ⅱ可提炼为：∃原→结。其与"∃原→¬结"构成下反对关系，所以不能反驳题干，排除 D 项和 E 项。

故选 A 项。

根据**效用思维（每步匹配）**，可不用验证其余复选项，本处为降低疑惑也稍做分析，但小伙伴们要明白，这样非常不应试。

复选项Ⅲ可提炼为：(∃结→¬原) ∨ (∃原→结)。其后半句与题干后半句构成下反对关系，所以，若实际情况为"(∀结→原) ∧ (∃原→结)"，则不能反驳题干。

例22 北方人不都爱吃面食，但南方人都不爱吃面食。如果已知上述第一个断定为真，第二个断定为假。

则以下哪项据此不能确定真假？

Ⅰ．北方人都爱吃面食，有的南方人也爱吃面食。

Ⅱ．有的北方人爱吃面食，有的南方人不爱吃面食。

Ⅲ．北方人都不爱吃面食，南方人都爱吃面食。

A．只有Ⅰ。　　　　　B．只有Ⅱ。　　　　　C．只有Ⅲ。
D．只有Ⅱ和Ⅲ。　　　E．Ⅰ、Ⅱ和Ⅲ。

题源：2008—1—57

【解析】注意本题的相反陷阱，寻找的是"不能确定真假"的选项。

因为题干第一个断定为真，第二个断定为假，故题干可提炼为：∃北→¬面，∃南→面。

复选项Ⅰ前半句可提炼为，∀北→面，与题干前半句构成矛盾关系，所以必然为假。

根据"(支) × ⇒ (∧) ×"可知复选项Ⅰ为假，排除 A 项和 E 项。

复选项Ⅱ前半句可提炼为，∃北→面，与题干前半句构成下反对关系，所以真假不知。

复选项Ⅱ后半句可提炼为，∃南→¬面，与题干后半句构成下反对关系，所以真假不知。

所以复选项Ⅱ真假不知，排除 C 项。

复选项Ⅲ前半句可提炼为，∀北→¬面，与题干前半句构成推出关系，所以真假不知。

复选项Ⅲ后半句可提炼为，∀南→面，与题干后半句构成推出关系，所以真假不知。

所以复选项Ⅲ真假不知，排除 B 项。

故选 D 项。

> **定性思维**
>
> 本题运用了**定性思维**。
> 若支为真，则包含该支的任意相容选言命题均为真。
> 若支为假，则包含该支的任意联言命题均为假。故复选项 I 的后半句无须阅读。

例23 欧几里得几何系统的第五条公理判定：在同一平面上，过直线外一点可以并且只可以作一条直线与该直线平行。在数学发展史上，有许多数学家对这条公理是否具有无可争议的真理性表示怀疑和担心。

要使数学家的上述怀疑成立，以下哪项必须成立？

Ⅰ．在同一平面上，过直线外一点可能无法作一条直线与该直线平行。

Ⅱ．在同一平面上，过直线外一点作多条直线与该直线平行是可能的。

Ⅲ．在同一平面上，如果过直线外一点不可能作多条直线与该直线平行，那么，也可能无法只作一条直线与该直线平行。

A．只有Ⅰ。　　　　　　B．只有Ⅱ。　　　　　　C．只有Ⅲ。
D．只有Ⅰ和Ⅲ。　　　　E．Ⅰ、Ⅱ和Ⅲ。

题源：2003—1—60

解析 很多小伙伴读不懂本题的题目，大家可以思考一个问题，A 必须 B，是不是等同于，如果 A 为真，那么 B 为真？从而本题题目可转化为"如果数学家的上述怀疑成立，那么以下哪项必须成立？"，也就是"如果题干数学家的上述怀疑为真，能推出以下哪项为真？"。

数学家所怀疑的内容为"过直线外一点可以并且只可以作一条直线与该直线平行"，其可简单提炼为"可以作∧仅 1 条"。该内容被怀疑，即该内容为假。

复选项Ⅰ可提炼为：¬可以作。根据"(∧)×⇒?"，其真假不知，排除 A、D、E 三项。

复选项Ⅱ可提炼为：¬仅 1 条。根据"(∧)×⇒?"，其真假不知，排除 B 项。

故选 C 项。

> **定性思维**
>
> 本题运用了**定性思维**。
> 相容选言命题为真，其对应的支、联言命题的真假均无法判断。
> 联言命题为假，其对应的支、选言命题的真假均无法判断。

> **高能提示**
>
> 小伙伴们可能会问，本题复选项Ⅲ为何为真呢？这涉及后续"考点⑯条件命题的恒真式"中的内容，我们下回分解。

用法②联言与选言命题真假性质的综合考查

○ 试题特征

- ▶ 题干中有多句联言、支或选言命题。
- ▶ 在题干的最后或题目的开头，会给出限定条件——上述命题中有几真、几假。
- ▶ 题目让根据上述条件进行推理后，选出符合要求的选项。

○ 解题套路

从**条件间关系**入手⇒用**减法**倒逼⇒选项**匹配**或选项**代入**。

从**条件间关系**入手：找到具有关系的两句命题，并**标记真假数量**。

用减法倒逼：用限定条件（几真几假）**减去标记的真假数量**，便可倒逼出某条件的真假情况。

选项**匹配**或选项**代入**：用已知真假的条件匹配选项，若找不到答案，再代入题干进行推理。

另外，本处为综合推理试题中真话假话的类型之一，其余类型会在综合推理部分详细讲解。

○ 套路示范

例24 大小行星悬浮在太阳系边缘，极易受附近星体引力作用的影响。据研究人员计算，有时这些力量会将彗星从奥尔特星云拖出。这样，它们更有可能靠近太阳。两位研究人员据此分别做出了以下两种有所不同的断定：木星的引力作用要么将它们推至更小的轨道，要么将它们逐出太阳系；木星的引力作用或者将它们推至更小的轨道，或者将它们逐出太阳系。

如果上述两种断定只有一种为真，则可以推出以下哪项结论？

A. 木星的引力作用将它们推至更小的轨道，并且将它们逐出太阳系。

B. 木星的引力作用没有将它们推至更小的轨道，但是将它们逐出太阳系。

C. 木星的引力作用将它们推至更小的轨道，但没有将它们逐出太阳系。

D. 木星的引力作用既没有将它们推至更小的轨道，也没有将它们逐出太阳系。

E. 木星的引力作用如果将它们推至更小的轨道，就不会将它们逐出太阳系。

题源：2010—1—39

[解析] 题干断定可提炼为：

断定①：小∨出。

断定②：小∨出。

题干限定条件为：1真1假。

断定①与断定②是推出关系，若断定①为真，则断定②为真。

从而，可做如下倒逼：

1 真 1 假
— 2 真
— 1 真 1 假

这不符合限定条件的要求，所以，断定①只能为假，因此"小 ∨ 出"包含的两种情况均不能成立，所以，"小 ∧ ¬ 出"（对应 C 项）和"¬ 小 ∧ 出"（对应 B 项）均要排除。

再根据限定条件可知，断定②必然为真，而断定②包含三种情况，即小 ∧ 出、小 ∧ ¬ 出、¬ 小 ∧ 出，去掉后面两种情况，只剩下第一种情况，从而"小 ∧ 出"为答案。

故选 A 项。

考点练习

练52 如果以下情况分别为真，则请判断"或者你买房子，或者她和你结婚"这句话是真、是假、还是不确定？

1. 你买房子，但是她没有和你结婚。
2. 你买房子，同时她和你结婚。
3. 你没有买房子，但她和你结婚。
4. 你没有买房子，她也没和你结婚。
5. 你买房子。
6. 你没有买房子。
7. 她和你结婚。
8. 她没有和你结婚。

练53 如果"或者你买房子，或者她和你结婚"这句话为真，则请判断以下选项是真、是假、还是不确定？

1. 你买房子，但是她没有和你结婚。
2. 你买房子，同时她和你结婚。
3. 你没有买房子，但她和你结婚。
4. 你没有买房子，她也没和你结婚。
5. 你买房子。
6. 你没有买房子。
7. 她和你结婚。
8. 她没有和你结婚。

练54 如果以下情况分别为真，则请判断"要么你买房子，要么她和你结婚"这句话是真、是假、还是不确定？

1. 你买房子，但是她没有和你结婚。
2. 你买房子，同时她和你结婚。
3. 你没有买房子，她也没和你结婚。
4. 你没有买房子，但她和你结婚。
5. 你买房子。
6. 你没有买房子。
7. 她和你结婚。
8. 她没有和你结婚。

练55 如果"要么你买房子，要么她和你结婚"这句话为真，则请判断以下选项是真、是假、还是不确定？

1. 你买房子，但是她没有和你结婚。
2. 你买房子，同时她和你结婚。

3. 你没有买房子，但她和你结婚。 4. 你没有买房子，她也没和你结婚。

5. 你买房子。 6. 你没有买房子。

7. 她和你结婚。 8. 她没有和你结婚。

考点练习解析

练52 **解析** 题干条件可提炼为：买房∨结婚。当至少一个支为真时，题干命题就为真。

注意：是已知选项为真，由此判断题干的真假情况。

1. 当"买房∧没结婚"为真时，"买房"为真，满足至少一个支为真，题干为真。

2. 当"买房∧结婚"为真时，"买房"为真，满足至少一个支为真，题干为真。

3. 当"没买房∧结婚"为真时，"结婚"为真，满足至少一个支为真，题干为真。

4. 当"没买房∧没结婚"为真时，"买房"和"结婚"都为假，不满足至少一个支为真，题干为假。

5. 当"买房"为真时，满足至少一个支为真，题干为真。

6. 当"没买房"为真时，因为不能确定是否结婚，因此不能判断题干的真假。

7. 当"结婚"为真时，满足至少一个支为真，题干为真。

8. 当"没结婚"为真时，因为不能确定是否买房，因此不能判断题干的真假。

练53 **解析** 当"买房∨结婚"为真时，意味着至少一个支为真，第一种情况是"买房为真、结婚为假"，第二种情况是"买房为假、结婚为真"，第三种情况是"买房和结婚都为真"。

1. "买房∧没结婚"在第一种情况下为真，第二、三种情况下为假，因此不能确定真假。

2. "买房∧结婚"在第三种情况下为真，第一、二种情况下为假，因此不能确定真假。

3. "没买房∧结婚"在第二种情况下为真，第一、三种情况下为假，因此不能确定真假。

4. "没买房∧没结婚"在三种情况下都为假，因此一定为假。

5. 当题干命题为真时，单独的一个支不能确定真假，因此"买房"不能确定真假。

6. 当题干命题为真时，单独的一个支不能确定真假，因此"没买房"不能确定真假。

7. 当题干命题为真时，单独的一个支不能确定真假，因此"结婚"不能确定真假。

8. 当题干命题为真时，单独的一个支不能确定真假，因此"没结婚"不能确定真假。

练54 **解析** 题干条件可提炼为：买房∨结婚。当两个支一真一假时，题干为真；当两个支同真同假时，题干为假。

注意：是已知选项为真，由此判断题干的真假情况。

1. 当"买房∧没结婚"为真时，"买房"真，"结婚"假，满足一真一假，题干为真。

2. 当"买房∧结婚"为真时，"买房"真，"结婚"也真，题干为假。

3. 当"没买房∧没结婚"为真时，"买房"和"结婚"都假，题干为假。

4. 当"没买房∧结婚"为真时，"买房"假，"结婚"真，满足一真一假，题干为真。

5. 当"买房"为真时,"结婚"不确定真假,题干不能确定真假。

6. 当"没买房"为真时,"结婚"不确定真假,题干不能确定真假。

7. 当"结婚"为真时,"买房"不确定真假,题干不能确定真假。

8. 当"没结婚"为真时,"买房"不确定真假,题干不能确定真假。

练55 解析 当"买房∨结婚"为真时,意味着两个支必然一真一假,第一种情况是"买房真、结婚假",第二种情况是"买房假、结婚真"。

1. "买房∧没结婚"在第一种情况下为真,第二种情况下为假,因此不能确定真假。

2. "买房∧结婚"在两种情况下都为假,因此一定假。

3. "没买房∧结婚"在第二种情况下为真,第一种情况下为假,因此不能确定真假。

4. "没买房∧没结婚"在两种情况下都为假,因此一定为假。

5. 当题干命题为真时,单独的一个支不能确定真假,因此"买房"不能确定真假。

6. 当题干命题为真时,单独的一个支不能确定真假,因此"没买房"不能确定真假。

7. 当题干命题为真时,单独的一个支不能确定真假,因此"结婚"不能确定真假。

8. 当题干命题为真时,单独的一个支不能确定真假,因此"没结婚"不能确定真假。

考点⑪ 德摩根定律

知识要点

德摩根定律本质上是联言命题与选言命题的矛盾公式。一共有两种,分别是涉及相容选言的德摩根定律和涉及不相容选言的德摩根定律。

要点①涉及相容选言的德摩根定律

○ 内容总结

▶ $\neg (A \lor B) \Rightarrow \neg A \land \neg B$

例如:并非小王考上或者小李考上⇒小王没考上并且小李没考上。

▶ $\neg (\neg A \land \neg B) \Rightarrow A \lor B$

例如:并非小王没考上并且小李没考上⇒小王考上或者小李考上。

结合上述两者,可得: $\neg (A \lor B) \Leftrightarrow \neg A \land \neg B$。

口诀:整体取非,且或互换,否肯互换。

○ 扩展思考

例25 请运用德摩根定律,对下列两个命题做相关转化。

1. 杨小涵上岸,或者,杨中涵及杨大涵都不上岸,是假的。

2. 杨少晶选驸马,明确表明自己不要杨小涵和杨大涵。

解析 题干命题可做以下变化:

1. ¬[小（上）∨中（¬上）∧大（¬上）]⇔小（¬上）∧中（上）∨大（上）。
2. ¬（小∨大）⇔¬小∧¬大。

> **高能提示**
>
> 对于第二个命题，小伙伴们是不是想这样变化：¬（小∧大）⇔¬小∨¬大。
>
> 然而，"和"这个字，单独理解是联言命题结构词。但是，在与否定词结合时，则要理解为相容选言命题结构词，所以，上述变化无误。是不是得感叹下，中国文化博大精深？
>
> 2019年管综真题就出现过否定词与"和"一同出现的情况，此时如果不按照选言命题理解，则根本无法推理。所以小伙伴们其实不用刻意理解，考场上灵活应对即可。这也体现了真题对"活"字的考查。

要点②涉及不相容选言的德摩根定律

▶ ¬（A∨B）⇒（A∧B）∨（¬A∧¬B）

不相容选言命题的含义本质为：仅=1。在只有2个支的情况下，若一真一假（仅=1）不成立，则只能要么两者同假（=0），要么两者同真（=2）。

▶ ¬[（A∧B）∨（¬A∧¬B）]⇒A∨B

与上述同理，在只有2个支的情况下，若同假（=0）与同真（=2）都不成立，则只能两者一真一假（仅=1）。

结合上述两者，可得：¬（A∨B）⇔（A∧B）∨（¬A∧¬B）。

口诀：整体取非，要么同肯，要么同否。

🔔 考场用法

用法　德摩根定律的直接考查

○ **试题特征**

▶ 题干中有联言或选言命题。

▶ 在题干或题目中，会对上述命题加以否定。

▶ 题目让根据上述条件进行推理后，选出符合要求的选项（往往是完全一致）。

○ **解题套路**

德摩根定律需要每转化一步，便与选项进行匹配，即**每步匹配**。

> **高能提示**
>
> 当下很少单独设置真题来考查本用法，而是将其融入其他试题的解题过程中进行考查（如 所示），因此，小伙伴们一定要形成条件反射。

套路示范

例26 一方面确保法律面前人人平等，同时又允许有人触犯法律而不受制裁，这是不可能的。

以下哪项最符合题干的断定？

A. 或者允许有人凌驾于法律之上，或者任何人触犯法律都要受到制裁，这是必然的。

B. 任何人触犯法律都要受到制裁，这是必然的。

C. 有人凌驾于法律之上，触犯法律而不受制裁，这是可能的。

D. 如果不允许有人触犯法律可以不受制裁，那么法律面前人人平等是可能的。

E. 一方面允许有人凌驾于法律之上，同时声称任何人触犯法律都要受到制裁，这是可能的。

题源：2005—1—39

解析 题干条件可以提炼为：不可能（平等∧允许）。其可转化为：必然（¬平等∨¬允许）。A项与其相符。故选A项。

> **定性思维**
>
> 本题也可运用**定性思维**解题。
> 否定可能，所得到的只能是必然。故可排除C、D、E三项。
> 联言命题为假，所得到的只能是相容选言命题。故可排除B项。

考点练习

练56 已知"并非要么去故宫要么去长城"为真，则以下与其同真的是：

A. 并非既去故宫又去长城。

B. 去故宫但不去长城。

C. 去故宫也去长城。

D. 去故宫和长城，要么，不去故宫也不去长城。

E. 要么不去故宫，要么不去长城。

练57 张珊喜欢喝绿茶，也喜欢喝咖啡。他的朋友中没有人既喜欢喝绿茶，又喜欢喝咖啡，但他的所有朋友都喜欢喝红茶。

如果上述断定为真，则以下哪项不可能为真？

A. 张珊喜欢喝红茶。

B. 张珊的所有朋友都喜欢喝咖啡。

C. 张珊的所有朋友喜欢喝的茶在种类上完全一样。

D. 张珊有一个朋友既不喜欢喝绿茶，也不喜欢喝咖啡。

E. 张珊喜欢喝的，他有一个朋友都喜欢喝。

题源：2009—1—54

练58 并非本届世界服装节既成功又节俭。

如果上述判断是真的,则以下哪项一定为真?

A. 本届世界服装节成功但不节俭。

B. 本届世界服装节节俭但不成功。

C. 本届世界服装节既不节俭也不成功。

D. 本届世界服装节节俭或者成功。

E. 本届世界服装节不节俭或者不成功。

考点练习解析

练56 答案为 D 项。

解析 题干条件可提炼为:¬(故宫∨长城)=(故宫∧长城)∨(不去故宫∧不去长城)。其代表两种情况,第一种是两个地方都去,第二种是两个地方都不去。找与题干同真,即找与题干等价的。

D 项与题干等价,因此一定为真。A 项可以提炼为,不去故宫∨不去长城。在第一种情况下,A 项为假;在第二种情况下,A 项为真,因此 A 项不能确定真假。B 项在两种情况下都为假,因此一定为假。C 项在第一种情况下为真,在第二种情况下为假,因此 C 项不能确定真假。E 项与"故宫∨长城"等价,是题干的矛盾,因此一定为假。

练57 答案为 E 项。

解析 张珊:绿茶∧咖啡。张珊朋友:(1)¬(绿茶∧咖啡)=¬绿茶∨¬咖啡;(2)喝红茶。E 项,依据"张珊喜欢喝绿茶和咖啡",而他的朋友与之矛盾,所以 E 项一定为假;A 项,题干未涉及张珊是否喜欢喝红茶,因此可能为真;B 项,依据(1)不能确定单独一个支的真假,因此 B 项可能为真;C 项,有可能他的朋友都只喜欢喝红茶,其余都不喜欢,因此 C 项可能为真;依据(1)可知,D 项可能为真。

练58 答案为 E 项。

解析 题干条件可提炼为:¬(成功∧节俭)=¬成功∨¬节俭。

E 项与题干等价,因此一定为真;A、B、C 三项分别是题干包含的三种情况,因为题干不能确定是哪种情况,因此 A、B、C 三项均不能确定真假。当"不节俭"为真,"不成功"为假时,D 项为真;当"既不成功也不节俭"为真时,D 项为假,因此 D 项不能确定真假。

考点⑫ 选言命题的传递

知识要点

选言命题的传递一共有两种,分别是<u>相容选言命题的传递</u>和<u>不相容选言命题的传递</u>。

要点① 相容选言命题的传递

▶ 否定肯定式：已知 A ∨ B，若 ¬A，那么可得 B。

其本质为排除法。即，A ∨ B|¬A ⇒ B。例如：

杨大涵选妃子，得在杨老晶或杨少晶中选择。已知杨大涵不选杨老晶，则他会选杨少晶。

注意，相容选言命题的肯定否定式，是**无效的推理**。即，A ∨ B|A ⇒ **?**。例如：

杨大涵选妃子，得在杨老晶或杨少晶中选择。已知杨大涵选了杨少晶，则不知他是否会选杨老晶。

要点② 不相容选言命题的传递

▶ 否定肯定式：已知 A∨̇B，若 ¬A，那么可得 B。

即，A∨̇B|¬A ⇒ B。例如：

杨少晶选驸马，要么选择杨大涵要么选择杨小涵。已知杨少晶不选杨大涵，则杨少晶选杨小涵。

▶ 肯定否定式：已知 A∨̇B，若 A，那么可得 ¬B。

即，A∨̇B|A ⇒ ¬B。例如：

杨少晶选驸马，要么选择杨大涵要么选择杨小涵。已知杨少晶选杨大涵，则杨少晶不选杨小涵。

🔔 考场用法

用法① 选言命题传递的直接考查

○ **试题特征**

▶ 题干中存在选言命题。
▶ 题干直接给出确定条件或题目补充确定条件。
▶ 题目让根据上述条件进行推理后，判断选项的真假情况。

○ **解题套路**

涉及本处用法的试题中，还可设置如下陷阱：

▶ 给出一个相容选言命题，确定条件肯定了其中一支，选项有其余支的具体情况。

上述是无效传递，不应选择。

因此，我们可按以下方式灵活运用。

套路Ⅰ：从**确定条件**入手⇒选言命题的**传递**（相容选言命题否定肯定式）⇒**选项匹配**。

套路Ⅱ：从**确定条件**入手⇒选言命题的**传递**（不相容选言命题否定肯定式）⇒**选项匹配**。

套路Ⅲ：从**确定条件**入手⇒选言命题的**传递**（不相容选言命题肯定否定式）⇒**选项匹配**。

套路Ⅳ：从**确定条件**入手⇒选言命题的**无效传递**（相容选言命题肯定否定式）⇒**定性排除**。

> **高能提示**
> 本用法在真题中很少单独考到，往往会和其他用法并列使用（如 例27 所示）。

套路示范

例27 赵元的同事都是球迷，赵元在软件园工作的同学都不是球迷，李雅既是赵元的同学又是他的同事，王伟是赵元的同学但不在软件园工作，张明是赵元的同学但不是球迷。

根据以上陈述，可以得出以下哪项？

A. 王伟是球迷。
B. 赵元不是球迷。
C. 李雅不在软件园工作。
D. 张明在软件园工作。
E. 赵元在软件园工作。

题源：2011—10—28

解析 题干两个全称命题可串联为：∀事→迷→¬（软∧学）⇔∀事→迷→¬软∨¬学。

题干第一个确定条件为：李（学∧事）。从而可知，李（事）、李（学）。

由李（事），结合上述链条可知，李（事）⇒李（迷）⇒李（¬软∨¬学）。

又因为李（学），进而可知，李（¬软）。

故选 C 项。

用法②选言命题传递的逆向考查

试题特征

▶ 题干中给出选言命题和确定信息，并以选言命题为前提，以确定信息为结论。
▶ 题目让补充某个选项后，使得题干前提能推出这个结论。

解题套路

套路 I：选项**代入**⇒选言命题的**传递**⇒选择**能推出结论**的选项。

选言命题的传递只有三种，故补充的情况只有如下三种：

	情况 1	情况 2	情况 3
已给前提	A∨B	A∨B	A∨B
所补内容	¬A	¬A	A
已给结论	B	B	¬B

从而，此类试题的第二种解题套路为：

套路 II：从**结论**入手⇒依据选言命题的**传递**，**逆向推出**可能的选项。

○ **套路示范**

例28 小李考上了清华，或者小孙没考上北大。

增加以下哪项条件，能推出小李考上了清华？

A. 小张和小孙至少有一人未考上北大。
B. 小张和小李至少有一人未考上清华。
C. 小张和小孙都考上了北大。
D. 小张和小李都未考上清华。
E. 小张和小孙都未考上北大。

题源：2009—1—30

解析 题干条件可提炼为：

已给前提：李（清）∨孙（¬北）。

已给结论：李（清）。

套路Ⅰ：选项代入

A 项可提炼为：张（¬北）∨孙（¬北）。其代入题干后无法进行推理。

B 项可提炼为：张（¬清）∨李（¬清）。其代入题干后无法进行推理。

C 项可提炼为：张（北）∧孙（北）。其代入题干后可得李（清）。

故选 C 项。

根据**效用思维**（**已知答案，其余不看**），可不用验证其余选项，本处为降低疑惑也稍做分析，但小伙伴们要明白，这样非常不应试。

D 项可提炼为：张（¬清）∧李（¬清）。其代入题干后直接与结论矛盾。

E 项可提炼为：张（¬北）∧孙（¬北）。其代入题干后无法进行推理。

套路Ⅱ：逆向传递。

根据相容选言命题的逆向传递，再补充"孙（北）"可得到结论，而 C 项可推出此点。

▶ **用法③选言命题传递的综合考查**

> **高能提示**
>
> 选言命题传递的综合考查与直接考查的解题套路是完全一致的，不过综合考查会在一道试题当中，多次使用选言命题的传递，并且条件相对隐晦。
>
> 因此，此类试题的重点已经不在选言命题传递这个套路上了，而在基本的解题思维上。这类以形式逻辑套路为基础，考查我们思维的试题，便是综合推理。
>
> 我会带着大家在综合推理中详细阐述，这里咱们就先体会下综合推理的思维即可。

○ **套路示范**

例29 某校四位女生施琳、张芳、王玉、杨虹与四位男生范勇、吕伟、赵虎、李龙进行中国象棋比赛。他们被安排到四张桌上，每桌一男一女对弈，四张桌子从左到右分别记为1、2、3、4号，每对选手需要进行四局比赛。比赛规定：选手每胜一局得2分，和一局得

1分，负一局得0分。前三局结束时，按分差大小排列，四对选手的总积分分别是6:0、5:1、4:2、3:3。已知：

(1) 张芳跟吕伟对弈，杨虹在4号桌比赛，王玉的比赛桌在李龙比赛桌的右边；
(2) 1号桌的比赛至少有一局是和局，4号桌双方的总积分不是4:2；
(3) 赵虎前三局总积分并不领先他的对手，他们也没有下成过和局；
(4) 李龙已连输三局，范勇在前三局总积分上领先他的对手。

根据上述信息，前三局比赛结束时谁的总积分最高？

A．施琳。　　B．张芳。　　C．范勇。　　D．王玉。　　E．杨虹。

解析 题目所问为"谁的总积分最高"，此时关注到题干的"6"这个最高积分。与其相关的条件为"李龙已连输三局"，即李龙积分为0分，所以，我们寻找的人为李龙的对手。

同时，李龙也是八位选手中，唯一重复提及两次的人，而重复要素有更高的概率会被用到，所以理应优先关注。

题干告知，只能一男一女对弈，所以必然范勇没和李龙对弈，排除C项。

条件（1）告知，王玉和李龙不同桌，所以必然王玉没和李龙对弈，排除D项。

条件（1）又告知，张芳和吕伟对弈，所以必然张芳没和李龙对弈，排除B项。

剩余A项和E项，而题干有提及E项的"杨虹"，且题干并未涉及A项的"施琳"，所以应该优先关注E项。

此时，并无确定情况可以推理。因此，假设杨虹与李龙对弈，与其相关的条件只有"杨虹在4号桌比赛，王玉的比赛桌在李龙比赛桌的右边"，结合后发现，王玉最少只能在5号桌比赛，这与题干条件违背，所以必然杨虹没和李龙对弈，排除E项。

故选A项。

> **思维分析**
>
> 本题在大框架上是在使用选言命题的传递——告诉考生，积分最高者在A、B、C、D、E五个选项之中，然后通过排除四个选项，推导出正确答案。
>
> 怎么样，很隐晦吧！另外，知道了又如何呢？这道题的解题速度该慢还是慢。
>
> 所以，本题关键不在于形式逻辑套路的运用，而在于以下几个思维的运用：
>
> 首先，**目的意识**。
>
> 优先关注题目所问，而不是从第一个条件开始阅读。
>
> 其次，**效用思维（关注特殊）**。
>
> 关注特殊是指，当试题中出现特殊的选项、要素或情况时，可优先验证。
>
> 特殊有多种理解，这里是指，当某要素或条件重复次数较多（尤其是独特的重复），则优先从该要素或条件解题。李龙是重复要素所以优先验证，而题干没有提及施琳所以暂不验证。
>
> 最后，**逆向思维（假设法）**。
>
> 在无路可走时，直接假设杨虹和李龙对弈。
>
> 这里先给大家总结出这些，大家体验一下。不过，大家不用着急，毕竟，每个阶段都有每个阶段的重点，什么都抓反而什么都抓不住，所以先把形式逻辑套路学好，打好基础，我们再一起体会综合推理的解题思维。

考点练习

练59 已知"或者小明或者小李或者小王买了小米电视"为真。

补充以下哪项，可确定小明买了小米电视？

A. 小李或者小王买了小米电视。

B. 小李没买小米电视。

C. 小李没买小米电视，但是小王买了。

D. 或者小李或者小王没买小米电视。

E. 小李和小王都没买小米电视。

练60 已知"这次比赛张文静要么得冠军要么得亚军"为真。

补充以下哪项，可确定张文静没得亚军？

A. 张文静没得冠军。

B. 张文静在这次比赛中发挥了她最好的状态。

C. 张文静只想得冠军。

D. 张文静得了冠军。

E. 张文静不想得亚军。

练61 王涛和周波是理科（1）班同学，他们是无话不说的好朋友。他们发现班里每一个人或者喜欢物理，或者喜欢化学。王涛喜欢物理，周波不喜欢化学。

根据以上信息，以下哪项一定为真？

Ⅰ．周波喜欢物理。

Ⅱ．王涛不喜欢化学。

Ⅲ．理科（1）班不喜欢物理的人喜欢化学。

Ⅳ．理科（1）班一半同学喜欢物理，一半同学喜欢化学。

A. 仅Ⅰ。　　　　B. 仅Ⅲ。　　　　C. 仅Ⅰ、Ⅱ。

D. 仅Ⅰ、Ⅲ。　　E. 仅Ⅱ、Ⅲ、Ⅳ。

题源：2012—1—31

练62 一桩投毒谋杀案，作案者要么是甲，要么是乙，二者必有其一；所用毒药或者是毒鼠强，或者是乐果，二者至少其一。

如果上述断定为真，则以下哪项推断一定成立？

Ⅰ．该投毒案不是甲投毒鼠强所为。因此，一定是乙投乐果所为。

Ⅱ．在该案侦破中，发现甲投了毒鼠强。因此，案中的毒药不可能是乐果。

Ⅲ．该投毒案的作案者不是甲，并且所投的毒药不是毒鼠强。因此，一定是乙投乐果所为。

A. 只有Ⅰ。　　　B. 只有Ⅱ。　　　C. 只有Ⅲ。

D. 只有Ⅰ和Ⅲ。　E. Ⅰ、Ⅱ和Ⅲ。

题源：2005—1—37

练63 华中工程大学某女生宿舍是八人寝，106寝室的所有女生或者爱喝珍珠奶茶或者爱喝红豆布丁奶茶，其中方小同喜欢喝珍珠奶茶，吕小唯不喜欢喝红豆布丁奶茶。

根据以上信息，以下哪项一定为真？

Ⅰ．方小同也可能喜欢喝红豆布丁奶茶。

Ⅱ．吕小唯喜欢喝珍珠奶茶。

Ⅲ．该宿舍女生要么爱喝珍珠奶茶要么爱喝红豆布丁奶茶。

Ⅳ．该宿舍的女生都爱喝珍珠奶茶。

A．仅Ⅰ。　　　　　　B．仅Ⅲ。　　　　　　C．仅Ⅰ、Ⅱ。

D．仅Ⅰ、Ⅲ。　　　　E．仅Ⅱ、Ⅲ、Ⅳ。

考点练习解析

练59 **答案为E项。**

解析 题干条件可提炼为：小明∨小李∨小王。要确定"小明买电视"，利用相容选言否定必肯定的性质，即补充"小李和小王都没买电视"，正确答案为E项。

练60 **答案为D项。**

解析 题干条件可提炼为：冠军∨亚军。要得出"张没得亚军"，则利用不相容选言肯定一个支必然否定另外一个支的性质，即补充"张得冠军"，正确答案为D项。注意：C项中的"想得"和实际得到是两个概念。

练61 **答案为D项。**

解析 题干条件可提炼为：喜欢物理∨喜欢化学。王涛喜欢物理，满足至少喜欢一个，他是否喜欢化学则不能确定，因此复选项Ⅱ不能确定；周波不喜欢化学，利用相容选言命题的推理性质，则他一定喜欢物理，因此复选项Ⅰ为真；对于所有的人来说都是至少喜欢一个，因此复选项Ⅲ为真；由题干条件不能确定人数，因此复选项Ⅳ不能确定真假。

练62 **答案为C项。**

解析 题干条件可提炼为：（1）甲∨乙；（2）毒鼠强∨乐果。

对于复选项Ⅰ，不是甲投毒鼠强所为，可提炼为：¬（甲∧毒鼠强）⇔¬甲∨¬毒鼠强。因此不能确定作案者不是甲，还有可能是甲投乐果所为，或者乙投毒鼠强所为，因此复选项Ⅰ不一定成立。

对于复选项Ⅱ，作案者是甲，依据（1）可得一定不是乙；所用毒药是毒鼠强，依据（2）则不能确定是否有乐果，因为该投毒案可能同时使用这两种毒药，因此复选项Ⅱ不一定成立。

对于复选项Ⅲ，作案者不是甲，结合（1）可得一定是乙；不是毒鼠强，结合（2）可得一定是乐果，因此复选项Ⅲ一定成立。

[练63] **答案为 C 项。**

[解析] 题干条件可提炼为：珍珠奶茶∨红豆布丁奶茶。方小同喜欢喝珍珠奶茶，满足二者至少喜欢一个，因此，她是否喜欢喝红豆布丁奶茶则不能确定。因为复选项Ⅰ中说的是可能，因此一定真。吕小唯不喜欢喝红豆布丁奶茶，利用相容选言命题的推理性质可得，她一定喜欢喝珍珠奶茶，因此复选项Ⅱ一定真。因为只能是不相容选言命题真推出相容选言命题真，而题干是相容选言真，因此复选项Ⅲ不能确定真假。相容选言真无法判定单独一个支的真假，因此复选项Ⅳ不能确定真假。

本章练习

[练64] 小张在高考后的暑假去旅游了，她回来之后，朋友小李问她："你是去了西安和成都吗？"小张回答说："不是。"小李又问："那你是两个地方都没去吗？"小张仍回答："不是。"

以下哪项最有可能是小张旅游的真实情况？

A. 小张两个地方都去了。

B. 小张两个地方都没去。

C. 小张去了西安但没去成都。

D. 小张去了成都但没去西安。

E. 两个地方中，小张去了其中一个。

[练65] 马医生发现，在进行手术前喝高浓度加蜂蜜的热参茶可以使他手术时主刀更稳，用时更短，效果更好。因此，他认为，要么是参，要么是蜂蜜，含有的某些化学成分能帮助他更快更好地进行手术。

以下哪项如果为真，能削弱马医生的上述结论？

Ⅰ. 马医生在喝含高浓度加蜂蜜的柠檬茶后的手术效果同喝高浓度加蜂蜜的热参茶一样好。

Ⅱ. 马医生在喝白开水之后的手术效果与喝高浓度加蜂蜜的热参茶一样好。

Ⅲ. 洪医生主刀的手术效果比马医生好，而前者没有术前喝高浓度的蜂蜜热参茶的习惯。

A. 只有Ⅰ。　　　　　　B. 只有Ⅱ。　　　　　　C. 只有Ⅲ。

D. 只有Ⅰ和Ⅲ。　　　　E. Ⅰ、Ⅱ和Ⅲ。

题源：2005—1—28

[练66] 明明的父亲给他和弟弟成成承诺，中考后每个人或者奖励一台笔记本电脑或者奖励一部手机，中考后，父亲履行了承诺。明明没获得手机，成成获得了笔记本电脑。

根据上述信息，可以得出以下哪项？

A. 明明获得了笔记本电脑。

B. 明明什么也没获得。

C. 成成获得了一部手机。

D. 成成没获得一部手机。

E. 两个人都没获得一部手机。

练67 三分之二的陪审员认为证人在被告作案时间、作案地点或作案动机上提供伪证。

以下哪项能作为结论从上述断定中推出？

A. 三分之二的陪审员认为证人在被告作案时间上提供伪证。

B. 三分之二的陪审员认为证人在被告作案地点上提供伪证。

C. 三分之二的陪审员认为证人在被告作案动机上提供伪证。

D. 在被告作案时间、作案地点或作案动机这三个问题中，至少有一个问题，三分之二的陪审员认为证人在这个问题上提供伪证。

E. 以上各项均不能从题干的断定中推出。

题源：2007—1—44

练68 总经理：我主张小王和小孙两人中至多提拔一人。

董事长：我不同意。

以下哪项最为准确地表达了董事长实际同意的意思？

A. 小王、小孙都得提拔。

B. 小王、小孙都不提拔。

C. 小王和小孙两人中至少提拔一人。

D. 提拔小王，但不提拔小孙。

E. 提拔小孙，但不提拔小王。

练69 对所有的产品都进行了检查，没发现假冒伪劣产品。

如果上述断定为假，则以下哪项一定为真？

Ⅰ. 有的产品尚未经检查，但发现了假冒伪劣产品。

Ⅱ. 或者有的产品尚未经检查，或者发现了假冒伪劣产品。

Ⅲ. 发现了假冒伪劣产品。

A. 只有Ⅰ。　　　　B. 只有Ⅱ。　　　　C. 只有Ⅲ。

D. 只有Ⅰ和Ⅲ。　　E. 只有Ⅱ和Ⅲ。

练70 李倩和张萌是好朋友，二人发现，她们及她们的好朋友中，每个人或者喜欢玫瑰花或者喜欢百合花或者喜欢茉莉花。李倩喜欢玫瑰花，张萌不喜欢茉莉花。

根据以上陈述，以下哪项必定为真？

Ⅰ. 李倩或者喜欢茉莉花或者喜欢百合花。

Ⅱ. 李倩既不喜欢茉莉花也不喜欢百合花。

Ⅲ. 张萌或者喜欢玫瑰花或者喜欢百合花。

Ⅳ. 张萌喜欢玫瑰花。

A. 仅Ⅱ和Ⅳ。　　　　　　B. 仅Ⅱ、Ⅲ和Ⅳ。　　　　C. 仅Ⅲ。
D. 仅Ⅰ。　　　　　　　　E. 仅Ⅱ和Ⅲ。

练71 如果"鱼和熊掌不可兼得"是不可改变的事实，则以下哪项也一定是事实？

A. 鱼可得但熊掌不可得。

B. 熊掌可得但鱼不可得

C. 鱼和熊掌皆不可得。

D. 鱼可得或者熊掌可得。

E. 鱼不可得或者熊掌不可得。

练72 已知：第一，《神鞭》的首先翻译出版用的或者是英语或者是日语，二者必居其一；

第二，《神鞭》的首次翻译出版或者在旧金山或者在东京，二者必居其一；

第三，《神鞭》的译者或者是林浩如或者是胡乃初，二者必居其一。

如果上述断定都是真的，则以下哪项也一定是真的？

Ⅰ.《神鞭》不是林浩如用英语在旧金山首先翻译出版的，因此，《神鞭》是胡乃初用日语在东京首先翻译出版的。

Ⅱ.《神鞭》是林浩如用英语在东京首先翻译出版的，因此，《神鞭》不是胡乃初用日语在东京首先翻译出版的。

Ⅲ.《神鞭》的首次翻译出版是在东京，但不是林浩如用英语翻译出版的，因此一定是胡乃初用日语翻译出版的。

A. 仅Ⅰ。　　　　　　　　B. 仅Ⅱ。　　　　　　　　C. 仅Ⅲ。
D. 仅Ⅱ和Ⅲ。　　　　　　E. Ⅰ、Ⅱ和Ⅲ。

题源：1998—10—23

本章练习解析

练64 答案为 E 项。

解析 依据小张的第一次回答可得：¬（西安∧成都）=¬西安∨¬成都。A 项一定为假。再依据小张的第二次回答可知，小张只去了两个地方中的一个，但不能确定去了哪个，因此排除 B、C、D 三项，正确答案为 E 项。

练65 答案为 B 项。

解析 马医生的结论为：要么是参，要么是蜂蜜，含有的某些化学成分能帮助他更快更好地进行手术。如果复选项Ⅱ为真，则说明没有参，没有蜂蜜，马医生也能有同样好的手术效果，这就有力地削弱了马医生的结论。

复选项Ⅰ不能削弱马医生的结论，高浓度加蜂蜜的柠檬茶可以理解为，有蜂蜜但没有参，它不与题干"要么是参要么是蜂蜜"相矛盾，因此不能削弱题干。

复选项Ⅲ不能削弱马医生的结论，因为马医生的结论只是比较自己在不同情况下的差异，并非比较自己与别人之间的差异。

练66 答案为 A 项。

解析 题干条件可提炼为：（1）笔记本电脑∨手机；（2）明明没获得手机；（3）成成获得了笔记本电脑。将（2）代入（1）可得，明明获得了笔记本电脑，因此 A 项一定真，B 项一定假，将（3）代入（1）后不能确定成成是否获得了手机，排除 C、D、E 三项。

练67 答案为 E 项。

解析 每一位陪审员，只要他认为被告在作案时间、作案地点或者作案动机上，有提供过伪证，比如陪审员 A 认为证人在作案时间上提供了伪证，那他就属于那三分之二里面，因此 A、B、C、D 四项均不必然为真，都是可能为真。

练68 答案为 A 项。

解析 总经理的意见为：小王和小孙两人中至多提拔一人⇔两人中至少不提拔一个⇔不提拔小王∨不提拔小孙。

董事长不同意总经理的意见，即取总经理意见的矛盾，即"¬（不提拔小王∨不提拔小孙）⇔提拔小王∧提拔小孙"，因此，答案是 A 项。注意：C 项虽然为真，但不符合问题中的"最为准确"。

练69 答案为 B 项。

解析 题干条件可提炼为：对所有产品进行了检查∧没有发现假冒伪劣产品。补充条件"题干为假"，即"¬（对所有产品进行了检查∧没有发现假冒伪劣产品）"为真，展开为：有的产品没有进行检查∨发现假冒伪劣产品。复选项Ⅰ要为真，必须确定两个支均为真，而题干展开是选言命题，不能确定单独每个支的真假性，因此排除 A 项和 D 项；复选项Ⅱ与展开式等价，因此一定为真；依据选言命题为真，不能确定单独一个支的真假性，因此复选项Ⅲ不能确定真假。

练70 答案为 C 项。

解析 题干条件可提炼为：（1）玫瑰花∨百合花∨茉莉花；（2）李喜欢玫瑰花；（3）张不喜欢茉莉花。将（2）代入（1），利用相容选言命题的推理性质，什么也得不出，因此李是否喜欢百合花和茉莉花不能确定，排除复选项Ⅰ、复选项Ⅱ。将（3）代入（1）可得，张喜欢"玫瑰花∨百合花"，复选项Ⅲ一定为真，复选项Ⅳ不能确定真假。

练71 答案为 E 项。

解析 鱼和熊掌不可兼得=¬（得鱼∧得熊掌）=不得鱼∨不得熊掌。利用选言命题可判定联言命题，其矛盾一定为假，其余均不能确定，而题干让选一定为真的，因此排除 A、B、C 三项；利用选言命题判断选言命题，E 项与题干等价，一定真，D 项不能确定真假。

练72 答案为 B 项。

解析 题干条件可提炼为：(1) 英语∨日语；(2) 旧金山∨东京；(3) 林浩如∨胡乃初。复选项Ⅰ，不是林用英语在旧金山首先翻译出版，可以刻画为：¬（林∧英语∧旧金山）⇔¬林∨¬英语∨¬旧金山。而结论为：胡∧日语∧东京。显然前提和结论并不等价，也有可能是林用日语在旧金山翻译的，因此复选项Ⅰ不能确定真假。复选项Ⅱ，确定是林，因此不是胡；确定用英语，因此不是日语；确定在东京，因此不是旧金山，所以结论一定成立。复选项Ⅲ，¬（林∧英语）⇔¬林∨¬英语，与结论"胡∧日语"不等价，还可能是"林用日语"，因此复选项Ⅲ不能确定真假。

第四章　条件命题

考点体系

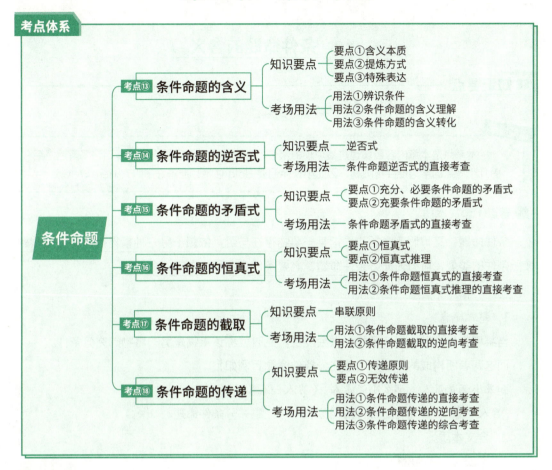

命题情况

以条件命题为直接考查对象的试题,约占形式逻辑试题总数的 2/3。

考点⑬条件命题的含义为基本概念,其为条件命题的本质,理解后有利于快速掌握后续考点。并且,联考会直接考查,不过直接考查的概率不高,往往是将其作为中间过程考查。

考点⑭条件命题的逆否式,直接考查的概率极高,小伙伴们尤其要关注其余考点是如何在其中运用的。

考点⑮条件命题的矛盾式,直接考查的概率极高,小伙伴们尤其要关注其余考点是如何在其中运用的。

考点⑯条件命题的恒真式,直接考查的概率较低,以中间过程作为考查方式的概率较高,故小伙伴们需对其形成条件反射。

考点⑰条件命题的截取,直接考查的概率极高,小伙伴们尤其要关注其余考点是如何在其中运用的。

考点⑱条件命题的传递，直接考查的概率较高，小伙伴们尤其要关注其余考点是如何在其中运用的。

考点⑬ 条件命题的含义

知识要点

高能提示

本考点是本章内容最多也是最烦琐的部分，不过本考点为后续内容的基础，了解后，后面几个考点的学习便会更顺利，因此小伙伴们要 Hold 住哦！准备好了吗？ Here We Go!

要点①含义本质

条件命题，又称假言命题，是指某一事物存在与否，**依赖于**另一种事物存在与否的命题。按照条件的类型，可分为充分条件命题、必要条件命题和充要条件命题。

○ **充分条件命题的含义本质**

1. 基本概念。

当某事物发生后，另一事物必然会发生，此时就称该事物是另一事物的充分条件。

而这两者所构成的命题，就是充分条件命题。例如：

如果小涵是男人，那么小涵是人。（男人→人）

"男人"是"人"的充分条件，"男人→人"是充分条件命题。

2. 含义本质。

▶ 本质1：**有他就行。**

上例中，已知小涵是男人后，就一定能得出小涵是人，即有他就行。

所以，只要某事物的充分条件发生，那么这个事物一定发生。

▶ 本质2：**没他未必不行。**

上例中，如果小涵不是男人，未必就能说明小涵不是人，因为小涵也有可能是女人，从而小涵还是人。即没他未必不行。

所以，如果某事物的充分条件不发生，那么这个事物未必不发生。

○ **必要条件命题的含义本质**

1. 基本概念。

当某事物发生是另一事物发生所必然要求的（这个事物不发生，另一事物就不发生），此时就称该事物是另一事物的必要条件。

而这两者所构成的命题，就是必要条件命题。例如：

只有通过初试，才能考上研究生。（通过初试←考上研究生）

"通过初试"是"考上研究生"的必要条件,"通过初试←考上研究生"是必要条件命题。

2. 含义本质。

▶ **本质 1：没他不行。**

上例中，如果没有通过初试，就一定能得出考不上研究生。即没他不行。

所以，只要某事物的必要条件不发生，那么这个事物一定不发生。

▶ **本质 2：有他未必行。**

上例中，如果通过初试，未必就能说明考上研究生，因为复试不通过，从而还是考不上研究生。即有他未必行。

所以，如果某事物的必要条件发生，那么这个事物未必发生。

○ **充要条件命题的含义本质**

充要条件就是充分必要条件，就是把前面两个条件命题合并。当某事物发生后，另一事物必然会发生；同时，其也是另一事物发生所必然要求的。此时就称该事物是另一事物的充要条件。

而这两者所构成的命题，就是充要条件命题。例如：

一个三角形的三条边相等，当且仅当这个三角形是等边三角形。（三条边相等↔这个三角形是等边三角形）

"三条边相等"是"这个三角形是等边三角形"的充要条件，"三条边相等↔这个三角形是等边三角形"是充要条件命题。

充要条件含义本质：**有他就行，没他不行。**

◆ **要点②提炼方式**

○ **充分、必要条件命题的提炼方式**

充分条件和必要条件是相互的，若 A 是 B 的充分条件，就意味着 B 是 A 的必要条件。就上述示例而言，"人"是"男人"的必要条件；"考上研究生"是"通过初试"的充分条件。因此，条件命题也具有逆否性质，即"A → B ⇔ ¬B → ¬A"。

用箭头"→"衔接充分和必要条件，箭头前面放充分条件，箭头后面放必要条件。

我们在进行提炼时，可遵循"两个凡是"原则：

▶ 凡是"有了就行的""它发生别人就发生的""能推别人的"，一律放在**箭头前面**；

▶ 凡是"没了不行的""它没了别人跟着没的""被人推出的"，一律放在**箭头后面**。

○ **充要条件命题的提炼方式**

用箭头"↔"衔接前、后件。前、后件位置可随意放。

要点③ 特殊表达

上述所列条件命题是标准形式，而真题中遇到的条件命题往往是特殊表达，共有四类。

第一类，同义替换。

这类特殊表达，是将条件命题标准结构词替换后所得。常见替换词示例如下：

充分：只要……就……、若……则……、一……就……、凡是……都要……，等等。

必要：必须……才……，等等。

充要：唯一条件，等等。

第二类，含义理解。

一般来说，充分条件命题的提炼是前推后，而必要条件命题的提炼是后推前，但此类特殊表达的方向与一般认知是相反的，需要通过前述"两个凡是"才能准确提炼。例如：

嫁给你，有钱就行。相当于有钱就能嫁给你，故提炼式为：钱→嫁。

嫁给你，有房即可。相当于有房就能嫁给你，故提炼式为：房→嫁。

学好逻辑是学好英语的前提。逻辑是前提，少了不行，故提炼式为：英→逻。

学好逻辑是学好数学的基础。逻辑是基础，少了不行，故提炼式为：数→逻。

学好逻辑是学好政治的先决条件。逻辑是先决条件，少了不行，故提炼式为：政→逻。

小涵对于考生来说不可或缺。小涵不可或缺，少了不行，故提炼式为：考→涵。

学好英语的前提是学好逻辑。前提是逻辑，少了不行，故提炼式为：英→逻。

学好数学的基础是学好逻辑。基础是逻辑，少了不行，故提炼式为：数→逻。

学好政治的先决条件是学好逻辑。先决条件是逻辑，少了不行，故提炼式为：政→逻。

对于考生来说不可或缺的是小涵。不可或缺的是小涵，少了不行，故提炼式为：考→涵。

> **高能提示**
>
> 在考场上，小伙伴们如果遇到第一类结构词，可直接根据"充分条件前推后，必要条件后推前"进行提炼；如果遇到第二类结构词，则需通过"两个凡是"原则进行提炼。

第三类，多种表达。

这类特殊表达，如果单独去看，可理解为联言命题，也可理解为条件命题，这就需要根据上下文的语境加以揣摩。例如：

你跳，我也跳。

好好学习，天天看小涵。

第四类，"除非"的三种表达。

"除非"的结构，考查次数较多，一共有三种情况，这里单列出来进行说明：

本质含义： "除非"相当于"只有"，表示必要的条件，其所引导的内容放在箭头的后面。

> **高能提示**
>
> 很多小伙伴喜欢背诵与"除非"的结构相关的内容，但这正如"形式逻辑满分指导"中所言，是把逻辑学成政治，越学越复杂。其实你抓住上述含义本质后，其他都是含义本质的演化而已。
>
> 下面就一起尝试下，Here We Go！

1. "除非 A 否则 B"

根据上述含义本质，该式可提炼为：¬B → A。其等价于，¬A → B。例如：

除非天下雨，否则地上湿，可提炼为：¬地湿→下雨，或者，¬下雨→地湿。

既然两者等价，便不用区分是先否定前件还是先否定后件，考试时，采用任何一个都行。

> **高能提示**
>
> 小伙伴们是不是要问，为什么 A 前面不加否定呢？它前面不是有个"非"吗？
>
> 其实，"除非"是固定搭配，所以"非"并没有否定的意思，但"否则"相当于"不这样的话"，因此"否"是有否定含义的。

与此同时，"除非 A 否则 B"还有两种变形，分别为，省略"除非"的"A，否则 B"，以及省略"否则"并且倒装的"B，除非 A"。例如：

天下雨，否则地上湿；地上湿，除非天下雨。它们的提炼式与前述一致。

故，"除非 A 否则 B"式的提炼，总结如下：

两种变形，套路不变：否前推后，否后推前。

> **高能提示**
>
> "除非 A 否则 B"还可以提炼为"A ∨ B"，至于原因，我会在"考点⑯条件命题的恒真式"中讲解。
>
> 不过我不建议使用该提炼式，因为命题人给"除非 A 否则 B"所设置的答案往往是条件命题，而不是选言命题。所以，**其虽然直观，却绕了步骤。**

2. "除非 A 才 B"

根据上述含义本质，该式可提炼为：B → A。例如：

除非是你，我才会嫁人，可提炼为：嫁→你。

3. "若 A 除非 B"

根据上述含义本质，该式可提炼为：A → B。例如：

若要人不知，除非己莫为，可提炼为：¬知→¬为。

> **高能提示**
>
> 这种表达方式，尤其要与"除非……否则……"当中的变形"B，除非 A"做区分。
>
> 后者的开头没有任何结构词，所以是"否则"的省略，但本处的开头是有结构词的，所以不是"否则"的省略。

考场用法

用法①辨识条件

本考点的考场用法就是，快速识别并提炼试题当中出现的条件命题。

套路：根据**含义本质**，将其转化为**标准形式**后，再进行**提炼**。当熟练度变高后，可直接进行提炼。

用法②条件命题的含义理解

试题特征

- 题干中有条件命题。
- 题目让根据上述条件进行推理后，选出符合要求的选项。

解题套路

用条件命题的**含义本质**，理解题干的**必要、充分条件**后，再进行**选项匹配**。

> **高能提示** 此类试题的本质为论证逻辑，需要对题干进行语义理解才可解出答案。

套路示范

例30 许多国家首脑在出任前并未有丰富的外交经验，但这并没有妨碍他们做出成功的外交决策。外交学院的教授告诉我们，丰富的外交经验对于成功的外交决策是不可缺少的。但事实上，一个人，只要有高度的政治敏感、准确的信息分析能力和果断的个人勇气，就能很快地学会如何做出成功的外交决策。对于一个缺少以上三种素养的外交决策者来说，丰富的外交经验没有什么价值。

如果上述断定为真，则以下哪项一定为真？

A. 外交学院的教授比出任前的国家首脑具有更多的外交经验。

B. 具有高度的政治敏感、准确的信息分析能力和果断的个人勇气，是一个国家首脑做出成功的外交决策的必要条件。

C. 丰富的外交经验，对于国家首脑做出的外交决策来说，既不是充分条件，也不是必要条件。

D. 丰富的外交经验，对于国家首脑做出成功的外交决策来说，是必要条件，但不是充分条件。

E. 外交经验越丰富的国家首脑，越有利于做出成功的外交决策。

题源：2004—1—42

解析 观察选项发现，绝大多数选项涉及"外交经验"，故阅读题干时需要思考此点。

题干条件整理如下：

题干中"但事实上"表明后面才是事实，前半部分的信息可以不用关注，从而题干需要阅读的主要是后面两个条件。

第一个条件表明，"三种素养"是"做出成功的外交决策"的充分条件。同时也意味着，即使没有"外交经验"，只要有这三种素养，也可以做出成功的外交决策，因此，"外交经验"不是"做出成功的外交决策"的必要条件。

第二个条件表明，即使有了"外交经验"，如果"三种素养"并不具备，则未必能做出成功的外交决策，因此，"外交经验"不是"做出成功的外交决策"的充分条件。

故选 C 项。

此题的 B 项有很强的干扰性，但题干只是说，不具备三种素养，则外交经验"没什么价值"，此点可以是"未必会做出成功的外交决策"，并没说"一定不会做出成功的外交决策"，所以无法表明"三种要素"是"做出成功的外交决策"的必要条件。

> **高能提示**
> 这里可以明显看出，此题题干的最后一句话，是在诱导小伙伴们过度推理！所以，我们在做论证逻辑的试题时，必须保持高度的"收敛思维"，此点我会在第三篇中给大家详细阐述。

用法③ 条件命题的含义转化

试题特征

- 题干中有条件命题。
- 题目一般会指定某题干条件，让由此选出符合要求（一般为完全一致）的选项。

解题套路

用条件命题的提炼方式，**提炼题干条件**，再进行**选项匹配**。

> **高能提示**
> 此类试题一般考查"如果 A 那么 B"与"只有 B 才 A"之间的转化，以及"如果 A 那么 B"与"除非不 A 否则 B"之间的转化。

套路示范

例31 如今这几年参加注册会计师考试的人越来越多了，可以这样讲，所有想从事会计工作的人都想要获得注册会计师证书。小朱也想获得注册会计师证书，所以，小朱一定是想从事会计工作了。

以下哪项如果为真，最能加强上述论证？

A. 目前越来越多的从事会计工作的人具有了注册会计师证书。

B. 不想获得注册会计师证书的人，就不是一个好的会计工作者。

C. 只有获得注册会计师证书的人，才有资格从事会计工作。

D. 只有想从事会计工作的人，才想获得注册会计师证书。

E. 想要获得注册会计师证书，一定要对会计理论非常熟悉。

题源：1998—1—16、396—2019—2

解析 题目针对处为"上述论证"，所以关注到题干中"所以"衔接的论证。其可提炼为：想获得证书→想从事会计工作。D 项与其相符。故选 D 项。

例32 一个有效三段论的小项在结论中不周延，除非它在前提中周延。

以下哪项与上述断定含义相同？

A. 如果一个有效三段论的小项在前提中周延，那么它在结论中也周延。

B. 如果一个有效三段论的小项在前提中不周延，那么它在结论中周延。

C. 如果一个有效三段论的小项在结论中不周延，那么它在前提中周延。

D. 如果一个有效三段论的小项在结论中周延，那么它在前提中周延。

E. 如果一个有效三段论的小项在结论中不周延，那么它在前提中也不周延。

题源：396—2015—1

解析 题干条件可提炼为：结论（周延）→前提（周延）。D 项与其相符。故选 D 项。

效用思维

本题运用了**效用思维（优先验证）**。

优先验证有多种理解，这里指的是，对于"除非 A，否则 B"式，当题干"A""B"中仅一者为否定时，优先采用否定它的提炼方式。

例如本题，前半段为"结论（¬周延）"，后半段为"前提（周延）"，故采用"否前推后"得到，结论（周延）→前提（周延）。

真题的答案往往提炼式前后是没有任何否定词的，这是因为：一方面，没有否定词的提炼式比较好看；另一方面，不用再逆否，从而是转化的最后一步。

因此，考试时可优先采用此方法验证。当然，如果发现没有否定，则可转化后重新验证。

考点练习

练73 请对以下各项命题进行提炼。

1. 嫁给你，除非我死。
2. 若我喜欢你，除非猪能上树。
3. 若要人不闻，除非己莫言。
4. 有爱情当且仅当我跟你结婚。
5. 不入虎穴，不得虎子。
6. 除非天苍苍，才会野茫茫。
7. 只要按计划进行，就能读完这本书。
8. 学好逻辑是学好写作的基础。
9. 有钱，否则不买这个相机。
10. 必须非常努力，才会看起来毫不费力。

考点练习解析

练73 **解析** 1．不嫁给你→我死。 2．我喜欢你→猪能上树。 3．人不闻→己莫言。
4．爱情↔我跟你结婚。 5．不入虎穴→不得虎子。 6．野茫茫→天苍苍。
7．按计划→读完书。 8．学好写作→学好逻辑。 9．买这个相机→有钱。
10．看起来毫不费力→非常努力。

考点⑭ 条件命题的逆否式

知识要点

要点 逆否式

逆否式是指，将条件命题前、后件位置互换，并分别取否定，得到与原命题等价的新命题的推理公式。例如：

如果是男人，那么是人⇔如果不是人，那么不是男人（男人→人⇔¬人→¬男人）。

所有条件命题均可逆否。

充分、必要条件命题的逆否式：$A \to B \Leftrightarrow \neg B \to \neg A$。

充要条件命题的逆否式：$A \leftrightarrow B \Leftrightarrow \neg B \leftrightarrow \neg A$。

注意，充分、必要条件命题前、后件不可互换；但充要条件命题因前、后件互为充要，故可互换。

考场用法

用法 条件命题逆否式的直接考查

试题特征

▶ 题干中有条件命题。

▶ 题目让由此选出符合要求（一般为推出为真）的选项。

解题套路

题干**提炼**⇒条件命题逆否式**转化**⇒选项**匹配**。

定性思维

本用法自带**定性思维**。
条件命题的逆否式只有一个，即"$A \to B \Leftrightarrow \neg B \to \neg A$"。
因此，在题干信息较为烦琐时，可只抓其中一部分，然后做如下定性排除：
如果抓的是 A，那么遇到"? → A""¬A → ?"的选项均要排除。
如果抓的是 B，那么遇到"B → ?""? → ¬B"的选项均要排除。

> **高能提示**
>
> 此类试题一般考查"如果 A，那么 B"与"如果不 B，那么不 A"之间的转化，以及"如果 A，那么 B"与"只有不 A，才不 B"之间的转化。
>
> 此类试题一般会在前件和后件中夹杂联言或选言命题，从而变成嵌套结构，具体破解方法，我会在"第九章"中进行讲解。

套路示范

例33 小李："人类没有外星人来访地球的文字记录，所以外星人没有来访过地球。"

小李的推理基于以下哪项假设？

A. 如果外星人来访过地球，则人类会有外星人来访地球的文字记录。

B. 如果外星人没有来访过地球，则人类没有外星人来访地球的文字记录。

C. 如果人类有外星人来访地球的文字记录，则外星人来访过地球。

D. 如果人类没有外星人来访地球的文字记录，则外星人来访过地球。

E. 即使人类没有外星人来访地球的文字记录，外星人也可能来访过地球。

题源：396—2013—14

[解析] 题干条件可提炼为：¬记录→¬来访。其等价于，来访→记录，A 项与其相符。故选 A 项。

例34 由于信息高速公路上的信息垃圾问题越来越严重，科学家们不断发出警告：如果我们不从现在开始就重视预防和消除信息高速公路上的信息垃圾，那么总有一天信息高速公路将无法正常通行。

以下哪项的意思最接近这些科学家们的警告？

A. 总有那么一天，信息高速公路不再能正常通行。

B. 只要从现在起就开始重视信息高速公路上信息垃圾的预防和消除，信息高速公路就可以一直正常通行下去。

C. 只有从现在起就开始重视信息高速公路上信息垃圾的预防和消除，才可能预防信息高速公路无法正常通行的后果。

D. 信息高速公路如果有一天不再能正常通行，那是因为我们没有从现在起就重视信息高速公路上信息垃圾的预防和消除。

E. 信息高速公路上信息垃圾的严重性，已经引起了我们的高度重视。

题源：1999—10—10

[解析] 题目的针对处为"科学家们的警告"，从而需要关注的条件为题干的最后一句话。

题干最后一句话的前件较长，从而优先关注较为简短的后件，因此能与题干构成等价关系的条件命题，必须满足"？→¬通行"，或者"通行→？"。

A 项为支，必然无法与题干等价，排除。B 项为"？→通行"，必然无法与题干等价，排除。C 项为"通行→？"，有可能符合，暂且待定。D 项为"¬通行→？"，必然无法与题干等价，排除。E 项为支，必然无法与题干等价，排除。故选 C 项。

> **效用思维**
>
> 本题除用法自带的定性思维外，还涉及两项效用思维。
> **效用思维（关注特殊）**，特殊有多种理解，这里是指，如果有多条路径可以选择，就优先验证相对简单的路径。例如，本题抓前件、后件都是可以的，但从相对简单的后件入手会更好。毕竟抓谁都是抓，从复杂的条件入手，岂不是在难为自己？
> **效用思维（不完全代入）**，如果需要验证多个选项或情况，当觉得验证某选项或情况较烦琐，而验证其余选项或情况较简单时，可暂且放过该项。例如，本题 C 项在验证一半后，跳过了复杂步骤，直接选择验证其余选项。当然，如果其余选项验证完毕后仍然无法得出答案，则还是要重新选择验证该项。

📝 考点练习

练74 除非调查，否则就没有发言权。

以下各项都符合题干的断定，除了：

A. 如果调查，就一定有发言权。

B. 只有调查，才有发言权。

C. 没有调查，就没有发言权。

D. 如果有发言权，则一定做过调查。

E. 必须经过调查才有发言权。

练75 经理说："有了自信不一定赢。"董事长回应说："但是没有自信一定会输。"

以下哪项与董事长的意思最为接近？

A. 不输即赢，不赢即输。

B. 如果自信，则一定会赢。

C. 只有自信，才可能不输。

D. 除非自信，否则不可能输。

E. 只有赢了，才可能更自信。

题源：2012—1—38

练76 某公司规定，在一个月内，如果并非每个工作日都出勤，那么任何员工都不可能既获得当月绩效工资，又获得奖励工资。

以下哪项与上述规定的意思最为接近？

A. 在一个月内，任何员工如果所有工作日都不缺勤，必然既获得当月绩效工资，又获得奖励工资。

B. 在一个月内，任何员工如果所有工作日都不缺勤，都有可能既获得当月绩效工资，又获得奖励工资。

C. 在一个月内，任何员工如果有某个工作日缺勤，仍有可能获得当月绩效工资，或者获得奖励工资。

D. 在一个月内，任何员工如果有某个工作日缺勤，必然或者得不了当月绩效工资，或者得不了奖励工资。

E. 在一个月内，任何员工如果有工作日缺勤，必然既得不了当月绩效工资，又得不了奖励工资。

练77 某家长认为，孩子能在学校开心地学习，学校必须或者有负责任的老师，或者有先进的教学理念。

以下哪项与该家长的意思最为接近？

A. 学校有负责任的老师和先进的教学理念，孩子一定能在学校开心地学习。

B. 如果学校或者没有负责任的老师，或者没有先进的教学理念，则孩子不能在学校开心地学习。

C. 若学校没有负责任的老师，则孩子不能在学校开心地学习。

D. 学校或者有负责任的老师，或者有先进的教学理念，否则孩子不能在学校开心地学习。

E. 如果孩子能在学校开心地学习，那么学校有负责任的老师。

考点练习解析

练74 **答案为 A 项。**

解析 题干条件可提炼为：不调查→没有发言权。它的等价命题为：有发言权→调查。A 项把肯定调查放在箭头前面，因此不能确定真假。B、D、E 三项与题干的等价命题一致，C 项与题干条件一致。

练75 **答案为 C 项。**

解析 董事长的回应可提炼为：没有自信→一定会输。其逆否命题为：可能不输→有自信。C 项恰好是题干的逆否命题。A 项未涉及输赢和自信的关系，排除；B 项把肯定自信放在箭头前面，排除；D 项"可能输→自信"，与题干的逆否命题不一致，排除；题干不涉及"更"，排除 E 项。

练76 **答案为 D 项。**

解析 题干条件可提炼为：可能既获得绩效工资又获得奖励工资→每个工作日都出勤。A 项前件肯定了题干的后件，因此排除；同理可排除 B 项。题干取逆否可得"有的工作日不出勤→必然不获得绩效工资或者不获得奖励工资"，因此 D 项一定真。

练77 **答案为 D 项。**

解析 题干条件可提炼为：开心地学习→负责任的老师∨先进的教学理念。此题可以考虑先抓

"开心地学习",放箭头前面必然是肯定,放箭头后面必然是否定,因此可排除 A 项;D 项与题干等价;题干取逆否可得"没有负责任的老师且没有先进的教学理念→不开心地学习",箭头前面是"且",B 项箭头前面是"或",因此排除 B 项;结合相容选言命题的含义可知,C、E 两项由题干推不出。

考点⑮ 条件命题的矛盾式

知识要点

要点①充分、必要条件命题的矛盾式

从条件命题的含义本质中能看出,条件命题相当于,当条件发生时,必须兑现承诺。因此,当条件发生,但承诺并未兑现时,条件命题必然为假。故可总结以下矛盾公式:

"A → B"与"A∧¬B"矛盾。例如:

"如果考上研究生,那么给奖学金"与"考上研究生但是没给奖学金"矛盾。

> **高能提示**
>
> 小伙伴们在记忆条件命题的矛盾式时,可用上述含义本质辅助记忆。
>
> 另外,"A → B"与"A → ¬B"**并非矛盾关系**。
>
> 因为当 A 为假时,相当于条件并未发生,则上述两个条件命题都不是假的,因此,两者均为真。(真假是矛盾关系,非假即真。我们所说的真假不知,不是和真、假共存的一种情况,而是不知道到底是真还是假。)
>
> 具体的公式证明,会在"考点⑯条件命题的恒真式"中进行阐述。

要点②充要条件命题的矛盾式

充要条件的含义本质为"有了就行,没了不行",即前、后件必然同真同假。因此,与其矛盾的命题,必然是一真一假,即不相容选言命题。故可总结以下矛盾公式:

"A ↔ B"与"A∨̇B"矛盾。

> **高能提示**
>
> 因为"A ↔ B"与"A∨̇B"矛盾,因此,在"考点⑪德摩根定律"中,涉及不相容选言的德摩根定律可进一步变为:¬(A∨̇B) ⇔ A ↔ B。

考场用法

用法 条件命题矛盾式的直接考查

试题特征

▶ 题干中有条件命题。

▶ 题目让根据上述条件，选出符合要求（往往是必然为假或能反驳题干）的选项。

○ 解题套路

题干**提炼**⇒条件命题矛盾式**转化**⇒选项**匹配**。

定性思维

本用法自带**定性思维**。
条件命题的矛盾式只有一个，即"A → B"与"A ∧ ¬B"矛盾。
因此，**当题干较为复杂时**，可按如下顺序做定性排除：
首先，在选项中排除"联言以外的命题"。
其次，挑选前、后件相对简单的选项进行验证。如选前件，则排除"¬A"；如选后件，则排除"B"。

高能提示

此类试题一般会在前件和后件中夹杂联言或选言命题，从而变成嵌套结构，具体破解方法，我会在"第八章"中进行讲解。

○ 套路示范

例35 只要不起雾，飞机就能起飞。

以下哪项如果为真，说明上述断定不成立？

Ⅰ. 没起雾，但飞机没按时起飞。
Ⅱ. 起雾，但飞机仍然按时起飞。
Ⅲ. 起雾，飞机航班延期。

A. 只有Ⅰ。　　　　　　B. 只有Ⅱ。　　　　　　C. 只有Ⅲ。
D. 只有Ⅱ和Ⅲ。　　　　E. Ⅰ、Ⅱ和Ⅲ。

题源：2008—1—32

[解析] 本题题干非常简单，可直接提炼转化。

题干条件可提炼为"¬雾→飞"，其矛盾命题为"¬雾 ∧ ¬飞"，仅复选项Ⅰ符合。故选A项。

例36 在家电产品"三下乡"的活动中，某销售公司的产品受到了农村居民的广泛欢迎。该公司总经理在介绍经验时表示：只有用最流行畅销的明星产品面对农村居民，才能获得他们的青睐。

以下哪项如果为真，最能质疑总经理的论述？

A. 某品牌电视由于其较强的防潮能力，尽管不是明星产品，仍然获得了农村居民的青睐。

B. 流行畅销的明星产品由于价格偏高，没有赢得农村居民的青睐。

C. 流行畅销的明星产品只有质量过硬，才能获得农村居民的青睐。

D. 有少数娱乐明星为某些流行畅销的产品做虚假广告。

E. 流行畅销的明星产品最适合城市中的白领使用。

题源：2012—1—39

[解析] 题目的针对处为"总经理的论述"，因此需要关注的条件为题干的最后一句话。

我们要寻找联言命题，只有 A 项可以理解为联言命题。故选 A 项。

例37 陈先生在鼓励他的孩子时说道："不要害怕暂时的困难和挫折，不经历风雨怎么见彩虹？"他的孩子不服气地说："您说的不对。我经历了那么多风雨，怎么就没见到彩虹呢？"

陈先生的孩子的回答最适宜用来反驳以下哪项？

A. 如果想见到彩虹，就必须经历风雨。

B. 只要经历了风雨，就可以见到彩虹。

C. 只有经历风雨，才能见到彩虹。

D. 即使经历了风雨，也可能见不到彩虹。

E. 即使见到了彩虹，也不是因为经历了风雨。

题源：2014—1—28

[解析] 题目的针对处为"陈先生的孩子的回答"，因此需要关注的条件为题干的第二句话。

题干的第二句话可提炼为"经历∧¬彩虹"，其矛盾命题为"经历→彩虹"，B 项与此相符。故选 B 项。

> **高能提示**
>
> 小伙伴们一般习惯做"题干为条件命题，而选项为联言命题"的试题，但管理类联考也有反过来考查的试题，如 例37 所示。

考点练习

练78 小张承诺："如果天不下雨，我一定去看足球赛。"

以下哪项如果为真，说明小张没有兑现承诺？

Ⅰ. 天没下雨，小张没去看足球赛。

Ⅱ. 天下雨，小张去看了足球赛。

Ⅲ. 天下雨，小张没去看足球赛。

A. 只有Ⅰ。　　　　B. 只有Ⅱ。　　　　C. 只有Ⅲ。

D. 只有Ⅰ和Ⅱ。　　E. Ⅰ、Ⅱ和Ⅲ。

题源：2009—10—53

练79 麦老师：只有博士生导师才能担任学校"高级职称评定委员会"的评委。

宋老师：不对。董老师是博士生导师，但不是"高级职称评定委员会"的评委。

宋老师的回答说明他将麦老师的话错误地理解为：

A. 有的"高级职称评定委员会"的评委是博士生导师。

B. 董老师应该是"高级职称评定委员会"的评委。

C. 只要是博士生导师，就是"高级职称评定委员会"的评委。

D. 并非所有的博士生导师都是"高级职称评定委员会"的评委。

E. 董老师不是学科带头人，但他是博士生导师。

题源：2006—10—26

练80 在中国，只有富士山连锁经营日式快餐。

如果上述断定为真，则以下哪项不可能为真？

Ⅰ．苏州的富士山连锁不经营日式快餐。

Ⅱ．杭州的樱花连锁店经营日式快餐。

Ⅲ．温州的富士山连锁经营韩式快餐。

A. Ⅰ。   B. Ⅱ。   C. Ⅲ。   D. Ⅰ、Ⅱ。   E. Ⅰ、Ⅱ、Ⅲ。

题源：2003—10—37

练81 在乌克兰局势协调小组明斯克会谈前夕，"顿涅茨克人民共和国"和"卢甘斯克人民共和国"发言人宣布了自己的谈判立场：如果乌克兰当局不承认其领土和俄语的特殊地位，并且不停止其在东南部的军事行动，就无法解决冲突。此外两个"共和国"还坚持要求赦免所有民兵武装参与者和政治犯。有乌克兰观察人士评论说："难道我们承认了这两个所谓'共和国'的特殊地位，赦免了民兵武装，就能够解决冲突吗？"

乌克兰观察人士的评论最适合用来反驳以下哪项？

A. 即使乌克兰当局承认两个"共和国"领土和俄语的特殊地位，并且赦免所有民兵武装参与者和政治犯，也可能还是无法解决冲突。

B. 即使解决了冲突，也不一定是因为乌克兰当局承认两个"共和国"领土和俄语的特殊地位。

C. 如果要解决冲突，乌克兰当局就必须承认两个"共和国"领土和俄语的特殊地位，并且赦免所有民兵武装参与者和政治犯。

D. 只要乌克兰当局承认两个"共和国"领土和俄语的特殊地位，并且赦免所有民兵武装参与者和政治犯，就能够解决冲突。

E. 只有乌克兰当局承认两个"共和国"领土和俄语的特殊地位，并且赦免所有民兵武装参与者和政治犯，才能够解决冲突。

题源：2014—10—29

考点练习解析

练78 答案为 A 项。

解析 题干的矛盾命题为：天不下雨∧没去看足球赛。肯定前件、否定后件，只有复选项Ⅰ符合。

练79 答案为 C 项。

解析 宋老师的话为"博士生导师∧不是评委"，并不是麦老师的话的矛盾命题，因此无法反驳。其矛盾命题为"博士生导师→评委"，因此他将麦老师的话错误地理解为"博士生导师→评委"，即 C 项。

练80 答案为 B 项。

解析 题干条件可提炼为"经营日式→富士山连锁"，选择不可能为真的选项，即考虑其矛盾命题"经营日式∧不是富士山连锁"。复选项Ⅰ和复选项Ⅲ表现为不经营日式，可排除；复选项Ⅱ符合。

练81 答案为 D 项。

解析 乌克兰观察人士的观点为"（承认特殊地位∧赦免民兵武装）∧¬解决冲突"，为"A∧¬B"的形式，是"A→B"的矛盾命题，所以只要找到能够提炼成"承认特殊地位∧赦免民兵武装→解决冲突"的选项即可，所以正确答案为 D 项。

考点⑯ 条件命题的恒真式

知识要点

要点① 恒真式

"A→B"与"¬A∨B"等价，即"A→B⇔¬A∨B"。证明如下：

"A→B"与"A∧¬B"矛盾，而"¬A∨B"也与"A∧¬B"矛盾，所以，"A→B"与"¬A∨B"等价。

证毕。

高能提示

小伙伴们在记忆恒真式时，可以结合矛盾式整体记忆。

方式1：
矛盾式：条件发生，但，承诺没兑现。
恒真式：条件没发生，或，承诺兑现。

方式2：
矛盾式：前面照抄，且上后，后面否定。
恒真式：前面否定，或上后，后面照抄。

> **高能提示**
>
> 现在开始填坑！
> ——考点⑨联言与选言命题的含义：
> 我们留下一个坑："不是 A 就是 B"是相容选言命题。现证明如下：
> "不是 A 就是 B"等价于"如果不是 A，那么是 B"。其可提炼为：$\neg A \to B \Leftrightarrow A \vee B$。
> 证毕。
> ——考点⑬条件命题的含义：
> 我们又留下一个坑："除非 A 否则 B"可提炼为"$A \vee B$"。现证明如下：
> "除非 A 否则 B"可提炼为：$\neg A \to B \Leftrightarrow A \vee B$。
> 证毕。
> ——考点⑮条件命题的矛盾式：
> 我们还留下一个坑："$A \to B$"与"$A \to \neg B$"并不矛盾。现证明如下：
> $A \to B \Leftrightarrow \neg A \vee B$；$A \to \neg B \Leftrightarrow \neg A \vee \neg B$。
> 当"$\neg A$"为真时，"$A \to B$"与"$A \to \neg B$"均为真。
> 证毕。

要点②恒真式推理

对于条件命题，可总结以下恒真式推理：

恒真式推理 1：**前件为假，整个命题为真。**

恒真式推理 2：**后件为真，整个命题为真。**

证明：$A \to B \Leftrightarrow \neg A \vee B$，由"$\neg A$""B"为真，均能分别得出"$\neg A \vee B$"为真，故原式为真。
证毕。

> **高能提示**
>
> 其实上述恒真式推理，就是"考点⑩联言与选言命题的真假性质"中的"支$\Rightarrow \vee$"。只不过这里把"$\vee$"转变成了"$\to$"而已。
> 由此，我们也可以把前述真假性质的两个链条扩展为：
> 1. $\wedge \Rightarrow 支 \Rightarrow \vee \Leftrightarrow \to$。
> 2. $\forall \Rightarrow \vee \Leftrightarrow \to$。

🔔 考场用法

用法①条件命题恒真式的直接考查

○ 试题特征

▶ 题干中有条件命题。

▶ 题目让由此选出符合要求（一般为推出为真）的选项。

○ 解题套路

题干**提炼**⇒条件命题恒真式**转化**⇒选项**匹配**。

> **高能提示**
>
> 　　此类试题一般考查"A∨B"往"如果不A，那么B"的转化，其中还可能结合德摩根定律进行考查，如 例38 所示。
>
> 　　到目前为止，"如果A那么B"往"¬A∨B"的转化，仅经综考查过1道，如 例39 所示。其实，在日常用语中，此方向的转化基本用不到，所以考查较少才正常。毕竟，联考是针对生活的考试。

套路示范

例38 欧几里得几何系统的第五条公理判定：在同一平面上，过直线外一点可以并且只可以作一条直线与该直线平行。在数学发展史上，有许多数学家对这条公理是否具有无可争议的真理性表示怀疑和担心。

要使数学家的上述怀疑成立，以下哪项必须成立？

Ⅰ．在同一平面上，过直线外一点可能无法作一条直线与该直线平行。

Ⅱ．在同一平面上，过直线外一点作多条直线与该直线平行是可能的。

Ⅲ．在同一平面上，如果过直线外一点不可能作多条直线与该直线平行，那么，也可能无法只作一条直线与该直线平行。

A. 只有Ⅰ。　　　　　　　B. 只有Ⅱ。　　　　　　　C. 只有Ⅲ。
D. 只有Ⅰ和Ⅲ。　　　　　E. Ⅰ、Ⅱ和Ⅲ。

题源：2003—1—60

[解析] 在"考点⑩联言与选言命题的真假性质"的 例23 中，已经分析过复选项Ⅰ和复选项Ⅱ为何不选，此处仅分析复选项Ⅲ为何要选。

数学家所怀疑的内容为"过直线外一点可以并且只可以作一条直线与该直线平行"，其可简单提炼为"可以作∧仅一条"。

该内容被怀疑，即该内容为假，可得"¬可以作∨作多条"。其等价于：¬作多条→¬可以作。复选项Ⅲ与其相符。

注意，此处存在同义替换的问题，现特意指出。复选项Ⅲ后件实际上提炼为"不可以作"，因为，既然前件说明了"不能作多条"，又在后件说明了"无法只作一条"，则其后件应提炼为"不可以作"。

例39 法国航空公司一架客机失事。如果法国及其他多国没有采取积极的搜救行动，就不会尽早发现失事飞机的残骸。如果失事飞机设计公司提供技术支持并且派专家参与失事原因分析，那么关于失事事件的调查报告就会更客观。

如果以上陈述为真，则以下哪项不可能为假？

A. 或者法国及其他多国采取积极的搜救行动，或者不会尽早发现失事飞机的残骸。

B. 除非失事飞机设计公司提供技术支持，否则就不会尽早发现失事飞机的残骸。

C. 如果法国及其他多国采取积极的搜救行动，就会尽早发现失事飞机的残骸。

D. 如果失事飞机设计公司提供技术支持，那么关于失事事件的调查报告就会更客观。

E. 如果法国及其他多国采取积极的搜救行动，就会派专家参与失事原因分析。

题源：396—2016—1

解析 通过否定等值规则可知，题目所要寻找的是"必然为真"的选项。

本题题干有两个条件，而这两个条件并不能联立，但观察选项可知，选项大量重复"搜救行动"和"残骸"，所以第一个条件被用到的概率较大，根据**效用思维（关注特殊）**可优先验证。

第一个条件可提炼为"¬行→¬残"，其等价于"行∨¬残"，A项与其符合。故选A项。

效用思维

本题运用了**效用思维（关注特殊）**。

经过了这么多思维指导，希望小伙伴们能摆脱原本已固化的由上往下解题的思路，形成灵活观察题干与选项后，再迅速解题的思路。当然，如果出现无法发现特征的情况，那么再用常规解题思路。

再次强调，联考是针对思维的考试，因此思维必须"活"！不管能不能发现特征，都要有能迅速应对的手段。

用法②条件命题恒真式推理的直接考查

试题特征

- 选项中有条件命题，而题干所给条件是选项中的条件命题的前件或后件。
- 题目让由此选出可推出为真的选项。

解题套路

题干**提炼**⇒条件命题恒真式**推理**⇒选项**匹配**。

高能提示

本用法与日常用语严重脱节，目前仅1道真题涉及此点，如 所示。

套路示范

例40 在MBA的财务管理课期终考试后，班长想从老师那里打听成绩。班长说："老师，这次考试不太难，我估计我们班同学们的成绩都在70分以上吧。"老师说："你的前半句话不错，后半句话不对。"

根据老师的意思，下列哪项必为事实？

A. 多数同学的成绩在70分以上，有少数同学的成绩在60分以下。

B. 有些同学的成绩在70分以上，有些同学的成绩在70分以下。

C. 研究生的课程70分才算及格，肯定有的同学成绩不及格。

D. 这次考试太难，多数同学的考试成绩不理想。

E. 这次考试太容易，全班同学的考试成绩都在 80 分以上。

题源：1999—1—34

解析 班长的前半句话"不错"，所以"这次考试不太难"是对的，但这不意味着考试太容易，因此排除 D 项和 E 项。

由班长的后半句话"不对"可得，有些同学的成绩在 70 分以下。

A 项涉及"多数""少数"，但题干没有涉及具体范围，所以排除。

B 项的前半句，与班长的后半句话的矛盾命题构成下反对关系，真假不知，所以排除 B 项。

C 项虽没有结构词，但与其他选项不同的是，其前后之间有联系，故为条件命题，其可替换为：如果研究生的课程 70 分才算及格，那么肯定有的同学成绩不及格（70 分以下）。其后件与班长的后半句话的矛盾命题相符，所以整个命题为真。故选 C 项。

考点练习

练82 对所有的产品都进行了检查，没发现假冒伪劣产品。

如果上述断定为假，则以下哪项一定为真？

Ⅰ. 有的产品尚未经检查，但发现了假冒伪劣产品。

Ⅱ. 或者有的产品尚未经检查，或者发现了假冒伪劣产品。

Ⅲ. 如果对所有的产品都进行了检查，则发现了假冒伪劣产品。

A. 只有Ⅰ。 B. 只有Ⅱ。 C. 只有Ⅲ。

D. 只有Ⅰ和Ⅲ。 E. 只有Ⅱ和Ⅲ。

题源：2005—1—42

练83 对本届奥运会所有奖牌获得者进行了尿样化验，没有发现兴奋剂使用者。

如果以上陈述为假，则以下哪项一定为真？

Ⅰ. 或者有的奖牌获得者没有化验尿样，或者在奖牌获得者中发现了兴奋剂使用者。

Ⅱ. 虽然有的奖牌获得者没有化验尿样，但还是发现了兴奋剂使用者。

Ⅲ. 如果对所有奖牌获得者进行了尿样化验，则一定发现了兴奋剂使用者。

A. 只有Ⅰ。 B. 只有Ⅱ。 C. 只有Ⅲ。

D. 只有Ⅰ和Ⅲ。 E. 只有Ⅱ和Ⅲ。

题源：2009—1—34

练84 郑旺、小文、大王买了刮刮卡刮奖，大王只刮中了一等奖。

下面说法一定为真的是：

A. 小文没中奖。

B. 如果大王没刮中一等奖，那么他就刮中了二等奖。

C. 除非大王没刮中一等奖，否则他就刮中了二等奖。

D. 如果大王刮中了一等奖，他就再买一张刮刮卡。

E. 郑旺猜到大王中了一等奖。

考点练习解析

练82 答案为 E 项。

解析 题干条件可提炼为：对所有产品都进行了检查∧没发现假冒伪劣产品。问题补充为"题干为假"，即"¬（对所有产品都进行了检查∧没发现假冒伪劣产品）"为真，展开为"有的产品没有进行检查∨发现了假冒伪劣产品"。如果复选项 I 为真，则两个支必须均为真，而题干展开是选言命题，不能确定单独每个支的真假性，因此排除 A 项；复选项 II 与展开式等价，因此一定真；依据选言命题与假言命题可等价转换可得，复选项 III 一定真。

练83 答案为 D 项。

解析 题干条件可提炼为：所有奖牌获得者进行了尿样化验∧没有发现兴奋剂使用者。如果该陈述为假，则根据德摩根定律可推出"有的奖牌获得者没有进行尿样化验∨发现了兴奋剂使用者"，其可转化为充分条件命题，¬有的奖牌获得者没有进行尿样化验→发现了兴奋剂使用者，其等价于"所有奖牌获得者进行了尿样化验→发现了兴奋剂使用者"。故复选项 I 和复选项 III 一定为真，复选项 II 未必为真，故选 D 项。

练84 答案为 B 项。

解析 大王刮中了一等奖，依据恒真式可得，B 项一定真；C 项"没刮中一等奖∨刮中二等奖"，两个支都为假，因此 C 项一定假；D 项"没刮中一等奖∨再买"，因为题干不涉及是否再买，因此不能确定真假。

考点⑰ 条件命题的截取

知识要点

高能提示
本考点与"考点④"非常类似，直接将后者对应内容迁移过来，即可快速学完哦！

要点　串联原则

多个条件命题之间，可按如下原则进行串联：

1. **连接串联**：以共同项为纽带连接前后条件，统一用右箭头的方式进行串联。
2. **可以截取**：推理链条可以任意截取。

综上，可串联出以下链条：

A→B，B→C，C→D。

——可串联出：A→B→C→D。

——可截取出：A→D，A→C，B→D。

考场用法

用法① 条件命题截取的直接考查

试题特征

▶ 题干中有多个条件命题，且条件命题之间有重复项。

▶ 题目让根据题干条件判断选项的真假（一般为推出为真、推出为假、复选项或"除了"）。

解题套路

套路Ⅰ：若试题是**推出为真**，如 例41 所示，则**题干串联⇒首尾截取⇒选项匹配**。

套路Ⅱ：若试题是**推出为假**，如 例42 所示，则**题干串联⇒首尾截取⇒取矛盾⇒选项匹配**。

套路Ⅲ：若试题是**复选项或"除了"**，如 例43 所示，则**题干串联⇒选项代入**。

> **高能提示**
> 本用法在串联、匹配或代入的过程中，会以条件命题的逆否式、恒真式为中间过程。

套路示范

例41 如果你犯了法，你就会受到法律制裁；如果你受到法律制裁，别人就会看不起你；如果别人看不起你，你就无法受到尊重；而只有得到别人的尊重，你才能过得舒心。

从上述叙述中，可以推出下列哪一个结论？

A. 你不犯法，日子就会过得舒心。

B. 你犯了法，日子就不会过得舒心。

C. 你日子过得不舒心，证明你犯了法。

D. 你日子过得舒心，表明你看得起别人。

E. 如果别人看得起你，你日子就能过得舒心。

题源：1997—10—30

解析 题干条件可提炼为：（1）犯→制；（2）制→¬看；（3）¬看→¬尊；（4）舒→尊。

题干条件可串联为：犯→制→¬看→¬尊→¬舒。

首尾截取后可得：犯→¬舒。在进行选项匹配后，发现 B 项与其相符。故选 B 项。

根据**效用思维（已知答案，其余不看）**，已无须验证其余选项，本处为降低疑惑也稍做分析，但小伙伴们要明白，这样非常不应试。

A 项可提炼为"¬犯→舒"，是题干首尾截取再逆否后的互换，真假不知，所以排除。

C 项可提炼为"¬ 舒→犯",是题干首尾截取的互换,真假不知,所以排除。

D 项提及"看得起别人",而题干并未涉及,所以排除。

E 项可提炼为"看→舒",题干截取可得"¬ 看→¬ 舒",其等价于"舒→看",与 E 项是互换关系,真假不知,所以排除。

例42 某花店只有从花农那里购得低于正常价格的花,才能以低于市场的价格卖花而获利;除非是该花店的销售量很大,否则,不能从花农那里购得低于正常价格的花;要想有大的销售量,该花店就要满足消费者的兴趣或者拥有特定品种的独家销售权。

如果上述断定为真,并且事实上该花店没有满足广大消费者的个人兴趣,则以下哪项不可能为真?

A. 如果该花店不拥有特定品种的独家销售权,就不能从花农那里购得低于正常价格的花。

B. 即使该花店拥有特定品种的独家销售权,也不能从花农那里购得低于正常价格的花。

C. 该花店虽然没有拥有特定品种的独家销售权,但仍以低于市场的价格卖花而获利。

D. 该花店通过广告促销的方法获利。

E. 花店以低于市场的价格卖花获利是花市的普遍现象。

题源:2004—1—35

[解析] 题干条件可提炼为:(1) 获→低;(2) 低→大;(3) 大→兴∨权。

题干条件可串联为:获→低→大→兴∨权。

补充条件为:¬ 兴。故题干链条可变为:获→低→大→权。

首尾截取后可得:获→权。其矛盾命题为:获∧¬ 权。在进行选项匹配后,发现 C 项与其相符。故选 C 项。

根据**效用思维(已知答案,其余不看)**,已无须验证其余选项,本处为降低疑惑也稍做分析,但小伙伴们要明白,这样非常不应试。

A 项为条件命题,必然不与题干信息违背,无须看细节,直接排除。这里用到了**定性思维**。

B 项可提炼为"¬ 低∧权",题干并不与其相悖,其真假不知,所以排除。

D 项提及"广告",题干并未涉及,所以排除。

E 项提及"现象",题干并未涉及,所以排除。

例43 一本小说要畅销,必须有可读性;一本小说,只有深刻触及社会的敏感点,才能有可读性;而一个作者如果不深入生活,他的作品就不可能深刻触及社会的敏感点。

以下哪项结论可以从题干的断定中推出?

Ⅰ. 一个畅销小说作者,不可能不深入生活。

Ⅱ. 一本不触及社会敏感点的小说,不可能畅销。

Ⅲ. 一本不具有可读性的小说的作者,一定没有深入生活。

A. 仅Ⅰ。　　　　　　B. 仅Ⅱ。　　　　　　C. 仅Ⅰ和Ⅱ。
D. 仅Ⅰ和Ⅲ。　　　　E. Ⅰ、Ⅱ和Ⅲ。

题源：2002—1—52

解析 题干条件可提炼为：(1) 畅→可；(2) 可→触；(3) ¬深→¬触。

题干条件可串联为：畅→可→触→深。

复选项Ⅰ可提炼为"畅→深"，是题干的首尾截取，其必然为真，所以排除 B 项。

复选项Ⅱ可提炼为"¬触→¬畅"，题干截取可得"畅→触"，与复选项Ⅱ构成逆否关系，因此复选项Ⅱ必然为真，排除 A 项和 D 项。

复选项Ⅲ可提炼为"¬可→¬深"，题干截取可得"可→深"，复选项Ⅲ是题干逆否后的互换，因此真假不知，排除 E 项。故选 C 项。

用法②条件命题截取的逆向考查

试题特征

- 题干中有多个条件命题，且告知其中一个为结论，其余为前提。
- 题目让补充某个选项后，使得题干前提能推出这个结论。

解题套路

条件命题的链条只有一种，故补充的情况只会有以下两种。

	A→B+B→C=A→B→C	
	情况1	情况2
已给前提	A→B	B→C
所补内容	B→C	A→B
已给结论	A→C	A→C

经观察，可发现以下规律。

	A→B+B→C=A→B→C	
	情况1	情况2
已给前提	A→B	B→C
所补内容	↓B→C	A→B↑
已给结论	A→C	A→C

从而此类试题的解题套路为：

<u>整理题干条件⇒补充缺失内容</u>。

整理题干条件：通过条件命题的逆否式、恒真式，将**题干条件整理**成上述两种标准情况。

补充缺失内容：**左边相同**，补充右边**上推下**的内容；**右边相同**，补充左边**下推上**的内容。

套路示范

例44 张华是甲班学生，他对围棋感兴趣。该班学生或者对国际象棋感兴趣，或者对军棋感兴趣；如果对围棋感兴趣，则对军棋不感兴趣。因此，张华对中国象棋感兴趣。

以下哪项最可能是上述论证的假设?

A. 如果对国际象棋感兴趣,则对中国象棋感兴趣。
B. 甲班对国际象棋感兴趣的学生都对中国象棋感兴趣。
C. 围棋和中国象棋比军棋更具挑战性。
D. 甲班学生感兴趣的棋类只限于围棋、国际象棋、军棋和中国象棋。
E. 甲班所有学生都对中国象棋感兴趣。

题源:2007—1—31

[解析] 题干条件可提炼为:

已给前提:张→围→¬军→国。

已给结论:张→中。

其构成以下情况:

已给前提:张→围→¬军→国。

已给结论:张→中。

从而需要补充"国→中",A 项与 B 项均符合。又因为题目要求找"最可能的假设",A 项断定范围过大,B 项相对更好,故选 B 项。

考点练习

练85 相互尊重是相互理解的基础,相互理解是相互信任的前提;在人与人的相互交往中,自重、自信也是非常重要的,没有一个人尊重不自重的人,没有一个人信任他所不尊重的人。

根据以上陈述可以推出以下哪项结论?

A. 不自重的人也不被任何人信任。
B. 相互信任才能相互尊重。
C. 不自信的人也不自重。
D. 不自信的人也不被任何人信任。
E. 不自信的人也不受任何人尊重。

题源:2010—1—46

练86 在某次乡镇大会上,镇长发言说:"如果你是一心为民的干部,那么你一定是清廉的干部,只有受人爱戴的干部,才是清廉的干部。除非你不贪污腐败,否则不是受人爱戴的干部。"

如果镇长的发言是真实的,那么以下一定为真的是:

A. 如果一个干部清廉,那么他一定一心为民。

B. 除非受人爱戴，才不会贪污腐败。

C. 一心为民的干部一定不贪污腐败。

D. 只要是清廉的干部，就一定有责任心。

E. 如果不是受人爱戴的干部，就会贪污腐败。

练87 在20世纪30年代，人们已经发现了一种有绿色和褐色纤维的棉花。但是，直到最近培育出此种棉花的长纤维品种后，它们才具备了机纺的条件，才具有了商业价值。由于此种棉花不需要染色，加工企业就省去了染色的开销，并避免了由染色工艺流程带来的环境污染。

从题干可以推出以下哪项结论？

Ⅰ. 只能手纺的绿色或褐色纤维棉花不具有商业价值。

Ⅱ. 短纤维的绿色或褐色纤维棉花只能手纺。

Ⅲ. 在棉花加工中，如果省去了染色就可以避免造成环境污染。

A. Ⅰ。 B. Ⅱ。 C. Ⅲ。

D. Ⅰ、Ⅱ。 E. Ⅰ、Ⅱ、Ⅲ。

题源：2003—10—58

练88 19世纪前，技术、科学发展相对独立。而19世纪的电气革命，是建立在科学基础上的技术创新，它不可避免地导致了两者的结合与发展，而这又使人类不可避免地面对尖锐的伦理道德问题和资源环境问题。

以下哪项符合题干的断定？

Ⅰ. 产生当今尖锐的伦理道德问题和资源环境问题的一个重要根源是电气革命。

Ⅱ. 如果没有电气革命，则不会产生当今尖锐的伦理道德问题和资源环境问题。

Ⅲ. 如果没有科学与技术的结合，就不会有电气革命。

A. 只有Ⅰ。 B. 只有Ⅱ。 C. 只有Ⅲ。

D. 只有Ⅰ和Ⅲ。 E. Ⅰ、Ⅱ和Ⅲ。

题源：2005—1—49

练89 只有她去，你和我才会一起去唱卡拉OK；而她只到能跳舞的卡拉OK厅唱歌，那些场所都在市中心。只有你参加，她妹妹才会去唱卡拉OK。

如果上述断定都是真的，则以下哪项也一定为真？

A. 她不和她妹妹一起唱卡拉OK。

B. 你和我不会一起在市郊的卡拉OK厅唱歌。

C. 我不在，你不会和她一起去唱卡拉OK。

D. 她不在，你不会和她妹妹一起去唱卡拉OK。

E. 她妹妹也只到能跳舞的地方唱卡拉OK。

题源：1999—10—34

考点练习解析

练85 答案为 A 项。

解析 依据标志词将题干第一句话提炼为"相互信任→相互理解→相互尊重",B 项为"相互尊重→相互信任",因此排除 B 项。题干第二句话出现带关系词的非标准式,可以考虑先将其变成被动语句再进行刻画,其可以刻画为"不自重的人→不被尊重→不被信任",因此 A 项一定真。题干没有提到不自信的人,因此可以排除 C、D、E 三项。

练86 答案为 C 项。

解析 题干条件句提炼为:一心为民→清廉的干部→受人爱戴→不贪污腐败。A 项为"清廉的干部→一心为民",不能确定真假;B 项为"不贪污腐败→受人爱戴",不能确定真假;C 项为"一心为民→不贪污腐败",是题干的首尾截取,因此一定真;D 项,题干不涉及责任心,可排除;E 项为"不受人爱戴→贪污腐败",不能确定真假。此处也可以考虑对"受人爱戴"取否,得到"不受人爱戴",那么其只能构成题干的逆否,只能往前构建关系,而 E 项往后构建关系,因此不能确定真假。

练87 答案为 D 项。

解析 一般出现"才",提炼是后推前,因此题干条件可提炼为:商业价值→机纺→长纤维。复选项 I 中的"只能手纺"意味着不能机纺,复选项 I 为"不能机纺→不具有商业价值",一定真;复选项 II 为"短纤维(非长纤维)→不能机纺",取逆否恰好是题干的等价命题,一定真;复选项 III 是"避免造成环境污染",而题干是"避免了由染色工艺流程带来的环境污染",二者不一致,因此复选项 III 不一定真。

练88 答案为 D 项。

解析 A 的发生一定会导致 B 的发生,就可以说 A 是 B 的充分条件,因此题干条件可提炼为:电气革命→科学、技术的结合与发展→伦理道德问题和资源环境问题。

复选项 I 中的"重要根源"可以理解成"电气革命→伦理道德问题和资源环境问题",一定真;复选项 II 否定了题干的前件,因此不能确定真假;复选项 III 是题干的逆否命题,与题干等价,一定真。

练89 答案为 B 项。

解析 题干条件可提炼为:(1)你和我一起去→她去→能跳舞→市中心;(2)妹妹去→你参加。因为(1)和(2)这两个条件无法串联,因此无法判断"她"和"妹妹"的相关信息,排除 A、D 两项;利用(1)的首尾截取可知,只要你和我一起去,就一定会去市中心,因此 B 项一定真;C 项可提炼为"我不在→你不和她一起去","我不在"相当于否定了(1)的前件,什么也推不出,排除 C 项;题干未构建"妹妹"和"能跳舞"的关系,排除 E 项。

考点⑱ 条件命题的传递

📖 知识要点

> **高能提示** 本考点与"考点⑤"非常类似，直接将后者对应内容迁移过来，即可快速学完哦！

要点①传递原则

对于条件命题而言，有以下两条传递原则：

1. 已知"A → B"，若 A 为真，那么可得 B 为真。即"A → B|A ⇒ B"。例如：

   已知如果天下雨，那么地上湿，现在天在下雨，可得，地面湿了。

2. 已知"A → B"，若 B 为假，那么可得 A 为假。即"A → B|¬B ⇒ ¬A"。例如：

   已知如果天下雨，那么地上湿，现在地面没湿，可得，天没下雨。

要点②无效传递

与传递原则相对应的，还有两个无效传递。现列举如下：

1. 已知"A → B"，若 A 为假，那么无法得出其他具体情况。即"A → B|¬A ⇒ ?"。尤其注意，仅知 A 为假，无法得知 B 为假。

2. 已知"A → B"，若 B 为真，那么无法得出其他具体情况。即"A → B|B ⇒ ?"。尤其注意，仅知 B 为真，无法得知 A 为真。

🔔 考场用法

用法①条件命题传递的直接考查

试题特征

- 题干中有多个条件命题。
- 题干直接给出确定条件或题目补充确定条件。
- 题目让根据上述条件进行推理后，判断选项的真假情况。

解题套路

在涉及本用法的试题中，还可设置以下陷阱：

- 给出一个条件命题，确定条件否定了其前件，选项出现该条件命题的后件的具体情况。
- 给出一个条件命题，确定条件肯定了其后件，选项出现该条件命题的前件的具体情况。

上述都是无效传递，不应选择。

因此，我们可按以下方式灵活运用：

套路Ⅰ：从**确定条件**入手⇒条件命题的**传递**（肯前否后）⇒**选项匹配**（如 例45 所示）。

套路Ⅱ：从**确定条件**入手⇒条件命题的**无效传递**（否前肯后）⇒**定性排除**（如 例46 所示）。

> **高能提示**
> 本用法的部分试题会以德摩根定律为过程，也可能出现性质命题或选言命题的传递，如 例45 所示。

○ **套路示范**

例45 在本年度篮球联赛中，长江队主教练发现，黄河队五名主力队员之间的上场配置有以下规律：

(1) 若甲上场，则乙也要上场；

(2) 只有甲不上场，丙才不上场；

(3) 要么丙不上场，要么乙和戊中有人不上场；

(4) 除非丙不上场，否则丁上场。

若乙不上场，则以下哪项配置合乎上述规律？

A. 甲、丙、丁同时上场。

B. 丙不上场，丁、戊同时上场。

C. 甲不上场，丙、丁都上场。

D. 甲、丁都上场，戊不上场。

E. 甲、丁、戊都不上场。

题源：2010—1—50

解析 题干条件可提炼为：(1) 甲→乙；(2) ¬丙→¬甲⇔甲→丙；(3) ¬丙∨(¬乙∨¬戊)；(4) 丙→丁。

题目补充条件为：¬乙。

由补充条件结合题干条件 (1) 可做如下传递：¬乙⇒¬甲。所以，排除 A 项和 D 项。

再由补充条件顺次结合题干条件 (3)、条件 (4) 可做如下传递：¬乙⇒丙⇒丁。所以，排除 B 项和 E 项。故选 C 项。

例46 除非年龄在 50 岁以下，并且能持续游泳三千米以上，否则不能参加下个月举行的花样横渡长江活动。同时，高血压和心脏病患者不能参加。老黄能持续游泳三千米以上，但没被批准参加这项活动。

根据以上断定能推出以下哪项结论？

Ⅰ．老黄的年龄至少有 50 岁。

Ⅱ．老黄患有高血压。

Ⅲ．老黄患有心脏病。

A. 只有Ⅰ。　　　　　　B. 只有Ⅱ。　　　　　　C. 只有Ⅲ。

D. Ⅰ、Ⅱ和Ⅲ至少一个。　　　　　E. Ⅰ、Ⅱ和Ⅲ都不能推出。

题源：2009—1—28

解析 题干条件可提炼为：（1）参→50岁以下∧三千米以上∧¬高∧¬心；（2）黄（三千米以上∧¬参）。

由第二个确定条件可得：黄（三千米以上），黄（¬参）。

其中，"黄（¬参）"否定了题干条件命题的前件，无法得出具体情况。而"黄（三千米以上）"无法肯定题干条件命题的后件，所以，也无法得出具体情况。从而，三个复选项都无法推出。故选 E 项。

用法②条件命题传递的逆向考查

试题特征

▶ 题干中给出条件命题和确定信息，并以条件命题为前提，以确定信息为结论。

▶ 题目让补充某个选项后，使得题干前提能推出这个结论。

解题套路

套路Ⅰ：选项**代入**⇒条件命题的**传递**⇒选择**能推出结论**的选项。

性质命题的传递只有两种，故补充的情况只会有以下两种。

	情况1	情况2
已给前提	A→B	A→B
所补内容	A	¬B
已给结论	B	¬A

从而，此类试题的第二种解题套路为：

套路Ⅱ：从**结论**入手⇒依据条件命题的**传递**，**逆向推出**可能的选项。

> **高能提示**
> 本用法的部分试题会以德摩根定律为过程，也可能出现性质命题或选言命题的逆向传递，如 例47 所示。

套路示范

例47 如果甲和乙都没有考试及格的话，那么丙就一定及格了。

上述前提再增加以下哪项，就可以推出"甲考试及格了"的结论？

A. 丙及格了。　　　　B. 丙没有及格。　　　　C. 乙没有及格。
D. 乙和丙都没有及格。　　E. 乙和丙都及格了。

题源：1998—1—4

解析 题干条件可提炼为：

已给前提：甲（¬及）∧乙（¬及）→丙（及）。

已给结论：甲（及）。

套路Ⅰ：选项代入。

A项可提炼为"丙（及）"，代入题干后无法推理。

B项可提炼为"丙（¬及）"，代入题干后可得"甲（及）∨乙（及）"，无法得出所需结论。

C项可提炼为"乙（¬及）"，代入题干后无法推理。

D项可提炼为"乙（¬及）∧丙（¬及）"，从而可知乙（¬及）、丙（¬及）。由丙（¬及）代入题干后可得"甲（及）∨乙（及）"，再由乙（¬及）可得甲（及）。故选D项。

E项可提炼为"乙（及）∧丙（及）"，代入题干后无法推理。

套路Ⅱ：逆向传递。

根据条件命题的逆向传递，补充丙（¬及），则可得到"甲（及）∨乙（及）"；再根据相容选言命题的逆向传递，补充乙（¬及），可得到甲（及）。

用法③ 条件命题传递的综合考查

> **高能提示**
>
> 条件命题传递的综合考查，与直接考查的解题套路是完全一致的，不过综合考查会在一道试题当中，多次使用条件命题的传递，并且条件会相对隐晦。
>
> 因此，此类试题的重点已经不在于条件命题传递这个套路，而在于基本的解题思维上。这类以形式逻辑套路为基础，考查我们思维的试题，便是综合推理。
>
> 我会在综合推理中做出详细阐述，这里咱们先体会下综合推理的思维即可。

套路示范

例48 江海大学的校园美食节开幕了，某女生宿舍有5人积极报名参加此次活动，她们的姓名分别为金粲、木心、水仙、火珊、土润。举办方要求，每位报名者只做一道菜品参加评比，但需自备食材。限于条件，该宿舍所备食材仅有5种：金针菇、木耳、水蜜桃、火腿和土豆。要求每种食材只能有2人选用。每人又只能选用2种食材，并且每人所选食材名称的第一个字与自己的姓氏均不相同。已知：

(1) 如果金粲选水蜜桃，则水仙不选金针菇；

(2) 如果木心选金针菇或土豆，则她也必须选木耳；

(3) 如果火珊选水蜜桃，则她也必须选木耳和土豆；

(4) 如果木心选火腿，则火珊不选金针菇。

根据上述信息，可以得出以下哪项？

A．木心选用水蜜桃、土豆。　　B．水仙选用金针菇、火腿。
C．土润选用金针菇、水蜜桃。　D．火珊选用木耳、水蜜桃。
E．金粲选用木耳、土豆。

题源：2016—1—54

解析 由题干设定条件可知，5 名女生分别为金、木、水、火、土；5 种食材分别为金、木、水、火、土。每名女生只能选用 2 种食材，每种食材只能被 2 人选用。并且，每人不能选第一个字与自己姓氏相同的食材。

所以，可列表如下。

		食材				
		金	木	水	火	土
女生	金	×				
	木		×			
	水			×		
	火				×	
	土					×

题干已知条件可提炼为：

(1) 金（水）→水（¬金）；

(2) 木（金∨土）→木（木）；

(3) 火（水）→火（木∧土）；

(4) 木（火）→火（¬金）。

由表格可知，木（¬木），结合条件（2）可做如下传递：木（¬木）⇒木（¬金∧¬土）。再由"每名女生只能选用 2 种食材"可知，必然"木（水∧火）"。进而，表格可变为如下所示。

		食材				
		金	木	水	火	土
女生	金	×				
	木	×	×	√	√	×
	水			×		
	火				×	
	土					×

再由条件（4）可做如下传递：木（水∧火）⇒木（火）⇒火（¬金）。再由"每种食材只能被 2 人选用"可知，必然"水（金）∧土（金）"。进而，表格可变为如下所示。

		食材				
		金	木	水	火	土
女生	金	×				
	木	×	×	√	√	×
	水	√		×		
	火	×			×	
	土	√				×

再由条件（1）可做如下传递：水（金）⇒ 金（¬水）。进而，表格可变为如下所示。

		食材				
		金	木	水	火	土
女生	金	×		×		
	木	×	×	√	√	×
	水	√		×		
	火	×			×	
	土	√				×

此时，仅条件（3）尚未使用，而上述推理也到了尽头。假设条件（3）的前件为真，则其后件也为真，进而可得"火（水∧木∧土）"，违背"每名女生只能选用 2 种食材"。因此，假设不成立，必然火（¬水）。再由"每名女生只能选用 2 种食材""每种食材只能被 2 人选用"可知，必然"火（木）∧火（土）"，以及"土（水）"。进而，表格可变为如下所示。

		食材				
		金	木	水	火	土
女生	金	×		×		
	木	×	×	√	√	×
	水	√		×		
	火	×	√	×	×	√
	土	√		√		×

故选 C 项。

> **思维分析**
>
> 本题在解题的过程中，使用了条件命题的传递和选言命题的传递。
> 确实很隐晦吧！另外，与选言命题传递的综合考查一样，知道解题套路又如何呢？做题速度该慢还是慢。
> 所以，本题关键也不在于形式逻辑的套路，而在于以下几个思维的运用：
> 首先，**效用思维（关注特殊——确定条件）**。
> 特殊有多种理解，这里是指，当试题中出现确定条件时，可优先使用。
> 这里的木（¬木）就是确定条件。
> 其次，**逆向思维（假设法）**。
> 在无路可走的时候，直接假设火（水）。
> 最后，**效用思维（关注特殊——条件命题的前件或后件）**。
> 特殊有多种理解，这里是指，当遇到多条路径时，可优先验证条件命题的前件或后件。
> 本题最后用了假设，这不是胡乱假设，因为火（水）是条件命题的前件，假设其为真可以往下传递。当然，本题假设条件（3）的后件为假也可以往下传递。

> 这里先总结出这些，大家体验一下。不过，不用着急，毕竟，每个阶段都有侧重点，什么都抓反而什么都抓不好，所以大家先把形式逻辑的套路学好，打好基础，我们再一起体会综合推理的解题思维。

高能提示

> 到此，小伙伴们正式学完形式逻辑的考点啦！先恭喜各位！Congratulations！
>
> 不过，可不要骄傲哦！因为接下来咱们要把单一的用法结合起来，而这些内容才是咱们当下真题普遍的形态哦！
>
> 学到这里，大家会发现，形式逻辑的考点对应的用法有 31 个，但综合后只有 10 个，甚至在学完这些后，我还会再次凝练成 2 条路径。
>
> 这就是，先把书读厚（打基础），再把书读薄（寻共性）。

考点练习

练90 如果一个学校的大多数学生都具备足够的文学欣赏水平和道德自律意识，那么，像《红粉梦》和《演艺十八钗》这样的出版物就不可能成为在该校学生中销量最多的书。去年在 H 学院的学生中，《演艺十八钗》的销量仅次于《红粉梦》。

如果上述断定为真，则以下哪项一定为真？

Ⅰ．去年 H 学院的大多数学生都购买了《红粉梦》或《演艺十八钗》。

Ⅱ．H 学院的大多数学生既不具备足够的文学欣赏水平，也不具备足够的道德自律意识。

Ⅲ．H 学院至少有些学生不具备足够的文学欣赏水平，或者不具备足够的道德自律意识。

A．只有Ⅰ。　　　　　B．只有Ⅱ。　　　　　C．只有Ⅲ。

D．只有Ⅰ和Ⅲ。　　　E．Ⅰ、Ⅱ和Ⅲ。

题源：2009—1—42

练91 大嘴鲈鱼只在有鲦鱼出现的河中长有浮藻的水域里生活。漠亚河中没有大嘴鲈鱼。

从上述断定能得出以下哪项结论？

Ⅰ．鲦鱼只在长有浮藻的河中才能发现。

Ⅱ．漠亚河中既没有浮藻，又发现不了鲦鱼。

Ⅲ．如果在漠亚河中发现了鲦鱼，则其中肯定不会有浮藻。

A．仅Ⅰ。　　　　　B．仅Ⅱ。　　　　　C．仅Ⅲ。

D．仅Ⅰ和Ⅱ。　　　E．Ⅰ、Ⅱ和Ⅲ均不可以。

题源：2001—1—58

练92 针对威胁人类健康的甲型 H1N1 流感，研究人员研制出了相应的疫苗，尽管这些疫苗是有效的，但某大学研究人员发现，阿司匹林、羟苯基乙酰胺等抑制某些酶的药物会影响疫苗的效果，这位研究人员指出："如果你使用了阿司匹林或者对乙酰氨基酚，那么你注射疫苗后必然不会产生良好的抗体反应。"

如果小张注射疫苗后产生了良好的抗体反应，那么根据上述研究结果可以得出以下哪项结论？

A. 小张服用了阿司匹林，但没有服用对乙酰氨基酚。

B. 小张没有服用阿司匹林，但感染了 H1N1 流感病毒。

C. 小张服用了阿司匹林，但没有感染 H1N1 流感病毒。

D. 小张没有服用阿司匹林，也没有服用对乙酰氨基酚。

E. 小张服用了对乙酰氨基酚，但没有服用羟苯基乙酰胺。

题源：2010—1—26

练93 东山市威达建材广场每家商场的门边都设有垃圾桶。这些垃圾桶的颜色是绿色或红色。如果上述断定为真，则以下哪项一定为真？

Ⅰ．东山市有一些垃圾桶是绿色的。

Ⅱ．如果东山市的一家商店门边没有垃圾桶，那么这家商店不在威达建材广场。

Ⅲ．如果东山市的一家商店门边有一个红色垃圾桶，那么这家商店是在威达建材广场。

A. 只有Ⅰ。　　　　B. 只有Ⅱ。　　　　C. 只有Ⅰ和Ⅱ。

D. 只有Ⅰ和Ⅲ。　　E. Ⅰ、Ⅱ和Ⅲ。

题源：2008—1—36

练94 作为一名大学毕业生，如果能够具备较扎实的专业知识和基本的社会交往能力，或者在就业市场上能够做出适合自己的选择，那么不可能找不到自己的位置。小王是一名大学毕业生，他没有找到工作职位。

根据上述观点能够推出以下哪项结论？

A. 小王具备了较扎实的专业知识和基本社交能力，但是没有做出适合自己的选择。

B. 小王并非既具备较扎实的专业知识又具备基本社交能力，并且没有做出适合自己的选择。

C. 小王并非既具备较扎实的专业知识又具备基本社交能力，但做出了适合自己的选择。

D. 小王虽然不具备较扎实的专业知识，但是他的社会交往能力很强，而且市场定位很客观。

E. 小王虽然具备了较扎实的专业知识，但是他的社会交往能力很差，而且定位不准。

考点练习解析

练90 答案为 C 项。

解析 题干的推理可提炼为：(1) 大多数学生具备足够的文学欣赏水平和道德自律意识→《红粉梦》和《演艺十八钗》不可能成为销量最多的书；(2) 去年在 H 学院的学生中，《演艺十八钗》的销量仅次于《红粉梦》。由 (2) 可知《红粉梦》的销量第一，《演艺十八钉》的销量第二，它们成为在该院学生中销量最多的书。将其代入（1）可得：H 学院并非大多数学生具备足够的文学欣赏水平和道德自律意识。其等价于：至少有些学生不具备足够的文学欣赏水平，或者不具备足够的道德自律意识。故复选项Ⅲ一定为真。复选项Ⅰ不一定为真，可能存在一人购买多本书的情况，两本书的销量高不能表明购买的学生人数多。复选项Ⅱ不一定为真，把（2）代入（1）推出的是一个选言命题，而选言命题为真，不能得出联言命题为真，而且"并非大多数学生具备"也不等于"大多数学生不具备"。

练91 答案为 E 项。
解析 题干条件可提炼为：（1）大嘴鲈鱼→有鲦鱼∧长有浮藻；（2）没有大嘴鲈鱼。（2）否定了（1）的前件，不能确定后件是否为真。复选项Ⅰ、复选项Ⅱ和复选项Ⅲ只涉及（1）的后件，均不能确定真假。

练92 答案为 D 项。
解析 题干条件可提炼为：阿司匹林∨对乙酰氨基酚→必然不会产生良好的抗体反应。补充条件为"产生了良好的抗体反应"，利用逆否可得"既没有服用阿司匹林也没有服用对乙酰氨基酚"。

练93 答案为 B 项。
解析 题干条件可提炼为：东山市威达建材广场的商场→门边都设有或者是红色或者是绿色的垃圾桶。垃圾桶的颜色可能都是红色的，排除复选项Ⅰ；复选项Ⅱ提炼为"没有垃圾桶→不在威达建材广场"，它是题干的逆否，一定真；复选项Ⅲ对题干条件的后件进行肯定，因此不能确定真假，排除复选项Ⅲ。

练94 答案为 B 项。
解析 题干条件可提炼为：（1）（具备扎实的专业知识∧社会交往能力）∨做出适合自己的选择→找到自己的位置；（2）小王没有找到工作职位。将（2）代入（1）可得：¬（具备扎实的专业知识∧社会交往能力）∧¬做出适合自己的选择。因此 B 项为真。

本章练习

练95 陈经理今天将乘飞机赶回公司参加上午 10 点的重要会议。秘书小张告诉王经理：如果陈经理乘坐的飞机航班被取消，那么他就不能按时到达会场。但事实上该航班正点运行。因此，小张得出结论：陈经理能按时到达会场。王经理回答小张："你的前提没错，但推理有缺陷。我的结论是陈经理最终将不能按时到达会场。"
以下哪项对上述断定的评价最为恰当？

A. 王经理对小张的评论是正确的，王经理的结论也由此被强化。
B. 虽然王经理的结论根据不足，但他对小张的评论是正确的。
C. 王经理对小张的评论有缺陷，王经理的结论也由此被弱化。

D. 王经理对小张的评论是正确的，但王经理的结论是错误的。

E. 王经理对小张的评论有偏见，并且王经理的结论根据不足。

题源：2006—10—38

练96 粤西酒店如果既有清蒸石斑，又有白灼花螺，则一定会有盐焗花蟹；酒店在月尾从不卖盐焗花蟹；只有当粤西酒店卖白灼花螺时，老王才会与朋友到粤西酒店吃海鲜。

如果上述断定为真，则以下哪项一定为真？

A. 粤西酒店在月尾不会卖清蒸石斑。

B. 老王与朋友到粤西酒店不会既吃清蒸石斑，又吃白灼花螺。

C. 粤西酒店只有在月尾才不卖白灼花螺。

D. 老王不会在月尾与朋友到粤西酒店吃海鲜，因为那里没有盐焗花蟹。

E. 如果老王在月尾与朋友到粤西酒店吃海鲜，那么他们肯定吃不到清蒸石斑。

题源：2007—10—52

练97 只要有足够的勇气和智慧，就没有办不成的事。

如果上述断定为真，则以下哪项一定为真？

A. 如果有事办不成，说明既缺乏足够的勇气，又缺乏足够的智慧。

B. 如果有事办不成，说明缺乏足够的勇气，或者缺乏足够的智慧。

C. 如果没有办不成的事，说明至少有足够的勇气。

D. 如果缺乏足够的勇气和智慧，就办不成任何事。

E. 如果缺乏足够的勇气和智慧，就总有事办不成。

题源：2006—10—36

练98 天降大雪，多条高速公路纷纷关闭。有些高速公路管理者认为，如果不关闭高速公路，就会发生重大交通事故，给人民生命财产带来巨大损失。但是，很多司机并不同意这种观点。

据此，下列哪项判断最有可能是这些司机所同意的观点？

A. 在积有冰雪的高速公路上高速行车，很容易出车祸。

B. 交通事故在所难免，关闭了高速公路，也有可能在普通公路上发生重大交通事故。

C. 不关闭高速公路，也不会发生重大交通事故。

D. 高速公路越关闭，则冰雪越不容易融化；冰雪不容易融化，则高速公路越要关闭。

E. 如果不关闭高速公路，就不会发生重大交通事故。

练99 三位股评专家正在对三家上市公司明天的股价走势进行预测。

甲说："公司一的股价会有一些上升，但不能期望过高。"

乙说："公司二的股价可能下跌，除非公司一的股价上升超过5%。"

丙说："如果公司二的股价上升，公司三的股价也会上升。"

三位股评专家果然厉害，一天后的事实表明他们的预言都对，而且公司三的股价跌了。

以下哪项叙述最可能是那一天股价变动的情况？

A. 公司一股价上升了9%，公司二股价上升了4%。

B. 公司一股价上升了7%，公司二股价下跌了3%。

C. 公司一股价上升了4%，公司二股价上升了2%。

D. 公司一股价上升了5%，公司二股价持平。

E. 公司一股价上升了2%，公司二股价有所上升。

题源：1999—1—40

练100 语言在人类的交流中起重要的作用。如果一种语言是完全有效的，那么，其基本语音的每一种可能的组合都能够表达有独立意义和可以理解的词。但是，如果人类的听觉系统接收声音信号的功能有问题，那么，并非基本语音的每一种可能的组合都能够成为有独立意义和可以理解的词。

如果上述断定为真，则以下哪项一定为真？

A. 如果人类的听觉系统接收声音信号的功能正常，那么一种语言的基本语音的每一种可能的组合都能够成为有独立意义和可以理解的词。

B. 如果人类的听觉系统接收声音信号的功能有问题，那么语言就不可能完全有效。

C. 语言的有效性导致了人类交流的实用性。

D. 人体的听觉系统是人类交流最重要的部分。

E. 如果基本语音每一种可能的组合都能够成为有独立意义和可以理解的词，则该语言完全有效。

题源：2004—10—41

练101 只有具备足够的资金投入和技术人才，一个企业的产品才能拥有高科技含量。而这种高科技含量，对于一个产品长期稳定地占领市场是必不可少的。

以下哪项情况如果存在，最能削弱以上断定？

A. 苹果牌电脑拥有高科技含量并长期稳定地占领着市场。

B. 西子洗衣机没能长期稳定地占领市场，但该产品并不缺乏高科技含量。

C. 长江电视机没能长期稳定地占领市场，因为该产品缺乏高科技含量。

D. 清河空调长期稳定地占领着市场，但该产品的厂家缺乏足够的资金投入。

E. 开开电冰箱没能长期稳定地占领市场，但该产品的厂家有足够的资金投入和技术人才。

题源：2004—1—45

练102 正是因为有了第二味觉，哺乳动物才能够边吃边呼吸。很明显，边吃边呼吸对保持哺乳动物高效率的新陈代谢是必要的。

以下哪种关于哺乳动物的发现，最能削弱以上断言？

A. 有高效率的新陈代谢和边吃边呼吸的能力的哺乳动物。
B. 有低效率的新陈代谢和边吃边呼吸的能力的哺乳动物。
C. 有低效率的新陈代谢但没有边吃边呼吸能力的哺乳动物。
D. 有高效率的新陈代谢但没有第二味觉的哺乳动物。
E. 有低效率的新陈代谢和第二味觉的哺乳动物。

题源：2001—10—21、1997—1—6

练103 域控制器存储了域内的账户、密码和属于这个域的计算机三项信息。当计算机接入网络时，域控制器首先要鉴别这台计算机是否属于这个域、用户使用的登录账户是否存在、密码是否正确。如果三项信息均正确，则允许登录；如果以上信息有一项不正确，那么域控制器就会拒绝这个用户从这台计算机登录。

如果以上信息为真，则以下哪项一定为真？

A. 如果不允许登录，那么密码出现错误。
B. 如果不允许登录，那么三项信息均不正确。
C. 如果不允许登录，则三项信息中至少一个不正确。
D. 只有输入的密码是正确的，计算机才属于这个域。
E. 如果输入的密码是正确的，那么计算机属于这个域。

练104 如果风很大，我们就会放飞风筝。如果天空不晴朗，我们就不会放飞风筝。如果天气很暖和，我们就会放飞风筝。

假定上面的陈述属实，如果我们现在正在放飞风筝，则下面的哪项也必定是真的？

Ⅰ．风很大。
Ⅱ．天空晴朗。
Ⅲ．天气暖和。

A. 仅Ⅰ。　　　　　　B. 仅Ⅰ、Ⅱ。　　　　　　C. 仅Ⅲ。
D. 仅Ⅱ。　　　　　　E. 仅Ⅱ、Ⅲ。

题源：1999—10—24

练105 对于任一演绎推理，如果它的推理形式正确并且前提真实，那么它的结论一定真实。

如果上述断定为真，则以下哪项一定为真？

A. 某演绎推理的推理形式正确但结论虚假，因此，它的前提一定虚假。
B. 某演绎推理的推理形式不正确但前提真实，因此，它的结论一定虚假。
C. 某演绎推理的结论虚假，因此，它的推理形式一定不正确，并且前提一定虚假。
D. 某演绎推理的前提和结论都真实，因此，它的推理形式一定正确。
E. 某演绎推理的前提和结论都虚假，因此，它的推理形式一定不正确。

练106~练107题基于以下题干：

如果"红都"娱乐宫在同一天既开放交谊舞厅又开放迪斯科舞厅，那么它也一定开放保龄球厅。该娱乐宫星期二不开放保龄球厅，李先生只有当开放交谊舞厅时才去"红都"娱乐宫。

练106 如果上述断定是真的，那么以下哪项也一定是真的？

A. 星期二李先生不会光顾"红都"娱乐宫。

B. 李先生不会同一天在"红都"娱乐宫既光顾交谊舞厅又光顾迪斯科舞厅。

C. "红都"娱乐宫在星期二不开放迪斯科舞厅。

D. "红都"娱乐宫只在星期二不开放交谊舞厅。

E. 如果"红都"娱乐宫在星期二开放交谊舞厅，那么这天它一定不开放迪斯科舞厅。

练107 如果题干的断定是真的，并且事实上李先生星期二光顾"红都"娱乐宫，则以下哪项一定是真的？

A. "红都"在李先生光顾的那天没开放迪斯科舞厅。

B. "红都"在李先生光顾的那天没开放交谊舞厅。

C. "红都"在李先生光顾的那天开放了保龄球厅。

D. "红都"在李先生光顾的那天既开放了交谊舞厅，又开放了迪斯科舞厅。

E. "红都"在李先生光顾的那天既没开放交谊舞厅，又没开放迪斯科舞厅。

题源：1998—10—27~28

练108 大学生是参与"双十一"购物狂欢的主力人群，也是成年人里财务相对不够独立的人群。对于大学生来说，如果既没有固定的收入来源又不加节制的"剁手"，就会造成生活拮据，而如果生活拮据，必然影响学业或者心情。

以下哪项关于大学生的信息如果为真，可以反驳上述信息？

A. 没有固定的收入来源，但是不影响学业。

B. 如果没有固定的收入来源又不加节制的"剁手"，就不会造成生活拮据。

C. 生活拮据，而且没有影响心情。

D. 没有固定的收入来源又不加节制的"剁手"，同时没有影响学业也没有影响心情。

E. 没有固定的收入来源又不加节制的"剁手"，同时没有影响学业。

练109 小林因未带游泳帽被拒绝进入深水池，小林出示深水合格证说："根据规定我可以进入深水池。"游泳池的规定为：未戴游泳帽者不得进入游泳池；只有持有深水合格证，才能进入深水池。

小林最有可能把游泳池的规定理解为：

A. 除非持有深水合格证，否则不能进入深水池。

B. 只有持有深水合格证的人，才不需要戴游泳帽。

C. 如果持有深水合格证，就能进入深水池。

D. 准许进入游泳池的，不一定准许进入深水池。

E. 有了深水合格证，就不需要戴泳帽。

题源：2008—1—55

练110 如果品学兼优，就能获得奖学金。

假设以下哪项，能依据上述断定得出结论：李桐学习欠优？

A. 李桐品行优秀，但未获得奖学金。

B. 李桐品行优秀，并且获得了奖学金。

C. 李桐品行欠优，未获得奖学金。

D. 李桐品行欠优，但获得了奖学金。

E. 李桐并非品学兼优。

题源：2008—10—58

本章练习解析

练95 答案为 B 项。

解析 秘书小张：（1）陈经理乘坐的飞机航班被取消→不能按时到达会场；（2）该航班正点运行；（3）陈经理能按时到达会场。显然，小张的推理存在一定问题，（2）否定的是（1）的前件，因此陈经理是否能按时到达会场不能确定，所以王经理认为"小张的推理有缺陷"是正确的。但陈经理也不一定不能按时到达会场，因此王经理的结论也不能确定真假，但不能说一定假，排除 D 项，选择 B 项。

练96 答案为 E 项。

解析 题干条件可提炼为：（1）清蒸石斑 ∧ 白灼花螺→盐焗花蟹；（2）月尾→¬盐焗花蟹；（3）老王与朋友吃海鲜→白灼花螺。

E 项，如果老王与朋友在月尾吃海鲜，根据条件（2）可得"¬盐焗花蟹"，结合条件（1）可得"¬清蒸石斑 ∨ ¬白灼花螺"。根据条件（3）可得"白灼花螺"，所以依据相容选言命题的否定肯定式可得：¬清蒸石斑。故 E 项为正确答案。

A 项，粤西酒店在月尾不会卖盐焗花蟹，代入条件（1）可得：¬清蒸石斑 ∨ ¬白灼花螺。相容选言命题为真，无法确定支的真假，因此无法得出"¬清蒸石斑"。

B 项，根据条件（3）可知，老王与朋友去吃海鲜时，粤西酒店一定卖白灼花螺，但也可能同时卖清蒸石斑，因此该项不一定为真。

C 项可以提炼为"¬白灼花螺→月尾"，其无法从题干中推出。

D 项可以提炼为：月尾→¬盐焗花蟹→¬老王与朋友吃海鲜。根据条件（1）的逆否推理可得"¬清蒸石斑 ∨ ¬白灼花螺"，即"¬清蒸石斑"和"¬白灼花螺"至少有一个为真，因此也可能有白灼花螺，所以无法得出"¬老王与朋友吃海鲜"。

练97 答案为 B 项。

解析 题干条件可提炼为：足够的勇气∧足够的智慧→所有事都能办成。其逆否命题为：有事办不成→没有足够的勇气∨没有足够的智慧。B 项与题干一致；A 项的后件是联言命题，而题干的后件是选言命题，依据选言命题为真无法判定联言命题为真；C 项的前件是对题干后件的肯定，因此不能确定真假；D、E 两项的前件否定了题干的前件，因此不能确定真假。

练98 答案为 C 项。

解析 管理者的观点：不关闭→发生重大交通事故。有些司机不赞同，即找前述观点的矛盾，即不关闭且不发生重大交通事故，因此答案为 C 项。

练99 答案为 B 项。

解析 将"公司三的股价跌了"代入丙的预测，取逆否可得"公司二的股价不上升"，据此排除 A、C、E 三项。注意，不上升不意味着下跌，"公司二的股价不上升"不能代入乙的预测中，因此只能采用排除法判断 B 项和 D 项。B 项与甲、乙的预测不冲突，因此可能真；将 D 项中的"公司一股价上升了5%"代入乙的预测（公司一的股价上升不超过5%→公司二的股价可能下跌），得出"公司二的股价可能下跌"，而 D 项表明公司二股价持平，这意味着一定不下跌，因此 D 项与题干矛盾。

练100 答案为 B 项。

解析 题干条件可提炼为：一种语言是完全有效的→其基本语音的每一种可能的组合都能够表达有独立意义和可以理解的词→人类的听觉系统接收声音信号的功能没有问题。B 项是题干首尾截取的逆否命题，与题干等价，因此一定真。

练101 答案为 D 项。

解析 题干条件可提炼为：占领市场→高科技含量→资金投入和技术人才。削弱题干即找可以使得题干为假的选项，考虑找题干的矛盾命题，因此需要找的是联言命题，并且是肯定前件且否定后件的命题。A 项是肯前肯后；B、C、E 三项是否前；D 项是肯前否后。故选 D 项。

练102 答案为 D 项。

解析 题干条件可提炼为：高效率的新陈代谢→边吃边呼吸→第二味觉。考虑找题干的矛盾命题，D 项的"高效率的新陈代谢∧¬第二味觉"可以使得题干为假。

练103 答案为 C 项。

解析 题干条件可提炼为：（1）三项信息均正确→允许登录；（2）有一项信息不正确→拒绝登录。（1）和（2）联合会使得题干变成充要条件命题，利用（1）逆否可得"不允许登录→有的信息不正确"，C 项与之等价。注意，D、E 两项仅涉及（1）的前件的三个要素之间的关系，因此不能判定真假。

练104 答案为 D 项。

解析 题干条件可提炼为：（1）风很大→放飞风筝→天空晴朗；（2）天气暖和→放飞风筝→天空晴朗；（3）放飞风筝。将（3）代入（1）和（2）都可得：天空晴朗。

练105 答案为 A 项。

解析 题干条件可提炼为：推理形式正确∧前提真实→结论真实。我们可以考虑先把题干变成一个相容选言命题，即"推理形式不正确∨前提不真实∨结论真实"，然后再利用相容选言命题否定必肯定的性质，去判断选项的真假。A 项符合；B 项的推理形式不正确，对题干的选言支并未否定，因此排除；C 项，结论虚假，代入题干应该推出的是一个选言命题，而 C 项推出的是联言命题，因此不能确定真假；D 项，"结论真实"肯定了题干的选言命题的选言支，排除；E 项，"前提虚假"肯定了题干的选言命题的选言支，排除。

练106 答案为 E 项。

解析 题干条件可提炼为：(1) 开放交谊舞厅∧开放迪斯科舞厅→开放保龄球厅；(2) 星期二不开放保龄球厅；(3) 李去"红都"→开放交谊舞厅。(2) 和 (1) 结合可得，(4) 星期二不开放交谊舞厅∨星期二不开放迪斯科舞厅，因为 (4) 是个选言命题，因此不能确定"不开放交谊舞厅"的真假，也不能确定"不开放迪斯科舞厅"的真假，因此 A、C、D 三项均不能确定真假；(3) 和 (1) 结合可知 B 项可能假；由 (4) 可知，E 项一定真。

练107 答案为 A 项。

解析 题干条件可提炼为：(1) 开放交谊舞厅∧开放迪斯科舞厅→开放保龄球厅；(2) 星期二不开放保龄球厅；(3) 李去"红都"→开放交谊舞厅。(2) 和 (1) 结合可得，(4) 星期二不开放交谊舞厅∨星期二不开放迪斯科舞厅。李先生星期二光顾了"红都"娱乐宫，代入 (3) 可得星期二这天开放了交谊舞厅，再结合 (4) 可得，这天迪斯科舞厅没有开放。

练108 答案为 D 项。

解析 题干条件可提炼为：没有固定收入∧不加节制的"剁手"→生活拮据→影响学业∨影响心情。找可以反驳题干的即找前件发生而后件未发生的表现形式。A 项只对题干联言的一个支进行了肯定，因此不符合肯定前件；B 项是条件命题，而一个条件命题不能反驳另一个条件命题，因此排除；C、E 两项分别只否定了题干后件相容选言中的一个支，因此不属于否定后件；D 项肯定题干条件前件的同时否定了后件，因此可以反驳题干。

练109 答案为 C 项。

解析 小林被阻止进入泳池，因此他拿出深水合格证，认为凭借合格证自己可以进入深水池，所以他理解的规定为：有深水合格证→能进入深水池。只有 C 项符合。

练110 答案为 A 项。

解析 题干条件可提炼为：品行优∧学习优→获得奖学金。要得到学习欠优，因为涉及前件的否定，所以考虑逆否。假设"不获得奖学金"，可得"品行不优∨学习不优"；再继续假设"品行优"，可得到"学习不优"，因此需要补充：不获得奖学金∧品行优。本题也可采用第二个思路，将题干转换成相容选言命题，利用相容选言命题的否定推肯定的性质解题。

第五章 对当关系

命题情况

数量情况

在形式逻辑中,考查对当关系的题目数量较少,具体列表如下①。

	MBA 联考真题	管综真题	2020 年及以前经综真题②
对当关系	13	5	4

难度情况

在 2020 年及以前经综真题中,对当关系比较容易识别,但在管综真题中,对当关系往往设置了细节陷阱和干扰陷阱,难度略有提高。此外,当下经综真题正逐步向管综真题的命题趋势靠拢。

题型特征

▶ 题干中有少量(往往 1~2 句)性质命题或模态命题,其对象与性质的位置,与选项中的命题一致。

▶ 题目告知题干或选项某性质命题或模态命题的真假。

▶ 以此判断选项或题干命题的真假情况,一般是"为真""为假""不能确定真假"。

解题套路

对当关系的解题套路对应形式逻辑前四章中,性质命题对当关系的直接考查以及模态命题对当关系的直接考查。具体如下:

步骤①提炼

根据**结构词**和**含义本质**,将告知真假的命题提炼出来。

性质命题与模态命题的含义本质,如下表所示。

性质命题的含义本质		模态命题的含义本质	
=all	全称性质命题($\forall$)	=100%	必然模态命题
=1	单称性质命题($\exists!$)	>0%	可能模态命题
≥1	特称性质命题($\exists$)	—	

---

① 本表中的各项真题指代年份在"学习指南"中已说明,后续这种表格亦是如此。

② 自2021年考研起,经综命题人由中国人民大学更换为教育部考试中心,与管综一致,因此,对经综小伙伴来说,管综及其前身 MBA 联考的真题数量,也有参考意义。但"2021年经综真题"和"2020年及以前经综真题"题型特征有很大区别,因此两者结合并统计各题型数量显然不妥,而"2021年经综真题"仅 1 套,无法在数量上起到凸显趋势的作用,为了防止误导小伙伴们,本书暂不列示"2021年经综真题"数量,后续题型亦是如此。

步骤②匹配

利用**对当关系**判断上述命题与其余命题的关系，选出符合要求的选项。

若小伙伴们在思考关系时思绪混乱，可用"对当方阵图"辅助解题。

性质命题与模态命题的对当关系如下表所示。

对当关系	性质命题的对当关系	模态命题的对当关系
矛盾关系（必然一真一假）	"∀S→P"与"∃S→¬P" "∀S→¬P"与"∃S→P" "∃!S→P"与"∃!S→¬P"	必然A与可能不A 必然不A与可能A
推出关系（√顺×逆）	∀S→P⇒∃!S→P⇒∃S→P ∀S→¬P⇒∃!S→¬P⇒∃S→¬P	必然A⇒可能A 必然不A⇒可能不A
上反对关系（必然有一假）	"∀S→P"与"∀S→¬P" "∀S→P"与"∃!S→¬P" "∀S→¬P"与"∃!S→P"	必然A与必然不A
下反对关系（必然有一真）	"∃S→P"与"∃S→¬P" "∃S→P"与"∃!S→¬P" "∃S→¬P"与"∃!S→P"	可能A与可能不A

例49 所有喜欢数学的学生都喜欢哲学。

如果上述信息正确，则下列哪项一定不正确？

A. 有些学生喜欢哲学但不喜欢数学。

B. 有些学生喜欢数学但是不喜欢哲学。

C. 有些学生既喜欢哲学又喜欢数学。

D. 所有的学生都喜欢数学。

E. 多数学生都喜欢哲学。

题源：396—2013—3

解析 题干信息可提炼为：∀数→哲。其矛盾命题为：∃数→¬哲。B项与其矛盾命题相符。故选B项。

考点结合

> 对当关系会在提炼过程中用到否定等值规则，如 **例50** 所示。
> 所以，为了提高解题速度，小伙伴们务必把"不"字转移法训练成条件反射。

例50 男士不都爱看足球赛，女士都不爱看足球赛。

如果已知上述第一个断定真，第二个断定假，则以下哪项据此不能确定真假？

Ⅰ. 男士都爱看足球赛，有的女士也爱看足球赛。

Ⅱ. 有的男士爱看足球赛，有的女士不爱看足球赛。

Ⅲ. 有的男士不爱看足球赛，女士都爱看足球赛。

A. 只有Ⅰ。　　　　B. 只有Ⅱ。　　　　C. 只有Ⅲ。

D. 只有Ⅰ和Ⅱ。　　　　　E. 只有Ⅱ和Ⅲ。

题源：396—2011—15

[解析] 注意本题相反陷阱，第二个断定为"假"，寻找的是"不能确定真假"的选项。

题干第一个断定为真，利用"不"字转移法，其可提炼为：∃男→¬足。

复选项Ⅰ的前半句可提炼为"∀男→足"，与题干第一个断定构成矛盾关系，所以其必然为假，从而复选项Ⅰ整体为假，因此排除A项和D项。此处运用了联言与选言命题真假性质的**定性思维**——若支为假，则包含该支的任意联言命题均为假。

复选项Ⅱ的前半句可提炼为"∃男→足"，与题干第一个断定构成下反对关系，所以其真假不知。

复选项Ⅲ的前半句可提炼为"∃男→¬足"，所以其必然为真。

题干第二个断定为假，利用"不"字转移法，其可提炼为：∃女→足。

复选项Ⅱ的后半句可提炼为"∃女→¬足"，与题干第二个断定构成下反对关系，所以其真假不知，又因为复选项Ⅱ的前半句真假不知，所以复选项Ⅱ整体真假不知，因此排除C项。

复选项Ⅲ的后半句可提炼为"∀女→足"，与题干第二个断定构成推出关系，所以其真假不知，结合复选项Ⅲ的前半句必然为真，所以复选项Ⅲ整体真假不知。故选E项。

附加陷阱

陷阱①细节陷阱

> **细节陷阱**
>
> 细节陷阱是指，命题人在题干或选项的用词上加以设计，以诱导考生过度推理或误选的命题手法。如 例51 所示。
>
> 破解方法有两点：
> 第一，读题时，重点关注试题的主题词是否发生变化。
> 第二，在做形式逻辑试题时，要收敛思维，仅做公式推导，不做任何语义解读。

例51 所有的三星级饭店都被搜查过了，没有发现犯罪嫌疑人的踪迹。

如果上述断定为真，则在下面四个断定中可确定为假的是：

Ⅰ. 没有三星级饭店被搜查过。

Ⅱ. 有的三星级饭店被搜查过。

Ⅲ. 有的三星级饭店没有被搜查过。

Ⅳ. 犯罪嫌疑人躲藏的三星级饭店已被搜查过。

A. 仅Ⅰ、Ⅱ。　　　　　B. 仅Ⅰ、Ⅲ。　　　　　C. 仅Ⅱ、Ⅲ。
D. 仅Ⅰ、Ⅲ和Ⅳ。　　　E. Ⅰ、Ⅱ和Ⅲ。

题源：1999—10—4

解析 注意本题相反陷阱，寻找的是"可确定为假"的选项。

题干第一句话可提炼为：∀三→查。利用"不"字转移法，复选项 I 可提炼为"∀三→¬查"，与题干构成上反对关系，其必然为假，所以排除 C 项。复选项 II 可提炼为"∃三→查"，与题干构成推出关系，其必然为真，所以排除 A 项和 E 项。此时 B 项和 D 项均有复选项III，所以复选项III无须验证。复选项IV可提炼为"犯三（查）"，从而可知，∃！三→查，与题干构成推出关系，其必然为真，所以排除 D 项。故选 B 项。

高能提示

本题第二句话"没有发现犯罪嫌疑人的踪迹"，便是细节陷阱，总是在诱导小伙伴们得出"既然没发现犯罪嫌疑人的踪迹，那么其躲藏的三星级饭店肯定没被搜查过"这个结论，从而误选 D 项。然而，没发现踪迹完全可能是因为搜查能力不行，未必是因为没搜查过对应的饭店。

陷阱②干扰陷阱

干扰陷阱

干扰陷阱是指，命题人在题干中增加对解题毫无帮助的信息，或以论证逻辑的口吻包装题目，以延长考生解题时间的命题手法，如 例52 所示。

破解方法有四点：

第一，读完题目后，扫视题干及选项，若题干以及大多数选项（三个及以上选项）中都有形式逻辑结构词，则先以形式逻辑思路解题；反之，则以论证逻辑思路解题。

第二，优先用带有结构词的条件解题。

第三，优先用可相互联立的条件解题。

第四，优先用选项多次涉及的条件解题。

例52 某校图书馆新购一批文科图书。为方便读者查阅，管理人员对这批图书在文科新书阅览室中的摆放位置做出如下提示：

（1）前 3 排书橱均放有哲学类新书；

（2）法学类新书都放在第 5 排书橱，这排书橱的左侧也放有经济类新书；

（3）管理类新书放在最后一排书橱。

事实上，所有的图书都按照上述提示放置。根据提示，徐莉顺利找到了她想查阅的新书。

根据上述信息，以下哪项是不可能的？

A. 徐莉在第 2 排书橱中找到哲学类新书。

B. 徐莉在第 3 排书橱中找到经济类新书。

C. 徐莉在第 4 排书橱中找到哲学类新书。

D. 徐莉在第 6 排书橱中找到法学类新书。

E. 徐莉在第 7 排书橱中找到管理类新书。

题源：2018—1—45

注意本题的相反陷阱，寻找的是"不可能"的选项，即选择必然为假的选项。

题干存在干扰陷阱（无用信息），只有条件（2）的前半句话有形式逻辑结构词，将其提炼后可得：∀法→ 5。

题目要求寻找必然为假的选项，因此，根据**效用思维（优先验证）**，可优先寻找其矛盾命题，即"∃法→ ¬5"。D 项可提炼为：∃法→ 6。其等价于"∃法→ ¬5"。

故选 D 项。

根据**效用思维（已知答案，其余不看）**可不用验证其余选项。

> **高能提示**
> 题干除了"法学类新书都放在第 5 排书橱"，其余均为无用信息，其目的就是要延长小伙伴们的解题时间。

第六章 变形推理

命题情况

数量情况

在形式逻辑中,变形推理基本不会考查,具体列表如下。

	MBA 联考真题	管综真题	2020 年及以前经综真题
变形推理	3	1	0

难度情况

变形推理总体较为简单,仅在管综真题中考查过 1 道相对复杂的试题。

题型特征

▶ 题干中有少量(往往 1~2 句)性质命题,其对象与性质的位置,与选项中的性质命题相反。

▶ 题目让从题干命题入手,选出符合要求的选项,一般为"最为接近""一定为真"。

解题套路

变形推理的解题套路对应形式逻辑前四章中,性质命题换位性质的直接考查。具体如下:

步骤①提炼

根据**结构词**和**含义本质**,将告知真假的命题提炼出来。

步骤②匹配

利用**换位性质**,判断题干命题与选项的关系,选出符合要求的选项。

性质命题的换位性质,如下表所示。

换位性质	适用范围
逆否	全称命题可以逆否,特称命题不可逆否
互换	特称命题可以互换,全称命题不可互换
改写	对于主语、宾语均有结构词的性质命题,"$\forall S \to \exists P$"不能改写,其余均能改写

考点结合

> 变形推理会在提炼过程中用到否定等值规则,在匹配过程中用到性质命题的对当关系,如 例53 所示。
>
> 所以,为了提高解题速度,小伙伴们务必熟练掌握"不"字转移法、对当关系,并形成条件反射。

例53 辅导界的课程并没有统一的规范,但是在学生中却形成了几个固有的特性:并非有的高性价比课程没有受到考生的青睐。虽然部分学生意识到了高效课程的重要性,然而,不是所有急功近利的学生都不痴迷于看似速成实则偷工减料、降低难度的营销引流课。

根据上述信息,以下哪项必然为假?

A. 小陈没有意识到高效课程的重要性。
B. 有些意识到高效课程重要性的是学生。
C. 有些没受到考生青睐的是高性价比课程。
D. 有的高性价比的课程受到考生青睐。
E. 所有痴迷揠苗助长的营销引流课的学生都是急功近利的。

解析 注意本题的相反陷阱,寻找的是"必然为假"的选项。

利用"不"字转移法,题干条件可提炼为:(1) ∀高→青;(2) ∃学→意;(3) ∃急→营。

A 项可提炼为,陈(¬意),与第二个条件形成下反对关系,真假不知,排除 A 项。

B 项可提炼为,∃意→学,是第二个条件的互换,必然为真,排除 B 项。

C 项可提炼为,∃¬青→高,是第一个条件的矛盾命题的互换,必然为假。故选 C 项。

根据**效用思维(已知答案,其余不看)**,可不用验证其余选项,本处为降低疑惑也稍做分析,但小伙伴们要明白,这样非常不应试。

D 项可提炼为,∃高→青,与第一个条件形成推出关系,必然为真。

E 项可提炼为,∀营→急,与第三个条件的互换形成推出关系,真假不知。

附加陷阱

干扰陷阱

> 在解题套路的基础上,有些真题会增加无用的信息或条件作为干扰。本题型中,除了可利用"对当关系"中所提及的破解方法,还可利用"变形推理"所固有的"定性思维"解题,如 例54 所示。

例54 根据某位国际问题专家的调查统计可知:有的国家希望与某些国家结盟,有三个以上的国家不希望与某些国家结盟;至少有两个国家希望与每个国家建交,有的国家不希望与任一国家结盟。

根据上述统计可以得出以下哪项?
A. 有些国家之间希望建交但是不希望结盟。
B. 至少有一个国家，既有国家希望与之结盟，也有国家不希望与之结盟。
C. 每个国家都有一些国家希望与之结盟。
D. 至少有一个国家，既有国家希望与之建交，也有国家不希望与之建交。
E. 每个国家都有一些国家希望与之建交。

题源：2013—1—50

解析 题干所给四个条件均为特称性质命题，而特称性质命题之间是无法联立的，因此可快速排除需联立条件的 A、B、D 三项。

C 项和 E 项均为全称性质命题，能从特称命题改写到全称命题的题干条件，只有"至少有两个国家希望与每个国家建交"和"有的国家不希望与任一国家结盟"。

因为 C 项提到"结盟"，必然只能由"有的国家不希望与任一国家结盟"得出。又因为，改写性质并不会把否定句变为肯定句，C 项为肯定句，而"有的国家不希望与任一国家结盟"为否定句，因此，C 项无法由题干条件得出，所以排除。

故选 E 项。由"至少有两个国家希望与每个国家建交"改写后，便可得到 E 项。

本题运用了两个**定性思维**。
1. 两个特称命题之间不可联立，故可排除需由两个特称命题联立才可得到的选项。所以排除了 A、B、D 三项。
2. 性质命题的改写，是不会新增或消除否定词的，因此，可排除违背此点的选项。所以排除了 C 项。

高能提示

题干除了"至少有两个国家希望与每个国家建交"这个条件，其余条件均为冗余条件，其目的就是要延长小伙伴们的解题时间。

第七章　否定等值

> **命题情况**

数量情况

在形式逻辑中，考查否定等值的题目数量较少，具体列表如下。

	MBA 联考真题	管综真题	2020 年及以前经综真题
否定等值	12	2	2

难度情况

矛盾推理总体较为简单，仅在 MBA 联考真题中考查过 2 道相对复杂的试题。

> **题型特征**

- 题干中有模态命题或性质命题，且大都是模态与性质命题的综合命题。
- 在题干或题目中，会对上述命题加以否定。
- 题目让根据上述条件，选出符合要求的选项，一般为"最为接近""一定为真"。

> **解题套路**

否定等值的解题套路对应形式逻辑前四章中，否定等值规则的直接考查。具体如下：

步骤①提炼

利用"不"字转移法，将题干中的命题**快速变形**。

"不"字转移法的要点如下表所示。

要点	"不"字转移法
方法内容	抓住目标否定词，向前或向后转移，否定词所跨过的结构词均需改变
特殊之处	双重否定表肯定："不"字转移时，如否定词重叠，可直接约掉
	转移过后才能变："不"字转移时，没有跨过的结构词均保持不变
	模态词可以移动：部分命题的模态词可以移动，但命题含义不变
误区之处	若否定词充当修饰成分，则该否定词不参与否定等值转换
	"所有……都……"是固定搭配，考试时可去掉"所有"只看"都"

步骤②匹配

将变形后的命题与选项逐一**匹配**，选出符合要求的选项。

对于主语、宾语均有结构词的性质命题，其本身也有对当关系，但应对真题，只需掌握推出关系即可。现列式如下表所示。

序号	命题
①	∀S→∀P
②	∀S→∃P
③	∃S→∀P
④	∃S→∃P

本质上，推出关系还是具有"全称"可推出"特称"的性质，即"∀⇒∃"。所以，上表中四个命题的推出关系为：①⇒②⇒④，①⇒③⇒④。注意，②和③之间不具有推出关系。

例55 某公司一批优秀的中层干部竞选总经理职位。所有的竞选者除了李女士自身，没有人能同时具备她的所有优点。

从以上断定能合乎逻辑地得出以下哪项结论？

A. 在所有竞选者中，李女士最具备条件当选总经理。
B. 李女士具有其他竞选者都不具备的某些优点。
C. 李女士具有其他竞选者的所有优点。
D. 李女士的任一优点都有竞选者不具备。
E. 任一其他竞选者都没有不及李女士之处。

题源：2007—1—42

解析 题干的否定词在最后一句话，利用"不"字转移法，该条件可按以下方式转化：

没有竞选者能具备李女士的所有优点⇔没（有的竞选者能具备李女士的所有优点）⇔所有竞选者不能（具备李女士的所有优点）⇔所有竞选者都李女士的有的优点不具备，将语言理顺便是 E 项。故选 E 项。

考点结合

> 否定等值规则一般表达得比较直白，少部分真题会在匹配选项的过程中用到换位性质以及对当关系。其与换位性质的结合，如 例56 所示；其与对当关系的结合（主要是推出关系），如 例57 所示。

例56 不必然任何经济发展都导致生态恶化，但不可能有不阻碍经济发展的生态恶化。

以下哪项最为准确地表达了题干的含义？

A. 任何经济发展都不必然导致生态恶化，但任何生态恶化都必然阻碍经济发展。
B. 有的经济发展可能导致生态恶化，而任何生态恶化都可能阻碍经济发展。
C. 有的经济发展可能不导致生态恶化，但任何生态恶化都可能阻碍经济发展。
D. 有的经济发展可能不导致生态恶化，但任何生态恶化都必然阻碍经济发展。
E. 任何经济发展都可能不导致生态恶化，但有的生态恶化必然阻碍经济发展。

题源：2003—1—50

解析 利用"不"字转移法，题干第一个条件可转化为：可能有的经济发展不会导致生态恶化。

从而，可排除 A、B、E 三项。再利用"不"字转移法，题干第二个条件可转化为：必然所有不阻碍经济发展的不是生态恶化。将其逆否后可得，必然所有生态恶化都阻碍经济发展。D 项与其相符。故选 D 项。

注意，"不阻碍经济发展"是完整的主语，其中的"不"字不参与转化。

例57 有球迷喜欢所有参赛球队。

如果上述断定为真，则以下哪项不可能为真？

A. 所有参赛球队都有球迷喜欢。

B. 有球迷不喜欢所有参赛球队。

C. 所有球迷都不喜欢某个参赛球队。

D. 有球迷不喜欢某个参赛球队。

E. 每个参赛球队都有球迷不喜欢。

题源：2007—1—46

解析 注意本题的相反陷阱，寻找的是"不可能为真"的选项，即"必然为假"的选项。

题干条件可提炼为：∃球迷→∀球队。因为题干条件的矛盾命题必然为假，所以根据**效用思维（优先验证）**，可利用"不"字转移法，取其矛盾得：∀球迷→¬∃球队。

C 项可提炼为：∀球迷→¬∃!球队。C 项与题干条件的矛盾命题是推出关系，且方向为：C 项"∀球迷→¬∃!球队"可推出题干条件的矛盾命题"∀球迷→¬∃球队"，所以 C 项必然为假。故选 C 项。

附加陷阱

干扰陷阱

> 在解题套路的基础上，有些真题会增加无用的信息或条件作为干扰。本题型中，除了可利用"对当关系"中所提及的破解方法，还可用"否定等值"所固有的"效用思维"解题，如 例58 所示。

例58 有人说："最高明的骗子，可能在某个时刻欺骗所有的人，也可能在所有的时刻欺骗某些人，但不可能在所有的时刻欺骗所有的人。"

如果上述断定为真，而且世界上总有一些高明的骗子，那么下述哪项断定必定是假的？

A. 张三可能在某个时刻受骗。

B. 李四可能在任何时候都不受骗。

C. 骗人的人也可能在某个时刻受骗。

D. 不存在某一时刻所有的人都必然不受骗。

E. 不存在某一时刻有人可能不受骗。

题源：1997—10—31

[解析] 注意本题的相反陷阱，寻找的是"必定是假的"的选项。

题干诸多条件中，仅最后一个条件带有否定词，所以可优先用其验证。

因为题干条件的矛盾命题必然为假，所以根据**效用思维（优先验证）**，可取其矛盾得：可能在所有的时刻欺骗所有的人。

选项中，D 项和 E 项带有否定词，也可优先验证。

利用"不"字转移法，D 项可转化为：所有时刻有的人可能受骗。D 项与题干条件的矛盾命题是推出关系，且方向为：题干条件的矛盾命题"可能在所有的时刻欺骗所有的人"可推出 D 项"所有时刻有的人可能受骗"。所以 D 项真假不知，排除 D 项。

利用"不"字转移法，E 项可转化为：所有时刻所有人必然受骗。E 项与题干条件的矛盾命题是推出关系，且方向为：E 项"所有时刻所有人必然受骗"可推出题干条件的矛盾命题"可能在所有的时刻欺骗所有的人"。所以 E 项必然为假。故选 E 项。

效用思维

本题运用了**效用思维（优先验证）**。
当所解试题有较多性质或模态命题的结构词时，优先验证在命题开头带有否定词的命题。这是因为，真题一般会从前往后进行"不"字转移。

高能提示

题干除了"不可能在所有的时刻欺骗所有的人"这个条件，其余条件均为冗余条件，其目的就是要延长小伙伴们的解题时间。

第八章 矛盾推理

命题情况

数量情况

在形式逻辑中,考查矛盾推理的题目数量较多,具体列表如下。

	MBA 联考真题	管综真题	2020 年及以前经综真题
矛盾推理	11	11	9

难度情况

在 2020 年及以前经综真题中,矛盾推理比较容易识别,但在管综真题中,矛盾推理往往设置了理解陷阱、干扰陷阱和细节陷阱,难度有较大提高,因此考经综的小伙伴们也要注意此点。此外,当下经综真题的命题趋势正逐步向管综真题的命题趋势靠拢。

题型特征

- 题干中有联言、选言或条件命题,也有可能是它们所构成的嵌套式命题。
- 题目让根据上述条件,选出符合要求的选项,一般为"必然为假""能反驳题干"。

解题套路

矛盾推理的解题套路对应形式逻辑前四章中,德摩根定律以及条件命题矛盾式的直接考查。具体如下:

步骤①提炼

根据**结构词**和**含义本质**,将告知真假的命题提炼出来。

联言、选言和条件命题的含义本质,如下表所示。

联言、选言命题的含义本质		条件命题的含义本质	
=all	联言命题(∧)	有了就行,没了未必不行	充分条件
仅 =1	不相容选言命题(∨)	没了不行,有了未必就行	必要条件
≥1	相容选言命题(∨)	有了就行,没了不行	充要条件

步骤②匹配

利用德摩根定律、条件命题的矛盾式,将题干命题**取矛盾**,再逐一与选项进行**匹配**,选出符合要求的选项。

德摩根定律、条件命题的矛盾式如下表所示。

德摩根定律	条件命题的矛盾式
"A ∧ B"与"¬A ∨ ¬B"矛盾	"A → B"与"A ∧ ¬B"矛盾
"A∨B"与"A↔B"矛盾	"A↔B"与"A∨B"矛盾

无论是德摩根定律还是条件命题的矛盾式，都自带"定性思维"，如下所示。

> **定性思维**
>
> 考试一般不会涉及不相容选言命题，所以，可总结以下**定性思维**。
> 对于德摩根定律，在题干较为复杂时，可按以下顺序做**定性排除**：
> 首先，在选项中排除"与题干有相同结构词的命题"。
> 其次，挑选支相对简单的命题进行验证，排除与该支有相同"肯定"或"否定"状态的选项。
> 对于条件命题的矛盾式，在题干较为复杂时，可按以下顺序做**定性排除**：
> 首先，在选项中排除"联言以外的命题"。
> 其次，挑选前、后件相对简单的命题进行验证。如选前件，则排除"¬A"；如选后件，则排除"B"。

例59 只要不下雨，典礼就按时开始。

以下哪项如果为真，说明上述断定不成立？

Ⅰ．没下雨，但典礼没按时开始。

Ⅱ．下雨，但典礼仍然按时开始。

Ⅲ．下雨，典礼推迟举行。

A．只有Ⅰ。 B．只有Ⅱ。 C．只有Ⅲ。

D．只有Ⅱ和Ⅲ。 E．Ⅰ、Ⅱ和Ⅲ。

题源：396—2020—19

解析 题干条件可提炼为：¬雨→开。其矛盾命题为：¬雨∧¬开。仅复选项Ⅰ与其相符。故选A项。

例60 2010年上海世博会盛况空前，200多个国家场馆和企业主题馆让人目不暇接。大学生王刚决定在学校放暑假的第二天前往世博会参观。前一天晚上，他特别上网查看了各位网友对相关热门场馆选择的建议，其中最吸引王刚的有三条：

（1）如果参观沙特馆，就不参观石油馆；

（2）石油馆和中国国家馆择一参观；

（3）中国国家馆和石油馆不都参观。

实际上，第二天王刚的世博会行程非常紧凑，他没有接受上述三条建议中的任何一条。关于王刚所参观的热门场馆，以下哪项描述正确？

A．参观沙特馆、石油馆，没有参观中国国家馆。

B．沙特馆、石油馆、中国国家馆都参观了。

C．沙特馆、石油馆、中国国家馆都没有参观。

D．没有参观沙特馆，参观石油馆和中国国家馆。

E．没有参观石油馆，参加沙特馆、中国国家馆。

题源：2012—1—37

解析 因为王刚没有接受任何一条建议，因此，题干中的三条建议均为假。

条件（1）可提炼为：沙→¬石。其矛盾命题为：沙∧石。所以排除 C、D、E 三项。

条件（2）可提炼为：石∨中。其矛盾命题为：石↔中。所以排除 A 项。

故选 B 项。

效用思维

本题运用了**效用思维（每步匹配）**。

每步匹配有多种理解，这里是指，当遇到多个条件可逐一判断的试题时，每判断出一个条件，就去做选项匹配。（此点与复选项的每步匹配类似）

考点结合

矛盾推理会在提炼过程中用到联言与选言命题的真假性质，如 例61 所示。

所以，为了提高解题速度，小伙伴们务必熟练掌握联言与选言命题的真假性质，并形成条件反射。

例61 在报考研究生的应届考生中，除非学习成绩名列前三位，并且有两位教授推荐，否则不能成为免试推荐生。

以下哪项如果为真，说明上述决定没有得到贯彻？

Ⅰ．余涌学习成绩名列第一，并且有两位教授推荐，但未能成为免试推荐生。

Ⅱ．方宁成为免试推荐生，但只有一位教授推荐。

Ⅲ．王宜成为免试推荐生，但学习成绩不在前三名。

A. 只有Ⅰ。　　　　　　B. 只有Ⅰ和Ⅱ。　　　　　　C. 只有Ⅱ和Ⅲ。

D. Ⅰ、Ⅱ和Ⅲ。　　　　E. 以上都不是。

题源：2009—10—40

解析 题干"否则"之后是单独的否定，根据**效用思维（优先验证）**，可优先使用否后推前的方式，从而题干条件可提炼为：免→前三∧两推。

复选项Ⅰ，否定题干前件，必然不与其矛盾，所以排除 A、B、D 三项。复选项Ⅱ可提炼为：方（免∧¬两推）。其肯定题干前件并且否定题干后件，与题干矛盾，所以排除 E 项。故选 C 项。

附加陷阱

陷阱①理解陷阱

理解陷阱

理解陷阱是指，命题人采用一些表达手段，例如，使用嵌套结构（如 例62 所示）、使用新颖表述方式（如 例63 所示）等，将题干条件复杂化，以延长考生解题时间的命题手法。

破解方法有以下三点：

第一，紧抓本质，不管表达方式如何创新，含义本质是永恒不变的，因此，凡是某条件的内涵与某含义本质相同，则可将其转化为对应的命题。

第二，从简单入手，优先观察条件中相对简单的项。

第三，锻炼抽象提炼能力，抽象提炼是指用一两个字代替完整语句的提炼方式。目前真题的条件已不再像过去那般简单，因此，小伙伴们可利用本书以及《MBA MPA MPAcc MEM 管理类联考逻辑历年真题全解》（题型分类版）中的试题巩固练习。当遇到难以提炼的语句时，摘录出来，以便后续进行反复训练。

例62 在今年夏天的足球运动员转会市场上，只有在世界杯期间表现出色并且在俱乐部也有优异表现的人，才能获得众多俱乐部的青睐和追逐。

如果以上陈述为真，则以下哪项不可能为真？

A. 老将克洛泽在世界杯上以 16 球打破了罗纳尔多 15 球的世界杯进球记录，但是仍然没有获得众多俱乐部的青睐。

B. J罗获得了世界杯金靴，他同时凭借着俱乐部的优异表现在众多俱乐部追逐的情况下，成功转会皇家马德里。

C. 罗伊斯因伤未能代表德国队参加巴西世界杯，但是他在德甲俱乐部赛场上有着优异表现，在转会市场上得到了皇家马德里、巴塞罗那等顶级豪门的青睐。

D. 多特蒙德头号射手莱万多夫斯基成功转会到拜仁慕尼黑。

E. 克罗斯没有获得金靴，但因为表现突出，同样成功转会皇家马德里。

题源：2014—10—53

[解析] 注意本题的相反陷阱，寻找的是"不可能为真"，即"必然为假"的选项。

根据条件命题矛盾式的定性思维，可进行如下处理：题干"青睐和追逐"相对简单，可优先验证。因"青睐和追逐"为条件命题前件，所以题干的矛盾命题要涉及且肯定"青睐和追逐"，所以排除 A、D、E 三项。再抓"出色且优异"，因其为条件命题后件，所以题干的矛盾命题要涉及且否定"出色且优异"，所以排除 B 项。故选 C 项。

例63

| A | 4 | B | 7 |

如果以上是四张卡片，一面是大写英文字母，另一面是阿拉伯数字，主持人断定，如果一面是 A，则另一面是 4。

如果要试图推翻主持人的断定，但只允许翻动以上两张卡片，则正确的选择为：
A. 翻动 A 和 4。　　　B. 翻动 A 和 7。　　　C. 翻动 A 和 B。
D. 翻动 B 和 7。　　　E. 翻动 B 和 4。

题源：2008—1—50

解析 主持人的断定可提炼为：A→4。要想推翻该断定，就要使得其矛盾命题"A∧¬4"成立。

第一张卡片一面为"A"，其反面可能为"¬4"，所以有推翻主持人断定的可能，所以排除 D 项和 E 项。第二张卡片一面为"4"，根据"考点⑯"中恒真式的推理"条件命题后件为真，整个命题恒真"可知，该卡片已经使得主持人的断定为真，所以排除 A 项。第三张卡片一面为"B"，根据"考点⑯"中恒真式的推理"条件命题前件为假，整个命题恒真"可知，该卡片已经使得主持人的断定为真，所以排除 C 项。故选 B 项。

陷阱②干扰陷阱

> 在解题套路的基础上，有些真题会增加无用的信息或条件作为干扰，如 例64 所示。解题时，可利用"对当关系"中所提及的方法加以破解。

例64 某家长认为，有想象力才能进行创造性劳动，但想象力和知识是天敌。人在获得知识的过程中，想象力会消失。因为知识符合逻辑，而想象力无章可循。换句话说，知识的本质是科学，想象力的特征是荒诞。人的大脑一山不容二虎：学龄前，想象力独占鳌头，脑子被想象力占据；上学后，大多数人的想象力被知识驱逐出境，他们成为知识渊博但丧失了想象力、终身只能重复前人发现的人。

以下哪项与该家长的上述观点矛盾？
A. 如果希望孩子能够进行创造性劳动，就不要送他们上学。
B. 如果获得了足够的知识，就不能进行创造性劳动。
C. 发现知识的人是有一定想象力的。
D. 有些人没有想象力，但能进行创造性劳动。
E. 想象力被知识驱逐出境是一个逐渐的过程。

题源：2011—1—50

解析 本题的题目表达与论证逻辑完全一致，但经过观察，发现题干和选项均涉及条件命题的结构词，所以本题可优先用形式逻辑的思路解题。

题干仅第一句话带有结构词，该句话可提炼为：创→想。其矛盾命题为：创∧¬想。D 项与其相符。故选 D 项。

高能提示

> 本题除了"有想象力才能进行创造性劳动"这个条件，其余条件均为冗余条件，其目的就是要延长小伙伴们的解题时间。

陷阱③细节陷阱

> 在解题套路的基础上,有些真题会增加设计好的词语作为干扰,如 例65 所示。解题时,可利用"对当关系"中所提及的方法加以破解。

例65 小张是某公司营销部员工,公司经理对他说:"如果你争取到这个项目,我就奖励你一台笔记本电脑或者给你项目提成。"

以下哪项如果为真,说明该经理没有兑现承诺?

A. 小张没争取到这个项目,该经理没有给他项目提成,但送了他一台笔记本电脑。

B. 小张没争取到这个项目,该经理没奖励他笔记本电脑,也没给他项目提成。

C. 小张争取到了这个项目,该经理给他项目提成,但是并未奖励他笔记本电脑。

D. 小张争取到了这个项目,该经理奖励他一台笔记本电脑并且给他三天假期。

E. 小张争取到了这个项目,该经理未给他项目提成,但是奖励了他一台台式电脑。

题源:2012—1—32、396—2016—13

解析 题干经理的承诺可提炼为:争→笔∨提。其矛盾命题为:争∧¬(笔∨提) ⇔ 争∧¬笔∧¬提。E 项与其相符。故选 E 项。

> **高能提示**
> 题干中的电脑是"笔记本电脑",而 E 项中的电脑是"台式电脑",两者不同。

第九章 等价推理

命题情况

数量情况

在形式逻辑中,考查等价推理的题目数量很多,基本每年必考,具体列表如下。

	MBA 联考真题	管综真题	2020 年及以前经综真题
等价推理	47	16	10

难度情况

在 2020 年及以前经综真题中,等价推理比较容易识别,但在管综真题中,等价推理往往设置了理解陷阱、干扰陷阱和细节陷阱,难度有很大提高,因此考经综的小伙伴们也要注意此点。此外,当下经综真题的命题趋势正逐步向管综真题的命题趋势靠拢。

题型特征

▶ 题干中有联言、选言或条件命题,也有可能是它们所构成的嵌套式命题。
▶ 题目让根据上述条件,选出符合要求的选项,一般为"最为接近""可以得出"。

解题套路

等价推理解题套路对应形式逻辑前四章中,德摩根定律的直接考查、条件命题的含义转化、条件命题逆否式的直接考查及条件命题恒真式的直接考查。具体如下:

步骤①提炼

根据**结构词**和**含义本质**,将告知真假的命题提炼出来。

步骤②匹配

利用德摩根定律、条件命题的含义转化、条件命题的逆否式及条件命题的恒真式(如下表所示),将题干命题与选项逐一进行**匹配**,选出符合要求的选项。

德摩根定律	条件命题的含义转化	条件命题的逆否式	条件命题的恒真式
¬(A∧B) ⇔ ¬A∨¬B	若A则B ⇔ 只有B才A	A→B ⇔ ¬B→¬A	A→B ⇔ ¬A∨B
¬(A∨B) ⇔ ¬A∧¬B	除非A否则B ⇔ 若¬A则B		

注意,含义转化的内容较多,上表仅列出了考试中最为常见的两种。

> **定性思维**
>
> 等价推理自带**定性思维**。
> 条件命题的逆否式只有一个，即"A → B ⇔ ¬B → ¬A"。
> 因此，在题干信息较为烦琐时，可只抓其中一部分，然后做定性排除：
> 如果抓的是 A，那么遇到"? → A""¬A → ?"的选项均要排除。
> 如果抓的是 B，那么遇到"B → ?""? → ¬B"的选项均要排除。

例66 一个产品要畅销，产品的质量和经销商的诚信缺一不可。

以下各项都符合题干的断定，除了：

A. 一个产品滞销，说明它质量不好，或者经销商缺乏诚信。
B. 一个产品，只有质量高并且由诚信者经销，才能畅销。
C. 一个产品畅销，说明它质量高并有诚信的经销商。
D. 一个产品，除非有高的质量和诚信的经销商，否则不能畅销。
E. 一个质量好并且由诚信者经销的产品不一定畅销。

题源：2005—1—38

解析 注意本题的相反陷阱，寻找的是"都符合题干的断定，除了"，即选择"不符合题干的断定"的选项。

题干断定可提炼为：畅→质∧诚。根据**条件命题逆否式的定性思维**，可做如下处理：题干"畅"为条件命题前件，根据条件命题的逆否式，与其等价的条件命题，必然将肯定形式的"畅"放于前件，或者将否定形式的"畅"放于后件，A 项并非如此，所以 A 项不符合题干的断定。故选 A 项。

根据**效用思维（已知答案，其余不看）**，可不用验证其余选项，本处为降低疑惑也稍做分析，但小伙伴们要明白，这样非常不应试。

B、C、D 三项经过条件命题的含义转化，均与题干完全一致。此处重点阐述 E 项。

根据"考点⑬条件命题的含义——必要条件，没了不行，有了未必就行"可知，肯定题干作为必要条件的"质∧诚"，未必能得出作为充分条件的"畅"，故 E 项符合题干的断定。

例67 对当代学生来说，德育比智育更重要。学校的课程设计如果不注意培养学生的完美人格，那么，即使用高薪聘请著名的专家教授，也不能使学生在面临道德伦理、价值观念挑战的 21 世纪脱颖而出。

以下各项关于当代学生的断定都符合上述断定的原意，除了：

A. 学校的课程设计只有注重培养学生的完美人格，才能使当代学生取得成就。
B. 如果当代学生在 21 世纪脱颖而出，那一定是对他们注重了完美人格的教育。
C. 不能设想学生在面临道德伦理、价值观念挑战的 21 世纪脱颖而出，而他的人格却不完善。
D. 除非注重完美人格的培养，否则 21 世纪的学生难以脱颖而出。

E. 即使不能用高薪聘请著名的专家教授，学校的课程设计只要注重培养学生的完美人格，当代的学生就能在 21 世纪脱颖而出。

题源：2005—10—31

解析 注意本题的相反陷阱，寻找的是"都符合上述断定的原意，除了"，即选择"不符合上述断定的原意"的选项。

题干断定可提炼为：¬人→¬出。¬人→¬出⇔出→人。

A 项可提炼为"成→人"，虽"成"与"出"不是同一词汇，但可同义替换，因此考试时可先跳过该选项，验证其余选项。

B 项可提炼为"出→人"，是题干的逆否命题，所以排除 B 项。

C 项可提炼为"¬（出∧¬人）"，¬（出∧¬人）⇔出→人，与题干等价，所以排除 C 项。

D 项可提炼为"出→人"，是题干的逆否命题，所以排除 D 项。

E 项可提炼为"人→出"，与题干命题不符。

故选 E 项。

考点结合

> 等价推理会在提炼过程中用到联言与选言命题的真假性质，如 例68～例69 所示。
>
> 此时会构成嵌套结构，其推理相对烦琐又需对此形成条件反射，所以做以下总结：
>
> 令某命题为"▽→△"，另一命题为"A→B"。若 A 为真可推出▽为真，且△为真可推出 B 为真，则"▽→△"可推出"A→B"。
>
> 证明如下：
>
> 因为，A→▽，▽→△，△→B，所以串联可得：A→▽→△→B。首尾截取后可得，A→B。
>
> 证毕。
>
> 当然，"A→B"可逆否为"¬B→¬A"，此时前提条件需变为，▽为假可推出 A 为假，且 B 为假可推出△为假。
>
> 小伙伴们要结合试题去体会它们是如何运用的哦！不建议死记硬背，这样学起来会很费力。

例68 一个社会是公正的，则以下两个条件必须满足：第一，有健全的法律；第二，贫富差异是允许的，但必须同时确保消灭绝对贫困和每个公民事实上都有公平竞争的机会。

根据题干的条件，最能够得出以下哪项结论？

A. S 社会有健全的法律，同时又在消灭了绝对贫困的条件下，允许贫富差异的存在，并且绝大多数公民事实上都有公平竞争的机会。因此，S 社会是公正的。

B. S 社会有健全的法律，但这是以贫富差异为代价的。因此，S 社会是不公正的。

C. S 社会允许贫富差异，但所有人都由此获益，并且每个公民事实上都有公平竞争的权利。因此，S 社会是公正的。

D. S 社会虽然不存在贫富差异，但这是以法律不健全为代价的。因此，S 社会是不公正的。

E. S 社会法律健全，虽然存在贫富差异，但消灭了绝对贫困。因此，S 社会是公正的。

题源：2002—1—28、396—2019—14

解析 题干条件可提炼为：公→法∧﹁差∧﹁贫∧争。

根据条件命题逆否式的定性思维，可做以下处理：题干"公"最为简单，可优先验证。题干"公"为条件命题前件，根据条件命题的逆否式，与其等价的条件命题，必然将肯定形式的"公"放于前件，或者将否定形式的"公"放于后件，而 A、C、E 三项并非如此，所以排除 A、C、E 三项。B 项的前件为"法∧差"无法否定题干后件，因此无法由题干推出，所以排除 B 项。故选 D 项。

本题也可以采用正面思路。D 项可提炼为：﹁差∧﹁法→﹁公。其符合嵌套结构的推理要求，所以根据题干可以推出 D 项。

例69 总经理：根据本公司目前的实力，我主张环岛绿地和宏达小区这两项工程至少上马一个，但清河桥改造工程不能上马。董事长：我不同意。

以下哪项最为准确地表达了董事长实际同意的意思？

A. 环岛绿地、宏达小区和清河桥改造这三个工程都上马。

B. 环岛绿地、宏达小区和清河桥改造这三个工程都不上马。

C. 环岛绿地和宏达小区两个工程至多上马一个，但清河桥改造工程要上马。

D. 环岛绿地和宏达小区两个工程至多上马一个，如果这点做不到，那也要保证清河桥改造工程上马。

E. 环岛绿地和宏达小区两个工程都不上马，如果这点做不到，那也要保证清河桥改造工程上马。

题源：2003—1—54

解析 题干董事长的意思可提炼为：﹁[（环∨宏）∧﹁清]。

董事长对嵌套命题做了否定，是不可能得到联言命题的，因此排除 A、B、C 三项。

由德摩根定律和条件命题的逆否式可知，﹁[（环∨宏）∧﹁清]⇔﹁（环∨宏）∨清⇔环∨宏→清。E 项与其相符。故选 E 项。

> **高能提示**
>
> 因为"环∨宏→清"的矛盾是"（环∨宏）∧﹁清"，所以如果小伙伴们对条件命题的矛盾式非常熟悉，则也可直接做相应转化。

> **附加陷阱**
>
> **陷阱①干扰陷阱**
>
> 在解题套路的基础上,有些真题会增加无用的信息或条件作为干扰,如 例70 和 例71 所示。解题时,可利用"对当关系"中所提及的方法加以破解。

例70 蟋蟀是一种非常有趣的小动物,宁夏的夏夜,草丛中传来阵阵清脆悦耳的鸣叫声,那是蟋蟀在唱歌。蟋蟀优美动听的歌声并不是出自它的好嗓子,而是来自它的翅膀。左右两翅一张一合,相互摩擦,就可以发出悦耳的响声了。蟋蟀还是建筑专家,与它那柔软的挖掘工具相比,蟋蟀的住宅真可以算得上是伟大的工程了。在其住宅门口,有一个收拾得非常舒适的平台。夏夜,除非下雨或者刮风,否则蟋蟀肯定会在这个平台上歌唱。

根据以上陈述,以下哪项是蟋蟀在无雨的夏夜所做的?

A. 修建住宅。

B. 收拾平台。

C. 在平台上歌唱。

D. 如果没有刮风,它就在抢修工程。

E. 如果没有刮风,它就在平台上唱歌。

题源:2010—1—33

解析 经观察,题干只有最后一个条件带有结构词,因此优先验证。

最后一句话可提炼为:¬雨∧¬风→歌。题目补充条件为:¬雨。E项可提炼为:¬风→歌。E项和补充条件结合后,与题干最后一句话相符。故选E项。

> **高能提示**
>
> 题干除了"夏夜,除非下雨或者刮风,否则蟋蟀肯定会在这个平台上歌唱"这个条件,其余条件均为冗余条件,其目的就是要延长小伙伴们的解题时间。

某花店只有从花农那里购得低于正常价格的花,才能以低于市场的价格卖花而获利;除非该花店的销售量很大,否则,不能从花农那里购得低于正常价格的花;要想有大的销售量,该花店就要满足消费者的兴趣或者拥有特定品种的独家销售权。

如果上述断定为真,则以下哪项必定为真?

A. 如果该花店从花农那里购得低于正常价格的花,就会以低于市场的价格卖花而获利。

B. 如果该花店没有以低于市场的价格卖花而获利,则一定没有从花农那里购得低于正常价格的花。

C. 该花店不仅满足了消费者的个人兴趣,而且拥有特定品种的独家销售权,但仍然不能以低于市场的价格卖花而获利。

D. 如果该花店广泛满足了消费者的个人兴趣或者拥有特定品种的独家销售权，就会有大的销售量。

E. 如果该花店以低于市场的价格卖花而获利，那么一定是从花农那里购得低于正常价格的花。

题源：2004—1—34

[解析] 经观察，发现大多数选项均涉及"从花农那里购得低于正常价格的花"，因此优先验证第一个条件。题干第一个条件可提炼为：利→低。E项提炼后与其相符。故选E项。

> **高能提示**
>
> 本题除了"某花店只有从花农那里购得低于正常价格的花，才能以低于市场的价格卖花而获利"这个条件，其余条件均为冗余条件，其目的就是要延长小伙伴们的解题时间。

陷阱②细节陷阱

> 在解题套路的基础上，有些真题会在用词上加以设计作为干扰，如 例72 所示。解题时，可利用"矛盾推理"中所提及的方法加以破解。

例72 张云、李华、王涛都收到了明年二月初赴北京开会的通知，他们可以选择乘坐飞机、高铁与大巴等交通工具进京，他们对这次进京方式有以下考虑：

(1) 张云不喜欢坐飞机，如果有李华同行，他就选择乘坐大巴；

(2) 李华不计较方式，如果高铁票价比飞机便宜，他就选择乘坐高铁；

(3) 王涛不在乎价格，除非预报二月初北京有雨雪天气，否则他就选择乘坐飞机；

(4) 李华和王涛家住得较近，如果航班时间合适，他们将一同乘飞机出行。

如果上述3人的考虑都得到满足，则可以得出以下哪项？

A. 如果李华没有选择乘坐高铁或飞机，则他肯定和张云一起乘坐大巴进京。

B. 如果张云和王涛乘高铁进京，则二月初北京有雨雪天气。

C. 如果三人都乘飞机进京，则飞机票价比高铁便宜。

D. 如果王涛和李华乘坐飞机进京，则二月初北京没有雨雪天气。

E. 如果三人都乘坐大巴进京，则预报二月初北京有雨雪天气。

题源：2015—1—34

[解析] 经观察，题干条件之间无法串联，所以大概率考查等价推理，而大多数选项均涉及"二月初北京有雨雪天气"，因此优先验证第三个条件。

题干第三个条件可提炼为：王 (¬飞) →预。E项可提炼为：张 ∧ 李 ∧ 王 (¬飞) →预。其符合嵌套结构的推理要求，所以由题干可推出E项。故选E项。

本题不选 B 项的原因在于，题干"除非"所引导的内容为"预报二月初北京有雨雪天气"，而不是"二月初北京有雨雪天气"，此处命题人就是要诱导小伙伴们误选 B 项。

另外，本题除条件（3）外，其余条件均为冗余条件，其目的就是要延长小伙伴们的解题时间。

陷阱③相反陷阱

相反陷阱

相反陷阱是指，命题人在题目中的问法与常规思考方向相反，从而使得考生浪费时间甚至选错答案的命题手法。相反陷阱有两种：

一种是正误反向，不过命题人会在具有正误反向的部分打上着重号，从而降低了干扰力度，一般问法为"以下哪项不可能为真""以下各项均为真，除了"。①

另一种是方向反向，一般试题是由题干推理选项的真假，而具有方向反向的试题则是由选项推理题干的真假，如 例73 所示。

此类陷阱的破解方法只有一个——考试的时候，优先并且仔细阅读题目，题目的任何细节都不能放过。

例73 除了何东辉，4 班所有的奖学金获得者都是来自西部地区。

上述结论可从以下哪项中推出？

A. 除了何东辉，如果有人是来自西部地区的奖学金获得者，他一定是 4 班的学生。
B. 何东辉是唯一来自西部地区的奖学金获得者。
C. 如果一个 4 班的学生是来自西部地区，只要他不是何东辉，他就是奖学金获得者。
D. 何东辉不是 4 班来自西部地区的奖学金获得者。
E. 除了获得奖学金的何东辉，如果有人是 4 班的学生，他一定来自西部地区。

题源：2005—10—27

解析 注意本题的相反陷阱，要求的是"上述结论可从以下哪项中推出"，即选择可以推理出题干结论的选项。

题干结论可提炼为：¬何→（4∧奖→西）。

根据**条件命题逆否式的定性思维**，可做以下处理：题干"西"在后件中最为简单，优先验证。题干"西"为条件命题后件，根据条件命题的逆否式，与其等价的条件命题，必然将肯定形式的"西"放于后件，或者将否定形式的"西"放于前件，而 A、B、C、D 四项并非如此，所以排除 A、B、C、D 四项。故选 E 项。

本题也可以采用正面思路。E 项可提炼为：¬何→（4→西）。其符合嵌套结构的推理要求，所以由 E 项可以推出题干。

---

① 鉴于有小伙伴在考场上还是会忘记正误反向，为提高小伙伴们的关注度，本书所有带正误反向的试题，均去掉了着重号。

陷阱④ 理解陷阱

> 在解题套路的基础之上,有些真题会对表达手段加以设计,以延长考生的解题时间。其中,嵌套结构和拉长语句,已在前文试题中体验过,这里重点分析新颖表述方式,如 例74 所示。

例74 张珊:不同于"刀""枪""箭""戟","之""乎""者""也"这些字无确定所指。

李思:我同意。因为"之""乎""者""也"这些字无意义,因此,应当在现代汉语中废止。

以下哪项最可能是李思认为张珊的断定所蕴含的意思?

A. 除非一个字无意义,否则一定有确定所指。
B. 如果一个字有确定所指,则它一定有意义。
C. 如果一个字无确定所指,则应当在现代汉语中废止。
D. 只有无确定所指的字,才应当在现代汉语中废止。
E. 大多数的字都有确定所指。

题源:2009—1—49

解析 李思提到"我同意",这里"同意"的是张珊所言,即"我同意'之''乎''者''也'这些字无确定所指"。但李思下文却直接由"'之''乎''者''也'这些字无意义"开始推理,由此可知,李思认为张珊的断言包含了"无所指→无意义"。A项与其相符。故选A项。

第十章 截取推理

命题情况

数量情况

在形式逻辑中,考查截取推理的题目数量很多,基本每年必考,具体列表如下。

	MBA联考真题	管综真题	2020年及以前经综真题
截取推理	42	19	12

难度情况

在2020年及以前经综真题中,截取推理比较容易识别,但在管综真题中,截取推理往往设置了理解陷阱和干扰陷阱,难度有很大提高,因此考经综的小伙伴们也要注意此点。此外,当下经综真题的命题趋势正逐步向管综真题的命题趋势靠拢。

题型特征

- 题干中有多个性质、选言或条件命题,也有可能是它们所构成的嵌套式命题。
- 各命题之间有重复项。
- 题目让选出符合要求的选项,一般为"一定为真""一定为假""除了哪项均为真"。

解题套路

截取推理的解题套路对应形式逻辑前四章中,性质命题截取的直接考查以及条件命题截取的直接考查。具体如下:

步骤①串联

利用性质和条件命题的串联原则,将题干中能联系的**条件串联**起来。

性质命题的串联原则		条件命题的串联原则	
连接串联 有的开头 所有任意 可以截取	由"$\forall A \to B$""$\forall B \to C$", 可得:$\forall A \to B \to C$。 由"$\exists A \to B$""$\forall B \to C$" 可得:"$\exists A \to B \to C$"	连接串联 可以截取	由"$A \to B$""$B \to C$" 可得:$A \to B \to C$

如果题干均是性质命题,则串联过程相对烦琐。因此,可利用性质命题快速串联的方法——先找有的,紧抓后件,肯前否后。本处例题将直接略过条件分析的部分,不熟悉的小伙伴可翻回"考点④性质命题的截取",并结合该考点的例题再体会一下。

步骤②匹配

如果题目要求寻找"**一定为真**"的选项,则将链条首尾截取后,直接进行选项**匹配**。

如果题目要求寻找"**一定为假**"的选项,则将链条首尾**截取**后**取矛盾**,再进行选项**匹配**。

如果题目要求寻找"除了哪项均为真"的选项，则将选项逐一与题干进行**匹配**。

效用思维

截取推理自带**效用思维（优先验证）**。优先验证有多种理解，这里是指：
当题干部分条件可串联、部分条件不可串联时，优先验证可串联的条件。
当题干条件可串联且寻找必然为真的选项时，优先验证首尾截取的命题。
当题干条件可串联且寻找必然为假的选项时，优先验证首尾截取的矛盾命题。
这是复盘真题后总结出来的经验。当然，如果验证后发现没有答案，则再将条件或选项逐一进行匹配。

考点结合

截取推理一般以多考点结合的形式出现，现列举如下：
结合频率较高的考点是，在串联和匹配时，会用到性质命题的换位性质、否定等值规则、条件命题的逆否式或条件命题的恒真式。
结合频率较低的考点是，在串联和匹配时，会用到联言与选言命题的真假性质或德摩根定律。
当需要取矛盾时，会用到性质命题的对当关系、条件命题的矛盾式。

例75 所有安徽来京的打工人员，都办理了暂住证；所有办理了暂住证的人员，都获得了就业许可证；有些安徽来京的打工人员当上了门卫；有些业余武术学校的学员也当上了门卫；所有的业余武术学校的学员都未获得就业许可证。

如果上述断定都是真的，则除了以下哪项，其余的断定也必定是真的？

A. 所有安徽来京的打工人员都获得了就业许可证。
B. 没有一个业余武术学校的学员办理了暂住证。
C. 有些安徽来京的打工人员是业余武术学校的学员。
D. 有些门卫没有就业许可证。
E. 有些门卫有就业许可证。

题源：2000—1—65

解析 注意本题的相反陷阱，寻找的是"除了以下哪项，其余的断定也必定是真的"，即选择"可能为假"的选项。

由题干断定可得以下两条链条：

第一条，∃门→安→暂→就→¬业；第二条，∃门→业→¬就→¬暂→¬安。

A 项可提炼为：∀安→就。由题干第一条链条可以截得 A 项，所以其必然为真，排除 A 项。

B 项可提炼为：∀业→¬暂。由题干第二条链条可以截得 B 项，所以其必然为真，排除 B 项。

C 项可提炼为：∃安→业。由题干第一条链条可以截得"∀安→¬业"，C 项与此矛盾，所以 C 项必然为假。故选 C 项。

根据**效用思维（已知答案，其余不看）**，可不用验证其余选项，本处为降低疑惑也稍做分析，但小伙伴们要明白，这样非常不应试。

D 项可提炼为：∃门→¬就。由题干第二条链条可以截得 D 项，所以其必然为真，排除 D 项。

E 项可提炼为：∃门→就。由题干第一条链条可以截得 E 项，所以其必然为真，排除 E 项。

附加陷阱

陷阱①干扰陷阱

在解题套路的基础上，有些真题会增加无用信息或条件作为干扰。除可利用"对当关系"中所提及的破解方法外，还可利用"截取推理"所固有的"效用思维"解题，如 例76 所示。

例76 超过 20 年使用期限的汽车都应当报废。某些超过 20 年使用期限的汽车存在不同程度的设计缺陷。在应当报废的汽车中有些不是 H 国进口车。所有的 H 国进口车都不存在缺陷。如果上述断定为真，则以下哪项一定为真？

A. 有些 H 国进口车不应当报废。

B. 有些 H 国进口车应当报废。

C. 有些存在设计缺陷的汽车应当报废。

D. 所有应当报废的汽车的使用期限都超过 20 年。

E. 有些超过 20 年使用期限的汽车不应当报废。

题源：2006—10—31

解析 根据快速串联的方法"先找有的，紧抓后件，肯前否后"，可得链条：∃缺→>20→报。

后续条件无法联立，根据**效用思维（优先验证）**，先用上述链条寻找答案，若寻找不到，再看其余条件。将该链条首尾截取可得，∃缺→报，C 项与其相符。故选 C 项。

本题除了"超过 20 年使用期限的汽车都应当报废。某些超过 20 年使用期限的汽车存在不同程度的设计缺陷"这些条件，其余条件均为冗余条件，其目的就是要延长小伙伴们的解题时间。

陷阱②理解陷阱

在解题套路的基础之上，有些真题会对表达手段加以设计，以延长考生的解题时间。其中，嵌套结构和拉长语句，已在前文试题中体验过，这里重点分析新颖表述方式，如 例77 所示。

例77 信仰乃道德之本，没有信仰的道德，是无源之水、无本之木。没有信仰的人是没有道德底线的；而一个人一旦没有了道德底线，那么法律对于他也是没有约束力的。法律、道德、信仰是社会和谐运行的基本保障，而信仰是社会和谐运行的基石。

根据以上陈述，可以得出以下哪项？

A. 道德是社会和谐运行的基石之一。

B. 如果一个人有信仰，法律就能对他产生约束力。

C. 只有社会和谐运行，才能产生道德和信仰的基础。

D. 法律只对有信仰的人具有约束力。

E. 没有道德也就没有信仰。

题源：2012—10—27

解析 "基本""保障""基石"均为必要条件的表达，从而由题干陈述可得以下链条：约束→道德→信仰。其余条件均无法联立，根据**效用思维（优先验证）**，先用上述链条寻找答案，若寻找不到，再看其余条件。将该链条首尾截取可得，约束→信仰，D 项与其相符。故选 D 项。

高能提示

本题运用**效用思维**，可避开理解陷阱的干扰。现在详细分析本题的理解陷阱。

本题提到"法律、道德、信仰是社会和谐运行的基本保障，而信仰是社会和谐运行的基石"，此处保障和基石为并列关系，但是"保障"中有法律和道德，"基石"中没有，由此可见，对于保障和基石，本题除了用它们表达必要条件的含义，还有进一步的区分。所以，A 项提出"道德"是社会和谐运行的"基石之一"是不够准确的。

陷阱③细节陷阱

在解题套路的基础上，有些真题会增加设计好的用词作为干扰，如 例78 所示。解题时，可利用"对当关系"中所提及的方法加以破解。

例78 一些投机者是乘船游玩的热心人。所有的商人都支持沿海工业的发展。所有热心乘船游玩的人都反对沿海工业的发展。

据此可知以下哪项一定成立？

A. 有一些投机者是商人。

B. 一些商人热心乘船游玩。

C. 一些投机者支持沿海工业的发展。

D. 一些投机者不支持沿海工业的发展。

E. 商人对乘船游玩不热心。

题源：396—2011—5

解析 由题干条件可得：∀商人→支持工业→¬热心乘船游玩的人。将该链条首尾截取可得，∀商人→¬热心乘船游玩的人，E 项与其相符。故选 E 项。

> **高能提示**
> 　　第一个条件提到的"乘船游玩的热心人"是指人热心，而第二个条件提到的"热心乘船游玩的人"是指人对乘船游玩热心，因此这两个条件之间不可串联。

例79 环宇公司规定，其所属的各营业分公司，如果年营业额超过 800 万元的，其职员可获得优秀奖；只有年营业额超过 600 万元的，其职员才能获得激励奖。年终统计显示，该公司所属的 12 个分公司中，6 个年营业额超过了 1 000 万元，其余的则不足 600 万元。如果上述断定为真，则以下哪项关于该公司今年获奖的断定一定为真？

Ⅰ．获得激励奖的职员，一定获得优秀奖。
Ⅱ．获得优秀奖的职员，一定获得激励奖。
Ⅲ．半数职员获得了优秀奖。

A．只有Ⅰ。　　　　　　B．只有Ⅱ。　　　　　　C．只有Ⅲ。
D．只有Ⅰ和Ⅲ。　　　　E．Ⅰ、Ⅱ和Ⅲ。

题源：2004—1—43、396—2011—8

解析 题干最后一个条件可转化为">1 000 万∨<600 万"，从而进一步可得以下链条：
激励→>600 万→>1 000 万→>800 万→优秀。
复选项Ⅰ可提炼为"激励→优秀"，是题干链条的首尾截取，其必然为真，排除 B 项和 C 项。
复选项Ⅱ可提炼为"优秀→激励"，是题干链条首尾截取的互换，其真假不知，排除 E 项。
复选项Ⅲ所涉及的"职员数量"，题干并未提及，排除 D 项。
故选 A 项。

> **高能提示**
> 　　本题有以下两个理解陷阱：
> 　　第一个是对题干最后一个不相容选言命题的含义理解，若是不理解，就无法得出链条。
> 　　第二个则是对第二个条件的含义理解，题干第二个条件只表明"超过 600 万"是获得"激励奖"的必要条件，这并不表明"超过 600 万"就能获得"激励奖"，因此复选项Ⅱ不可选择。

第十一章 传递推理

命题情况

数量情况

在形式逻辑中,考查传递推理的题目数量很多,基本每年必考,具体列表如下。

	MBA 联考真题	管综真题	2020 年及以前经综真题
传递推理	31	26	6

难度情况

在 2020 年及以前经综真题中,传递推理的句子较短,且较少设置干扰陷阱和特殊结构,但在管综真题中,传递推理往往设置了理解陷阱和干扰陷阱,难度有很大提高,因此考经综的小伙伴们也要注意此点。此外,当下经综真题的命题趋势正逐步向管综真题的命题趋势靠拢。

题型特征

- 题干中有多个性质、选言或条件命题,也有可能是它们所构成的嵌套式命题。
- 题干直接给出确定条件或题目补充确定条件。
- 题目让选出符合要求的选项,一般为"一定为真""一定为假"。

解题套路

传递推理的解题套路对应形式逻辑前四章中,性质命题传递的直接考查、选言命题传递的直接考查及条件命题传递的直接考查。具体如下:

步骤①顺藤

抓住**确定条件**(主要是单称性质命题和联言命题),由此利用性质、选言和条件命题为"**藤蔓**",进行**传递**。

	性质命题的传递	选言命题的传递	条件命题的传递
有效传递	$\forall S \to P \| A\ (S) \Rightarrow A\ (P)$ $\forall S \to P \| A\ (\neg P) \Rightarrow A\ (\neg S)$	$A \vee B \| \neg A \Rightarrow B$ $A \vee B \| A \Rightarrow \neg B;\ A \vee B \| \neg A \Rightarrow B$	$A \to B \| A \Rightarrow B$ $A \to B \| \neg B \Rightarrow \neg A$
无效传递	$\forall S \to P \| A\ (\neg S) \Rightarrow ?$ $\forall S \to P \| A\ (P) \Rightarrow ?$	$A \vee B \| A \Rightarrow ?$	$A \to B \| \neg A \Rightarrow ?$ $A \to B \| B \Rightarrow ?$

注意,上述有效传递可用来选择,而无效传递可用来排除。

步骤②摸瓜

顺着上述"藤蔓",找到最后的**确定条件**,选出符合要求的**选项**。

传递推理 第十一章

> **效用思维**
>
> 传递推理自带**效用思维（关注特殊）**。
> 特殊有多种理解，这里是指，当题干或题目中给出确定条件时，优先从该确定条件解题。由此，再寻找出现该确定条件的相关信息，便不会陷入解题过程不涉及的干扰陷阱。
> 传递推理也自带**定性思维**。
> 否定条件命题前件，无法得出确定性结论，尤其无法得出该条件命题后件的真假情况。
> 肯定条件命题后件，无法得出确定性结论，尤其无法得出该条件命题前件的真假情况。

例80 蓝星航线上所有货轮的长度都大于 100 米，该航线上所有客轮的长度都小于 100 米。蓝星航线上的大多数轮船都是 1990 年以前下水的。金星航线上的所有货轮和客轮都是 1990 年以后下水的，其长度都小于 100 米。大通港一号码头只对上述两条航线的轮船开放，该码头设施只适用于长度小于 100 米的轮船。捷运号是最近停靠在大通港一号码头的一艘货轮。如果上述判定为真，则以下哪项一定为真？

A. 捷运号是 1990 年以后下水的。
B. 捷运号属于蓝星航线。
C. 大通港只适于长度小于 100 米的货轮。
D. 大通港不对其他航线开放。
E. 蓝星航线上的所有轮船都早于金星航线上的轮船下水。

题源：2007—1—48

解析 题干条件可提炼为：(1) 蓝星∧货轮→>100 米；(2) 蓝星∧客轮→<100 米；(3) 金星→>1990 年∧<100 米；(4) 大通→（金星∨蓝星）∧<100 米。

题干的确定条件为：捷运（大通∧货轮）。根据**效用思维（关注特殊）**，可优先验证。

由"捷运（大通∧货轮）"可知，"捷运（大通）"为真，且"捷运（货轮）"为真。

由"捷运（大通）"经条件（4）可传递出，捷运[（金星∨蓝星）∧<100 米]，从而可知"捷运（金星∨蓝星）"为真，且"捷运（<100 米）"为真。

由"捷运（<100 米）"经条件（1）可传递出，捷运（¬蓝星∨¬货轮），又因为"捷运（货轮）"，所以可传递出，捷运（¬蓝星），已知"捷运（金星∨蓝星）"，从而"捷运（金星）"为真。

由"捷运（金星）"经条件（3）可传递出，捷运（>1990 年∧<100 米），A 项与此相符。

故选 A 项。

考点结合

> 传递推理一般以多考点结合的形式出现，现列举如下：
> 在顺藤时，会用到性质命题的换位性质、否定等值规则、联言与选言命题的真假性质、条件命题的逆否式或条件命题的恒真式。

例81 只要天上有太阳并且气温在零度以下，街上总有很多人穿着皮夹克。只要天下着雨并且气温在零度以上，街上总有人穿着雨衣。有时，天上有太阳但同时下着雨。

如果上述断定为真，则以下哪项一定为真？

A. 有时街上会有人在皮夹克外面套着雨衣。
B. 如果街上有很多人穿着皮夹克但天没下雨，则天上一定有太阳。
C. 如果气温在零度以下并且街上没有多少人穿着皮夹克，则天一定下着雨。
D. 如果气温在零度以上并且街上有人穿着雨衣，则天一定下着雨。
E. 如果气温在零度以上但街上没人穿雨衣，则天一定没下雨。

题源：2001—1—59

解析 题干断定可提炼为：（1）太阳∧零下→皮夹克；（2）下雨∧零上→雨衣；（3）∃时间→太阳∧下雨。

本题可运用**条件命题逆否式的定性思维**解题，具体过程如下：

断定（3）并非确定条件，所以无法与其他断定联立，所以排除 A 项。

B 项的前件为"皮夹克∧¬下雨"，不仅肯定断定（1）的后件，还否定断定（2）的前件，必然无法进行有效传递，所以排除 B 项。

C 项的前件为"零下∧¬皮夹克"，由此可知"零下"为真，且"¬皮夹克"为真。由"¬皮夹克"结合断定（1）可传递出，¬太阳∨¬零下；再由"零下"可知，"¬太阳"为真。但 C 项的后件为"下雨"，并不符合，所以排除 C 项。

D 项的前件为"零上∧雨衣"，不仅肯定断定（2）的后件，还否定断定（1）的前件，必然无法进行有效传递，所以排除 D 项。

E 项的前件为"零上∧¬雨衣"，由此可知"零上"为真，且"¬雨衣"为真。由"¬雨衣"结合断定（2）可传递出，¬下雨∨¬零上；再由"零上"可知，"¬下雨"为真。E 项的后件与此相符。故选 E 项。

附加陷阱

陷阱①干扰陷阱

> 在解题套路的基础上，有些真题会增加无用的信息或条件作为干扰。除可利用"对当关系"中所提及的破解方法外，还可利用传递推理所固有的"效用思维"解题，如 例82 所示。

例82 如果鸿图公司的亏损进一步加大，那么是胡经理不称职；如果没有丝毫撤换胡经理的意向，那么胡经理就是称职的；如果公司的领导班子不能团结一心，那么是胡经理不称职。

如果上述断定为真,并且事实上胡经理不称职,那么以下哪项一定为真?

A. 公司的亏损进一步加大了。

B. 出现了撤换胡经理的意向。

C. 公司的领导班子仍不能团结一心。

D. 公司的亏损进一步加大,并且出现撤换胡经理的意向。

E. 公司领导班子不能团结一心,并且出现撤换胡经理的意向。

题源:2004—10—44

[解析] 题干断定可提炼为:(1) 加大→胡 (¬称职);(2) 胡 (¬撤换)→胡 (称职);(3) ¬团结→胡 (¬称职)。

题目补充的确定条件为:胡 (¬称职)。根据**效用思维(关注特殊)**,可优先验证。

由胡 (¬称职),经条件 (2) 可传递出,胡 (撤换),B 项与其相符。故选 B 项。

本题的条件 (1) 和条件 (3) 并未用到,属于冗余信息,但利用**效用思维(关注特殊)**,仅抓住其确定条件然后进行推理,可避免陷入此信息的干扰。

陷阱②理解陷阱

在解题套路的基础上,有些真题会对表达手段加以设计,以延长考生的解题时间。其中,嵌套结构和拉长语句,已在前文试题中体验过,这里重点分析新颖表述方式,如 例83 所示。

[例83] 某科研单位 2013 年新招聘的研究人员,或者是具有副高以上职称的"引进人才",或者是有北京户籍的应届毕业的博士研究生。应届毕业的博士研究生都居住在博士后公寓中,"引进人才"都居住在"牡丹园"小区。

关于该单位 2013 年新招聘的研究人员,以下哪项判断是正确的?

A. 居住在博士后公寓的都没有副高以上职称。

B. 具有博士学位的都是具有北京户籍的。

C. 居住在"牡丹园"小区的都没有博士学位。

D. 非应届毕业的博士研究生都居住在"牡丹园"小区。

E. 有些具有副高以上职称的"引进人才"也具有博士学位。

题源:2013—10—51

[解析] 题干条件可提炼为:(1) ∀2013 年研究人员→(副高∧引进)∨(北户∧应博);(2) ∀应博→公寓;(3) ∀引进→小区。

题目中的确定条件为:2013 年研究人员。由"2013 年研究人员",经条件 (1) 可传递出,(副高∧引进)∨(北户∧应博)。暂时无法继续传递,因此从选项入手。

本题可运用条件命题逆否式的定性思维解题，具体过程如下：

A 项的前件为"公寓"，肯定条件（2）的后件，必然无法进行有效传递，所以排除 A 项。

B 项的前件为"博士"，但不知是否为"应博"，无法与题干条件联立，所以排除 B 项。

C 项的前件为"小区"，肯定条件（3）的后件，必然无法进行有效传递，所以排除 C 项。

D 项的前件为"¬应博"，经"（副高∧引进）∨（北户∧应博）"可传递出，¬应博（副高∧引进），再经条件（3）可传递出，¬应博（小区）。故选 D 项。

第十二章　两难推理

命题情况

数量情况

在形式逻辑中，考查两难推理的题目数量较少，具体列表如下。

	MBA 联考真题	管综真题	2020 年及以前经综真题
两难推理	5	4	1

难度情况

两难推理有模型可循，因此难度较小，只要能识别并加以变形，就能快速破解。

题型特征

- 题干中有多个选言或条件命题。
- 各命题之间有大量重复项。
- 题目让选出符合要求的选项，一般为"一定为真""一定为假"。

解题套路

两难推理的解题套路对应形式逻辑前四章中，条件命题截取的直接考查。具体如下：

步骤①变形

利用模型，将题干**条件变形**至下表中的标准结构。

	模型Ⅰ	模型Ⅱ	模型Ⅲ	模型Ⅳ
所给前提	A → B B → ¬A	A → B A → ¬B	A → B ¬A → B	A → B C → D A ∨ C
可得结论	¬A	¬A	B	B ∨ D

其实上述四类模型本质上都是条件命题串联的特殊形式，现分析如下：

对于模型Ⅰ，串联后可得，A → B → ¬A，首尾截取后可得，A → ¬A。A → ¬A ⇔ ¬A ∨ ¬A ⇔ ¬A。

对于模型Ⅱ，将第二个条件逆否后串联可得，A → B → ¬A，此后步骤与模型Ⅰ一致。

对于模型Ⅲ，将第二个条件逆否后串联可得，¬B → A → B，此后步骤与模型Ⅰ同理。

对于模型Ⅳ，只不过是将两条链条合并而已。

所以，这里再次说明，只要抓住本质，其他都是变形！

另外，对于模型Ⅳ，若第三个条件的结构词改为"∧""∀"，则结论的结构词同步改变。

步骤②匹配

经过上述模型推理出结论后，**代入题干**，再选出符合要求的选项。

> **效用思维**
>
> 两难推理自带**效用思维（优先验证）**。
> 优先验证有多种理解，这里是指，当题干部分条件可构成模型、部分条件不可构成模型时，优先验证可构成模型的条件。
> 由此，便不会陷入解题过程不涉及的干扰陷阱中。

考点结合

> 两难推理一般以多考点结合的形式出现，现列举如下：
> 在变形时，会用到条件命题的逆否式或条件命题的恒真式。
> 在匹配时，会用到德摩根定律、条件命题的矛盾式、选言命题的传递或条件命题的传递。
> 当需要取矛盾时，会用到性质命题的对当关系、条件命题的矛盾式。

例84 某中药制剂中，人参或者党参至少必须有一种，同时还需满足以下条件：

(1) 如果有党参，就必须有白术；

(2) 白术、人参至多只能有一种；

(3) 若有人参，就必须有首乌；

(4) 有首乌，就必须有白术。

如果以上为真，则该中药制剂中一定包含以下哪两种药物？

A. 人参和白术。　　B. 党参和白术。　　C. 首乌和党参。
D. 白术和首乌。　　E. 党参和人参。

题源：2012—10—37

解析 条件（3）和（4）串联可得，人→首→白，首尾截取可得，人→白。

由此便与条件（2）构成模型Ⅲ，从而可得，¬人。

又因为"人参或者党参至少必须有一种"，所以必然有党参，再结合条件（1）可知必然有白术。故选 B 项。

例85 在潮湿的气候中仙人掌很难成活；在寒冷的气候中柑橘很难生长。在某省的大部分地区，仙人掌和柑橘至少有一种不难成活生长。

如果上述断定为真，则以下哪项一定为假？

A. 该省的一半地区，既潮湿又寒冷。

B. 该省的大部分地区炎热。

C. 该省的大部分地区潮湿。

D. 该省的某些地区既不寒冷也不潮湿。

E. 柑橘在该省的所有地区都无法生长。

题源：2009—1—47

[解析] 题干条件可提炼为：(1) 潮湿→¬仙人掌；(2) 寒冷→¬柑橘；(3) 大部分地区（仙人掌∨柑橘）。

题干前两个条件经逆否可得：仙人掌→¬潮湿；柑橘→¬寒冷。

由此便与条件（4）构成模型Ⅳ，从而可得，大部分地区（¬潮湿∨¬寒冷）。A项与其矛盾，因此A项必然为假。故选A项。

第十三章 补全推理

命题情况

数量情况

在形式逻辑中，考查补全推理的题目数量较少，具体列表如下。

	MBA 联考真题	管综真题	2020 年及以前经综真题
补全推理	19	3	1

难度情况

补全推理的核心是逆向思维，题目难度较大，但因其可根据模型进行推理，故难度系数大减。

题型特征

▶ 题干有两种情况：

第一种情况是，有多个性质或条件命题，且告知其中一个为结论，其余为前提。

第二种情况是，除命题外还有确定信息，并以命题为前提，以确定信息为结论。

▶ 题目让补充某个选项后，使得题干前提能推出这个结论。

解题套路

补全推理的解题套路对应形式逻辑前四章中，性质命题截取的逆向考查、条件命题截取的逆向考查、性质命题传递的逆向考查、选言命题传递的逆向考查和条件命题传递的逆向考查。具体如下：

步骤①变形

利用模型，将题干**条件变形**至下述标准结构：

▶ 性质命题截取的逆向考查

	$\forall A \to B + \forall B \to C = \forall A \to B \to C$		$\exists A \to B + \forall B \to C = \exists A \to B \to C$	
	情况 1	情况 2	情况 3	情况 4
已给前提	$\forall A \to B$	$\forall B \to C$	$\exists A \to B$	$\forall B \to C$
所补内容	↓ $\forall B \to C$	$\forall A \to B$ ↑	↓ $\forall B \to C$	$\exists A \to B$ ↑
已给结论	$\forall A \to C$	$\forall A \to C$	$\exists A \to C$	$\exists A \to C$

▸ 条件命题截取的逆向考查

	A→B+B→C=A→B→C	
	情况1	情况2
已给前提	A→B	B→C
所补内容	↓ B→C	A→B ↑
已给结论	A→C	A→C

▸ 性质命题传递的逆向考查

	情况1	情况2
已给前提	∀ S→P	∀ S→P
所补内容	A（S）	A（¬P）
已给结论	A（P）	A（¬S）

▸ 选言命题传递的逆向考查

	情况1	情况2	情况3
已给前提	A∨B	A∨B	A∨B
所补内容	¬A	¬A	A
已给结论	B	B	¬B

▸ 条件命题传递的逆向考查

	情况1	情况2
已给前提	A→B	A→B
所补内容	A	¬B
已给结论	B	¬A

步骤②匹配

经过上述模型**找到缺失内容**后，再选出符合要求的选项。

同时，本类试题也可以采用**选项代入**的方式，找到符合要求的选项。

定性思维

对于性质命题截取的逆向考查试题，有两种定性排除的思维：
——**利用结构词定性排除。**
若结论是特称命题，前提必然有且仅有1个特称命题。因此：
若已给前提为特称命题，则排除选项中的特称命题。
若已给前提为全称命题，则排除选项中的全称命题。
若结论为全称命题，则前提必然都是全称命题。因此，排除选项中的特称命题。
——**利用肯定与否定定性排除。**
若结论是否定命题，前提必然有且仅有1个否定命题。因此：
若已给前提为肯定命题，则排除选项中的肯定命题。

若已给前提为否定命题，则排除选项中的否定命题。

若结论为肯定命题，则前提必然都是肯定命题。因此，排除选项中的否定命题。

其中，第一种定性排除虽然可行，但命题人早已知晓这种方法并做了规避，目前仅 2012 年 MBA 联考真题中的第 45 题，能直接定位答案。

第二种定性排除本身存在陷阱，因为全称命题的逆否性质可以消去否定，而特称命题的互换性质可以将性质的否定词前移到对象身上，如 例86 所示。

所以，我还是建议各位小伙伴用前述的模型解题，解决速度不慢也很安全。

这里阐述定性思维的目的，仅仅是给事先学到此类技巧的小伙伴们敲响警钟。

效用思维

补全推理还自带两个效用思维。

若试题为截取的补全，则适用**效用思维（优先验证）**。优先验证有多种理解，这里指的是，当题干部分条件可构成模型、部分条件不可构成模型时，优先验证可构成模型的条件。

若试题为传递的补全，则适用**效用思维（关注特殊）**。特殊有多种理解，这里指的是，当题干或题目中给出确定条件时，优先用该确定条件解题。

由此，便不会陷入解题过程不涉及的干扰陷阱中。

例86 在本届运动会上，所有参加 4×100 米比赛的田径运动员都参加了 100 米比赛。

再加上以下哪项陈述，可以合乎逻辑地推出"有些参加 200 米比赛的田径运动员没有参加 4×100 米比赛"？

A. 有些参加 200 米比赛的田径运动员也参加了 100 米比赛。

B. 有些参加 4×100 米比赛的田径运动员没有参加 200 米比赛。

C. 有些没有参加 100 米比赛的田径运动员参加了 200 米比赛。

D. 有些没有参加 200 米比赛的田径运动员也没有参加 100 米比赛。

E. 有些参加 100 米比赛的田径运动员也参加了 200 米比赛。

解析 这里可以先用前述定性思维里提到的技巧解题。

题干结论为特称命题，而前提已有全称命题，因此必然补充特称命题，但五个选项均为特称命题；题干结论为否定命题，而前提为肯定命题，因此必然补充否定命题，从而排除 A、C、E 三项。此时，已经排除了正确答案，掉入了陷阱之中。

因此，前述技巧并不完美，希望小伙伴们还是用模型解题。现在，我们来用模型解题。

题干条件可提炼为：

已给前提：$\forall\ 4 \to 100$。

已给结论：$\exists\ 200 \to \neg 4$。

题干条件可转化为：

已给前提：$\forall\ \neg 100 \to \neg 4$。

已给结论：$\exists\ 200 \to \neg 4$。

其构成如下情况：

已给前提：∀ ¬100 → ¬4。
　　　　　　　↑
已给结论：∃ 200 → ¬4。

从而需要补充"∃ 200 → ¬100"，其互换后等价于"∃ ¬100 → 200"，C 项与其相符。故选 C 项。

考点结合

> 补全推理一般以多考点结合的形式出现，现列举如下：
> 在变形时，会用到性质命题的换位性质、否定等值规则、德摩根定律、条件命题的逆否式或条件命题的恒真式。

例87 某些经济学家是大学数学系的毕业生。因此，某些大学数学系的毕业生是对企业经营很有研究的人。

下列哪项如果为真，则能够保证上述论断的正确？

A. 某些经济学家专攻经济学的某一领域，对企业经营没有太多的研究。
B. 某些对企业经营很有研究的经济学家不是大学数学系毕业的。
C. 所有对企业经营很有研究的人都是经济学家。
D. 某些经济学家不是大学数学系的毕业生，而是学经济学的。
E. 所有的经济学家都是对企业经营很有研究的人。

题源：1999—10—1

解析 题干条件可提炼为：

已给前提：∃经济→数学。

已给结论：∃数学→企业。

题干条件可转化为：

已给前提：∃数学→经济。

已给结论：∃数学→企业。

其构成如下情况：

已给前提：∃数学→经济。
　　　　　　　　↓
已给结论：∃数学→企业。

从而需要补充"∀经济→企业"，E 项与其相符。
故选 E 项。

> **高能提示**
>
> 　　这里填一下前面"考点④性质命题的截取"中遗留的坑——为什么不可以将结论互换，从而构造成右边一致的情况？
>
> 　　这是因为：一方面，前述四种模型并不存在前提、结论均为"有的"的右边一致；另一方面，"有的"与"有的"之间是不可以串联的。
>
> 　　所以，小伙伴们如果遇到前提、结论均为特称命题的补全推理时，一定要构造成左边一致的情况。

例88 如果马来西亚航空公司的客机没有发生故障，也没有被恐怖组织劫持，那一定是被导弹击落了。如果客机被导弹击落，那一定会被卫星发现。如果卫星发现客机被导弹击落，那一定会向媒体公布。

如果要得到"飞机被恐怖组织劫持了"这一结论，则需要补充以下哪项？

A. 客机没有被导弹击落。

B. 没有导弹击落客机的报道，客机也没有发生故障。

C. 客机没有发生故障。

D. 客机发生了故障，没有导弹击落客机。

E. 客机没有发生故障，卫星发现客机被导弹击落。

题源：2014—10—32

解析 题干条件可提炼为：

已给前提 1：¬故 ∧ ¬劫→击。

已给前提 2：击→发。

已给前提 3：发→公。

上述前提可串联为：¬故 ∧ ¬劫→击→发→公。

已给结论：劫。

根据条件命题的逆向传递，补充"¬公"，则可得到"故 ∨ 劫"；再根据选言命题的逆向传递，补充"¬故"，则可得到结论"劫"。故选 B 项。

附加陷阱

陷阱①干扰陷阱

> 　　在解题套路的基础上，有些真题会增加无用的信息或条件作为干扰。除了可以利用"对当关系"中所提及的破解方法，还可以用"补全推理"所固有的"效用思维"解题，如 例89 所示。

例89 所有切实关心教员福利的校长，都被证明是管理得法的校长；而切实关心教员福利的校长，都首先把注意力放在解决中青年教员的住房问题上。因此，那些不首先把注意力放在解决中青年教员住房问题上的校长，都不是管理得法的校长。

为使上述论证成立，以下哪项必须为真？

A. 中青年教员的住房问题，是教员的福利中最为突出的问题。

B. 所有管理得法的校长，都是关心教员福利的校长。

C. 中青年教员的比例，近年来普遍有了大的增长。

D. 所有首先把注意力放在解决中青年教员住房问题上的校长，都是管理得法的校长。

E. 老年教员普遍对自己的住房状况比较满意。

题源：2001—10—42

解析 题干条件可提炼为：

已给前提 1：福→得。

已给前提 2：福→解。

已给结论：¬解→¬得。

由于"已给前提 2"可与"已给结论"构建模型，从而题干条件可转化为：

已给前提 2：福→解。

已给结论：得→解。

其构成如下情况：

已给前提 2：福→ 解 。
　　　　　　　　↑
已给结论：　得→ 解 。

从而需要补充，得→福，B 项与其相符。故选 B 项。

高能提示

在解题时，是用不到"已给前提 1"的，所以其为冗余条件，其存在的目的就是要延长小伙伴们的解题时间。

如果运用**效用思维（优先验证）**，则只关注能构建模型的条件，便不会把太多精力放在多余的条件上。

陷阱②理解陷阱

在解题套路的基础上，有些真题会对表达手段加以设计，以延长考生的解题时间。这里重点分析新颖表述方式，如 例90 所示。

例90 只要这个社会中继续有骗子存在并且某些人心中有贪念，那么一定有人会被骗。因此，如果社会进步到了没有一个人被骗，那么在该社会中的人们必定普遍地消除了贪念。

以下哪项最能支持上述论证？

A. 贪念越大越容易被骗。

B. 社会进步了，骗子也就不复存在了。

C. 随着社会的进步，人的素质将普遍提高，贪念也将逐渐被消除。

D. 不管在什么社会，骗子总是存在的。

E. 骗子的骗术就在于巧妙地利用了人们的贪念。

题源：2014—10—50

[解析] 题干条件可提炼为：

已给前提：骗子∧贪念→被骗。

已给结论：¬被骗→¬贪念。

题干条件可转化为：

已给前提：骗子∧贪念→被骗。

已给结论：贪念→被骗。

其构成如下情况：

已给前提：骗子∧贪念→被骗。

　　　　　　　↑

已给结论：　　　贪念→被骗。

从而需要补充，贪念→骗子∧贪念，但没有符合的选项。

不过，因为要补充的命题的前、后件均有"贪念"，因此若后件中的"骗子"为真，则该补充命题成立，此时，D 项符合要求。故选 D 项。

第十四章 反驳推理

命题情况

数量情况

在形式逻辑中,反驳推理基本不会考查,具体列表如下。

	MBA 联考真题	管综真题	2020 年及以前经综真题
反驳推理	2	3	0

难度情况

反驳推理的核心是逆向思维,题目难度较大,但因其可根据模型进行推理,故难度系数大减。

题型特征

▶ 题干有多个性质或条件命题,且告知其中一个为结论,其余为前提。
▶ 题目让补充某个选项后,使得题干前提推不出这个结论。

解题套路

反驳推理的解题套路对应形式逻辑前四章中,性质命题截取的逆向考查以及条件命题截取的逆向考查。具体如下:

步骤①取矛盾

将**题干结论**取矛盾。

步骤②变形

将题干前提与结论的矛盾命题变形至"补全推理"中的**标准模型**。

步骤③匹配

通过上述模型**找到缺失内容**后,再选出符合要求的选项。

若找不到符合要求的选项,则直接将题干前提与原结论变形至"补全推理"中的标准模型,再将缺失内容取矛盾后,寻找符合要求的选项,即**寻找补全的矛盾**。

> **效用思维**
>
> 反驳推理自带**效用思维(优先验证)**。
> 优先验证有多种理解,这里是指,当题干部分条件可构成模型、部分条件不可构成模型时,优先验证可构成模型的条件。
> 由此,便不会陷入解题过程不涉及的干扰陷阱之中。
> 当然,因为此处也涉及"补全推理",所以"补全推理"的定性思维在这里也同样适用,不过我依旧不建议大家使用。

考点结合

> 反驳推理一般以多考点结合的形式出现，现列举如下：
>
> 在变形时，会用到性质命题的换位性质、否定等值规则、德摩根定律、条件命题的逆否式或条件命题的恒真式。
>
> 在找矛盾和匹配时，会用到性质命题的对当关系、德摩根定律或条件命题的矛盾式。

例91 有些低碳经济是绿色经济，因此低碳经济都是高技术经济。

以下哪项如果为真，最能反驳上述论证？

A. 绿色经济都不是高技术经济。

B. 绿色经济有些是高技术经济。

C. 有些低碳经济不是绿色经济。

D. 有些绿色经济不是低碳经济。

E. 低碳经济就是绿色经济。

题源：2011—10—26

解析 题干条件可提炼为：

已给前提：∃低→绿。

已给结论：∀低→高。

取结论矛盾可得：∃低→¬高。

其构成如下情况：

已给前提：∃低→绿。
　　　　　　　　↓
结论矛盾：∃低→¬高。

从而需要补充，∀绿→¬高，A 项与其相符。故选 A 项。

例92 专业人士预测：如果粮食价格稳定，那么蔬菜价格也会保持稳定；如果食用油价格不稳定，那么蔬菜价格也将出现波动。老李由此断定：粮食价格将保持稳定，但是肉类食品价格将上涨。

根据上述专业人士的预测，以下哪项为真，最能对老李的观点提出质疑？

A. 如果食用油价格稳定，那么肉类食品价格将会上涨。

B. 如果食用油价格稳定，那么肉类食品价格不会上涨。

C. 如果肉类食品价格不上涨，那么食用油价格将会上涨。

D. 如果食用油价格出现波动，那么肉类食品价格不会上涨。

E. 只有食用油价格稳定，肉类食品价格才不会上涨。

题源：2013—1—53

解析 题干条件可提炼为：

已给前提 1：粮（稳）→菜（稳）。

已给前提 2：油（¬稳）→菜（¬稳）。

已给结论：粮（稳）∧肉（涨）。

两个前提可构成如下链条：粮（稳）→菜（稳）→油（稳）。

取结论矛盾可得：粮（稳）→肉（¬涨）。

其构成如下情况：

已给前提：粮（稳）→菜（稳）→油（稳）。
　　　　　　　　　　　　　　　↙
结论矛盾：粮（稳）→肉（¬涨）。

从而需要补充，油（稳）→肉（¬涨），B 项与其相符。故选 B 项。

例93 有关部委负责人表示，今年将在部分地区进行试点，为全面清理"小产权房"做制度和政策准备，要求各地对农村集体土地进行确权登记发证，凡是小产权房均不予确权登记，不受法律保护。因此，河西村的这片新建房屋均不受法律保护。

以下哪项如果为真，最能削弱上述论证？

A. 河西村的这片新建房屋已经得到相关部门的默许。

B. 河西村的这片新建房屋都是小产权房。

C. 河西村的这片新建房屋均建在农村集体土地上。

D. 河西村的这片新建房屋有些不是建在农村集体土地上。

E. 河西村的这片新建房屋有些不是小产权房。

题源：2012—10—41

解析 题干条件可提炼为：

已给前提：∀小→¬法。

已给结论：∀西→¬法。

取结论矛盾后，题干条件可转化为：

已给前提：∀法→¬小。

结论矛盾：∃法→西。

其构成如下情况：

已给前提：∀法→¬小。
　　　　　　↓
结论矛盾：∃法→西。

补充"∀¬小→西"可符合题目要求，但没有相符的选项。

从而思路转换为，寻找补全的矛盾。

前提与原结论可构成如下情况：

已给前提：∀小→¬法。
　　　　　　　　↑
已给结论：∀西→¬法。

从而得到补充内容"∀西→小"，取其矛盾可得，∃西→¬小，E 项与其相符。

故选 E 项。

形式逻辑返璞归真

> **高能提示**
>
> 下面我们进行总结。毕竟，哪怕只有 10 个题型[①]，也难以在考场上快速反应过来。我们一起凝练出共性路径，然后就可以进入综合推理部分啦！准备好了吗？Here We Go!

一、形式逻辑考点总结

形式逻辑的 18 个考点，按照考场上的运用情况，可分为含义型、反射型和直接型。

含义型考点为形式逻辑的根本，后续性质均由此展开，因此这些考点的**含义本质必须牢牢掌握**。

反射型考点在当下直接考查的概率较低，更多是作为解题过程，因此若想提升解题速度，这些考点的**变化形式必须熟练掌握，并形成条件反射**。

直接型考点在当下直接考查的概率较高，考查数量较多的题型，都是以其为框架，再结合其他考点综合考查，因此这些考点的**运用方式必须熟练掌握**，并且要**了解反射型考点是如何与其结合的**。

具体考点分类如下图所示。

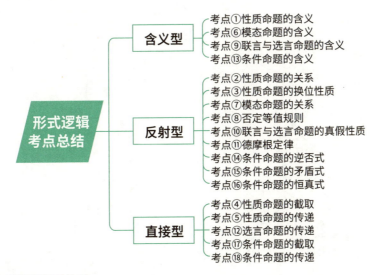

二、形式逻辑题型总结

形式逻辑的 10 个题型，按照考场上的处理方式，可分为单项题型和多项题型。

单项题型的特征主要是题干所给的命题相对较少（往往 1~2 个），并且各命题之间**不可以联立**。其主要包括对当关系、变形推理、否定等值、矛盾推理和等价推理。

多项题型的特征主要是题干所给的命题相对较多（往往 3 个以上），并且各命题之间**可以联立**。其主要包括截取推理、传递推理、两难推理、补全推理和反驳推理。

[①] 第五章到第十四章是 10 个题型。

单项题型的处理方式为**"匹配""排除"**，即抓住题干命题：

若题目所求为"一定为真的选项"，则运用等价或推出寻找对应的选项。

若题目所求为"一定为假的选项"，则运用矛盾寻找对应的选项。

在寻找正解的过程中，可以运用每种公式的"定性排除"快速排除干扰项。

多项题型的处理方式为**"传递""截取"**，即观察所给命题：

若题干存在"确定条件"且题目不要求"补充"，则以此为切入点，运用三大传递考点，正向传递。

若题干存在"确定条件"且题目要求"补充"，则以此为切入点，运用三大传递考点，逆向传递。

若题干没有"确定条件"且题目不要求"补充"，则运用两大截取考点，正向截取。

若题干没有"确定条件"且题目要求"补充"，则运用两大截取考点，逆向截取。

由此可知，在考场上应按下图所示，形成形式逻辑的条件反射。

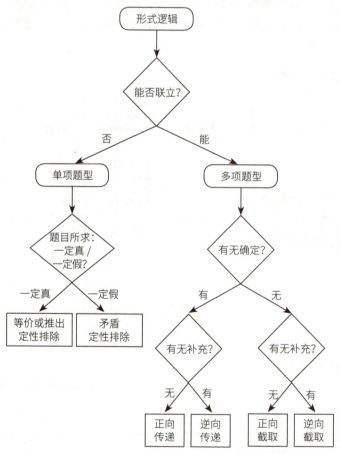

与此同时，在解题的过程中，需要避免陷入形式逻辑的**四大陷阱**：

相反陷阱，仔细阅读题目，观察是否为"下推上"或是否有"除了"这种词语等。

形式逻辑返璞归真

理解陷阱，紧抓含义型考点中的含义本质，并结合特殊表达，提高自身的提炼能力。

干扰陷阱，紧抓题干和选项的结构词，以区分形式逻辑和论证逻辑，当需要筛选优先验证的命题时，可优先验证带有结构词、条件间可联立或选项多次涉及的命题。

细节陷阱，阅读题干和选项中的命题时，观察主题词是否发生变化，并保持收敛思维，严格按照公式推导，不做任何语义理解。

> **高能提示**
>
> 这样便将31个形式逻辑用法、10个形式逻辑题型，总结为两大条件反射——单项题型和多项题型。
>
> 这便是寻找本质，这便是返璞归真，这便是先学厚、再学薄。

形式逻辑题型练习 I

本练习共 25 道小题，每个 2 分，共 50 分。下列每题给出的 A、B、C、D、E 五个选项中，只有一个选项符合试题要求。建议用时 30 分钟。

得分：_____   用时：_____

练111 专家：我们说要保护农民的利益，首先要清楚农民最大的利益是什么，农民有什么值钱的东西，就是那块宅基地。只有让宅基地的价值得到体现，才叫真正保护农民的利益。

如果以上陈述为真，则以下哪项陈述一定为真？

A. 真正保护农民的利益，除非让宅基地的价值得到体现。

B. 只要搞清楚了什么是农民的最大利益，就能保护农民的利益。

C. 不真正保护农民的利益，否则让宅基地的价值得到体现。

D. 如果对宅基地进行交易，它的价值就能够得到充分体现。

E. 如果让宅基地的价值得到体现，就能真正保护农民的利益。

练112 人都不可能没有梦想，并非所有的人必然没制定目标。

如果上述断定为真，则以下哪项一定为真？

A. 有的人可能没有梦想，有的人可能制定了目标。

B. 人都必然有梦想，所有人可能制定了目标。

C. 人都必然没有梦想，有的人可能没制定目标。

D. 人都必然有梦想，有的人可能制定了目标。

E. 人都可能有梦想，有的人必然制定了目标。

练113 "常在河边走，哪有不湿鞋？"搞财会工作的，都免不了有或多或少的经济问题，特别是在当前商品经济大潮下，更是如此。

以下哪项如果是真的，则最有力地否定了上述断定？

A. 某投资信托公司的会计，经管财务 30 年，拒受贿赂，一尘不染，多次受到表彰。

B. 随着法制的健全，经济犯罪必将受到严厉的打击。

C. 由于加强了两个文明建设，广大财会人员的思想觉悟有了明显的提高。

D. 以上断定，宣扬的是一种"人不为己，天诛地灭"的剥削阶级世界观。

E. "慎独"是中国的传统美德，这种传统美德，必将发扬光大。

题源：1997—10—13

练114 对于房地产企业来说，高周转率、高利润率、高稳定性以及低风险是不能同时存在的。现在大多数房地产企业都面临着融资风险、利率风险、政策风险等。

根据以上信息，对于房地产企业来说，以下哪项必然为真？

A. 房地产企业如果不能保证高周转率，那么至少要保证高利润率、高稳定性以及低风险三项中的一项。

B. 房地产企业如果高周转率、高利润率以及高稳定性都不能保证，那么一定要保证低风险。

C. 或者没有高周转率，或者没有高利润率，或者没有高稳定性，或者没有高风险。

D. 如果拥有了高周转率以及高利润率，那么高稳定性和低风险中，至少有一个是无法实现的。

E. 以上选项都不必然为真。

练115 近年来我国的三北防护林工程已经取得很大的成就，某县领导对于环境保护颇有心得，他提道："人们对自然资源进行长期掠夺式开发，因而造成对自然生态环境的严重破坏，而环境的恶化又为沙尘暴提供了丰富的沙尘物质来源。要治理风沙必须大面积种植树木并且改进农业技术措施。如果不能形成全民环保意识，一定会有越来越多的环境问题。"

依据县领导所言，以下哪项一定为真？

A. 如果形成全民环保意识，那么环境问题会越来越少。

B. 治理风沙，否则大面积种植树木并且改进农业技术措施。

C. 若想治理风沙，除非改进农业技术措施。

D. 必须治理风沙，才能大面积种植树木并且改进农业技术措施。

E. 没有越来越多的环境问题，就不会形成全民环保意识。

练116 只有具有专业能力且具有坚持的毅力，才能读完这本书。

如果上述命题为真，则以下哪项不可能为真？

A. 王伟没有读完这本书，但他具有专业的能力和坚持的毅力。

B. 张乐没有读完这本书，同时他不具备专业的能力。

C. 如果李婷读完了这本书，那么她不具有专业能力且具有坚持的毅力。

D. 刘柱读完了这本书，但他没有坚持的毅力。

E. 徐州读完了这本书，他坚持的毅力感动了很多人。

练117 《文化新报》记者小白周四去某市采访陈教授与王研究员。次日，其同事小李问小白："昨天你采访到那两位学者了吗？"小白说："不，没那么顺利。"小李又问："那么，你一个都没采访到？"小白说："也不是。"

以下哪项最可能是小白周四采访所发生的情况？

A. 小白采访到了两位学者。

B. 小白采访到了其中一位，但没有采访到另一位。

C. 小白根本没有去采访两位学者。

D. 两位采访对象都没有接受采访。

E. 小白采访了李教授,但没有采访王研究员。

题源:2012—1—33、396—2016—14

练118 如果"鱼和熊掌不可兼得"是不可改变的事实,则以下哪项也一定是事实?

A. 鱼可得但熊掌不可得。

B. 熊掌可得但鱼不可得。

C. 鱼和熊掌皆不可得。

D. 如果鱼不可得,则熊掌可得。

E. 如果鱼可得,则熊掌不可得。

题源:1998—1—2、396—2014—19

练119 在一次歌唱竞赛中,每一名参赛选手都有评委投了优秀票。

如果上述断定为真,则以下哪项不可能为真?

Ⅰ. 有的评委给所有参赛选手投了优秀票。

Ⅱ. 有的评委没有给任何参赛选手投优秀票。

Ⅲ. 有的参赛选手没有得到一张优秀票。

A. 只有Ⅰ。 B. 只有Ⅱ。 C. 只有Ⅲ。

D. 只有Ⅰ和Ⅱ。 E. 只有Ⅰ和Ⅲ。

题源:2006—1—47

练120 某社区开展两项活动:二胡比赛、书法比赛。该社区所有的老年人都参加了比赛,比赛的每一个种类都有人参加。

如果以上陈述为真,则以下哪项必然为真?

A. 所有的比赛都有老年人参加。

B. 有的年轻人也参加了比赛。

C. 并非每一项比赛都有人参加。

D. 有的老年人参加了二胡比赛。

E. 在某些比赛种类中有老年人参加。

练121 除非不把理论当作教条,否则就会束缚思想。

以下各项都表达了与题干相同的含义,除了:

A. 如果不把理论当作教条,就不会束缚思想。

B. 如果把理论当作教条,就会束缚思想。

C. 只有束缚思想,才会把理论当作教条。

D. 只有不把理论当作教条,才不会束缚思想。

E. 除非束缚思想,否则不会把理论当作教条。

题源:2007—1—28

练122 所有长着翅膀的鸟都会飞,这是不必然的。

如果上述断定为真,则以下哪项一定为真?

A. 必然有的长着翅膀的鸟不会飞。

B. 必然所有长着翅膀的鸟都不会飞。

C. 可能有的长着翅膀的鸟不会飞。

D. 可能所有长着翅膀的鸟都不会飞。

E. 并非可能所有长着翅膀的鸟都会飞。

练123 近期国际金融危机对毕业生的就业影响非常大,某高校就业中心的陈老师希望广大同学能够调整自己的心态和预期。他在一次就业指导会上提到,有些同学对自己的职业定位还不够准确。

如果陈老师的陈述为真,则以下哪项不一定为真?

Ⅰ. 不是所有人对自己的职业定位都准确。

Ⅱ. 不是所有人对自己的职业定位都不够准确。

Ⅲ. 有些人对自己的职业定位准确。

Ⅳ. 所有人对自己的职业定位都不够准确。

A. 仅Ⅱ和Ⅳ。   B. 仅Ⅲ和Ⅳ。   C. 仅Ⅱ和Ⅲ。

D. 仅Ⅰ、Ⅱ和Ⅲ。   E. 仅Ⅱ、Ⅲ和Ⅳ。

题源:2012—1—48

练124 宏达公司准备在全市范围内开展一次证券投资竞赛。在竞赛报名事宜里有"没有证券投资实际经验的人不能参加本次比赛"这一条规定。公司发出竞赛通知后,有很多人都报名参加了这次比赛。

如果上述论述为真,那么以下哪项不可能为真?

A. 没有证券投资实际经验的小李也参加了这次比赛。

B. 小张毕业后一直从事证券投资工作,他也报名参加了比赛。

C. 如果参加本次比赛,那么没有证券投资实际经验。

D. 有多年证券投资实际经验的老王参加了这次比赛。

E. 参加比赛的资格将取决于他以往证券投资的业绩。

练125 甲班所有同学都参加了考试,没有不及格者。

如果上述断定为假,则以下哪项一定为真?

Ⅰ. 如果甲班有的同学没有参加考试,那么有不及格者。

Ⅱ. 或者甲班有的同学没有参加考试,或者有不及格者。

Ⅲ. 如果甲班所有同学都参加了考试,则有不及格者。

A. 只有Ⅰ。   B. 只有Ⅱ。   C. 只有Ⅲ。

D. 只有Ⅰ和Ⅲ。   E. 只有Ⅱ和Ⅲ。

练126 一把钥匙能打开天下所有的锁。这样的万能钥匙是不可能存在的。

以下哪项最符合题干的断定？

A. 任何钥匙都必然有它打不开的锁。

B. 至少有一把钥匙必然打不开天下所有的锁。

C. 至少有一把锁天下所有的钥匙都必然打不开。

D. 任何钥匙都可能有它打不开的锁。

E. 至少有一把钥匙可能打不开天下所有的锁。

题源：2006—1—46

练127 近年来高校教师成了一个广受大众向往的职业，但是成为高校教师有很多要求。要成为高校教师必须拥有名校的博士学位而且在海外研究机构有超过一年的研究经历。

由以上信息可知，以下除了哪项都一定为真？

A. 除非不成为高校教师，否则既要拥有名校的博士学位，又要在海外研究机构有超过一年的研究经历。

B. 如果拥有名校的博士学位或者在海外研究机构有超过一年的研究经历，就能成为高校教师。

C. 只要或者不拥有名校的博士学位或者没有在海外研究机构有超过一年的研究经历，就不能成为高校教师。

D. 拥有名校的博士学位并且在海外研究机构有超过一年的研究经历，否则不能成为高校教师。

E. 要成为高校教师必须在海外研究机构有超过一年的研究经历。

练128 小张、小王、小李、小赵四个人就以下四个推理展开讨论：

Ⅰ．凡是坚持运动的人都是健康的，所以，不健康的人都不坚持运动。

Ⅱ．支持甲的人都支持乙，所以，有些不支持乙的人不支持甲。

Ⅲ．有的玫瑰是粉色的，所以，有的玫瑰不是粉色的。

Ⅳ．有些购物袋不是不出售的，所以，有些出售的不是非购物袋。

关于四个人讨论的情况，推理一定正确的是：

A. Ⅰ、Ⅱ、Ⅲ、Ⅳ。

B. Ⅰ、Ⅱ、Ⅲ。

C. Ⅰ、Ⅱ、Ⅳ。

D. Ⅰ、Ⅲ、Ⅳ。

E. Ⅰ、Ⅱ。

练129 近期，北京地区开始实行垃圾分类。群众纷纷学习垃圾分类的相关知识及规定，其中有：如果是报纸或者是塑料瓶，那么是可回收垃圾；如果不按要求进行垃圾分类并且不听从服务人员劝阻的，就会收到执法部门的书面警告。

如果上述相关知识为真，则以下除了哪项都一定真？

A. 如果是报纸，就是可回收垃圾。

B. 如果不按要求进行垃圾分类，就会收到执法部门的书面警告。

C. 除非是可回收垃圾，否则不是报纸或者塑料瓶。

D. 如果没有收到执法部门的书面警告，那么按要求进行分类或者听从服务人员的劝阻。

E. 若是塑料瓶，则是可回收垃圾。

练130 某位成功人士指出：一个人要不断努力，否则不能保证一直领先。如果你本来基础好又能不断努力，那你肯定能比别人更早取得成功。

如果这位成功人士的陈述为真，则以下哪项一定为假？

A. 一个人本来基础好并且能不断努力，但可能不会比别人更早取得成功。

B. 一个人本来基础就不好，一定不会比别人更早取得成功。

C. 如果你能不断努力，那么不一定比别人更早取得成功。

D. 小李本来基础好，但可能不比别人更早取得成功。

E. 如果没有比别人更早成功，那么说明一定没有不断努力。

练131 教授：如果你肯花很多时间研究所学内容，那么毕业论文是优秀。

学生：这不是真的，我的论文是优秀，而我没有花很多时间研究所学内容。

学生最有可能把教授的陈述理解成什么？

A. 如果肯花很多时间研究所学内容，那么毕业论文不是优秀。

B. 如果毕业论文是优秀，那么说明这个学生很优秀。

C. 论文优秀，否则肯花很多时间研究所学内容。

D. 除非论文是优秀，才肯花很多时间研究所学内容。

E. 只要毕业论文是优秀，就肯花很多时间研究所学内容。

练132 随着手机和电脑的普及，越来越多的人习惯和手机、电脑当朋友，每天将大量的时间耗费在看手机和电脑上，对此有人认为：如果每天看手机超过5个小时并且对着电脑8个小时以上，那么会成为近视眼。

以下哪项为真，说明此人的观点为假？

A. 一个人每天看手机超过了5个小时，但并没有近视。

B. 一个人每天对着电脑8个小时以上，但没有成为近视眼。

C. 有的人每天看电视不超过5个小时并且也没有对着电脑超过8个小时，却成了近视眼。

D. 老王每天看手机超过5个小时并且对着电脑超过8个小时，而他的视力很好。

E. 如果每天看手机超过5个小时并且对着电脑超过8个小时，一定不会成为近视眼。

练133 某餐馆发生一起谋杀案，经调查有三条重要信息：

第一，谋杀或者用的是绳子，或者用的是刀，二者必居其一；

第二，谋杀时间或者在上午9点，或者在凌晨3点，二者必居其一；

第三，谋杀者要么是甲，要么是乙。

如果以上断定是真的，那么以下哪项也一定是真的？

Ⅰ. 死者不是甲用绳子在上午9点谋杀的，因此，死者是乙用刀子在凌晨3点谋杀的。

Ⅱ. 死者是甲用绳子在凌晨3点谋杀的，因此，死者不是乙用绳子在上午9点谋杀的。

Ⅲ. 谋杀的时间是上午9点，但不是甲用绳子谋杀的，因此，一定是乙用刀子谋杀的。

A. 仅Ⅰ。

B. 仅Ⅱ。

C. 仅Ⅲ。

D. Ⅰ、Ⅱ、Ⅲ。

E. Ⅱ和Ⅲ。

练134 如果王教授是文学家，又深入研究过夏、商、周三代历史，则他一定是中国的历史学家。

这个断定是根据以下哪项得出的？

A. 王教授不但研究过中国历史，也研究过外国历史。

B. 历史学家不可能深入研究中国的全部历史。

C. 文学家中只有中国的历史学家才会深入研究三代历史。

D. 大多数历史学家对于中国历史的研究都是秦朝以后的。

E. 如果是中国的历史学家，那么一定是文学家并且对夏、商、周的历史有深入研究。

练135 某热门景区由于每次在节假日都会有巨大的人流量，为了能够保证儿童的安全，预防与家长走失或者自行进入景区发生意外等情况，该景区进行了严格的规定，除非年龄在18周岁以上并且出示身份证，否则不允许进入景区。

依据以上信息，以下哪项不可能为真？

A. 允许进入景区，一定年龄在18周岁以上并且出示身份证。

B. 允许进入景区同时年龄在18周岁以上。

C. 年龄在18周岁以上并且出示身份证，但是不允许进入景区。

D. 允许进入景区，但没有出示身份证。

E. 不被允许进入景区，年龄不在18周岁以上，也没有出示身份证。

形式逻辑题型练习Ⅰ解析

练111 答案为 C 项。

解析 题干条件可提炼为：真正保护农民的利益→宅基地的价值得到体现。A 项"不真正保护农民的利益→宅基地的价值得到体现"，其前件对题干前件进行否定，因此不能判断真假；B 项不涉及题干提炼的条件关系，不能判断真假；C 项"真正保护农民的利益→宅基地的价值得到体现"，与题干等价，因此一定真；D 项中的"对宅基地进行交易"，题干提炼条件不涉及，不能判断真假；E 项是题干条件的互换，因此不能判断真假。

练112 答案为 D 项。

解析 将题干转化为标准式：人都必然有梦想，有的人可能制定了目标。A 项前半句与题干矛盾，后半句不用看，因为这两句话是并列关系，是一个联言命题，一个支为假，则 A 项一定为假；B 项前半句为真，后半句看到"所有"即可排除，因为题干标准式为"有的"；C 项前半句与题干前半句是上反对关系，一定为假；D 项与题干等价，因此一定为真；E 项后半句的模态词是"必然"，因此排除。

练113 答案为 A 项。

解析 题干条件可提炼为：搞财会→免不了有经济问题（有经济问题）。A 项"搞财会但是没有经济问题"，与题干矛盾，因此可以使得题干为假。

练114 答案为 D 项。

解析 高周转率、高利润率、高稳定性以及低风险是不能同时存在的⇔¬（高周转率∧高利润率∧高稳定性∧低风险）⇔¬高周转率∨¬高利润率∨¬高稳定性∨¬低风险。此题可以考虑利用"相容选言命题否定部分支推出肯定剩余支"的性质解题。A 项，"如果"后面对相容选言支肯定，因此排除；B 项的问题在于，肯定选言支推出否定选言支，这不符合相容选言命题的性质；C 项出现"没有高风险"，可排除；D 项符合"相容选言命题否定部分支推出肯定剩余支"的性质，一定真。

练115 答案为 C 项。

解析 题干条件可提炼为：(1) 治理风沙→大面积种植树木∧改进技术措施；(2) 不形成全民环保意识→有越来越多的环境问题。A 项的前件肯定了"全民环保意识"，而 (2) 中是否定，因此排除；B 项"不治理风沙→大面积种植树木∧改进技术措施"，与 (1) 不等价，排除；C 项"治理风沙→改进技术措施"，由 (1) 可以推出，因此一定真；D 项"大面积种植树木∧改进技术措施→治理风沙"，是 (1) 的互换，不能确定真假；E 项与 (2) 不等价，因此不能确定真假。

练116 答案为 D 项。

解析 题干条件可提炼为：读完这本书→具有专业的能力∧具有坚持的毅力。本题要求选"不可能为真"的选项，正确答案考虑找联言命题，且对条件命题是肯前否后的形式，A、B两项是否前，排除；C项是条件命题，排除；D项是肯前否后，一定假；E项没有否后，排除。

练117 答案为 B 项。

解析 如果两位学者分别是 M 和 N，则采访到两位学者可以刻画为：M∧N。小白回答"不"，即"¬（M∧N）"，其等价于"¬M∨¬N"，这代表着三种可能性：第一种是"M∧¬N"；第二种是"¬M∧N"；第三种是"¬M∧¬N"。小白否认了最后一种，因此他只采访到了其中一位，但不能确定他采访的是哪一位。

练118 答案为 E 项。

解析 题干条件可提炼为：¬（鱼∧熊掌）⇔¬鱼∨¬熊掌。因为 A、B、C 三项均为联言命题，联言命题要为真，必须确定两个支都为真，而相容选言命题只能确定至少一个支为真，因此可排除 A、B、C 三项；D、E 两项是条件命题，由选言命题变成假言命题，应该是否定一个支推出肯定另外一个支，因此 E 项为真。

练119 答案为 C 项。

解析 题干条件可提炼为：∀参赛选手→有优秀票。复选项Ⅲ"∃参赛选手→没得到优秀票"，为题干的矛盾命题，一定假。只要每个参赛选手都有优秀票即可，不管评委是如何投的，所以复选项Ⅰ和复选项Ⅱ均不能确定真假。

练120 答案为 E 项。

解析 题干条件可提炼为：（1）∀老年人→参加比赛；（2）∀种类→有人参加。题干虽然提到了老年人，但并没有说只有老年人参加了，因此可能存在青年人也参加了比赛的情况，因此依据（2）的后件"有人参加"得不出 A 项为真；是否有年轻人参加比赛也不确定，排除 B 项；C 项与（2）矛盾，一定假；D 项由（1）无法得出；E 项"∃参加比赛→老年人"，由（1）可以推出，一定真。

练121 答案为 A 项。

解析 题干条件可提炼为：把理论当作教条→束缚思想。其等价于"¬束缚思想→¬把理论当作教条"。A 项与题干不等价，因此不符合题干含义。B 项可提炼为"把理论当作教条→束缚思想"，与题干含义相符。C 项可提炼为"把理论当作教条→束缚思想"，与题干含义相符。D 项提炼为"¬束缚思想→¬把理论当作教条"，与题干含义相符。E 项可提炼为"¬束缚思想→¬把理论当作教条"，与题干含义相符。

练122 答案为 C 项。

解析 题干是倒装句，可以考虑变为正述语句，即"不必然所有长着翅膀的鸟都会飞"，可转变成标准式：可能有的长着翅膀的鸟不会飞。A、B 两项是"必然"，排除；C 项与题干等价，一定真；D 项是"所有"，排除，因为题干的量词是"有的"；E 项标准式为"必然有的长着翅膀的鸟不会飞"，模态词是"必然"，因此排除。

练123 答案为 E 项。

解析 题干条件可提炼为：有的同学→职业定位不够准确。复选项Ⅰ转化成标准式为"有的人→职业定位不够准确"，为真；复选项Ⅱ、复选项Ⅲ可提炼为"有的人→职业定位准确"，与题干是下反对关系，不能确定真假；复选项Ⅳ和题干是推出关系，不能确定真假。

练124 答案为 A 项。

解析 题干条件可提炼为：参加本次比赛→有证券投资实际经验。A 项是题干的矛盾，一定假。注意，C 项并不是题干的矛盾，可以考虑把题干和 C 项都变成选言命题，思考一下二者的关系，其实是至少一真的关系。

练125 答案为 E 项。

解析 补充了"题干为假"这个条件，因此题干可提炼为"¬（甲班所有同学都参加了考试∧没有不及格者）"，其等价于"甲班有的同学没有参加考试∨有不及格者"。复选项Ⅰ不是题干的等价，排除；复选项Ⅱ、复选项Ⅲ与题干等价，一定真。本题考查选言命题和条件命题的等价转换。

练126 答案为 A 项。

解析 存在是"有"的意思，题干是倒装句，可转成正述语句：不可能有一把钥匙能打开天下所有的锁。其可转换成标准式：必然没有一把钥匙能打开天下所有的锁⇔必然所有的钥匙不能打开天下所有的锁。A 项是题干的等价转换，一定真；题干量词是"所有"，B、E 两项修饰钥匙的量词是"至少有一把"，即"有的"，与题干不一致，可排除；D 项是题干的推出，虽然真但不是等价，不是"最符合"，因此排除；C 项和题干意思不一致，有可能所有的锁都能被打开，只不过一把钥匙不能打开所有的锁。

练127 答案为 B 项。

解析 题干条件可提炼为：高校教师→拥有名校的博士学位∧在海外研究机构有超过一年的研究经历。

A 项"高校教师→拥有名校的博士学位∧在海外研究机构有超过一年的研究经历"，与题干等价，一定真。

B 项"拥有名校的博士学位∨在海外研究机构有超过一年的研究经历→高校教师"，其后件肯定了"高校教师"，而题干是前件肯定，因此不一定真。

C 项"不拥有名校的博士学位∨没有在海外研究机构有超过一年的研究经历→不能成为高校教师"，是题干的逆否等价，一定真。

D 项"高校教师→拥有名校的博士学位∧在海外研究机构有超过一年的研究经历"，与题干等价，一定真。

E 项"高校教师→在海外研究机构有超过一年的研究经历"，由题干可以推出，一定真。

练128 答案为 C 项。

解析 复选项 I 的结论是前提的逆否，因此一定真；复选项 II 的结论是前提逆否的推出，因此一定真；复选项 III 的结论和前提是下反对关系，当前提真时，结论不一定真；复选项 IV 的前提是"有些购物袋是出售的"，结论是"有些出售的是购物袋"，结论与前提等价，因此推理正确。注意，"不是不""不是非"双重否定表肯定。

练129 答案为 B 项。

解析 题干条件可提炼为：（1）报纸∨塑料瓶→可回收；（2）不按要求分类∧不听从服务人员的劝阻→收到书面警告。A 项，报纸→可回收，由（1）可以推出，因此一定真；B 项，不按要求分类→收到书面警告，由（2）不能推出，因此不确定真假；C 项，报纸∨塑料瓶→可回收，与（1）等价，一定真；D 项，没有收到书面警告→按要求分类∨听从服务人员的劝阻，与（2）等价，一定真；E 项，塑料瓶→可回收，由（1）可以推出，因此一定真。

练130 答案为 A 项。

解析 题干条件可提炼为：（1）保证一直领先→不断努力；（2）基础好∧不断努力→肯定比别人更早取得成功。因为题干是一个条件命题，要求选择"一定为假"的选项，可以考虑找题干的矛盾。A 项与（2）矛盾，因此一定假；B、C、E 三项是条件命题，可依据标志词快速排除；D 项只涉及了"基础好"，不涉及"是否努力"，因此不符合肯前，排除。

练131 答案为 E 项。

解析 学生：论文优秀∧没有花很多时间研究所学内容。他试图用这个信息否定教授的话，而这句话并不是教授所说的话的矛盾，这句话可以否定的信息为：论文优秀→花很多时间研究所学内容。因此学生可能把教授的意思理解成：论文优秀→花很多时间研究所学内容。该学生混淆了教授所说的话的充分与必要条件。

练132 答案为 D 项。

解析 题干条件可提炼为：看手机超过 5 个小时∧对着电脑 8 小时以上→成为近视眼。本题要求"选项真，使得题干为假"，考虑找题干矛盾。只有 D 项是题干的矛盾。

练133 答案为 B 项。

解析 第一：绳子∨刀。第二：上午 9 点∨凌晨 3 点。第三：甲∨乙。复选项 I 中，不是甲用绳子在上午 9 点谋杀的，可刻画为"¬（甲∧绳子∧上午 9 点）"，所以也有可能是甲用刀在上午 9 点谋杀的，因此不一定真；复选项 II 一定真；复选项 III，不是甲用绳子，还可能是甲用刀，因此不一定真。

练134 答案为 C 项。

解析 题干是一个条件命题，可提炼为：文学家∧深入研究三代历史→中国历史学家。注意是由选项真推出题干真。A、B、D 三项与题干条件命题的性质不符，排除；C 项，"深入研究三代历史→中国历史学家"为真，可以推出题干为真；E 项是题干充分与必要条件的互换，推不出题干为真。

练135 答案为 D 项。

解析 题干条件可提炼为：允许进入景区→年龄在 18 周岁以上∧出示身份证。要求选择"不可能为真"的选项，即考虑找题干的矛盾。A 项依据标志词"一定"可排除，而且因为其不是联言命题，所以其必然不是正确答案；B 项符合肯前，但不符合否后，因此排除；C 项"年龄在 18 周岁以上∧出示身份证"是肯后，因此排除；D 项符合肯前否后，因此一定假；E 项"不被允许进入景区"是否前，因此排除。

形式逻辑题型练习 2

本练习共 25 道小题，每个 2 分，共 50 分。下列每题给出的 A、B、C、D、E 五个选项中，只有一个选项符合试题要求。建议用时 30 分钟。

得分：＿＿＿＿＿＿＿　　　　用时：＿＿＿＿＿＿＿

练136 根据最近一次的人口调查分析：所有单身者都具有独立经济能力；所有具有独立经济能力的人都具有强烈的竞争意识；所有赋闲在家的人都不具有独立经济能力，所有小学辍学者都是赋闲在家的人。

如果上述断定为真，则以下哪项不一定为真？

A. 所有小学辍学者都不是单身者。

B. 所有具有独立经济能力的人都不是小学辍学者。

C. 有些具有强烈的竞争意识的人是单身。

D. 非单身者都是小学辍学者。

E. 有些赋闲在家的不是单身者。

练137 有些做兼职的是中学老师，因而，不是所有做兼职的都是教授。

以下哪项可以使上述论证成立？

A. 所有中学老师都不是教授。

B. 有些中学老师不是教授。

C. 有些中学老师是教授。

D. 所有中学老师都是教授。

E. 教授都是中学老师。

练138 某农业大学组织"好苹果"评选大会，关于参会人员有以下要求：只要是一级果农就会收到邀请函，评选大会只欢迎一级果农参加。如果是 A 市的果农，则被欢迎参加大会。

根据以上信息，可以得出以下哪项？

A. 如果不是 A 市果农，则不是一级果农。

B. 除非是一级果农，否则不是 A 市果农。

C. 不是一级果农就不会收到邀请函。

D. 若被欢迎参加，除非不是一级果农。

E. 如果收到邀请函，一定被欢迎参加大会。

练139 因经营不善，某厂要进行整顿改造，已知该厂中，有些新雇员是机关干部。所有的上海籍员工都支持孙阳当选厂长，所有的机关干部都反对孙阳当选厂长。

如果以上断定均为真，那么以下哪项必定为假？

A. 某些新雇员不是上海籍员工。

B. 并非所有机关干部都是新雇员。

C. 某些上海籍员工是新雇员。

D. 所有的新雇员都反对孙阳当选。

E. 所有新雇员都是上海籍员工。

练140 按照中旺小学的规定，考试成绩大于 60 分、小于 70 分，属于"及格"；成绩大于等于 70 分、小于 90 分，属于"良"；成绩大于等于 90 分，属于"优"。某次月考中，一班一共有 30 人，其中 18 人成绩属于及格，12 人成绩属于优。根据奖励规定，只有成绩大于 70 分的同学才会获得进步奖；如果成绩不低于 90 分，就会获得优秀奖。已知一班有些同学获得了进步奖。

根据以上信息，以下哪项一定为真？

Ⅰ. 一班有部分同学获得了优秀奖。

Ⅱ. 一班所有获得进步奖的都获得了优秀奖。

Ⅲ. 一班所有获得优秀奖的都获得了进步奖。

A. 只有Ⅰ。　　　　B. 只有Ⅱ。　　　　C. 只有Ⅲ。

D. 只有Ⅰ和Ⅱ。　　E. Ⅰ、Ⅱ和Ⅲ。

练141 如果她是一个演员，就要磨炼演技，而不是光靠颜值；如果她专注提升专业能力，那么她就一定会参加话剧表演，提升自己的台词能力。可事实上，她不仅不磨炼演技，还不参加话剧表演。

根据以上陈述，可以得出以下哪项结论？

A. 她光靠颜值，专业能力也不行。

B. 虽然她是演员，但是不参加话剧表演。

C. 如果她不是演员，那么专注提升专业能力。

D. 如果是演员，那么她不专注提升专业能力。

E. 她不仅不是演员，而且专注提升专业能力。

练142 大多数独生子女都有以自我为中心的倾向，有些非独生子女同样有以自我为中心的倾向。以自我为中心的倾向的产生有各种原因，但一个共同原因是缺乏父母的正确引导。

如果上述断定为真，则以下哪项一定为真？

A. 每个缺乏父母正确引导的家庭都有独生子女。

B. 有些缺乏父母正确引导的家庭有不止一个子女。

C. 有些家庭虽然缺乏父母的正确引导，但子女并不以自我为中心。

D. 大多数缺乏父母正确引导的家庭都有独生子女。

E. 缺乏父母正确引导的多子女家庭少于缺乏父母正确引导的独生子女家庭。

题源：2006—1—50

练143 塑料垃圾因为难以被自然分解，一直令人类感到头疼。近年来，许多易于被自然分解的塑料代用品纷纷问世，这是人类为减少塑料垃圾所做的一种努力。在光源小区，有的业主是有环保意识的，因此，有的光源小区的业主是使用可被自然分解的垃圾袋的。

以下哪项为真，最能反驳上述结论？

A. 在光源小区，有的有环保意识的业主不使用可被自然分解的垃圾袋。

B. 在光源小区，所有有环保意识的业主都使用可被自然分解的垃圾袋。

C. 在光源小区，有的有环保意识的业主使用可被自然分解的垃圾袋。

D. 在光源小区，所有热心的大妈都会监督大家是否使用了可被自然分解的垃圾袋。

E. 在光源小区，有的业主没有环保意识。

练144 一个心理健康的人，必须保持自尊；一个人只有受到自己所尊敬的人的尊敬，才能保持自尊；而一个用"追星"的方式来表达自己尊敬情感的人，不可能受到自己所尊敬的人的尊敬。

以下哪项结论可以从题干的断定中推出？

A. 一个心理健康的人，不可能用"追星"的方式来表达自己的尊敬情感。

B. 一个心理健康的人，不可能接受用"追星"的方式所表达的尊敬。

C. 一个人如果受到了自己所尊敬的人的尊敬，那么他（她）一定是个心理健康的人。

D. 没有一个保持自尊的人，会尊敬一个用"追星"的方式表达尊敬情感的人。

E. 一个用"追星"的方式表达自己尊敬情感的人，完全可以同时保持自尊。

题源：2001—1—23

练145 要使中国足球队能真正跻身世界强队行列，至少必须解决两个关键问题：一是提高队员基本体能；二是讲究科学训练。不确实解决这两点，即使临战时拼搏精神发挥得再好，也不可能取得突破性的进展。

下列诸项都表达了上述议论的原意，除了：

A. 只有提高队员的基本体能和讲究科学训练，才能取得突破性的进展。

B. 除非提高队员的基本体能和讲究科学训练，否则不能取得突破性的进展。

C. 如果取得了突破性的进展，说明一定提高了队员的基本体能并且讲究了科学训练。

D. 如果不能提高队员的基本体能，即使讲究了科学训练，也不可能取得突破性的进展。

E. 只要提高了队员的基本体能并且讲究了科学训练，再加上临战时拼搏精神发挥得好，就一定能取得突破性的进展。

题源：1998—10—49

练146 李丽和王佳是好朋友，同在一家公司上班，常常在一起喝下午茶。她们发现常去喝下午茶的人或者喜欢红茶，或者喜欢花茶，或者喜欢绿茶。李丽喜欢绿茶，王佳不喜欢花茶。

根据以上陈述，以下哪项必定为真？

Ⅰ. 王佳如果喜欢红茶，就不喜欢绿茶。
Ⅱ. 王佳如果不喜欢绿茶，就一定喜欢红茶。
Ⅲ. 常去喝下午茶的人如果不喜欢红茶，就一定喜欢绿茶或花茶。
Ⅳ. 常去喝下午茶的人如果不喜欢绿茶，就一定喜欢红茶和花茶。

A. 仅Ⅱ和Ⅳ。　　　B. 仅Ⅱ、Ⅲ和Ⅳ。　　　C. 仅Ⅲ。
D. 仅Ⅰ。　　　　　E. 仅Ⅱ和Ⅲ。

题源：2014—10—35

练147 太阳风中的一部分带电粒子可以到达 M 星表面，将足够的能量传递给 M 星表面粒子，使后者脱离 M 星表面，逃逸到 M 星大气中。为了判定这些逃逸的粒子，科学家们通过三个实验获得了如下信息：

实验一：或者是 X 粒子，或者是 Y 粒子。

实验二：或者不是 Y 粒子，或者不是 Z 粒子。

实验三：如果不是 Z 粒子，就不是 Y 粒子。

根据上述三个实验，以下哪项一定为真？

A. 这种粒子是 X 粒子。

B. 这种粒子是 Y 粒子。

C. 这种粒子是 Z 粒子。

D. 这种粒子不是 X 粒子。

E. 这种粒子不是 Z 粒子。

题源：2010—1—36

练148 很多水果要保证甜度，必须在种植的过程中施加肥料。对于某种水果，它的生长既施加钾肥又施加磷肥，要么不施加磷肥要么施加叶面肥，叶面肥和基肥至少要施加一种。

有关这种水果施加肥料的情况，以下除了哪项都可能为真？

A. 施加叶面肥和基肥。

B. 不施加基肥。

C. 不施加叶面肥或基肥。

D. 不施加叶面肥或者不施加基肥。

E. 施加钾肥、磷肥和叶面肥。

练149 有些 2022 考生是目标坚定的，2022 考生都是热血沸腾的，目标坚定的人都是有计划性的。

如果上述陈述为真，则以下除了哪项都可能为真？

A. 有些热血沸腾的人是目标坚定的。

B. 有些 2022 考生是没计划性的。

C. 所有有计划性的都不是2022考生。

D. 有些不热血沸腾的不是2022考生。

E. 有的目标坚定的是有计划性的。

练150 如果飞行员严格遵守操作规程,并且飞机在起飞前经过严格的例行技术检验,那么,飞机就不会失事,除非出现例如劫机这样的特殊意外。这架波音747在金沙岛上空失事。

如果上述断定是真的,则以下哪项也一定是真的?

A. 如果失事时无特殊意外发生,则飞行员一定没有严格遵守操作规程,并且飞机在起飞前没有经过严格的例行技术检验。

B. 如果失事时有特殊意外发生,则飞行员一定严格遵守了操作规程,并且飞机在起飞前经过了严格的例行技术检验。

C. 如果飞行员没有严格遵守操作规程,并且飞机起飞前没有经过严格的例行技术检验,则失事时一定没有特殊意外发生。

D. 如果失事时没有特殊意外发生,则可得出结论:只要飞机失事的原因是飞行员没有严格遵守操作规程,那么飞机在起飞前一定经过了严格的例行技术检验。

E. 如果失事时没有特殊意外发生,则可得出结论:只要飞机失事的原因不是飞机在起飞前没有经过严格的例行技术检验,那么一定是飞行员没有严格遵守操作规程。

题源:2000—1—63

练151 宏光大学就业研究中心对该校应届毕业生进行调查后发现,不孝顺父母的人不能成为一名品德高尚的人,没有一个孝顺父母的人是以自我为中心的人,但是有的缺乏社会经验的人却是品德高尚的人。

以下哪项如果为真,最能反驳上述发现?

A. 有的缺乏社会经验的人以自我为中心。

B. 所有缺乏社会经验的人都不以自我为中心。

C. 所有缺乏社会经验的人都以自我为中心。

D. 有的不以自我为中心的人孝顺父母。

E. 以自我为中心的人品德都不高尚。

练152 小张是新尚公司的职工,他对公司职工的个人情况进行了调查,并得出了以下论证:新尚公司的职工都用华为手机,因此有的开车上班的不是新尚公司的职工。

假设以下哪项能使得小张的上述论证成立?

A. 所有开车上班的都不用华为手机。

B. 有的开车上班的不用华为手机。

C. 有的不用华为手机的不开车上班。

D. 新尚公司的职工都不开车上班。

E. 用华为手机的都是新尚公司的职工。

练153 所有好的评论家都喜欢格林在这次演讲中提到的每一个诗人。虽然格斯特是非常优秀的诗人，可是没有一个好的评论家喜欢他。

根据以上陈述，可以得出以下哪项？

A. 格斯特不是好的评论家。
B. 格林喜欢格斯特。
C. 格林不喜欢格斯特。
D. 有的评论家不是好的评论家。
E. 格林在这次演讲中没有提到格斯特。

题源：2012—10—33

练154 某学者在一次大会上说道："一个社会只有在经济增长的条件下才能对资源进行公平的分配，要想取得经济增长，该社会必须保障每个公民的经济机会是均等的，要保障经济机会的均等就必然要求政府去积极地推动它。"

如果学者所说是真的，则可以得出以下哪项？

A. 如果对资源进行公平的分配，那么不必然要求政府去积极地推动它。
B. 或者必然要求政府去积极地推动它或者不在经济增长的条件下。
C. 一个社会只要在其政府积极地推动经济机会均等的条件下就能对资源进行公平的分配。
D. 一个社会要取得经济增长就必须保障对资源进行公平的分配。
E. 即使对资源进行公平的分配，也不能保障每个公民的经济机会是均等的。

练155 在微波炉清洁剂中加入漂白剂，就会释放出氯气；在浴盆清洁剂中加入漂白剂，也会释放出氯气；在排烟机清洁剂中加入漂白剂，没有释放出任何气体。现有一种未知类型的清洁剂，加入漂白剂后，没有释放出氯气。

根据上述实验，以下哪项关于这种未知类型的清洁剂的断定一定为真？

Ⅰ．它是排烟机清洁剂。
Ⅱ．它既不是微波炉清洁剂，也不是浴盆清洁剂。
Ⅲ．它要么是排烟机清洁剂，要么是微波炉清洁剂或浴盆清洁剂。

A. 仅Ⅰ。　　　　　　　B. 仅Ⅱ。　　　　　　　C. 仅Ⅲ。
D. 仅Ⅰ和Ⅱ。　　　　　E. Ⅰ、Ⅱ和Ⅲ。

题源：2002—1—16

练156 某知名跨国公司总经理在年终汇报中说道：总部员工中所有精通业务的无一不精通英语，所有总部员工或者精通法语或者精通西班牙语，没有一个精通英语的精通法语。

以下哪项如果为真，最能质疑总经理的汇报？

A. 有的精通英语的不精通业务。
B. 有的精通西班牙语的不精通英语。

213

C. 有的精通业务的精通西班牙语。

D. 有的精通业务的不精通西班牙语。

E. 所有精通业务的都精通西班牙语。

练157 初一一班的学生都参加了兴趣小组，对于张宏来说：报恰恰舞班就一定会报吉他班；报绘画班就不会报吉他班；除非不报绘画班，否则报恰恰舞班。

根据以上信息可知，以下一定为真的是：

A. 张宏报了恰恰舞班。

B. 张宏不会报吉他班。

C. 除了张宏，其他同学都报了绘画班。

D. 初一一班的学生，报恰恰舞班就一定会报吉他班。

E. 张宏一定没有报绘画班。

练158 某班体育委员要求班级所有打算报名校运动会的同学都遵循以下原则：如果选择长跑，就不能选择短跑或跳高；如果选择跳远，就不能选择长跑或铅球；不选择标枪，否则选择长跑。这个班级大约一半的同学都热爱体育运动，报名结果显示班级的小张、小王、小李和小赵都报名了。

如果上述为真，那么有关班级同学的报名情况，以下哪项一定为真？

A. 如果小张选择了标枪，那么也会选择短跑。

B. 若小王选择短跑，则不选标枪。

C. 小李选择跳远，除非不选择长跑和铅球。

D. 小赵必须选择跳高，才能选择标枪。

E. 小王如果选择了跳远，那么也选择标枪。

练159 新婚夫妻小杨和小李两口子正在规划他们的蜜月之旅，在他们心中都有想去的地方和一些要求。妻子小杨提道："如果我们去西班牙，那么不去法国或德国；去德国，否则去澳大利亚。"丈夫小李说："如果我们不去西班牙，就去意大利的威尼斯；澳大利亚是年终全家人旅游的首选地，我们就不单独去了。"二人经过商议，都同意了对方的观点。

依据上述信息，以下哪项一定为真？

A. 夫妻二人选择去德国和意大利的威尼斯旅行。

B. 夫妻二人不去澳大利亚，但是去法国旅行。

C. 夫妻二人最终只选择了去德国。

D. 夫妻二人不去德国或西班牙。

E. 夫妻二人不去西班牙或意大利的威尼斯。

练160 河北省一年一度的"最好苹果"评选大会将在农业大学举办，关于参会人员有以下信息：本次评选大会只邀请产出的苹果是一级品种的果农参加；没有受到邀请的果农均受到过产品农药超标的警示；必须是经验丰富的农业人才，才能是生产出一级品种的苹果的果农。

如果上述信息为真，则以下一定为真的是：

A. 如果是产出苹果为一级品种的果农，一定不是经验丰富的农业人才。
B. 如果受邀请参加评选大会，那么是产出苹果为一级品种的果农。
C. 产出的苹果是一级品种的果农，一定被邀请参加评选大会。
D. 只有受邀参加评选大会，才是经验丰富的农业人才。
E. 没有受到邀请的果农必然不是经验丰富的农业人才。

形式逻辑题型练习 2 解析

练136 **答案为 D 项。**

解析 本题优先考虑全称命题之间的串联：（1）∀单身→经济能力→竞争意识；（2）∀小学辍学者→赋闲在家→不具有经济能力→不是单身。A 项由（2）首尾截取可得，因此一定真；B 项由（2）取逆否可得，因此一定真；C 项可以由（1）"∀单身→竞争意识"推出，因此一定真；D 项是（2）首尾截取的互换，因此不能确定真假；E 项可以由（2）"∀赋闲在家→不是单身"推出，因此一定真。

练137 **答案为 A 项。**

解析 本题考查补全推理。前提：∃兼职→中学老师。结论：∃兼职→不是教授。考虑补充全称命题：所有中学老师都不是教授。

练138 **答案为 B 项。**

解析 题干条件可提炼为：（1）一级果农→收到邀请函；（2）被欢迎参加→一级果农；（3）A 市的果农→被欢迎参加。三个条件串联可得：A 市的果农→被欢迎参加→一级果农→收到邀请函。A 项前件出现"不是 A 市果农"，结合题干推不出确定信息，排除；B 项否后推肯前可得，A 市果农→一级果农，因此一定真；C 项否后推否前可得，收到邀请函→一级果农，不能确定真假；D 项"被欢迎参加→不是一级果农"与题干"被欢迎参加→一级果农"不等价，不能确定真假；E 项为"收到邀请函→被欢迎参加"，不能确定真假。

练139 **答案为 E 项。**

解析 题干条件可提炼为：（1）∃新雇员→机关干部；（2）∀上海籍员工→支持孙；（3）∀机关干部→反对孙。（3）和（2）串联可得：（4）∀机关干部→反对孙→不支持孙→非上海籍员工。（4）和（1）串联可得：（5）∃新雇员→机关干部→反对孙→非上海籍员工。A 项为（5）的首尾截取，一定真；B 项"∃机关干部→不是新雇员"与"∃新雇员→机关干部"是下反对关系，因此不能确定真假；C项"∃上海籍员工→新雇员"与"∃新雇员→非上海籍员工"是下反对关系，因此不能确定真假；D项"∀新雇员→反对孙"与"∃新雇员→反对孙"是推出关系，因此不能确定真假；E项"∀新雇员→上海籍员工"与"∃新雇员→非上海籍员工"是矛盾关系，因此一定假。

练140 答案为 D 项。

解析 题干条件可提炼为：（1）进步奖→大于70分；（2）大于等于90分→优秀奖；（3）有些同学获得了进步奖；（4）18人及格，12人优。将（1）（2）（3）（4）结合题干中旺小学的规定，可得"获得进步奖的这些同学都是成绩为优的，而成绩为优的都会获得优秀奖"，即"∀进步奖→优秀奖"，因此复选项Ⅱ一定真，复选项Ⅲ不能确定；而（2）和（4）结合可得，12个成绩为优的同学都获得了优秀奖，因此复选项Ⅰ真。

练141 答案为 D 项。

解析 题干条件可提炼为：（1）演员→磨炼演技∧不光靠颜值；（2）专注提升专业能力→参加话剧表演∧提升台词能力；（3）不磨炼演技∧不参加话剧表演。将（3）代入（1）中可得：她不是演员。将（3）代入（2）中可得：她不专注提升专业能力。因此，她既不是演员也不专注提升专业能力。A项不能确定真假；B、C、E三项一定假；D项可以转变成相容选言命题再判断，该项为真。

练142 答案为 B 项。

解析 题干条件可提炼为：（1）∃独生子女→以自我为中心；（2）∃非独生子女→以自我为中心；（3）以自我为中心→缺乏正确引导。（3）和（1）串联可得：（4）∃独生子女→以自我为中心→缺乏正确引导。（3）和（2）串联可得：（5）∃非独生子女→以自我为中心→缺乏正确引导。A项"∀缺乏正确引导→独生子女"与"∃缺乏正确引导→独生子女"是推出关系，因此不能确定真假；B项"∃缺乏正确引导→非独生子女"，由（5）首尾截取的互换可以得出，一定真；C项，∃缺乏正确引导→不以自我为中心，依据（3）不能判断真假；D项，题干的"大多数"修饰的是"独生子女"，而选项的"大多数"修饰的是"缺乏父母正确引导的家庭"，换了修饰对象，因此不能确定真假；E项，题干不涉及。

练143 答案为 A 项。

解析 前提：∃业主→环保意识。结论：∃业主→使用可被分解的垃圾袋。本题考查反驳推理，这个题目的结论是特称命题，所以可以找使题干成立的补充条件的矛盾命题。要使题干成立应补充：∀环保意识→使用可被分解的垃圾袋。其矛盾为：∃环保意识→不使用可被分解的垃圾袋。

练144 答案为 A 项。

解析 题干条件可提炼为：心理健康→保持自尊→受人尊敬→不用"追星"的方式来表达自己尊敬情感。A项是题干的首尾截取，一定真；B项中的"接受"，题干不涉及；C项将充分与必要条件弄反了；D项"所有保持自尊的人→不会尊敬一个用'追星'的方式表达尊敬情感的人"，由题干得不出；E项是题干的矛盾，一定假。

练145 答案为 E 项。

解析 题干条件可提炼为：（1）跻身强队行列→提高基本体能∧讲究科学训练；（2）取得突破性进展→提高基本体能∧讲究科学训练。A、B、C三项与题干等价，一定真；D项"不提高基本体能→不取得突破进展"，由（2）可以推出，一定真；E项"提高基本体能∧讲究科学训练∧发挥得好→取得突破性进展"，由（2）推不出，所以不能确定真假。

练146 答案为 E 项。

解析 题干条件可提炼为：（1）红茶∨花茶∨绿茶；（2）李喜欢绿茶；（3）王不喜欢花茶。将（3）代入（1）可得，王喜欢"红茶∨绿茶"，因此复选项Ⅱ真，复选项Ⅰ不确定；复选项Ⅲ与（1）等价，一定真，复选项Ⅳ推出的是联言命题，因此不能确定真假。

练147 答案为 A 项。

解析 当题干条件都为真，并且只出现了选言命题和条件命题，而选项是确定条件时，考虑将选言命题变成条件命题，进而构造两难推理。将题干的三个条件串联可得，Y→¬Z→¬Y→X，从而可得Y为假，再代入条件，得出X为真。

练148 答案为 C 项。

解析 题干条件可提炼为：（1）钾肥∧磷肥；（2）非磷肥∨叶面肥；（3）叶面肥∨基肥。由（1）可知，一定施加磷肥；代入（2）可得，施加叶面肥；结合（3）可知，是否施加基肥则不能确定。注意，C项提炼为"非（叶面肥或基肥）⇔非叶面肥且非基肥"，因此一定假。D项可提炼为：非（叶面肥和基肥）⇔非叶面肥或者非基肥。

练149 答案为 C 项。

解析 题干条件可提炼为：（1）∃2022考生→目标坚定；（2）∀2022考生→热血沸腾；（3）∀目标坚定→有计划。（1）和（3）串联可得：（4）∃2022考生→目标坚定→有计划。（2）和（1）串联可得：（5）∃目标坚定→2022考生→热血沸腾。A项由（5）首尾截取再互换可得，因此一定真；B项与（4）的首尾截取是下反对关系，不能确定真假；C项与（4）首尾截取的互换矛盾，因此一定假；D项由（2）可推出，因此一定真；E项由（3）可推出，因此一定真。

练150 答案为 E 项。

解析 题干条件可提炼为：（1）非（遵守规程∧经过技术检验→不会失事）→出现特殊意外；（2）失事。（1）转成选言命题，即"不遵守规程∨不经过技术检验∨不会失事∨出现特殊意外"，结合（2）再利用选言命题否定必肯定的性质可以得出：不遵守规程∨不经过技术检验∨出现特殊意外。E项与题干等价。

练151 答案为 C 项。

解析 题干条件可提炼为：(1) 品德高尚→孝顺父母→不以自我为中心；(2) 有的缺乏经验→品德高尚。(2) 和 (1) 串联可得：(3) 有的缺乏经验→品德高尚→孝顺父母→不以自我为中心。A 项与题干"有的缺乏经验→不以自我为中心"是下反对关系，故排除；B 项真使得"有的缺乏经验→不以自我为中心"为真；C 项真使得"有的缺乏经验→不以自我为中心"为假。故选 C 项。

练152 答案为 B 项。

解析 前提：职工→华为手机。结论：有的开车→不是职工。需补充特称命题：有的开车→不用华为手机。

练153 答案为 E 项。

解析 题干出现关系词，可以考虑变成被动语句再进行刻画：格林在演讲中提到的人→被所有好的评论家喜欢。依据"没有一个好的评论家喜欢格斯特"，利用逆否可得"格斯特不是格林在演讲中提到的人"。

练154 答案为 B 项。

解析 题干条件可提炼为：对资源进行公平的分配→经济增长→机会均等→政府推动。A 项与题干的首尾截取不等价，因此不能确定真假；B 项与题干的首尾截取等价，因此一定真；C 项是题干首尾截取的互换，因此不能确定真假；D 项是题干"对资源进行公平的分配→经济增长"的互换，因此不能确定真假；E 项不与题干等价，因此不一定真。

练155 答案为 B 项。

解析 题干条件可提炼为：(1) 在微波炉清洁剂中加入漂白剂→氯气；(2) 在浴盆清洁剂中加入漂白剂→氯气；(3) 在排烟机清洁剂中加入漂白剂→没有氯气；(4) 没有氯气。将 (4) 代入 (1) 和 (2) 可得，该清洁剂不是微波炉清洁剂也不是浴盆清洁剂。将 (4) 代入 (3) 后，无法确定其是否是排烟机清洁剂。

练156 答案为 D 项。

解析 题干条件可提炼为：(1) ∀业务→英语→非法语；(2) 法语∨西班牙语。(1) 和 (2) 串联可得：∀业务→英语→非法语→西班牙语。题干是全称，A、B、C、D 四项均是特称，考虑找题干的矛盾，D 项是题干的矛盾，因此可以质疑总经理的汇报；E 项是题干的首尾截取，与题干等价，一定真。

练157 答案为 E 项。

解析 题干条件可提炼为：绘画→恰恰舞→吉他→非绘画。发现两难推理"绘画→非绘画"，因此一定不报绘画班。是否报恰恰舞班和吉他班则不能确定。

练158 答案为 B 项。

解析 题干条件可提炼为：(1) 标枪→长跑→非短跑∧非跳高；(2) 跳远→非长跑∧非铅球。由 (1) 可得"标枪→非短跑"为真，A 项不与其等价，因此不能确定真假；B 项可依据（1）的逆否得出，一定真；C项，长跑∧铅球→跳远，依据（2）"报长跑一定不报跳远"不能确定真假；D项依据（1）"标枪→非跳高"不能确定真假；E项，题干两个条件不能串联，因此不能判定跳远和标枪的关系。

练159 **答案为 A 项。**

解析 小杨：（1）去西班牙→不去法国∧不去德国→不去德国→去澳大利亚。

小李：（2）不去西班牙→去意大利；（3）不去澳大利亚。

将（3）代入（1）可得：去德国∧不去西班牙。再将"不去西班牙"代入（2）可得：去意大利。

练160 **答案为 B 项。**

解析 题干条件可提炼为：没受到农药超标的警示→被邀请参加→一级果农→经验丰富。A项依据题干"一级保农→经验丰富"不能确定真假；B项与题干"被邀请参加→一级果农"等价，因此一定真；C项是题干"被邀请参加→一级果农"的互换，不能确定真假；D项是题干"被邀请参加→经验丰富"的互换，不能确定真假；E项的逆否是题干"被邀请参加→经验丰富"的互换，不能确定真假。

到此形式逻辑结束

你已做完 253 道试题

离学完本书还剩余 60%

追逐梦想的你，真棒呀

第二篇

综合推理

综合推理满分指导

一、综合推理的本质

欢迎小伙伴们来到综合推理的世界！综合推理的本质是**思维化**，即只有通过思维分析，才可从繁杂的条件中找出思绪，并快速解题。如下例所示：

例1 某校四位女生施琳、张芳、王玉、杨虹与四位男生范勇、吕伟、赵虎、李龙进行中国象棋比赛。他们被安排到四张桌上，每桌一男一女对弈，四张桌从左到右分别记为1、2、3、4号，每对选手需要进行四局比赛。比赛规定：选手每胜一局得2分，和一局得1分，负一局得0分。前三局结束时，按分差大小排列，四对选手的总积分分别是6:0、5:1、4:2、3:3。已知：

(1) 张芳跟吕伟对弈，杨虹在4号桌比赛，王玉的比赛桌在李龙比赛桌的右边；
(2) 1号桌的比赛至少有一局是和局，4号桌双方的总积分不是4:2；
(3) 赵虎前三局总积分并不领先他的对手，他们也没有下成过和局；
(4) 李龙已连输三局，范勇在前三局总积分上领先他的对手。

根据上述信息，前三局比赛结束时谁的总积分最高？

  A. 施琳。 B. 张芳。 C. 范勇。 D. 王玉。 E. 杨虹。

题源：2018—1—54

解析 第1步，寻找切入点。

李龙是所有人物要素中，唯一重复提及两遍的，因此最有可能被用到，将李龙与题目结合。（这体现了**效用思维**——快速抓住关键信息，以利于自己解题。）

因为"李龙已连输三局"，从而题目所问"谁的总积分最高"，就变成了寻找"李龙的对手"。（这体现了**目的意识**。）

第2步，寻找推理线。

由第1步中找到的切入点"李龙"，可做以下推理：

由重复项"李龙"，可定位到"王玉在李龙的右边"，则李龙的对手不是王玉，排除D项。

由重复项"李龙"，可定位到"李龙、范勇均是男性"，则李龙的对手不是范勇，排除C项。

剩余A、B、E三项，因为题干条件有提及张芳、杨虹，所以优先关注。（这体现了**效用思维**——快速抓住可利用的条件，以利于自己解题。）

由重复项"张芳"，可定位到"张芳跟吕伟对弈"，所以李龙的对手不是张芳，排除B项。

由重复项"杨虹""李龙"，可分别定位到"杨虹在4号桌""王玉在李龙的右边"，但无法直接判断，所以假设李龙和杨虹对弈（这体现了**逆向思维**——无路可走时，用假设法寻求出路），从而王玉最少得是 5 号桌，与题意矛盾，因此假设失败，李龙不能和杨虹对弈，排除 E 项。

故选 A 项。

本题解法，并没有把每个人的情况都推理出来，甚至没有用到条件（2）和（3），但是通过三个思维和一个意识的运用，快速找到了答案。这就是综合推理"思维化"的体现。

二、综合推理指导

（一）形式逻辑是综合推理的基础

例1 中是有对应考点的，主要用到的是"考点⑫选言命题的传递"，甚至连续用到了四次，但不论是题干的条件表述还是使用过程都非常隐晦。由此可见，形式逻辑确实是综合推理的基础。

所以，小伙伴们一定要将前面形式逻辑的公式率先掌握并且形成条件反射。只有当可以不过脑子直接反应形式逻辑的公式时，你才能在解题过程中腾出更多精力去做条件分析。否则，又要分析繁杂的条件，又要反应形式逻辑的公式，那做题时自然会有"晕眩"之感。

从而本处预设形式逻辑考点过关，因此例题解析中，凡涉及形式逻辑的简单步骤均简写或略过。

（二）思维运用是综合推理的关键

例1 快速破题的关键，在于"效用思维""目的意识""逆向思维"的运用，但这种运用过于灵活，小伙伴们一下子难以掌握。

因此，在后续内容中，我会把综合推理的解题思维进行拆解，先让大家学习几个固定的套路，在步骤单一的试题中掌握熟练后，再逐步体会综合性的情况。其实，在前面的形式逻辑中，我有刻意展示一些"效用思维"，如果小伙伴们能用心体会，那也能为此做不少铺垫哦！

（三）学习综合推理的重要方法

小伙伴们在学习过程中，需要做到以下两点：

1. 体会例题解法。

第 1 步，自己做一道题，做完后记录自己的做题思维，即切入点和推理线。

第 2 步，对比自己和解析在做题思维上的差异——你在哪一步上想不到或者反应慢等。

第 3 步，记录对比后的结果，并思考自己下一次如何才能如此运用。

第 4 步，带着前述的总结，再去做下一道试题，反复如此。

注意，一定是做一道题看一道题的解析，请避免提前看解析或者例题全部做完再看解析。因为，提前看解析，你便失去了你自己这边的比较对象（第 2 步）；例题全部做完再看解析，便再无试题以供验证你是否已经掌握和了解了思维的运用（第 3 步）。

2. 提高熟练度。

光知道这些思维还不够，只有形成条件反射，才能在考场上迅速破题。所以，这就需要小伙伴们反复磨炼了。

一方面，在 例1 中，凡是做错的、做得慢的、推不出的小伙伴，均建议你们书写步骤，并进行分析。

这里给出分析示范（以 例1 为例）：

步骤罗列：

找"李龙"的对手。

⇒结合"王玉在李龙的右边"⇒排除 D 项。

⇒结合"张芳 vs 吕伟"⇒排除 B 项。

⇒结合"范勇（男）"⇒排除 C 项。

⇒假设"李龙 vs 杨虹"⇒结合"杨虹（4）""李龙＜王玉"⇒"王玉的比赛桌最多的是 5 号"⇒假设失败⇒排除 E 项。

⇒故选 A 项。

步骤分析：

第 1 步：寻找切入点（本题用到了，关注重复要素）。

关注点先从题目的"总积分最高"，迁移到"6:0"，再迁移到"李龙已连输三局"。

而"李龙"也是 8 个人中，唯一重复提及的要素。

所以，李龙是切入点，找到他的对手即可。

第 2 步：使用已知推理线（本题用到了，选言命题的传递）。

与"李龙"相关的条件——王玉在李龙右边，所以李龙的对手不是王玉，排除 D 项。

条件（1）还给出确定条件——张芳跟吕伟对弈，所以李龙的对手不是张芳，排除 B 项。

题干直接提到范勇是一位男性，所以李龙的对手不是范勇，排除 C 项。

第 3 步：自己创造推理线（本题用到了，假设法）。

推出第 2 步后已无路可走，因此用假设法寻求出路。剩余的 A 项和 E 项中，题干提及了杨虹，因此假设李龙和杨虹对弈，因为，李龙的右边是王玉，而杨虹是 4 号桌，从而王玉最少得是 5 号桌，违背题意，因此李龙的对手不是杨虹，排除 E 项。

另一方面，小伙伴们需要另外做适当的练习题。养成习惯的方法只有一个——重复练习。所以，做题是少不了的。小伙伴们可综合本书配备的练习题，以及《MBA MPA MPAcc MEM 管理类联考逻辑历年真题全解》（题型分类版）中的真题进行复习。

不过，做题不意味着做海量的题、不筛选地做题，如果做了与真题思路不一致的试题，那其实是在错误的道路上越走越远，反而是浪费时间。

> **高能提示**
>
> 这里还有一个道理——没有针对性的目标，直接刨根问底，是非常错误的。
>
> 如 所示，如果你不管题目所问，直接从题干入手，一步步推理和匹配，不仅能得出最后的答案，还能把全部的情况都罗列出来，但当真如此，怎么才能 2 分钟做完一道题呢？从而如果你每道题都这样盲目地刨根问底，那 3 个小时能完成 55 道选择题和 2 篇作文吗？
>
> 因此，不论是做题，还是平时工作，希望小伙伴们都能先明确目标，再具体执行。当然，如果只是享受生活，追求兴趣，那不需要目的，有情怀就行。

第十五章 真话假话

命题情况

数量情况

在综合推理中,考查真话假话的题目数量较少。在管综真题中,考查真话假话的题目数量也有所下降(不过在当下经综真题中,真话假话的题目数量有所上升),具体列表如下。

	MBA 联考真题	管综真题	2020 年及以前经综真题
真话假话	32	11	2

难度情况

在 2020 年及以前经综真题中,真话假话的考查数量很少,因此难度趋势并不明显。在管综真题中,真话假话往往存在推理不完以及使用罕见关系的特征,难度略有提高,但因其套路非常固定,所以总体难度依然不大。

题型特征

- 题干中有多句命题,一般为 3~4 句。
- 在题干的最后或题目的开头,会给出限定条件——上述命题中有几真几假,或有真有假。
- 题目让根据上述条件进行推理后,判断选项的真假情况。

解题套路

套路①切入点

真话假话的切入点主要有两种,分别为:从**条件间关系**入手;从**选项、要素或情况**入手。

(一)从条件间关系入手

条件间关系主要有四种,分别为:矛盾关系、上反对关系、下反对关系、推出关系。

上述所列关系,其实就是各类形式逻辑考点的汇总,不过这里仅罗列了基本类型,若试题中出现了举一反三的情况,小伙伴们也要能识别出来。

1. 矛盾关系。

矛盾关系是指两个命题之间具有**必然一真一假**的关系。

下图所示的 α 与 β 便具有矛盾关系。

考试中可能会涉及的矛盾关系有以下几种。

考点名称	具体示范
性质命题的对当关系	(1) "∀S→P" 与 "∃S→¬P"
	(2) "∀S→¬P" 与 "∃S→P"
	(3) "∃!S→P" 与 "∃!S→¬P"
模态命题的对当关系	(4) "必然" 与 "可能不"
	(5) "必然不" 与 "可能"
德摩根定律	(6) "A∨B" 与 "¬A∧¬B"
条件命题的矛盾式	(7) "A→B" 与 "A∧¬B"
	(8) "A↔B" 与 "A∨B"

矛盾关系是四大关系中使用率最高的一类，当下较为常见的是（1）（2）（7）。具体的运用如 例2 所示。另外，真题中还出现过 "A" 与 "¬A" 的形式。

2. 上反对关系。

上反对关系是指两个命题之间具有**至少有一假**的关系。

下图所示的 α 和 β 便具有上反对关系。

考试中可能会涉及的上反对关系有以下几种。

考点名称	具体示范
性质命题的对当关系	(1) "∀S→P" 与 "∀S→¬P"
	(2) "∀S→P" 与 "∃!S→¬P"
	(3) "∀S→¬P" 与 "∃!S→P"
模态命题的对当关系	(4) "必然" 与 "必然不"
联言与选言命题的真假性质	(5) "A" 与 "¬A∧B"
	(6) "A∧B" 与 "¬A∧B"

小伙伴们应该不太熟悉（5）和（6），现证明如下：

对于（5），设"A"与"¬A∧B"同时为真，则既有"A"为真又有"¬A"为真，从而自相矛盾，因此，两者不可同时为真，必然有一假，故为上反对关系。证毕。

对于（6），设"A∧B"与"¬A∧B"同时为真，则既有"A"为真又有"¬A"为真，从而自相矛盾，因此，两者不可同时为真，必然有一假，故为上反对关系。证毕。

在真题中，（2）和（3）均有涉及，但涉及上反对关系的试题的总体数量较少。

3．下反对关系。

下反对关系是指两个命题之间具有**至少有一真**的关系。

下图所示的 α 和 β 便具有下反对关系。

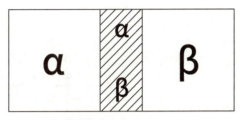

考试中可能会涉及的下反对关系有以下几种。

考点名称	具体示范
性质命题的对当关系	（1）"∃S→P"与"∃S→¬P"
	（2）"∃S→P"与"∃!S→¬P"
	（3）"∃S→¬P"与"∃!S→P"
模态命题的对当关系	（4）"可能"与"可能不"
联言与选言命题的真假性质	（5）"A"与"¬A∨B"
	（6）"A∨B"与"¬A∨B"

小伙伴们应该不太熟悉（5）和（6），现证明如下：

对于（5），设"A"与"¬A∨B"同时为假，则既有"¬A"为真又有"A"为真，从而自相矛盾，因此，两者不可同时为假，必然有一真，故为下反对关系。证毕。

对于（6），设"A∨B"与"¬A∨B"同时为假，则既有"¬A"为真又有"A"为真，从而自相矛盾，因此，两者不可同时为假，必然有一真，故为下反对关系。证毕。

在真题中，除（4）外均有涉及，但涉及下反对关系的试题的总体数量较少。具体的运用如 例3 所示。

上反对关系的（5）和（6）与下反对关系的（5）和（6）容易混淆，我建议大家整体记忆：

上反对关系的本质是"必然有一假"，而**"且"**情况较少，所以容易假，故此两者对应。

下反对关系的本质是"必然有一真"，而**"或"**情况较多，所以容易真，故此两者对应。

4．推出关系。

推出关系是指两个命题之间具有"**真可向下流动，假可向上流动**"的关系，即 √顺 × 逆。下图所示的 α 与 β 便具有推出关系。

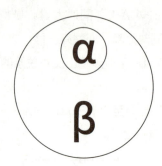

考试中可能会涉及的推出关系有以下几种。

考点名称	具体示范
性质命题的对当关系	(1) $\forall S \to P \Rightarrow \exists !S \to P \Rightarrow \exists S \to P$ (2) $\forall S \to \neg P \Rightarrow \exists !S \to \neg P \Rightarrow \exists S \to \neg P$
模态命题的对当关系	(3) 必然 ⇒ 可能 (4) 必然不 ⇒ 可能不
联言与选言命题的真假性质	(5) ∧ ⇒ 支 ⇒ ∨ (6) ∀ ⇒ V (7) ▽→△ ⇒ A → B。其中，已知 "A、△" 可分别推理出 "▽、B"，即 A → ▽、△ → B

其中，(7) 已在"第九章等价推理"中证明过，还不太熟悉的小伙伴可往前翻阅。

早年真题较少考到推出关系，但近年考查较多。真题中除 (3) 和 (4) 外均有涉及。

> **效用思维**
>
> 本切入点会经常用到**效用思维（优先验证）**。
>
> 优先验证有多种理解，这里是指，在真话假话试题中，若有多种关系并存的情况，则优先使用矛盾关系，其次使用上反对或下反对关系，最后使用推出关系。

（二）从选项、要素或情况入手

当试题中没有条件间关系可寻，或者，使用条件间关系后依然找不到答案时，可进行假设。假设的对象主要有以下 3 种：

1．从**选项**入手进行假设，即将选项逐个假设，直到找到答案为止。

2．从**要素**入手进行假设，即将题干中的要素，如具体谁中标、谁捐赠，逐个假设，直到找到答案为止。具体的运用如 例5 所示。

3．从**情况**入手进行假设，即将题干中可能构成的情况逐个假设，直到找到答案为止。具体的运用如 例6 所示。

切入点可以是**正向假设**，也可以是将选项、要素或情况**取反假设**。考试时可根据哪种假设更为简单进行选择。

套路②推理线

真话假话的推理线主要有两种，分别是**做减法**和**假设法**。

（一）做减法

做减法的切入点是"从条件间关系入手"。

首先，找到具有关系的两个条件，并对二者标记真假数量。

其次，用题干的最后或题目的开头所给的限定条件——告知所给命题有几真几假，减去标记的真假数量，便可倒逼出其余条件的真假情况。

具体的运用如 例2 至 例4 所示。

（二）假设法

假设法的切入点是"从选项、要素或情况入手"。

具体的假设反证过程，则有以下两种。

假设过程	后续处理
设 T ⇒ 违背题干 ⇒ 必然 ¬T	因为假设失败，所以**必然 ¬T**，下面有两种处理方式： （1）排除涉及"T"的选项。 （2）把"¬T"代入题干，进行推理。 具体可结合 例5 学习
设 T ⇒ 不违背题干 ⇒ 可能 T	虽当下没有与 T 相违背的条件，但可能还有其他与 T 共存的情况，因此为**可能 T**，下面有三种处理方式： （1）首先排除违背"T"的选项。若题目所问为"可能"，则可以选择涉及"T"的选项。 （2）首先排除违背"T"的选项。若题目所问为"由选项可以得出何物"，则可以选择涉及"T"的选项。 （3）首先排除违背"T"的选项。若题目所问为"一定能得出哪项"，则再次假设"¬T"或其他对象，进行验证。 具体可结合 例6 和 例9 学习

> **效用思维**
>
> 本推理线会经常用到两个效用思维。
>
> 第一，**效用思维（已知答案，其余不看）**。已知答案，其余不看是指，在必然性推理试题中，找到符合项后，无须比较其他选项的强弱，符合项便是答案。
>
> 因此，当假设某一选项、要素或情况后，其已经符合题目所问的要求，则可直接选择。
>
> 第二，**效用思维（不完全代入）**。不完全代入是指，若假设当下内容，接下来还要再比较多种情况，而验证其余内容更为简单时，可暂且放弃假设该内容，先去假设其他内容。
>
> 假设法的切入点用到的概率相对较高，但有可能会遇到假设代入后步骤非常烦琐的状况，此时就要灵活处理。
>
> 具体运用如 例5 和 例6 所示。

例2 甲、乙、丙和丁是同班同学。甲说："我班同学都是团员。"乙说："丁不是团员。"丙说："我班有人不是团员。"丁说："乙也不是。"

已知只有一个人说假话,则以下哪项必定为真?

A. 说假话的是甲,乙不是团员。

B. 说假话的是乙,丙不是团员。

C. 说假话的是丙,丁不是团员。

D. 说假话的是丁,乙不是团员。

E. 说假话的是甲,丙不是团员。

题源:396—2011—7

【解析】题干条件可提炼为:

甲:∀同→团。

乙:丁(¬团)。

丙:∃同→¬团。

丁:乙(¬团)。

题干限定条件为:3真1假。

甲与丙的话是矛盾关系,必然1真1假。

从而,可做如下倒逼:

　　3真1假
－　1真1假
─────────
　　2真0假

所以,乙和丁的话必然为真话,进而可知丙的话为真话,甲的话为假话。

故选 A 项。

本题也可采用上反对关系和推出关系解题,但均没有采用矛盾关系简单,故本处不再讲解。

【例3】某县领导参加全县的乡计划生育干部会,临时被邀请上台讲话。由于事先没有做调查研究,也不熟悉县里计划生育的具体情况,只能说些模棱两可、无关痛痒的话。他讲道:"在我们县的14个乡中,有的乡完成了计划生育指标,有的乡没有完成计划生育指标,李家集乡就没有完成。"在领导讲话时,县计划生育委员会主任手里捏了一把汗,因为领导讲的三句话中有两句不符合实际,真后悔临时拉领导来讲话。

以下哪项正确地表示了该县计划生育工作的实际情况?

A. 在14个乡中至少有一个乡没有完成计划生育指标。

B. 在14个乡中除李家集乡外还有别的乡没有完成计划生育指标。

C. 在14个乡中没有一个乡没有完成计划生育指标。

D. 在14个乡中只有一个乡没有完成计划生育指标。

E. 在14个乡中只有李家集乡完成了计划生育指标。

题源:1999—1—33

解析 题干领导的话可以提炼为：

第一句话：∃乡→完。

第二句话：∃乡→¬完。

第三句话：李（¬完）。

题干限定条件为：1真2假。

第一、二句话是下反对关系，必然有1真。

从而，可做如下倒逼：

　　1真2假
－　1真
　────
　　0真2假

所以第三句话必然为假，从而可知，李（完），进而可知第一句话为真，第二句话为假，因此可得，∀乡→完。

故选 C 项。

另外，本题还可运用如下下反对关系解题：

由第三句话可得，李（¬完）⇒∃！乡→¬完，所以第一、三句话是下反对关系，必然有1真。

从而，可做如下倒逼：

　　1真2假
－　1真
　────
　　0真2假

所以第二句话必然为假，因此可得，∀乡→完。

本题也可采用推出关系解题，但没有采用下反对关系简单，故本处不再讲解。

例4 某仓库失窃，四个保管员因涉嫌作案而被传讯。四人的供述如下：

甲：我们四人都没作案。

乙：我们中有人作案。

丙：乙和丁至少有一人没作案。

丁：我没作案。

如果四人中有两人说的是真话，有两人说的是假话，则以下哪项断定成立？

A. 说真话的是甲和丙。　　B. 说真话的是甲和丁。　　C. 说真话的是乙和丙。

D. 说真话的是乙和丁。　　E. 说真话的是丙和丁。

题源：2001—1—25

解析 题干条件可提炼为：

甲：∀人→¬作。

乙：∃人→作。

丙：¬乙∨¬丁。

丁：¬丁。

题干限定条件为：2真2假。

甲与乙的话是矛盾关系，必然1真1假。

从而，可做如下倒逼：

  2真2假
 －1真1假
 ―――――――
  1真1假

所以，丙和丁所说的话也是1真1假。

又因为，丙与丁说的话是推出关系，丁的话为真，则丙的话为真。

进而，可做如下倒逼：

  1真1假
 －2真
 ―――――――
 －1真1假

这不符合限定条件的要求，所以，丁的话只能为假，因此，丙和乙的话为真。

故选 C 项。

例5 甲、乙、丙、丁四人的车的颜色分别是白、黑、红、蓝。在问到他们各自车的颜色时，甲："乙的不是白色。"乙："丙的是蓝色。"丙："丁的不是红色。"丁："甲、乙、丙三人中有一个人的车是蓝色，而且只有这个人说了实话。"

如果丁说的是实话，那么以下说法正确的是：

A. 甲车白，乙车黑。 B. 乙车红，丙车蓝。 C. 乙车黑，甲车蓝。

D. 丁车黑，甲车蓝。 E. 甲车蓝，丁车白。

题源：396—2019—7

解析 题干条件可提炼为：

甲：乙（¬白）。

乙：丙（蓝）。

丙：丁（¬红）。

丁：甲∨乙∨丙（蓝），只有车为蓝色的人说真话。

因为丁所言为真，故甲、乙、丙所说的三句话中必然1真2假。此后，题干中没有切入点，而选项内容较多，因此从要素入手更为简单。

经观察，"蓝色"重复较多，较为特殊，可优先验证。

由重复项"蓝色"，可定位到"丙（蓝）"，所以设丙（蓝），从而乙和丙均说真话，与限定条件违背，因此可知"丙（¬蓝）"，排除 B 项。

代入"丙（¬蓝）"，可知丙所言为假，由此可知"丁（红）"，排除 D 项和 E 项。

综上可知，乙、丙所言均为假，从而甲所言为真，进而得出"甲（蓝）"，排除 A 项。

故选 C 项。

> **效用思维**
>
> 本题运用了**效用思维（关注特殊）**。
>
> 特殊有多种理解，前面形式逻辑已经提到了"重复""确定""简单""条件命题前件或后件"，而这里用到的是"重复"。

例6 临江市地处东部沿海，下辖临东、临西、江南、江北四个区，近年来，文化旅游产业成为该市的经济增长点。2010 年，该市一共吸引全国数十万人次游客前来参观旅游。12 月底，关于该市四个区吸引游客人数多少的排名，各位旅游局长做了如下预测：

临东区旅游局长：如果临西区第三，那么江北区第四。

临西区旅游局长：只有临西区不是第一，江南区才是第二。

江南区旅游局长：江南区不是第二。

江北区旅游局长：江北区第四。

最终的统计结果表明，只有一位局长的预测符合事实，则临东区当年吸引游客人次的排名是：

A. 第一。　　　　　　B. 第二。　　　　　　C. 第三。

D. 第四。　　　　　　E. 在江北区之前。

题源：2012—1—31

解析 题干条件可提炼为：

东局：西（3）→北（4）⇔西（¬3）∨北（4）。

西局：南（2）→西（¬1）⇔南（¬2）∨西（¬1）。

南局：南（¬2）。

北局：北（4）。

题干限定条件为：1 真 3 假。

南局与西局的话是推出关系，若南局的话为真则西局的话也为真。

从而，可做如下倒逼：

　1 真 3 假
－ 2 真
─────────
－1 真 3 假

这不符合限定条件的要求，所以，南局的话必然为假，进而可知南（2），排除 B 项。

同理，因北局与东局的话也是推出关系，因此北局的话必然为假，进而可知北（¬4）。

此后，题干中没有切入点，但题干仅剩两句话，因此，可假设"东局为真"或"西局为真"。

235

设东局为真,则西局为假,从而可知,西(1),结合北(¬4),可知北(3),因此东(4)。此时,东(4)不违背题干任何条件,因此,东(4)是可能的一种情况。

在这种假设下,A、C、E 三项均为假,故选 D 项。

> **高能提示**
>
> 本题属于假设法的第二类过程。题目所要寻找的是"一定为真"的选项,也就是在任何假设下均为真的选项,而 A、B、C、E 四项均违背"东局为真"的情况,所以,无须再验证"西局为真"的情况。
>
> 但是,如果存在多个在此假设下均成立的选项,则还需再次假设。

附加陷阱

陷阱①罕见关系

> 目前经综真题所给的条件间关系均相对普通,但在管综真题中已逐渐倾向罕见,如 例7 所示。
>
> 因此,希望小伙伴们把前面所列的条件间关系记住,如此,考场上便能轻松应对此点。

例7 近日,某集团高层领导研究了发展方向问题。王总经理认为:既要发展纳米技术,也要发展生物医药技术。赵副总经理认为:只有发展智能技术,才能发展生物医药技术。李副总经理认为:如果发展纳米技术和生物医药技术,那么也要发展智能技术。最后经过董事会研究,只有其中一位的意见被采纳。

根据以上陈述,以下哪项符合董事会的研究决定?

A. 发展纳米技术和智能技术,但是不发展生物医药技术。
B. 发展生物医药技术和纳米技术,但是不发展智能技术。
C. 发展智能技术和生物医药技术,但是不发展纳米技术。
D. 发展智能技术,但是不发展纳米技术和生物医药技术。
E. 发展生物医药技术、智能技术和纳米技术。

题源:2011—1—44

解析 题干条件可提炼为:

王:纳∧生。

赵:生→智。

李:纳∧生→智。

题干限定条件为:1 真 2 假。

赵与李的话是推出关系,如果赵的话为真,则李的话为真。

从而,可做如下倒逼:

1真2假
－　2真
─────────
－　1真2假

这不符合限定条件的要求，所以赵的话只能为假，从而"生∧¬智"，排除A、C、D、E四项。

故选B项。

本题变形后，也可运用下反对关系解题。

令纳∧生=t，则题干条件可变为：

王：t。

赵：生→智。

李：t→智⇔¬t∨智。

王和李的话是下反对关系，必然有1真。

从而，可做如下倒逼：

　　1真2假
－　1真
─────────
　　0真2假

所以，赵的话必然为假，后续同理，故选B项。

陷阱② 推理不完

> 针对某些真题，我们无法将每句话的真假情况完全摸清，但这并不妨碍得出答案。
>
> 然而，很多小伙伴在高中时期做多了证明题、填空题，有了刨根问底的习惯，所以很容易纠结题干的真假，而不去验证答案。
>
> 因此，这里特意指出破解此点的方式——**效用思维（每步匹配）**，即遇到真话假话试题时，每得出一个确定情况，就去做选项匹配。

例8 某集团公司有四个部门，分别生产冰箱、彩电、电脑和手机。根据前三个季度的数据统计，四个部门经理对2010年全年的赢利情况做了如下推测：

冰箱部门经理：今年手机部门会赢利。

彩电部门经理：如果冰箱部门今年赢利，那么彩电部门就不会赢利。

电脑部门经理：如果手机部门今年没赢利，那么电脑部门也没赢利。

手机部门经理：今年冰箱和彩电部门都会赢利。

全年数据统计完成后，发现上述四个预测只有一个符合事实。

关于该公司各部门的全年赢利情况，以下除哪项外，均可能为真？

A. 彩电部门赢利，冰箱部门没赢利。

B. 冰箱部门赢利，电脑部门没赢利。

C. 电脑部门赢利，彩电部门没赢利。

D. 冰箱部门和彩电部门都没赢利。

E. 冰箱部门和电脑部门都赢利。

题源：2011—1—34

解析 注意本题相反陷阱，寻找的是"除哪项外，均可能为真"，即选择"必然为假"的选项。

题干条件可提炼为：

冰经理：手。

彩经理：冰→¬彩。

电经理：¬手→¬电。

手经理：冰∧彩。

题干限定条件为：1真3假。

彩经理与手经理的话是矛盾关系，必然1真1假。

从而，可做如下倒逼：

　　1真3假

－　1真1假
　―――――――
　　0真2假

所以，冰经理和电经理的话必然为假话，从而可知，¬手∧电，B项与其不符。

故选 B 项。

陷阱③假设误区

> 假设后对应的处理方式有多种，所以常常会有考生因混淆处理方式而掉入陷阱，如 例9 所示，也可能会有考生因思考应该如何判断而浪费大量时间。因此，希望大家能对此多加训练。
>
> 另外，小伙伴们需多将 例6 和 例9 对比学习，思考为何 例6 不用再次假设，而 例9 却需要再次假设。

例9 某公司有五个部门，分别为技术部、销售部、运营部、服务部和人力资源部。年终要根据员工表现，选出一个优秀部门。现在有3位员工分别做了如下预测：

(1) 如果技术部没能成为优秀部门，那么销售部就是优秀部门；

(2) 人力资源部是优秀部门；

(3) 运营部不是优秀部门。

根据最后结果可知，上述3人中只有1人的预测错误。

根据上述信息，可以得出以下哪项？

A. 人力资源部是优秀部门。

B. 人力资源部不是优秀部门。
C. 服务部不是优秀部门。
D. 技术部不是优秀部门。
E. 技术部是优秀部门。

【解析】题干条件可提炼为：(1) ¬技→销；(2) 人；(3) ¬运。

题干限定条件为：2真1假。

由于优秀部门只有一个，所以(3)相当于，技∨销∨服∨人，因此，(2)与(3)是推出关系，若(3)为假则(2)为假。

从而，可做如下倒逼：

$$\begin{array}{r}2\text{真}\quad 1\text{假}\\ -\quad\quad 2\text{假}\\ \hline 2\text{真}-1\text{假}\end{array}$$

这不符合限定条件的要求，所以，(3)只能为真，从而可知，¬运。

此后，题干中没有切入点，但题干仅剩两句话，因此，可假设"(1)为真"或"(2)为真"。

设(1)为真，此时(2)为假，并不与题干任何条件违背，因此(1)和(3)为真且(2)为假，属于可能的一种情况。此时，(1)为真，即"¬技→销⇔技∨销"为真，A项和D项在此情况下为假，所以排除A项和D项。

此时还是无法排除所有误项，因此需再次假设。

设(2)为真，此时(1)为假，并不与题干任何条件违背，因此(2)和(3)为真且(1)为假，属于可能的一种情况。此时，(2)为真，即人力资源部是优秀部门，因此，B项和E项在此情况下为假，所以排除B项和E项。

故选C项。

本题是对2016年入学管综第49题的模仿。

第十六章　顺藤摸瓜

命题情况

数量情况

在综合推理中，考查顺藤摸瓜的题目数量较少。但在管综真题中（包括当下经综真题），基本每年考查多道题目，具体列表如下。

	MBA 联考真题	管综真题	2020 年及以前经综真题
顺藤摸瓜	37	46	4

难度情况

目前的经综真题中，顺藤摸瓜的推理线较长，并且推理过程中存在很多难点，从而更加考验考生的推理能力和反应能力。此点正在向管综真题的命题趋势靠拢。

题型特征

- 题干中有多个条件，以条件命题和关系命题[①]为主。
- 题干条件中切入点相对明显，往往为确定条件。

解题套路

套路①切入点

顺藤摸瓜的切入点主要有一种，即从**确定条件**入手。

确定条件一般为单称性质命题或联言命题；可能是肯定形式，也可能是否定形式，例如：老杨教数学，老杨和小聪都去了英国；老杨不教写作，老杨和小涵都不教英语。

> **高能提示**
>
> 　　确定条件往往在**题干的最后**，或者，以**补充条件**的形式出现在题目当中。因此，如果小伙伴们还是抱着从上往下逐字阅读试题的做法，则难以快速找到确定条件。
> 　　其实在做形式逻辑试题的过程中，我们为了寻找结构词，常常也要速读题干条件，所以，**希望小伙伴们能养成良好的习惯，先迅速扫描题干中是否存在关键信息，包括切入点、结构词等，再做信息化阅读，这样可以更好地应试。**

套路②推理线

顺藤摸瓜的推理线主要有三种，分别是**选言命题的传递、条件命题的传递**和**关系命题的传递**。

---

① 这是本书首次正式提出关系命题，下文我会做出分析。

下述所列传递，其实就是各类形式逻辑考点的汇总，不过这里仅罗列了基本类型，若试题中出现了举一反三的情况，小伙伴们也要能识别出来。

(一) 选言命题的传递

考试中可能会涉及的选言命题的传递有以下几种。

考点名称	具体示范
相容选言命题的传递	(1) $A \vee B \| \neg A \Rightarrow B$
	(2) $A \vee B \vee C \vee D \| \neg A \wedge \neg B \wedge \neg C \Rightarrow D$
不相容选言命题的传递	(3) $A \underline{\vee} B \| \neg A \Rightarrow B$
	(4) $A \underline{\vee} B \| A \Rightarrow \neg B$

经长期答疑，我发现很多小伙伴们在解此类试题时，会遗漏以下两点：

1. 隐含的范围。

很多综合推理中的选言命题传递，不会像形式逻辑一样直接给出"选言命题"，而会在题干罗列条件之前给出范围，这个范围常常是四个以上，如有四个男生、六个选手，等等。

在范围较大且没有直接给出"选言命题"的情况下，考生往往限于烦琐的条件之中，从而容易遗忘这个内容。因此，建议小伙伴们在解题时，可以先标注出来这个条件。

2. 肯定推否定。

很多综合推理的选言命题传递，并不是单边的传递，而是两边一一对应的匹配形式。例如，四名男生赵、钱、孙、李与四名女生周、武、郑、王打比赛，规定是一男一女对弈。

所以，这时题干条件就是有多个支的不相容选言命题，其不仅具有"否定推肯定"的形式，即"周（¬赵）∧周（¬钱）∧周（¬孙）⇒周（李）"，还具有"肯定推否定"的形式，即"周（李）⇒武（¬李）∧郑（¬李）∧王（¬李）"。

因为前面形式逻辑使用"肯定推否定"的情况较少，所以，在其他条件较多时，考生往往会限于烦琐的条件之中，容易反应不过来。因此，建议大家结合 例12 多强化此点，以免在考场出现失误。

(二) 条件命题的传递

考试中可能会涉及的条件命题的传递有以下几种。

考点名称	具体示范
充分、必要条件的传递	(1) $A \rightarrow B \| A \Rightarrow B$
	(2) $A \rightarrow B \| \neg B \Rightarrow \neg A$
充要命题的传递	(3) $A \leftrightarrow B \| A \Rightarrow B$
	(4) $A \leftrightarrow B \| \neg A \Rightarrow \neg B$
	(5) $A \leftrightarrow B \| B \Rightarrow A$
	(6) $A \leftrightarrow B \| \neg B \Rightarrow \neg A$

经长期答疑，我发现很多小伙伴在解此类试题时，常常存在以下问题：

部分综合推理试题中的条件命题，并不会直接给出，而是以比较复杂的形式出现，从而许多考生识别不出，导致无法往下推理。例如，老杨喜欢所有喜欢小涵的人。

按照各个命题的特征，只有条件命题容易出现复杂形式，因此，当小伙伴们发现，题干中存在表达特别绕人的语句，暂时无法辨别其是何种命题时，可尝试用"如果……那么……"的句式将其改编，若改编后语义通顺，则可按条件命题解题。其本质是一种定性思维。如上例语句可改编为：如果某人喜欢小涵，那么老杨就喜欢此人。具体运用如 例16 所示。

（三）关系命题的传递

关系命题是指断定事物与事物之间关系的命题。

关系命题的种类虽有很多，但在真题当中，常见形式主要是以下三类[①]。

排序关系	
举例	提炼式
M 和 N 相邻	(MN)
M 和 N 不相邻	M×N
M 在 N 前	M<N
M 在 N 前且相邻	MN
M 和 N 都在 K 前	(MN) <K
M 和 N 之间间隔 n 个空	(M<n<N)
M 在 N 前且间隔 n 个空	M<n<N

匹配关系	
举例	提炼式
M 是 a	M (a)
M 不是 a	M (¬a)

分组关系	
举例	提炼式
M 和 N 是一组	$\overgroup{M\ N}$
M 和 N 不是一组	$\overgroup{M\overset{\times}{\ }N}$

考试中可能会涉及的关系命题的传递有以下几种。

考点名称	具体示范
排序关系的传递	(1) M<2<N|M (1) ⇒ N (4)
匹配关系的传递	(2) M (a) |M (α) ⇒ a (α)
分组关系的传递	(3) $\overgroup{M\ N}$|$\overgroup{N\ K}$ ⇒ $\overgroup{M\ K}$

[①] 本表所列提炼式，小伙伴们可根据自身习惯加以调整。

经长期答疑,我发现很多小伙伴在解此类试题时,常常存在以下问题:

对于上述匹配关系的传递,很多试题需要通过"M(a)"将M具有α属性的特征传递给a,再进行分析推理,但因为此点要结合的条件较多,从而很多小伙伴容易反应不过来。因此,建议小伙伴们结合 例11 和 例12 以及 例15 强化此点,以免在考场出现失误。

效用思维

本推理线会经常用到**效用思维(每步匹配)**。

每步匹配有多种理解,这里是指,除复选项、真话假话试题外,当一组条件已用尽而无法往下继续推理时,便可做选项匹配。反之,在推理过程中,可不做匹配。

高能提示

选言命题、条件命题和关系命题,还可做逆向传递,即确定条件为结论,问补充哪项可得出此结论,如 例14 所示。

但不论正向还是逆向,选言命题的传递、条件命题的传递和关系命题的传递,都有一个共性,就是找到切入点后,顺藤摸瓜——依据重复项,做排除或者串联其他条件。这就是顺藤摸瓜试题的本质。

例10 某公司有F、G、H、I、M和P六位总经理助理,三个部门。每一部门恰由三个总经理助理分管。每个总经理助理至少分管一个部门。以下条件必须满足:

(1) 有且只有一位总经理助理同时分管三个部门。

(2) F和G不分管同一部门。

(3) H和I不分管同一部门。

如果F和M不分管同一部门,则以下哪项一定为真?

A. F和H分管同一部门。

B. F和I分管同一部门。

C. I和P分管同一部门。

D. M和G分管同一部门。

E. M和P不分管同一部门。

题源:2008—1—60

[解析] 题干条件(2)和(3)以及补充条件均为确定条件,根据**效用思维(关注特殊)**,可从这三个条件入手。

因为每个总经理助理至少分管一个部门,所以分管三个部门的总经理助理会同时和其他五位分管同一部门。

由补充条件"F和M不分管同一部门"可知,F和M均不是分管三个部门的总经理助理。

再由题干条件(2)和(3)可知,G、H和I也不是分管三个部门的总经理助理。

综上可知,只可能是剩下的P分管三个部门,其必然同时和其他五位总经理助理分管同

243

一部门。

此时无法继续往下推理，从而匹配选项，发现 C 项符合题意。

故选 C 项。

例11 有甲、乙、丙三个学生，一个出生在 B 市，一个出生在 S 市，一个出生在 W 市。他们一个是金融专业，一个是管理专业，一个是外语专业。已知：

(1) 乙不是学外语的。

(2) 乙不出生在 W 市。

(3) 丙不出生在 B 市。

(4) 学习金融的学生不出生在 S 市。

(5) 学习外语的学生出生在 B 市。

根据上述条件，可推出甲所学的专业为：

A. 金融。　　　　B. 管理。　　　　C. 外语。

D. 金融或管理。　E. 推不出来。

题源：1997—10—43

解析 题干条件（5）为确定条件，根据**效用思维（关注特殊）**，可从其入手。

由条件（5）的重复项"外语""B 市"，可分别定位到条件（1）和（3），从而可知，乙不学外语、丙也不学外语，进而可知学外语的只可能是甲。

故选 C 项。

例12 某校四位女生施琳、张芳、王玉、杨虹与四位男生范勇、吕伟、赵虎、李龙进行中国象棋比赛。他们被安排到四张桌上，每桌一男一女对弈，四张桌从左到右分别记为 1、2、3、4 号，每对选手需要进行四局比赛。比赛规定：选手每胜一局得 2 分，和一局得 1 分，负一局得 0 分。前三局结束时，按分差大小排列，四对选手的总积分分别是 6:0、5:1、4:2、3:3。已知：

(1) 张芳跟吕伟对弈，杨虹在 4 号桌比赛，王玉的比赛桌在李龙比赛桌的右边；

(2) 1 号桌的比赛至少有一局是和局，4 号桌双方的总积分不是 4:2；

(3) 赵虎前三局总积分并不领先他的对手，他们也没有下成过和局；

(4) 李龙已连输三局，范勇在前三局总积分上领先他的对手。

根据上述信息，前三局比赛结束时谁的总积分最高？

A. 施琳。　　B. 张芳。　　C. 范勇。　　D. 王玉。　　E. 杨虹。

题源：2018—1—54

解析 题目所问"总积分最高"为确定条件，根据**效用思维（关注特殊）**，可从其入手。

由重复项"总积分最高"，可定位到"6:0"，从而可知总积分最高者的比赛应该是 3 赢 0 平 0 负，进而可定位到"李龙已连输三局"，因此，题目所问就变成了寻找"李龙的对手"。

另外，李龙也是题干唯一提及两次的人物，最为特殊，根据**效用思维（关注特殊）**，可直接从其开始验证。

由重复项"李龙"，可定位到"王玉在李龙的右边"，所以李龙的对手不是王玉，排除 D 项。

由重复项"李龙"，可定位到"李龙、范勇均是男性"，所以李龙的对手不是范勇，排除 C 项。

选项中还剩下 A、B、E 三项。其中，题干条件有涉及 B 项和 E 项，根据**效用思维（关注特殊）**，可优先验证。

由重复项"张芳"，可定位到"张芳跟吕伟对弈"，所以李龙的对手不是张芳，排除 B 项。

由重复项"杨虹""李龙"，可分别定位到"杨虹在 4 号桌比赛""王玉的比赛桌在李龙比赛桌的右边"。假设李龙和杨虹对弈，从而李龙和杨虹都在 4 号桌，又因为"王玉的比赛桌在李龙比赛桌的右边"，所以王玉最少得是 5 号桌，与题意矛盾，因此假设不成立，李龙不能和杨虹对弈，排除 E 项。

故选 A 项。

例13 孔智、孟睿、荀慧、庄聪、墨灵、韩敏六人组成一个代表队参加某次棋类大赛，其中两人参加围棋比赛，两人参加中国象棋比赛，还有两人参加国际象棋比赛。有关他们具体参加比赛项目的情况还需满足以下条件：

(1) 每位选手只能参加一个比赛项目；
(2) 孔智参加围棋比赛，当且仅当，庄聪和孟睿都参加中国象棋比赛；
(3) 如果韩敏不参加国际象棋比赛，那么墨灵参加中国象棋比赛；
(4) 如果荀慧参加中国象棋比赛，那么庄聪不参加中国象棋比赛；
(5) 荀慧和墨灵至少有一人不参加中国象棋比赛。

如果庄聪和孔智参加相同的比赛项目，且孟睿参加中国象棋比赛，那么可以得出以下哪项？

A. 墨灵参加国际象棋比赛。　　B. 庄聪参加中国象棋比赛。
C. 孔智参加围棋比赛。　　　　D. 荀慧参加围棋比赛。
E. 韩敏参加中国象棋比赛。

题源：2014—1—54

解析 补充条件为确定条件，根据**效用思维（关注特殊）**，可从其入手。

由补充条件的重复项"庄聪和孔智"，可定位到条件（2），从而可知，若庄聪和孔智参加围棋比赛，则会违背条件（2），因此庄聪和孔智不能参加围棋比赛。

补充条件还提到，孟睿参加中国象棋比赛，因此，庄聪和孔智不能参加中国象棋比赛。

综上可知，庄聪和孔智只能参加国际象棋比赛。

再由"庄聪和孔智参加国际象棋比赛"，可定位到条件（3），国际象棋比赛已经有两人参加，所以"韩敏不参加国际象棋比赛"为真，因此，墨灵参加中国象棋比赛。

中国象棋比赛也已经有两人参加，因此，剩余的荀慧和韩敏只能参加围棋比赛。

匹配选项，发现 D 项符合题意。

故选 D 项。

例 14～例 15 题基于以下题干：

在一个古代的部落社会，每个人都属于某个家族，每个家族只崇拜以下五个图腾之一：熊、狼、鹿、鸟、鱼。这个社会的婚姻关系遵守以下法则：

（1）崇拜同一图腾的男女可以结婚；

（2）崇拜狼的男子可以娶崇拜鹿或鸟的女子；

（3）崇拜狼的女子可以嫁崇拜鸟或鱼的男子；

（4）崇拜鸟的男子可以娶崇拜鱼的女子；

（5）父亲与儿子的图腾崇拜相同；

（6）母亲与女儿的图腾崇拜相同。

例14 崇拜以下哪项图腾的男子一定可以娶崇拜鱼的女子？

A．狼或鸟。　　　　　B．鸟或鹿。　　　　　C．鱼或鹿。

D．鸟或鱼。　　　　　E．狼或鱼。

例15 如果某男子崇拜的图腾是狼，则他妹妹崇拜的图腾最可能为：

A．狼、鱼或鹿。　　　B．狼、鱼或鸟。　　　C．狼、鹿或熊。

D．狼、熊或鸟。　　　E．狼、鹿或鸟。

题源：2002—10—39~40

解析 **例14** 注意题目中的所问，寻找的是"可以娶崇拜鱼的女子的男子"，因此下述推理能得出"可以娶崇拜鱼的女子"即可。

题目所问为确定条件，根据**效用思维（关注特殊）**，可从其入手。

由所问的重复项"娶崇拜鱼的女子"，可定位到法则中的（1）和（4），从而可知，崇拜鱼或鸟的男子可以娶崇拜鱼的女子。

故选 D 项。

例15 注意题目中的所问，寻找的是"崇拜狼图腾的男子的妹妹所崇拜的图腾"，因此下述推理能得出"妹妹所崇拜的图腾"即可。

题目中补充条件、所问均为确定条件，根据**效用思维（关注特殊）**，可分别从其入手。

由所问的重复项"妹妹所崇拜的图腾"，可定位到条件（6），从而可知，妹妹所崇拜的图腾与母亲所崇拜的图腾一致。

由补充条件的重复项"男子崇拜的图腾是狼"，可定位到条件（5），从而可知，该男子的父亲也崇拜狼图腾。进而可定位到条件（1）和（2），从而可知母亲所崇拜的图腾可能为狼、鹿、鸟。

综上可知，妹妹也可能崇拜狼、鹿、鸟。

故选 E 项。

例16 某登山旅游小组成员互相帮助，建立了深厚的友谊。后加入的李佳已经获得其他成员多次救助，但是她尚未救助过任何人，救助过李佳的人均曾被王玥救助过，赵欣救助过小组的所有成员，王玥救助过的人也曾被陈蕃救助过。

根据以上陈述，可以得出以下哪项结论？

A. 陈蕃救助过赵欣。　　B. 王玥救助过李佳。　　C. 王玥救助过陈蕃。
D. 陈蕃救助过李佳。　　E. 王玥没有救助过李佳。

题源：2011—10—40

解析 题干确定条件为"赵→所有人"，根据**效用思维（关注特殊）**，可从其入手。

题干剩余两个条件较为特殊，可将其转变成条件命题，如下所示：

(X →李) ⇒ (王→X)。

(王→X) ⇒ (陈→X)。

两个条件串联后可得：(X→李) ⇒ (王→X) ⇒ (陈→X)。

由"赵→所有人"可知，赵→李，从而可知，陈→赵。

此时无法继续往下推理，从而匹配选项，发现 A 项符合题意。

故选 A 项。

定性思维

本题运用了**定性思维**。

只有条件命题才具有较多的特殊表达，因此，在试题中看到难以理解的复杂语句时，可以用条件命题的句式"如果……那么……"进行替换。

例17 在超市购物后，张林把七件商品放在超市的传送带上，肉松后面紧跟着蛋糕，酸奶后面接着放的是饼干，可口可乐汽水紧跟在水果汁后面，方便面后面紧跟着酸奶，肉松和饼干之间有两件商品，方便面和水果汁之间有两件商品，最后放上去的是一盒蛋糕。

如果上述陈述为真，那么以下哪项也为真？

Ⅰ. 水果汁在倒数第三的位置上。

Ⅱ. 酸奶放在第二。

Ⅲ. 可口可乐汽水放在中间。

A. 只有Ⅰ。　　B. 只有Ⅱ。　　C. 只有Ⅲ。
D. 只有Ⅰ和Ⅱ。　　E. Ⅰ、Ⅱ和Ⅲ。

题源：2003—10—57

解析 题干确定条件为"最后放上去的是一盒蛋糕"，即蛋糕（7），根据**效用思维（关注特殊）**，可从其入手。

由确定条件的重复项"蛋糕"，可定位到"肉松后面紧跟着蛋糕"，从而可知，肉松（6）。

再由重复项"肉松"，可定位到"肉松和饼干之间有两件商品"，从而可知，饼干（3）。

再由重复项"饼干"，可定位到"酸奶后面接着放的是饼干"，从而可知，酸奶（2），复选项 II 符合题意，所以排除 A 项和 C 项。

再由重复项"酸奶"，可定位到"方便面后面紧跟着酸奶"，从而可知，方便面（1）。

综上可知，剩余的可口可乐汽水与水果汁只能放在饼干和肉松中间，而可口可乐汽水紧跟在水果汁后面，从而可知，水果汁（4）、可口可乐（5），所以排除 D 项和 E 项。

故选 B 项。

附加陷阱

陷阱①掩盖切入点

> 当题干没有给出确定条件时，就要去寻找**限定较多的条件**（如 例18 和 例19 所示），或者**重复出现的要素**（如 例20 和 例21 所示）。
>
> 若连后者也没有，则需要思考**条件命题的前件或者后件**，是否已默认为真（如 例22 所示）。
>
> 上述两条，迎合了**效用思维（关注特殊）**。
>
> 若还无法推理，则需要假设，此时已变成"假设反证"，具体内容我会在"第十七章"中分析。

例18 公司派张、王、李、赵 4 人到长沙参加某经济论坛，他们 4 人选了飞机、汽车、轮船和火车 4 种各不相同的出行方式。已知：

(1) 明天或者刮风或者下雨；

(2) 如果明天刮风，那么张就选择火车出行；

(3) 假设明天下雨，那么王就选择火车出行；

(4) 假如李、赵不选择火车出行，那么李、王也都不会选择飞机或者汽车出行。

根据以上陈述，可以得出以下哪项结论？

A. 赵选择汽车出行。　　　　B. 赵不选择汽车出行。

C. 李选择轮船出行。　　　　D. 张选择飞机出行。

E. 王选择轮船出行。

题源：2011—10—38

[解析] 条件（1）为限定较多的条件，根据**效用思维（关注特殊）**，可从其入手。

由条件（1）重复项"刮风""下雨"，可分别定位到条件（2）和（3），从而可知，张或王选择火车。

进而可知，李与赵均不选择火车，即条件（4）的前件为真，从而可知，李与王都不会选择飞机或汽车。

综上可知，李只能选择剩下的轮船。

此时无法继续往下推理，从而匹配选项，发现 C 项符合题意。

故选 C 项。

例19 某单位进行年终考评,经过民主投票,确定了甲、乙、丙、丁、戊五人作为一等奖的候选人。在五进四的选拔中,需要综合考虑如下三个因素:丙、丁至少有一人入选;如果戊入选,那么甲、乙也入选;甲、乙、丁三人至多有两人入选。

根据以上陈述,可以得出没有进四的是谁?

A. 甲。　　　B. 乙。　　　C. 丙。　　　D. 丁。　　　E. 戊。

题源:2012—10—39

[解析] "甲、乙、丁三人至多有两人入选"为限定较多的条件,根据**效用思维(关注特殊)**,可从其入手。

由"甲、乙、丁三人至多有两人入选"可知,没有进四的人一定不是丙和戊。

由重复项"戊",可定位到"如果戊入选,那么甲、乙也入选",从而可知,甲与乙也入选。

由重复项"甲与乙",可再次定位到"甲、乙、丁三人至多有两人入选",从而可知,丁未入选。

故选 D 项。

例20 张明、李英、王佳和陈蕊四人在一个组工作,他们来自江苏、安徽、福建和山东四个省,每个人只会说原籍的一种方言。现已知福建人会说闽南方言,山东人学历最高且会说中原官话,王佳比福建人的学历低,李英会说徽州话并且和来自江苏的同事是同学,陈蕊不懂闽南方言。

根据以上陈述,可以得出以下哪项?

A. 陈蕊不会说中原官话。　　　B. 张明会说闽南方言。　　　C. 李英是山东人。

D. 王佳会说徽州话。　　　E. 陈蕊是安徽人。

题源:2012—10—40

[解析] 题干中"福建人""闽南方言"重复较多,根据**效用思维(关注特殊)**,可从其入手。

由重复项"福建人",可定位到"王佳比福建人的学历低",从而可知,王佳(¬福建人)。

由重复项"闽南方言",可定位到"陈蕊不懂闽南方言""福建人会说闽南方言",从而可知,陈蕊(¬福建人)。

在剩余条件中,提到"人与方言"的只有"李英会说徽州话",从而可知,李英(¬福建人)。

综上可知,张明(福建人),张明(闽南方言)。

此时无法继续往下推理,从而匹配选项,发现 B 项符合题意。

故选 B 项。

例21 某乡镇进行新区规划,决定以市民公园为中心,在东南西北分别建设一个特色社区。这四个社区分别定位为:文化区、休闲区、商业区和行政服务区。已知,行政服务区在文化区的西南方向,文化区在休闲区的东南方向。

根据以上陈述，可以得出以下哪项？

A. 市民公园在行政服务区的北面。　　B. 休闲区在文化区的西南方向。

C. 文化区在商业区的东北方向。　　D. 商业区在休闲区的东南方向。

E. 行政服务区在市民公园的西南方向。

题源：2012—10—35

[解析] 题干中"文化区"重复较多，根据**效用思维（关注特殊）**，可从其入手，将其作为定位标准。

由重复项"文化区"，可定位到"行政服务区在文化区的西南方向"，从而可知，行政服务区在文化区的左下角，从而可得如下情况。

　　　　　　　　　　　　　　　文化区

　　　　　　　　　行政服务区

由重复项"文化区"，还可定位到"文化区在休闲区的东南方向"，从而可知，休闲区在文化区的西北方向，即休闲区在文化区的左上角，从而可得如下情况。

　　　　　　休闲区

　　　　　　　　　　　　　　　文化区

　　　　　　　　　行政服务区

综上可知，剩下的商业区只能在文化区的左边，从而可得如下情况。

　　　　　　　　　　　　休闲区

　　　商业区　　　　市民公园　　　　　文化区

　　　　　　　　　行政服务区

匹配选项，发现 A 项符合题意。

故选 A 项。

> **高能提示**
>
> 关系命题中的排序关系是具有轮换性质的。例如，由"A 在 B 的北边"可得 B 在 A 的南边；又如，由"A 在 B 的西北边"可得 B 在 A 的东南边。

例22 小刘和小红都是张老师的学生，张老师的生日是 M 月 N 日，两人都知道张老师的生日是下列十天中的一天，这十天分别为 3 月 4 日、3 月 5 日、3 月 8 日、6 月 4 日、6 月 7 日、9 月 1 日、9 月 5 日、12 月 1 日、12 月 2 日、12 月 8 日。张老师把 M 值告诉了小刘，把 N 值告诉了小红，然后有了如下对话：

小刘：如果我不知道的话，小红肯定也不知道。

小红：刚才我不知道，听小刘一说我就知道了。

小刘：哦，那我知道了。

请根据以上对话推断出张老师的生日为：

A. 3月4日。   B. 3月5日。   C. 3月8日。
D. 9月1日。   E. 9月5日。

题源：396—2016—20

解析 题干所给十天可列表如下。

3月	6月	9月	12月
4日	4日	1日	1日
5日	7日	5日	2日
8日			8日

本题重点考查逆向分析能力，这里我分步给大家阐述。

第1步：

小红所言"刚才我不知道"是确定条件，根据**效用思维（关注特殊）**，可从其入手。

由确定条件的重复项"小红"，可定位到"小红只知道日期"，从而可知，张老师的生日一定不是6月7日或12月2日。毕竟，7日与2日是上述十天中独一无二的日期，若张老师实际生日是这两天，小红便可仅凭日期直接确定张老师的生日。

第2步：

因为小刘只知道月份，而所给十天共涉及四个月份，即3月、6月、9月与12月，每个月份中均有多个日期，因此小刘必然不知道张老师的生日是哪天，所以这也是确定条件。

由该确定条件可知，"如果我不知道的话，小红肯定也不知道"的前件为真，从而后件为真，即小刘事先知道生日不是7日或2日，进而可知，张老师的生日一定不在6月或12月。毕竟，7日在"6月"而2日在"12月"，若实际生日在7日或2日，则小红就能知道张老师的生日。因此，仅知道月份的小刘，是无法事先说出小红肯定不知道的。

第3步：

当排除了6月和12月后，小红便知道了生日日期，因此生日日期必然在剩余日期中是独一无二的，从而排除5日。

第4步：

当再排除了5日后，小刘也知道了生日，因此小刘知道的月份里，必然只有1个日期，从而生日只能是9月1日。

故选D项。

陷阱②占位法

对于选言命题的传递，除了可通过确定条件排除，还可通过**限定条件**加以排除，这种排除方式便是占位法。而占位法的思考相对隐晦，这里我用图示的方式展现出来。

占位主要有以下两种表现形式：

第一种，坑位数等于人数。例如，有三个人和三个位置，每个人只能坐一个位置，每个位置只能让一个人坐。若已知第一、第二个人坐在1或2号位置，此时，虽无法确定第一、第二个人的具体位置情况，但可倒逼出第三个人坐在3号位置。示意图如下。

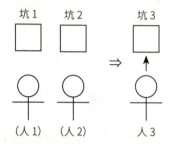

其中，小括号标记的内容是可以互相换位置的，这里只不过是为了占位才具体写上。

第二种，坑位数小于人数。例如，有三个人和两个位置，每个人只能坐一个位置，每个位置只能让一个人坐。若已知第一、第二个人，只能选择坐在1号位置，此时，虽无法确定1号位置到底由谁来坐，但可倒逼出第三个人坐在2号位置。示意图如下。

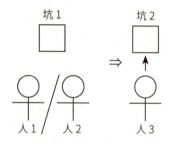

通过上述两种方式可知，占位的本质就是，<u>在有限范围内，通过限定条件的排除，倒逼出确定情况</u>。

因此，当一一对应的试题中存在限定条件时，则可采用占位的方式解题。

例23 某公司为员工免费提供菊花茶、绿茶、红茶、咖啡和大麦茶5种饮品。现有甲、乙、丙、丁、戊5位员工，他们每人只喜欢其中的2种饮品，且每种饮品都只有2人喜欢。已知：

(1) 甲和乙喜欢菊花茶，且分别喜欢绿茶和红茶中的一种；

(2) 丙和戊分别喜欢咖啡和大麦茶中的一种。

根据上述信息，可以得出以下哪项？

A. 甲喜欢菊花茶和绿茶。

B. 乙喜欢菊花茶和红茶。

C. 丙喜欢红茶和咖啡。

D. 丁喜欢咖啡和大麦茶。

E. 戊喜欢绿茶和大麦茶。

题源：2020—1—29

解析 条件（1）中有确定条件，根据**效用思维（关注特殊）**，可从其入手。

根据条件（1），可列出下表。

菊花茶	绿茶	红茶	咖啡	大麦茶
甲	（甲）	（乙）		
乙				

其中，因为不清楚是甲喜欢绿茶还是乙喜欢绿茶，所以甲和乙用小括号标记，表示两者位置可互换。

再根据条件（2），可列出下表。

菊花茶	绿茶	红茶	咖啡	大麦茶
甲	（甲）	（乙）	[丙]	[戊]
乙				

其中，因为不清楚是丙喜欢咖啡还是戊喜欢咖啡，所以丙和戊用中括号标记，表示两者位置可互换。

又因为丙和戊要喜欢 2 种饮品，但只剩下绿茶和红茶的坑位可让其占，从而可知，丙和戊分别喜欢绿茶和红茶中的一种，进一步可列出下表。

菊花茶	绿茶	红茶	咖啡	大麦茶
甲	（甲）	（乙）	[丙]	[戊]
乙	[丙]	[戊]		

综上可知，丁只能选择剩下的咖啡和大麦茶。

故选 D 项。

> 考试时，大家无须自己再写一遍"菊花茶、绿茶、红茶、咖啡和大麦茶"，直接在题干上方画出坑位即可。小伙伴们要学会灵活且充分地利用好一切工具，切莫死板，这也是联考提出的要求。

例24 某公司的销售部有五名工作人员，其中有两名本科专业是市场营销，两名本科专业是计算机，有一名本科专业是物理学。又知道五人中有两名女士，她们的本科专业背景不同。

根据上文所述，以下哪项论断最可能为真？

A. 该销售部有两名男士来自不同的本科专业。

B. 该销售部的一名女士一定是计算机本科专业毕业的。

C. 该销售部三名男士来自不同的本科专业，女士也来自不同的本科专业。

D. 该销售部至多有一名男士是市场营销专业毕业的。

E. 该销售部本科专业为物理学的一定是男士，不是女士。

题源：1999—1—44、396—2020—3

解析 "两名女士的本科专业背景不同"是限定条件，根据**效用思维（关注特殊）**，可从其入手。

根据题干条件，可列出下表。

市场营销	计算机	物理学
（女1）	（女2）	

市场营销	计算机	物理学
（女1）		（女2）

市场营销	计算机	物理学
	（女1）	（女2）

因为不管两位女士如何占位，所剩下的 3 个坑位，必然会有 2 个不同的专业，所以 A 项与此相符。

故选 A 项。

例25 在编号为 1、2、3、4 的 4 个盒子中装有绿茶、红茶、花茶和白茶四种茶，每只盒子只装一种茶，每种茶只装在一个盒子中。已知：

(1) 装绿茶和红茶的盒子在 1、2、3 号范围之内；

(2) 装红茶和花茶的盒子在 2、3、4 号范围之内；

(3) 装白茶的盒子在 1、2、3 号范围之内。

根据上述信息，可以得出以下哪项？

A. 绿茶在 3 号。　　B. 花茶在 4 号。　　C. 白茶在 3 号。

D. 红茶在 2 号。　　E. 绿茶在 1 号。

题源：2016—1—48

解析 题干中"在 1、2、3 号范围之内"是重复要素，根据**效用思维（关注特殊）**，可从其入手。

由重复项"在 1、2、3 号范围之内"，可定位到条件（1）和（3），从而可知，装绿茶、红茶、白茶的盒子在 1、2、3 号范围之内。所以可得下表。

1	2	3	4
(绿茶)	(红茶)	(白茶)	

其中，因为不清楚是绿茶在 1 号，还是红茶在 1 号，还是白茶在 1 号，所以绿茶、红茶、白茶用小括号标记，表示三者位置可互换。

综上可知，剩余的花茶必然在 4 号盒子中。

故选 B 项。

> **效用思维**
>
> 本题运用了**效用思维（关注特殊——重复要素）**。有小伙伴可能会问，那为何不使用"红茶"这个重复要素呢？
>
> 这是因为"1、2、3 号"这个要素更加特殊而显眼，所以优先验证。<u>因此，小伙伴们如果发现多种重复要素，则优先验证更加显眼的重复要素。</u>

例26 在某科室公开选拔副科长的招录考试中，共有甲、乙、丙、丁、戊、己、庚 7 人报名。根据统计，7 人的最高学历分别是本科和博士，其中博士毕业的有 3 人；女性 3 人。已知，甲、乙、丙的学历层次相同，己、庚的学历层次不同；戊、己、庚的性别相同，甲、丁的性别不同。最终录用的是一名女博士。

根据以上陈述，可以得出以下哪项？

A. 甲是男博士。　　B. 己是女博士。　　C. 庚非男博士。
D. 丙是男博士。　　E. 丁是女博士。

题源：2012—10—50

解析 题干中"学历层次""性别"是重复要素，根据**效用思维（关注特殊）**，可从其入手。

由重复项"学历层次"，可定位到"甲、乙、丙的学历层次相同""己、庚的学历层次不同"，从而可得下表。

本科			博士		
(己)			(庚)		

其中，因为不清楚是己是博士还是庚是博士，所以己和庚用小括号标记，表示两者位置可互换。

进而可知，甲、乙、丙只能填入本科的坑位中。

再由重复项"性别"，可定位到"戊、己、庚的性别相同""甲、丁的性别不同"，从而可得下表。

男士			女士		
(甲)			(丁)		

其中，因为不清楚是甲是女士还是丁是女士，所以甲和丁用小括号标记，表示两者位置可互换。

255

进而可知，戊、己、庚只能填入男士的坑位中。

又因为必然会有一位"女博士"，所以女博士只能是剩下的丁。

故选 E 项。

例27 某班打算从方如芬、郭嫣然、何之莲三名女生中选拔两人，从彭友文、裘志节、任向阳、宋文凯、唐晓华五名男生中选拔三人组成大学生五人支教小组到山区义务支教。

要求：

(1) 郭嫣然和唐晓华不同时入选；

(2) 彭友文和宋文凯不同时入选；

(3) 裘志节和唐晓华不同时入选。

下列哪位一定入选？

　A. 方如芬。　　B. 郭嫣然。　　C. 宋文凯。　　D. 何之莲。　　E. 任向阳。

题源：2013—10—33

解析 题干中虽然有重复要素"唐晓华"，但使用后无法解题，此时发现五名男生中有两个限定条件——条件（2）和（3），根据**效用思维（关注特殊）**，可从其入手。

因为五名男生只能选出三名，再由条件（2）可知，彭和宋中必然有一人入选。毕竟，若两人都不入选，则剩余三人必然入选，从而违背条件（3）。

同理，由条件（3）可知，裘和唐中也必然有一人入选。

从而可得下表。

1	2	3
彭/宋	裘/唐	

综上可知，剩余的任必然要入选。

故选 E 项。

第十七章　假设反证

命题情况

数量情况

在综合推理中，考查假设反证的题目数量较少，但在管综真题中（包括当下经综真题），基本每年考查多道题目，具体列表如下。

	MBA 联考真题	管综真题	2020 年及以前经综真题
假设反证	25	41	4

难度情况

目前的经综真题中，假设反证的推理线往往比较复杂，甚至还会有冗余信息，从而使得切入点更加模糊。此点正在向管综真题的命题趋势靠拢。

题型特征

▶ 题干中有多个条件，以条件命题和关系命题为主。
▶ 题干条件中的切入点不明显。

解题套路

套路①切入点

假设反证的切入点主要有三种，即从**选项**入手、从**要素**入手和从**情况**入手。
当试题中没有任何可以用来直接往下推理的条件时，可从上述内容入手进行假设。

（一）从选项入手假设

从选项入手假设是指，将选项逐个代入题干条件中，排除不符合题意的选项，直到找到答案为止。

（二）从要素入手假设

从要素入手假设是指，将题干中的要素——具体谁和谁打比赛、具体谁在几号位等，逐个代入题干条件中，排除不符合题意的要素，直到找到答案为止。

（三）从情况入手假设

从情况入手假设是指，将题干中可能构成的情况——选出了哪些人、完整排序是什么等，逐个代入题干条件中，排除不符合题意的情况，直到找到答案为止。

> **效用思维**
>
> 本切入点会经常用到**效用思维（关注特殊）**。
>
> 特殊有多种理解，在考虑是从选项、要素还是情况入手时，以假设更为简单，代入过程更不复杂为标准。
>
> 当确定以选项切入后，可优先验证将题干所有要素全部列出（穷举）的选项、本身有限定条件且限定较多的选项、本身为条件命题的选项、选项间有重复内容的选项，等等。具体可结合 例28 至 例31 学习。
>
> 当确定以要素切入后，可优先验证重复出现的要素、位于条件命题前件或后件的要素，等等。具体可结合 例32 至 例37 学习。
>
> 当确定以情况切入后，可优先验证相同要素排列在一起的情况、极端情况、刚刚好的临界情况，等等。具体可结合 例38 学习。

切入点可以是**正向假设**，也可以是将选项、要素或情况**取反的假设**。考试时可选择更为简单的切入点。

套路②推理线

假设反证的推理线主要有一种——<u>假设法</u>。

具体的假设反证过程，有以下两种。

假设过程	后续处理
设 T ⇒ 违背题干 ⇒ 必然 ¬T	因为假设失败，所以**必然 ¬T**，下面有两种处理方式： （1）把涉及"T"的选项排除。具体可结合 例28 至 例31 学习。 （2）把"¬T"代入题干，进行推理。具体可结合 例33 学习
设 T ⇒ 不违背题干 ⇒ 可能 T	虽当下没有与 T 违背的条件，但可能还有其他与 T 共存的情况，因此为**可能 T**，下面有三种处理方式： （1）首先排除违背"T"的选项。若题目所问为"可能"，则可以选择涉及"T"的选项。 （2）首先排除违背"T"的选项。若题目所问为"由选项可以得出何物"，则可以选择涉及"T"的选项。 （3）首先排除违背"T"的选项。若题目所问为"一定能得出哪项"，则再次假设"¬T"或其他对象，进行验证。 具体可结合 例34 至 例40 学习

当选项将要素逐一穷尽时，可采用将题干条件逐一与选项匹配的方式，从而可以在排除四个选项后，选出正确答案。当然，也可逐一代入选项，排除四个违背题干条件的选项后，得出正确答案。

假设反证的试题非常灵活，切入点和推理线都有多种处理方式，所以，用好了能快速得出答案，用不好会因思考应如何判断而浪费大量时间。但这种灵活应试思路难以速成，需要大家多次体会和尝试才能逐渐形成这种思路。这种学习方式迎合了联考的本质目标——考查条件反射能力。

> **效用思维**
>
> 本推理线会经常用到两个效用思维。
>
> 第一，**效用思维（已知答案，其余不看）**。已知答案，其余不看是指，在必然性推理试题中，找到符合项后，无须比较其他选项的强弱，符合项便是答案。
>
> 因此，当假设某一选项、要素或情况后，其已经符合题目的要求，则可直接选择。
>
> 第二，**效用思维（不完全代入）**。不完全代入是指，若当下所设内容，接下来还分较多情况，而验证其余内容更加简单时，则可暂且放过该内容，先去假设其他内容。
>
> 本章的切入点与"第十六章顺藤摸瓜"中有所不同，对于顺藤摸瓜的切入点，如果题干中存在，则必然会用到；而本章的切入点仅是用到的概率相对较高。因此，有可能会遇到假设代入后非常烦琐的情况，此时就要灵活处理。

例28 有四个外表看起来没有分别的小球，它们的重量可能有所不同。取一个天平，将甲、乙归为一组，丙、丁归为另一组，分别放在天平的两边，天平基本是平衡的。将乙和丁对调一下，甲、丁一边明显地要比乙、丙一边重得多。可奇怪的是，我们在天平一边放上甲、丙，而另一边刚放上乙，还没有来得及放上丁时，天平就压向了乙一边。

请你判断，这四个球由重到轻的顺序是什么？

A. 丁、乙、甲、丙。   B. 丁、乙、丙、甲。   C. 乙、丙、丁、甲。

D. 乙、甲、丁、丙。   E. 乙、丁、甲、丙。

题源：1999—1—56

[解析] 经观察，选项将要素穷举，**根据效用思维（关注特殊）**，可从选项入手。

由题干第一个条件可知，甲+乙=丙+丁，所以排除B、D、E三项。因为，由B项可知"甲<丙""乙<丁"，这两个不等式相加后不可能为等式。D项和E项同理。

由题干第二个条件可知，甲+丁>乙+丙，所以排除C项。因为，由C项可知"甲<丙""丁<乙"，这两个不等式相加后不可能得到"甲+丁>乙+丙"。

故选A项。

> **高能提示**
>
> 当小伙伴们选择从选项入手时，若发现选项是要素穷举，如 例28 所示，则可抓住条件逐一匹配选项。

例29 曙光机械厂、华业机械厂、祥瑞机械厂都在新宁市辖区。它们既是同一工业局下属的兄弟厂，在市场上也是竞争对手。在市场需求的五种机械产品中，曙光机械厂擅长生产产品1、产品2和产品4；华业机械厂擅长生产产品2、产品3和产品5；祥瑞机械厂擅长生产产品3和产品5。如果两个厂生产同样的产品，一方面会造成规模不经济，另一方面会产生恶性内部竞争。如果一个厂生产三种产品，在人力和设备上也会有问题。为了发挥好地区经济合作的优势，工业局召集三个厂的领导对各自的生产产品做了协调，做出了满意的决策。

以下哪项最可能是这几个厂的产品选择方案？

A. 曙光机械厂生产产品1和产品5；华业机械厂只生产产品2。
B. 曙光机械厂生产产品1和产品2；华业机械厂生产产品3和产品5。
C. 华业机械厂生产产品2和产品3；祥瑞机械厂只生产产品4。
D. 华业机械厂生产产品2和产品5；祥瑞机械厂生产产品3和产品4。
E. 祥瑞机械厂生产产品3和产品5；华业机械厂只生产产品2。

题源：1999—1—45

解析 经观察，选项列出了两个工厂的生产情况，而题干要求每个工厂生产不同产品，所以本题实际上是选项将要素穷举，根据**效用思维（关注特殊）**，因此从选项入手。

由题干条件"曙光机械厂擅长生产产品1、产品2和产品4"，可排除A项和C项。因为由A项和C项均可得到曙光机械厂生产了产品5。

由题干条件"华业机械厂擅长生产产品2、产品3和产品5"，无法排除任何选项。

由题干条件"祥瑞机械厂擅长生产产品3和产品5"，可排除B项和D项。因为由B项和D项均可得到祥瑞机械厂生产了产品4。

故选E项。

例30 某公司有F、G、H、I、M和P六位总经理助理，三个部门。每一个部门恰由三个总经理助理分管。每个总经理助理至少分管一个部门。以下条件必须满足：

(1) 有且只有一位总经理助理同时分管三个部门。
(2) F和G不分管同一部门。
(3) H和I不分管同一部门。

以下哪项一定为真？

A. 有的总经理助理恰好分管两个部门。
B. 任一部门由F或G分管。
C. M或P只分管一个部门。
D. 没有部门由F、M和P分管。
E. P分管的部门M都分管。

题源：2008—1—59

解析 经观察，题干条件无明显切入点，而选项内容单一，所以可从选项入手。

将选项正面代入无法解题，因此可以采用取反代入的方式。而取反后，A项变为全称命题，限定较多，最为特殊（也最简单），根据**效用思维（关注特殊）**，可优先验证。

A项取反，即所有总经理助理都只能分管一个或三个部门。结合条件(1)可知，六位助理只能提供8（8=3×1+1×5）人次的分管名额，但题干要求三个部门都由三个总经理助理分管，也就是要有9人次的分管名额，因此A项取反会与题干条件违背。

故选A项。

> **高能提示**
>
> 小伙伴们可能会问，本题 A 项明明就在第一个，本来就是首先验证，为何还要分析呢？
>
> 这是因为，咱们联考是梅花卷，你考场上拿到的这个题，答案未必就是 A 项。另外，例题的存在，不是让你刷题的，而是让你体会解题思路的。这也是为什么每个题我都会详细分析，甚至专门阐述思维的原因。

根据**效用思维（已知答案，其余不看）**，可不用验证其余选项，本处为降低疑惑也稍做分析，但小伙伴们要明白，这样非常不应试。

B 项取反，即有的部门不由 F 或 G 分管。根据题干条件可构造如下情况：1 号部门（P∧F∧M）、2 号部门（P∧G∧H）、3 号部门（P∧I∧M）。此时 B 项反面成立，排除 B 项。

C 项取反，即 M 和 P 都不只分管一个部门。B 项的情况恰好使 C 项反面成立，排除 C 项。

D 项取反，即有的部门由 F、M 和 P 分管。B 项的情况恰好使 D 项反面成立，排除 D 项。

E 项取反，即有的 P 分管的部门 M 不分管。B 项的情况恰好使 E 项反面成立，排除 E 项。

> **效用思维**
>
> 本题运用了**效用思维（复用情况）**。
>
> 复用情况是指，在需要自己构造情况时，不用每个选项都重新构造，**能复用就复用**（如 B 项的情况复用到 C 项），**能微调就微调**（如 B 项的情况微调到 D 项）。

例31 某大学文学院语言学专业 2014 年毕业的五名研究生张、王、李、赵、刘分别被三家用人单位天枢、天机、天璇中的一家录用，并且各单位至少录用了其中的一名。已知：

(1) 李被天枢录用；

(2) 李和赵没有被同一家单位录用；

(3) 刘和赵被同一家单位录用；

(4) 如果张被天璇录用，那么王也被天璇录用。

以下哪项一定是正确的？

A. 张、王被同一家单位录用。　　B. 王和刘被不同的单位录用。
C. 天枢至多录用了两人。　　　　D. 天枢和天璇录用的人数相同。
E. 王没有被天枢录用。

题源：2014—10—43

解析 经观察，题干条件无明显切入点，而选项内容单一，所以可从选项入手。

将选项正面代入无法解题，因此采用取反代入的方式。而取反后，没有较为特殊的情况，因此逐一验证。注意，本题验证时可运用**效用思维（复用情况）**。

A 项取反，即张、王没被同一家单位录用。根据题干条件可构造以下情况：天枢（李）、天机（张）、天璇（王∧赵∧刘）。此时 A 项反面成立，排除 A 项。

B 项取反，即王和刘被同一家单位录用。A 项的情况恰好使 B 项反面成立，排除 B 项。

C 项取反，即天枢最少录用三人。验证较复杂，根据**效用思维（不完全代入）**，暂且跳过。

D 项取反，即天枢和天璇录用的人数不同。A 项的情况恰好使 D 项反面成立，排除 D 项。

E 项取反，即王被天枢录用。A 项情况微调可得：天枢（李∧王）、天机（张）、天璇（赵∧刘）。此时 E 项反面成立，排除 E 项。

故选 C 项。

根据**效用思维（已知答案，其余不看）**，可不用验证 C 项，本处为降低疑惑也稍做分析，但小伙伴们要明白，这样非常不应试。

C 项取反，即天枢最少录用三人。根据条件（2）和（3）可知，天枢（¬赵∧¬刘），从而天枢录用三人的话，只能为：天枢（李∧张∧王）。此时，因为赵和刘已经捆绑，从而天机和天璇必然有一家单位无人可用，因此 C 项取反会与题干条件违背。

例32 某大学文学院语言学专业 2014 年毕业的五名研究生张、王、李、赵、刘分别被三家用人单位天枢、天机、天璇中的一家录用，并且各单位至少录用了其中的一名。已知：

(1) 李被天枢录用；

(2) 李和赵没有被同一家单位录用；

(3) 刘和赵被同一家单位录用；

(4) 如果张被天璇录用，那么王也被天璇录用。

如果刘被天璇录用，则以下哪项一定是错误的？

A. 天璇录用了三人。　　　　　　　B. 录用李的单位只录用了他一人。

C. 王被天璇录用。　　　　　　　　D. 天机只录用了其中的一人。

E. 张被天璇录用。

题源：2014—10—45

解析 注意本题相反陷阱，寻找的是"错误的选项"。

本题原本应该将选项逐一假设再代入题干，但题目给出了一个补充条件"刘被天璇录用"，根据重复项"刘"可定位到条件（3），从而可知"赵也被天璇录用"。

再根据重复项"天璇"可定位到条件（4），而条件（4）为条件命题，设其前件为真，则"张、王均被天璇录用"。

综上可知，"张被天璇录用"会与题干条件违背，带着此点寻找选项，发现 E 项符合题干。

故选 E 项。

高能提示

本题要求寻找"错误选项"，因此，需构造一个假的情况，以迎合此点。同时，题目还给出了补充条件作为提示，那么所要构造的假的情况，必然会与此提示相违背，从而便可顺着提示内容去构造情况，如此便可不用将选项逐一假设再代入题干这种方法解题。

例33 某高校有数学、物理、化学、管理、文秘、法学6个专业的毕业生需要就业,现有风云、怡和、宏宇三家公司前来学校招聘。已知,每家公司只招聘该校上述2~3个专业的若干毕业生,且需要满足以下条件:

(1) 招聘化学专业的公司也招聘数学专业;

(2) 怡和公司招聘的专业,风云公司也招聘;

(3) 只有一家公司招聘文秘专业,且该公司没有招聘物理专业;

(4) 如果怡和公司招聘管理专业,那么也招聘文秘专业;

(5) 如果宏宇公司没有招聘文秘专业,那么怡和公司招聘文秘专业。

如果只有一家公司招聘物理专业,那么可以得出以下哪项?

A. 怡和公司招聘物理专业。
B. 风云公司招聘物理专业。
C. 宏宇公司招聘数学专业。
D. 风云公司招聘化学专业。
E. 怡和公司招聘管理专业。

题源:2015—1—54

解析 经观察,题干条件中"怡和""文秘"重复次数较多,根据**效用思维(关注特殊)**,可优先验证。设怡和公司招聘文秘专业。

利用重复项"怡和"可定位到条件(2),可知风云也招聘文秘。

再利用重复项"文秘"可定位到条件(3),可知仅一家公司招聘文秘。

综上可知,假设失败,因此怡和不能招聘文秘。利用重复项"怡和不招聘文秘",可定位到条件(4)和(5),从而可知,怡和不招聘管理、宏宇招聘文秘,所以排除E项。利用重复项"文秘",再次定位到条件(3),从而可知,风云不招聘文秘、宏宇不招聘物理。

题目补充条件提到"物理",此时可设重复次数较多的"怡和"招聘物理,利用重复项"怡和",可定位到条件(2),从而可知,风云也招聘物理。与补充条件违背,假设失败,因此怡和不能招聘物理。

再综合前述"宏宇不招聘物理"可知,风云招聘物理。

故选B项。

例34 某街道的综合部、建设部、平安部和民生部四个部门,需要负责街道的秩序、安全、环境、协调四项工作。每个部门只负责其中的一项工作,且各部门负责的工作各不相同。

已知:

(1) 如果建设部负责环境或秩序,则综合部负责协调或秩序;

(2) 如果平安部负责环境或协调,则民生部负责协调或秩序。

根据以上信息,以下哪项工作安排是可能的?

A. 建设部负责环境,平安部负责协调。
B. 建设部负责秩序,民生部负责协调。
C. 综合部负责安全,民生部负责协调。
D. 民生部负责安全,综合部负责秩序。
E. 平安部负责安全,建设部负责秩序。

题源:2020—1—51

[解析] 经观察，题干条件中"秩序""协调"均在同一条件命题中的前后件重复，最为特殊，根据**效用思维（关注特殊）**，可优先验证。

设建设部负责秩序，从而综合部负责协调，因为秩序和协调均有部门负责，从而可定位到条件（2），进而可知，平安部既不负责环境也不负责协调，所以，平安部只能负责剩下的安全，同时，民生部负责环境。又因为题干所问为"可能"，E 项与此相符。

故选 E 项。

例35 某大学文学院语言学专业 2014 年毕业的五名研究生张、王、李、赵、刘分别被三家用人单位天枢、天机、天璇中的一家录用，并且各单位至少录用了其中的一名。已知：

（1）李被天枢录用；

（2）李和赵没有被同一家单位录用；

（3）刘和赵被同一家单位录用；

（4）如果张被天璇录用，那么王也被天璇录用。

如果下列哪项正确，则可以确定每个毕业生的录用单位？

A．李被天枢录用。　　B．张被天璇录用。　　C．张被天枢录用。

D．刘被天机录用。　　E．王被天机录用。

题源：2014—10—44

[解析] 注意题目所问为"确定每个毕业生的录用单位"，即选择能使得此点成立的选项。

经观察，题干中条件（1）为确定条件，最为特殊，根据**效用思维（关注特殊）**，可优先使用。

利用重复项"李"，可定位到条件（2），从而可知，赵没有被天枢录用。再利用重复项"赵"可定位到条件（3），进而可知，刘也没有被天枢录用。

此时无路可走，又发现条件（4）为条件命题，较为特殊，根据**效用思维（关注特殊）**，可优先验证。

设张被天璇录用，从而王也被天璇录用，进而，天机只能录用剩下的赵和刘。此时，已能"确定每个毕业生的录用单位"，所以无须验证其余选项。

故选 B 项。

例36 某民乐小组购买几种乐器，购买要求如下：

（1）二胡、箫至多购买一种；

（2）笛子、二胡和古筝至少购买一种；

（3）箫、古筝、唢呐至少购买两种；

（4）如果购买箫，则不购买笛子。

根据上述要求，可以得出以下哪项？

A．至多可以购买三种乐器。　　B．箫、笛子至少购买一种。

C．至少要购买三种乐器。　　　D．古筝、二胡至少购买一种。

E. 一定购买唢呐。

题源：2017—1—53

解析 经观察，题干条件中的"箫"不仅是重复最多的要素，还是条件命题的前件，最为特殊，根据**效用思维（关注特殊）**，可优先使用。

设购买箫，利用重复项"箫"，可定位到条件（1），从而可知，不购买二胡。

根据条件（4）可知，不购买笛子。

综上，可定位到条件（2），从而可知，购买古筝，但此时唢呐是否购买无法确定。因此排除 C 项和 E 项。

此时无路可走，转而假设不购买箫，利用重复项"箫"，可定位到条件（3），从而可知，购买古筝和唢呐，但此时笛子与二胡是否购买无法确定。因此排除 A 项和 B 项。

故选 D 项。

此时，本题 D 项也已得出。因为购买箫时，要购买古筝；不购买箫时，也要购买古筝，这就构成了两难推理中的模型Ⅲ，因此古筝必然要购买。

例37 某单位拟派遣 3 名德才兼备的干部到西部山区进行精准扶贫。报名者踊跃，经过考察，最终确定了陈甲、博乙、赵丙、邓丁、刘戊、张己 6 名候选人。根据工作需要，派遣还需要满足以下条件：

（1）若派遣陈甲，则派遣邓丁但不派遣张己；

（2）若博乙、赵丙至少派遣 1 人，则不派遣刘戊。

如果陈甲、刘戊至少派遣 1 人，则可以得出以下哪项？

A. 派遣刘戊。　　　　B. 派遣赵丙。　　　　C. 派遣陈甲。
D. 派遣博乙。　　　　E. 派遣邓丁。

题源：2019—1—31

解析 经观察，补充条件中"甲""戊"均是条件命题中的一项，最为特殊，根据**效用思维（关注特殊）**，可优先验证。

设派遣甲，根据条件（1）可知，派遣丁但不派遣己，而乙、丙和戊是否派遣无法确定。因此，排除 A、B、D 三项。

此时无路可走，转而假设派遣戊，根据条件（2）可知，乙和丙均不派遣，从而剩余的甲、丁、己 3 人中需派遣 2 人，进而可得以下三种情况：派遣甲和丁、派遣甲和己、派遣丁和己。其中派遣甲和己违背条件（1）。综上，只能是派遣戊、甲和丁，或者派遣戊、丁和己。在此种假设下，甲不是必然派遣，因此排除 C 项。

故选 E 项。

此时，本题 E 项也已得出。因为在派遣甲的情况下，要派遣丁；在派遣戊的情况下，要派遣丁。而甲和戊至少派遣 1 人，这就构成了两难推理中的模型Ⅳ，因此丁必然要派遣。

例38 某著名风景区有"妙笔生花""猴子观海""仙人晒靴""美人梳妆""阳关三叠""禅心向天"六个景点,为方便游人,景区提示如下:

(1) 只有先游"猴子观海",才能游"妙笔生花";

(2) 只有先游"阳关三叠",才能游"仙人晒靴";

(3) 如果游"美人梳妆",就要先游"妙笔生花";

(4) "禅心向天"应第四个游览,之后才可游览"仙人晒靴"。

张先生按照上述提示,顺利游了上述六个景点。

根据上述信息,关于张先生的游览顺序,以下哪项不可能为真?

A. 第一个游览"猴子观海"。 B. 第二个游览"阳关三叠"。

C. 第三个游览"美人梳妆"。 D. 第五个游览"妙笔生花"。

E. 第六个游览"仙人晒靴"。

题源:2017—1—47

解析 注意本题相反陷阱,寻找的是"不可能为真",即选择"必然为假"的选项。

经观察,题干存在确定条件"禅应第四个游览"以及重复要素"仙"和"妙",较为特殊,根据**效用思维(关注特殊)**,可优先使用。

整理条件,可得信息如下。

猴 < 妙 < 美				阳 < 仙	
1	2	3	4	5	6
			禅		

此时存在特殊情况,"禅"的前面恰好有三个空位,而"猴""妙""美"恰好是题干条件中关联在一起的景点;"禅"的后面恰好有两个空位,而"阳""仙"恰好也是题干条件中关联在一起的景点。

根据**效用思维(关注特殊)**,这种情况可优先假设。

从而可得以下的一种可能情况。

1	2	3	4	5	6
猴	妙	美	禅	阳	仙

A、C、E 三项与此相符,所以排除 A、C、E 三项。

此时虽无路可走,但选项仅剩 B 项和 D 项,所以,可从选项入手。

上述特殊情况结合 B 项微调可得以下一种情况。

1	2	3	4	5	6
猴	阳	妙	禅	美	仙

其与题干条件没有违背,是可能的一种情况,所以排除 B 项。

故选 D 项。

根据**效用思维（已知答案，其余不看）**，可不用验证 D 项，本处为降低疑惑也稍做分析，但小伙伴们要明白，这样非常不应试。

若"妙"第五个游览，根据重复项"妙"，可定位到条件（3），从而可知"美"第六个游览，此时违背条件（4），因此 D 项为真，违背题干条件。

例 39～例 40 题基于以下题干：

某公司有一栋六层的办公楼，公司的财务部、企划部、行政部、销售部、人力资源部、研发部 6 个部门在此办公，每个部门占据其中的一层。已知：

(1) 人力资源部、销售部两个部门所在的楼层不相邻；

(2) 财务部在企划部下一层；

(3) 行政部所在的楼层在企划部的上面，但是在人力资源部的下面。

例39 如果人力资源部不在行政部的上一层，那么下列哪项可能是正确的？

A. 销售部在研发部的上一层。

B. 销售部在行政部的上一层。

C. 销售部在企划部的下一层。

D. 销售部在第二层。

E. 研发部在第二层。

例40 如果人力资源部不在最上层，那么研发部可能在的楼层为：

    A. 3、4、6。   B. 3、4、5。   C. 4、5。   D. 5、6。   E. 4、6。

题源：2013—10—43~44

解析 **例39** 题干条件较为简单，可不做分析，直接提炼如下：

(1) 人×销；(2) 财企；(3) 企＜行＜人。

本题补充条件可提炼为：行×人。

利用补充条件重复项"人"，可定位到条件（1）和（3），从而可知，行与人之间必然要安置剩下的"研"。从而可得信息如下：

财企＜行＜研人

进而，剩下的"销"可插入的位置如下所示：

（销）财企（销）行（销）研人

其中，因为不清楚"销"插入三处中的哪一处，所以"销"用小括号标记，表示三个位置都有可能。

此时，B 项符合题意，而其余选项均不符合题意。

故选 B 项。

例40 本题补充条件可提炼为：人（¬6）。

利用补充条件重复项"人"，可定位到条件（1）和（3），从而可知，人的上面只能安置剩下的研。从而可得信息如下：

财企＜行人研

进而，剩下的"销"可插入的位置如下所示：

（销）财企（销）行人研（销）

其中，因为不清楚"销"插入三处中的哪一处，所以"销"用小括号标记，表示三个位置都有可能。

此时，D 项符合题意，而其余选项均不符合题意。

故选 D 项。

> **高能提示**
>
> 例38 用寻找特殊情况的方式，一次性排除了多个选项，而 例39 和 例40 用插空的方式，一次性验证了多个选项。
>
> 前者对于所有排序题均适用，后者对于排列成行的排序题均适用。

第十八章　数字题型

命题情况

数量情况

在综合推理中，考查数字题型的题目数量相对较多。在管综真题中，虽每年会考查 1 道题目，但考查数量有所下降（包括当下经综真题），具体列表如下。

	MBA 联考真题	管综真题	2020 年及以前经综真题
数字题型	40	11	8

难度情况

目前的经综真题中，数字题型的考法固定为几种模型，所以难度不大。此点正在向管综真题的命题趋势靠拢。

题型特征

- 题干所给条件中有较多数据，往往为具体数值或数量比较。
- 题目让通过数据进行分析或计算，得出相应结论。

解题套路

数字题型的切入点与推理线，与前述"顺藤摸瓜""假设反证"完全一致，但数字题型的重点不在于这些地方，而在于分析数据的"数学思想"。因此，我将真题会用到的数学思想，总结为两条套路，分别是定性分析和列式计算。

套路①定性分析

数字题型的定性分析是指，运用数据的性质直接判断结论的一种分析思路。

数据的定性分析方式有以下四种：

（一）设特值

若满足题干中数据条件的情况有多种，<u>可设**特殊值**</u>，一般为极端情况、最值、极值等，来验证选项。此点与"第十七章假设反证"中，从情况切入时找特殊情况是同一种思维——效用思维。

具体试题如 例41 至 例43 所示。

（二）列公式

若题干数据之间存在关系，<u>可列出关系所对应的公式并做**性质分析**</u>，从而可将抽象的表达具体化。

具体试题如 例44 至 例47 所示。

（三）找规律

若题干信息存在规律，可代入 1~2 个数值，**用不完全归纳的方式**找出规律。

具体试题如 例48 所示。

（四）看性质

若上述方式均难以破解试题，可思考题干所给**数据的性质**，如奇偶数、总数、比值等。

具体试题如 例49 至 例52 所示。

套路②列式计算

数字题型的列式计算是指，利用题干数据之间的关系，列出公式并进行计算。

破解此类试题时，需要分析题干条件，尤其是要寻找是否存在**暗示四则运算的条件**。例如，某组人数是另外两组人数之积（暗示另外两组人数相乘）。又如，已知总人数和男生人数（暗示总人数减男生人数得到女生人数）。另外，还要会设未知数，设出的未知数要**能利用到所给的条件**。

具体试题如 例53 至 例57 所示。

> **高能提示**
>
> 另外，此类试题与管综应用题思路完全一致，部分逻辑真题是由数学真题改编而成，因此，小伙伴们听完杨晶和张聪聪老师的讲解后可与此处串联。

例41 所有持有当代商厦购物优惠卡的顾客，同时持有双安商厦的购物优惠卡。今年国庆，当代商厦和双安商厦同时给持有本商厦的购物优惠卡的半数顾客赠送了价值 100 元的购物奖券。结果，上述同时持有两个商厦的购物优惠卡的顾客，都收到了这样的购物奖券。

如果上述断定是真的，则以下哪项断定也一定为真？

Ⅰ．所有持有双安商厦的购物优惠卡的顾客，也同时持有当代商厦的购物优惠卡。

Ⅱ．今年国庆，没有一个持有上述购物优惠卡的顾客分别收到两个商厦的购物奖券。

Ⅲ．持有双安商厦的购物优惠卡的顾客中，至多有一半收到当代商厦的购物奖券。

A．只有Ⅰ。　　　　　　B．只有Ⅱ。　　　　　　C．只有Ⅲ。
D．只有Ⅰ和Ⅱ。　　　　E．Ⅰ、Ⅱ和Ⅲ。

题源：2000—1—64

 复选项Ⅰ可提炼为：∀双→当。其是题干第一句的互换，排除 A、D、E 三项。

复选项Ⅱ取反，即有持有购物优惠卡的顾客收到了两个商厦的购物奖券。根据题干条件可构造如下图所示的情况。

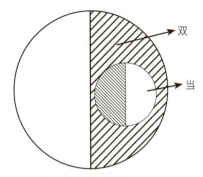

上图中,"//"阴影表示收到双安商厦购物奖券,"\\"阴影表示收到当代商厦购物奖券。此时复选项Ⅱ反面成立,排除 B 项。

故选 C 项。

根据**效用思维(已知答案,其余不看)**,可不用验证复选项Ⅲ,本处为降低疑惑也稍做分析,但小伙伴们要明白,这样非常不应试。

复选项Ⅲ针对的是,持有双安商厦的购物优惠卡的顾客中,最多有多少顾客收到当代商厦的购物奖券。根据题干第一句话可知,当持有当代商厦购物优惠卡的顾客数,等于持有双安商厦购物优惠卡的顾客数时,复选项Ⅲ中的数据可取到最值。再根据题干后续条件,可得如下图所示的情况。

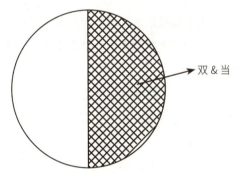

上图中,"//"阴影表示收到双安商厦购物奖券,"\\"阴影表示收到当代商厦购物奖券。因此,持有双安商厦购物优惠卡的顾客中,确实最多只有一半能收到当代商厦的购物奖券。

高能提示

本题在验证复选项Ⅱ和复选项Ⅲ时,均选取了最极端的情况,这是**效用思维(关注特殊)**的体现。后续 例42 与 例43 均是如此。

例42 某机关精简机构,计划减员 25%,撤销三个机构,这三个机构的人数正好占全机关的 25%。计划实施后,上述三个机构被撤销,全机关实际减员 15%。此次过程中,机关内部人员有所调动,但全机关只有减员没有增员。

如果上述断定为真,则以下哪项一定为真?

Ⅰ．上述计划实施后，有的机构调入了新成员。

Ⅱ．上述计划实施后，没有一个机构调入的新成员的总数，超出机关总人数的10%。

Ⅲ．上述计划实施后，被撤销机构中的留任人员不超过机关原总人数的10%。

A．只有Ⅰ。　　　　　　　B．只有Ⅱ。　　　　　　　C．只有Ⅲ。
D．只有Ⅰ和Ⅱ。　　　　　E．Ⅰ、Ⅱ和Ⅲ。

题源：2003—10—42、396—2016—3

解析 复选项Ⅰ取反，即所有机构都没有新成员调入。因为撤销占有25%员工的三个机构后，仅减员15%，所以，不可能没有调动，最小的调动也是要把10%原属撤销机构的员工调入未撤销机构。因此，复选项Ⅰ必然成立，排除B项和C项。

复选项Ⅱ取反，即有机构调入的新成员总数超出总人数的10%。根据题干条件可构造以下情况：25%原属撤销机构的员工，均调入未撤销机构中的某机构，再将10%原属未撤销机构的员工，调入撤销机构。此时复选项Ⅱ反面成立，排除D项和E项。

故选A项。

根据**效用思维（已知答案，其余不看）**，可不用验证复选项Ⅲ，本处为降低疑惑也稍做分析，但小伙伴们要明白，这样非常不应试。

复选项Ⅲ取反，即被撤销机构中的留任人员，超过机关原总人数的10%。复选项Ⅱ中构造的情况恰好使复选项Ⅲ反面成立。注意，这里运用了**效用思维（复用情况）**。

例43 公司规定，将全体职工按工资数额从大到小排序。排在最后5%的人提高工资，排在最前5%的人降低工资。小王的工资数额高于全体职工的平均工资，小李的工资数额低于全体职工的平均工资。

如果严格执行公司规定，则以下哪种情况是不可能的？

Ⅰ．小王和小李都提高了工资。

Ⅱ．小王和小李都降低了工资。

Ⅲ．小王提高了工资，小李降低了工资。

Ⅳ．小王降低了工资，小李提高了工资。

A．Ⅰ、Ⅱ、Ⅲ和Ⅳ。　　　　　　　B．仅Ⅰ、Ⅱ和Ⅲ。
C．仅Ⅰ、Ⅱ和Ⅳ。　　　　　　　　D．仅Ⅲ。
E．仅Ⅳ。

题源：396—2012—14

解析 对于复选项Ⅰ，由题干条件可构造以下情况：公司有100名职工，其中98人工资为100，小王工资为99，小李工资为0。此时小王和小李均要提高工资，因此排除A、B、C三项。

对于复选项Ⅲ，由题干条件可知，提高工资者的工资必定低于下降工资者的工资，从而复选项Ⅲ相当于表明小王工资低于小李，这违背题干条件。

故选 D 项。

根据效用思维（已知答案，其余不看），可不用验证其余选项，本处为降低疑惑也稍做分析，但小伙伴们要明白，这样非常不应试。

对于复选项Ⅱ，由题干条件可构造以下情况：公司有 100 名职工，其中小王工资为 10 000，小李工资为 100，98 人工资为 0。此时小王和小李均要降低工资。

对于复选项Ⅳ，由题干条件可构造以下情况：公司有 100 名职工，其中小王工资为 101，98 人工资为 100，小李工资为 99。此时小王降低了工资，小李提高了工资。

例44 如果一个用电单位的日均耗电量超过所在地区 80% 用电单位的水平，则称其为该地区的用电超标单位。近三年来，湖州地区的用电超标单位的数量逐年明显增加。

如果以上断定为真，并且湖州地区的非单位用电忽略不计，则以下哪项断定也必定为真？

Ⅰ．近三年来，湖州地区不超标的用电单位的数量逐年明显增加。

Ⅱ．近三年来，湖州地区日均耗电量逐年明显增加。

Ⅲ．今年湖州地区任一用电超标单位的日均耗电量都高于全地区的日均耗电量。

A．仅Ⅰ。 B．仅Ⅱ。 C．仅Ⅲ。
D．仅Ⅱ和Ⅲ。 E．Ⅰ、Ⅱ和Ⅲ。

题源：2002—1—56

[解析] 根据题干条件，可列出以下公式：

超标单位数 =（1 − 80%）× 总用户数 =20%× 总用户数。

不超标单位数 =80%× 总用户数。

结合上述两个公式可得，不超标单位数 =4× 超标单位数，所以复选项Ⅰ必然为真，排除 B、C、D 三项。

复选项Ⅱ和复选项Ⅲ是针对"耗电量"，但题干的意思是，将该地区的用电单位按照用电数额大小排序，取日均耗电量前 20% 的用电单位作为超标单位。因此用电是否超标，仅看各用电单位之间的比较情况，与具体耗电量无关。所以排除 E 项。

故选 A 项。

例45 大唐股份有限公司由甲、乙、丙、丁四个子公司组成。每个子公司承担的上缴利润份额与每年该子公司员工占公司总员工数的比例相等。例如，如果某年甲公司员工占总员工的比例是 20%，则当年总公司计划总利润的 20% 需由甲公司承担上缴。但是去年该公司的财务报告却显示，甲公司在员工数量增加的同时向总公司上缴利润的比例却下降了。

如果上述财务报告为真，则以下哪项一定为真？

A．甲公司员工增长的比例比前一年小。

B．乙、丙、丁公司员工增长的比例都超过了甲公司员工增长的比例。

C．甲公司员工增长的比例至少比其他三个子公司中的一个小。

D. 在四个子公司中，甲公司的员工增长数是最小的。

E. 在四个子公司中，甲公司的员工数量最少。

题源：2009—10—41

解析 由题干条件可列出以下公式：

$$甲公司上缴利润比例 = \frac{甲公司员工人数}{甲公司员工人数 + 其余公司员工人数}$$

A 项，由题干仅能得知甲公司员工数量相比去年是增加的，但并不知道去年相比前年的变化情况，因此 A 项无法判断，排除 A 项。

B 项取反，即剩余三家公司中有的公司员工增长的比例比甲公司小。结合上述公式和财务报告可知，甲公司员工人数的增长必然没有其余公司的多，但此点可构成以下情况：甲公司增长 1%，乙公司增长 1 000%，丙、丁公司不增长（这里默认四家公司原来员工数量相等）。此时 B 项反面成立，所以排除 B 项。

C 项取反，即甲公司员工增长的比例在四家公司中最大。结合上述公式和财务报告可知，甲公司员工人数的增长必然没有其余公司的多，所以 C 项反面必然不成立。

故选 C 项。

根据**效用思维（已知答案，其余不看）**，可不用验证其余选项，本处为降低疑惑也稍做分析，但小伙伴们要明白，这样非常不应试。

D 项取反，即甲公司员工增长数并非最小。B 项的情况恰好使得 D 项反面成立。

E 项取反，即甲公司员工数量不是最少。B 项的情况恰好使得 E 项反面成立。

注意，这里运用了**效用思维（复用情况）**。

例46 在丈夫或妻子至少有一个是中国人的夫妻中，中国女性比中国男性多 2 万。

如果上述断定为真，则以下哪项一定为真？

Ⅰ．恰有 2 万中国女性嫁给了外国人。

Ⅱ．在和中国人结婚的外国人中，男性多于女性。

Ⅲ．在和中国人结婚的人中，男性多于女性。

A. 只有Ⅰ。　　　　　　B. 只有Ⅱ。　　　　　　C. 只有Ⅲ。

D. 只有Ⅱ和Ⅲ。　　　　E. Ⅰ、Ⅱ和Ⅲ。

题源：2006—1—55

解析 根据题干背景，可列出以下夫妻中至少一人是中国人的相关情况。

	丈夫	妻子
情况 1	中国人（a）	中国人（b）
情况 2	中国人（c）	外国人（d）
情况 3	外国人（e）	中国人（f）

由此表可知，每种情况均是丈夫数量等于妻子数量。题干所给条件可提炼为：$b+f>a+c$。

复选项Ⅰ所提数据为"绝对值",而题干所提数据为"增加量",其是由两个数值所构成的数据,因此无法直接由其得到绝对值的情况,所以排除 A 项和 E 项。

复选项Ⅱ,因为"a=b",所以题干条件可变为:f>c。又因为"f=e"而"c=d",从而可知,e>d,所以复选项Ⅱ一定为真,排除 C 项。

复选项Ⅲ,在和中国人结婚的人中,实则男性等于女性,所以排除 D 项。

故选 B 项。

> **高能提示**
> 因为丈夫与妻子数量相等,所以,本题还可根据"在丈夫或妻子至少有一个是中国人的夫妻中,中国女性比中国男性多 2 万"直接定性得到,与他们结婚的人当中,外国男性比外国女性多 2 万。

例47 在 H 国 2000 年进行的人口普查中,婚姻状况分为四种:未婚、已婚、离婚和丧偶。其中,已婚分为正常婚姻和分居;分居分为合法分居和非法分居;非法分居指分居者与人非法同居;非法同居指无婚姻关系的异性之间的同居。普查显示,非法同居的分居者中,女性比男性多 100 万。

如果上述断定及相应的数据为真,并且上述非法同居者都为 H 国本国人,则以下哪项有关 H 国的断定必定为真?

Ⅰ. 与分居者非法同居的未婚、离婚或丧偶者中,男性多于女性。
Ⅱ. 与分居者非法同居的人中,男性多于女性。
Ⅲ. 与分居者非法同居的分居者中,男性多于女性。

A. 仅Ⅰ。 B. 仅Ⅱ。 C. 仅Ⅲ。
D. 仅Ⅰ和Ⅱ。 E. Ⅰ、Ⅱ和Ⅲ。

题源:2002—1—60

解析 根据题干背景,可列出以下与分居者相关的非法同居情况。

	男性	女性
情况 1	分居者(a)	分居者(b)
情况 2	分居者(c)	未婚、离婚、丧偶者(d)
情况 3	未婚、离婚、丧偶者(e)	分居者(f)

由此表可知,每种情况均是男性数量等于女性数量。题干所给条件可提炼为:$b+f>a+c$。

复选项Ⅰ,因为"$a=b$",所以题干条件可变为:$f>c$。又因为"$f=e$"而"$c=d$",从而可知,$e>d$,所以复选项Ⅰ一定为真,排除 B 项和 C 项。

复选项Ⅱ,与分居者非法同居的人,即 a、b、d 和 e,因为"$a=b$""$e>d$",所以"$a+e>b+d$",所以复选项Ⅱ一定为真,排除 A 项。

复选项Ⅲ，与分居者非法同居的分居者，即 a 和 b，但是"a=b"，所以复选项Ⅲ一定为假，排除 E 项。

故选 D 项。

> **高能提示**
>
> 因为男性与女性数量相等，所以，本题还可根据"非法同居的分居者中，女性比男性多 100 万"直接定性得到，与他们同居的人当中，男性比女性多 100 万。

例48 某研究所对该所上年度研究成果的统计显示：在该所所有的研究人员中，没有两个人发表的论文的数量完全相同；没有人恰好发表了 10 篇论文；没有人发表的论文的数量等于或超过全所研究人员的数量。

如果上述统计是真实的，则以下哪项断定也一定是真实的？

Ⅰ．该所研究人员中，有人上年度没有发表 1 篇论文。

Ⅱ．该所研究人员的数量不少于 3 人。

Ⅲ．该所研究人员的数量不多于 10 人。

A. 仅Ⅰ和Ⅱ。　　　　B. 仅Ⅰ和Ⅲ。　　　　C. 仅Ⅰ。

D. Ⅰ、Ⅱ和Ⅲ。　　　E. Ⅰ、Ⅱ和Ⅲ都不一定是真实的。

题源：2001—1—70、396—2019—13、396—2011—20

解析 在题干条件中，明显存在以总人数为自变量的规律，从而可使用归纳法：

设总人数为 1，因每人发表论文数不同且不超过人员总数，所以每人发表论文数为 0。

设总人数为 2，因每人发表论文数不同且不超过人员总数，所以每人发表论文数为 0，1。

设总人数为 3，因每人发表论文数不同且不超过人员总数，所以每人发表论文数为 0，1，2。

从而发现，当总人数为 n 时，每人发表论文数为 0，1，2，……，$n-1$。

再结合条件"没有人恰好发表了 10 篇论文"可知，必须满足"$n-1<10$"，从而可知，$n<11$。

因此复选项Ⅰ和复选项Ⅲ必然为真，复选项Ⅱ不一定为真，从而排除 A、C、D、E 四项。

故选 B 项。

例49 一项关于 21 世纪初我国就业情况的报告预测，在 2002 年至 2007 年之间，首次就业人员数量增加最多的是低收入的行业。但是，在整个就业人口中，低收入行业所占的比例并不会增加，有所增加的是高收入的行业所占的比例。

从以上预测所做的断定中，最可能得出以下哪项结论？

A. 到 2002 年，低收入行业的就业人员要多于高收入行业。

B. 到 2007 年，高收入行业的就业人员要多于低收入行业。

C. 到 2007 年，中等收入行业的就业人员在整个就业人员中所占的比例将有所减少。

D. 相当数量的 2002 年在低收入行业就业的人员，到 2007 年将进入高收入行业。

E. 在 2002 年至 2007 年之间，低收入行业的经营实体的增长率，将大于此期间整个就业人员的增长率。

题源：2002—1—34

解析 A 项和 B 项所提数据均为"绝对值"，而题干所提数据为"增加量"和"占比"，这两项均是由两个数值所构成的数据，因此无法直接由其得到绝对值的情况，所以排除 A 项和 B 项。

C 项，由题干条件可构造以下情况：低收入行业占的比例不变，而高收入行业占的比例增加。此时，中等收入行业占的比例确实有可能减少。因此，C 项有可能为真。

注意，此时不知 C 项是否是"最可能为真"，因此其不一定符合题目的要求，不能使用**效用思维（已知答案，其余不看）** 直接选择。

D 项提及"相当数量"，此点没有题干依据，因此，其虽可能为真，但 C 项更好。
E 项提及"经营实体"，此点没有题干依据，因此，其虽可能为真，但 C 项更好。
故选 C 项。

定性思维

本题 A 项和 B 项的排除用到了**定性思维**。
比值和绝对值之间，无法直接推理。理由已在解析中写明，这里怕小伙伴们不能理解，所以举例如下，若仅知道某班总人数上涨，难以推断该班平均分涨跌情况，反之亦是如此。**例50** 也会用到此点。

例50 A 地区与 B 地区相邻。如果基于耕种地和休耕地的总面积计算最近 12 年的平均亩产，A 地区是 B 地区的 120%；如果仅基于耕种地的面积，A 地区是 B 地区的 70%。

如果上述陈述为真，则最可能推断出以下哪项？

A. A 地区生产的谷物比 B 地区多。
B. A 地区休耕地比 B 地区耕种地少。
C. A 地区少量休耕地是可利用的农田。
D. 耕种地占总农田的比例，A 地区比 B 地区高。
E. B 地区休耕地面积比 A 地区耕种地面积多。

题源：2008—10—33

解析 A、B、E 三项所提数据均为"绝对值"，而题干所提数据为"占比"，是由两个数值所构成的数据，因此无法直接由其得到绝对值的情况，所以排除 A、B、E 三项。C 项提及"可利用的农田"，此点没有题干依据，所以排除 C 项。故选 D 项。

根据**效用思维（已知答案，其余不看）**，可不用验证 D 项，本处为降低疑惑也稍做分析，但小伙伴们要明白，这样非常不应试。

由题干两个占比，可得公式如下：

$$\begin{cases} \dfrac{产_A}{耕_A + 休_A} \div \dfrac{产_B}{耕_B + 休_B} = 120\% \\ \dfrac{产_A}{耕_A} \div \dfrac{产_B}{耕_B} = 70\% \end{cases}$$

将两个公式相除可得：

$$\left(\dfrac{产_A}{耕_A + 休_A} \div \dfrac{产_B}{耕_B + 休_B} \right) \div \left(\dfrac{产_A}{耕_A} \div \dfrac{产_B}{耕_B} \right)$$

$$= \dfrac{产_A \times (耕_B + 休_B)}{(耕_A + 休_A) \times 产_B} \times \dfrac{产_B \times 耕_A}{耕_B \times 产_A}$$

$$= \dfrac{(耕_B + 休_B) \times 耕_A}{(耕_A + 休_A) \times 耕_B}$$

$$= \dfrac{耕_A}{(耕_A + 休_A)} \div \dfrac{耕_B}{(耕_B + 休_B)}$$

$$= \dfrac{12}{7}$$

所以 D 项为真。

> **高能提示**
>
> 很多小伙伴会纠结选择 D 项的具体原因，非要找到完整的证明过程，这就是被过往刨根问底的思维限制住了。
>
> 过往的学习，根本目的是要培养基本理论基础，所以当然要把每一个步骤弄清楚，所以高中的试题，很少见到单选题这种只看结果的题型。现在，咱们学习逻辑，目的就只有选出答案，又不是要当逻辑学家。所以，你更应该关心这里的应试方法——定性排除，这才是你考场上要用的。
>
> 前面我证明"D 项为什么为真"的方法，考场上就算你用了且算对了，它应试吗？用了之后你还有时间和脑力去做别的题吗？别忘了，3 个小时，你要完成 55 道选择题以及 2 篇作文！
>
> 大家要知道，工作时，领导很多时候只看结果。在企业中，每个领导要想管理好公司，就得知道每个方面的业务——人力、行政、技术、销售、运营、管理、市场等，但是领导需要把每个点全部挖掘透彻吗？没有人有这样的时间和精力，所以，领导们往往只是精通管理，其他业务略懂皮毛，让下面的人去做专门的业务。
>
> 真题考查的是"思维能力"，这种能力与工作是更为相关的，小伙伴们一定要懂得本质，切莫在错误的方向上太过纠结。

例51 某学术会议正在举行分组会议，某一组有八人出席。分组会议主席问大家原来各自认识与否。结果是，全组中仅有一个人认识小组中的三个人，有三个人认识小组中的两个人，有四个人认识小组中的一个人。

若以上统计是真实的，则最能得出以下哪项结论？

A. 会议主席认识小组的人最多，其他人相互认识的少。

B. 此类学术会议是第一次召开，大家都是生面孔。

C. 有些成员所说的认识可能仅是在电视上或报告会上见过而已。

D. 虽然会议成员原来的熟人不多，但原来认识的都是至交。

E. 通过这次会议，小组成员都相互认识了，以后见面就能直呼其名了。

题源：1999—1—37

解析 A项，题干未给出"会议主席"关于"认识组员"的条件，所以可以排除。B项，题干已提出组员之间"有认识的"，所以可以排除。C项，涉及"可能"这种不绝对化的词，排除较为困难，根据**效用思维（不完全代入）**，可暂且放过。D项，题干未给出认识的"程度"，所以可以排除。E项，题干未给出"未来"的情况，所以可以排除。故选C项。

根据**效用思维（已知答案，其余不看）**，可不用验证C项，本处为降低疑惑也稍做分析，但小伙伴们要明白，这样非常不应试。

题干给出"一个人认识小组中的三个人、三个人认识小组中的两个人，有四个人认识小组中的一个人"，从而可知，认识总数 $=1×3+3×2+4×1=13$，为奇数。然而，如果题干所提的"认识"均是互相认识，则认识总数应为偶数。所以，至少有一个人的认识，仅是单方认识，因此C项可能为真。

例52 常春藤通常指美国东部的八所大学。"常春藤"一词一直以来是美国名校的代名词，这八所大学不仅历史悠久、治学严谨，而且教学质量极高。这些学校的毕业生大多成为社会精英，他们中的大多数人年薪超过20万美元，有很多政界领袖来自常春藤，更有为数众多的科学家毕业于常春藤。

根据以上陈述，关于常春藤毕业生可以得出以下哪项？

A. 有些社会精英年薪超过20万美元。

B. 有些政界领袖年薪不足20万美元。

C. 有些科学家年薪超过20万美元。

D. 有些政界领袖是社会精英。

E. 有些科学家成为了政界领袖。

题源：2012—10—26

解析 根据题目中的针对处"常春藤毕业生"，可定位到题干的最后四个条件。前两个条件不仅涉及范围，且均提及"大多数"，所以两者描述的内容必然有交集，前两个条件结合后可得，有的社会精英年薪超过20万美元。故选A项。

> **定性思维**
>
> 本题也可用数据的性质做**定性排除**。
>
> 后两个条件中的"有很多""为数众多"的定义不清晰——1 000个算不算多？100个算不算多？从而很难知晓其占总体的比例有多少，万一常春藤毕业生有1亿，那么不论是1 000还是100均是极小的一部分。从而，这两个条件很难与前面条件联立，排除B、C、D、E四项。

例53 某大学某寝室中住着若干个学生。其中，一个是哈尔滨人，两个是北方人，一个是广东人，两个在法律系，三个是进修生。该寝室中恰好有 8 人。

以下各项关于该寝室的断定如果为真，都有可能加强上述论证，除了：

A. 题干中的介绍涉及了寝室中所有的人。

B. 广东学生在法律系。

C. 哈尔滨学生在财经系。

D. 进修生都是南方人。

E. 该校法律系不招收进修生。

题源：1998—1—28

解析 注意本题中的相反陷阱，寻找的是"都有可能加强上述论证，除了"，即选择必然不能加强题干论证的选项。题干所提"哈尔滨人"必然属于北方人，所以从人数角度来看，这两个条件应该合并，从而剩下的数字之和恰好为 8（2+1+2+3=8）人。A 项，若题干的介绍已涉及所有人，则可避免出现寝室中的人数多于 8 人的可能，所以排除 A 项。B 项，若广东学生在法律系，则存在重叠，从而寝室中的人数最多只能为 7 人。故选 B 项。

根据**效用思维（已知答案，其余不看）**，可不用验证其余选项，本处为降低疑惑也稍做分析，但小伙伴们要明白，这样非常不应试。

C 项，题干没有提及"财经系"，因此该项不与题干信息违背。

D 项，即使进修生都是"南方人"，但未必与"广东人"重叠，因此该项不与题干信息违背。

E 项，确保了法律系学生不与进修生重叠，从而可避免出现寝室中的人数少于 8 人的可能。

例54 百花山公园是市内最大的市民免费公园，园内种植着奇花异卉以及品种繁多的特色树种。其中，有花植物占大多数。由于地处温带，园内的阔叶树种超过了半数；各种珍稀树种也超过了一般树种。一到春夏之交，鲜花满园；秋收季节，果满枝头。

根据以上陈述，可以得出以下哪项？

A. 园内珍稀阔叶树种超过了一般非阔叶树种。

B. 园内阔叶有花植物超过了非阔叶无花植物。

C. 园内珍稀挂果树种超过了不挂果的一般树种。

D. 百花山公园的果实市民可以免费采摘。

E. 园内珍稀有花树种超过了半数。

题源：2012—10—28

解析 题干提到以下三个条件：(1) 有花植物占大多数；(2) 阔叶树种超过半数；(3) 珍稀树种超过一般树种。其余信息仅为描述性内容，并非条件。因为条件 (2) 和 (3) 有重复项，所以优先联立，现列表格如下：

	阔叶	非阔叶
珍稀	a	b
非珍稀	c	d

根据条件（2）和（3）可得：$a+b>c+d$，$a+c>b+d$。两式相加可得，$2a+b+c>b+c+2d$，进而可知，$a>d$，A项与此相符。故选A项。

> **定性思维**
>
> 本题也可用数据的性质做**定性排除**。
>
> 题干条件（1）中的"植物"与条件（2）和（3）中的"树种"是两个概念，虽然后者归属于前者，但不可直接将第一个条件与后两个条件联立，因此排除B项和E项。
>
> 而C项中的"挂果"，D项中的"采摘"，题干均未提及，因此也可排除C项和D项。

例55 参加某国际学术研讨会的60名学者中，亚裔学者有31人，博士有33人，非亚裔学者中无博士学位的有4人。

根据以上陈述，参加此次国际学术研讨会的亚裔博士有几人？

A. 1。 B. 2。 C. 4。 D. 7。 E. 8。

题源：2010—1—53

解析 题干条件中包含总人数以及总人数下的其他数据，从而有暗示考生做减法的迹象。按照这个思路，可依次做出以下减法传递：

60（总人数）－31（亚裔学者）=29（非亚裔学者）。

29（非亚裔学者）－4（非亚裔学者∧无博士）=25（非亚裔学者∧博士）。

33（博士）－25（非亚裔学者∧博士）=8（亚裔学者∧博士）。

故选E项。

> **高能提示**
>
> 本题也可采用列表的方式解题，但思路与上述减法传递相同。

据统计，去年在某校参加高考的385名文、理科考生中，女生189人，文科男生41人，非应届男生28人，应届理科考生256人。

由此可见，去年在该校参加高考的考生中：

A. 非应届文科男生多于20人。

B. 应届理科女生少于130人。

C. 应届理科男生多于129人。

D. 应届理科女生多于130人。

E. 非应届文科男生少于20人。

题源：2013—1—47

解析 题干条件中包含总人数以及总人数下的其他数据，从而有暗示考生做减法的迹象。按照这个思路，可依次做出以下减法传递：

385（总人数）－189（女生）=196（男生）。

196（男生）－41（男生∧文科）=155（男生∧理科）。

再看下一个条件，发现非应届男生中既包含了非应届文科男生，也包含了非应届理科男生。因此，无法直接减去"理科男生"。又因为，"理科男生"可直接减去"非应届理科男生"，因此设"非应届文科男生"的人数为 a，从而"非应届理科男生"的人数为 $28-a$。

然后可继续向下传递：

155（男生∧理科）－[$28-a$（男生∧理科∧非应届）]=$127+a$（男生∧理科∧应届）。

256（理科∧应届）－[$127+a$（男生∧理科∧应届）]=$129-a$（女生∧理科∧应届）。

因为 $a \geq 0$，所以必然应届理科女生 ≤ 129。

故选 B 项。

效用思维

本题小伙伴们可能会问，为什么明明要用的是"非应届理科男生"，却设"非应届文科男生"为未知数呢？这是因为，如果直接设"非应届理科男生"为未知数，就不会用到 28 这个数值。

所以，这里就用到了前面提到的**效用思维（优先验证）**。

优先验证有多种理解，这里是指，<u>在有多种路径可选择时，优先验证能用到条件的路径</u>。

本题也可采用画图的方式解题，但思路与上述减法传递完全一致。

例57 国庆 50 周年仪仗队的训练营地，某连队一百多个士兵在练习不同队形的转换。如果他们排成五列人数相等的横队，则只剩下连长在队伍前面喊口令；如果他们排成七列这样的横队，则仍然只有连长可以在前面领队；如果他们排成八列，就可以有两人作为领队了。在全营排练时，营长要求他们排成三列横队。

以下哪项是最可能出现的情况？

A. 该连队士兵正好排成三列横队。

B. 除了连长外，正好排成三列横队。

C. 排成了整齐的三列横队，另有两人作为全营的领队。

D. 排成了整齐的三列横队，其中有一人是其他连队的。

E. 排成了三列横队，连长在队外喊口令，但营长临时排在队中。

题源：2000—1—68

解析 设连队总人数为 n（$100<n<200$），由题干条件可得以下公式：

$n=5x+1$。

$n=7y+1$。

$n=8z+2$。

将上述三个公式变形：

$n-1=5x$。

$n-1=7y$。

$n=2(4z+1)$。

从而可知，$(n-1)$ 是 5 和 7 的公倍数。结合"$100<n<200$"可知，$(n-1)$ 可能的范围是 105、140 和 175，从而 n 可能的范围是 106、141 和 176。

再由第三个公式可知，n 必然为偶数，进而可能的范围缩小为 106 和 176。将 106 和 176 代入第三个公式可知，106 可被整除，而 176 无法被整除，因此连队人数只能是 106 人。

故选 B 项。

> **高能提示**
>
> 虽然 例57 是管综数学中公倍数和不定方程试题的改编，但也考查了假设法以及数字的定性分析。

综合推理返璞归真

> 下面我们又要总结啦！一起来看看综合推理的共性吧！
> 然后就可以进入论证逻辑的部分啦！准备好了吗？Here We Go!

综合推理题型，按照考场处理方式，可以分为两大部分，分别是**具有明显切入点和推理线的试题以及具有明显数学思想的试题**。

具有明显切入点和推理线的试题，包含三大题型，分别是真话假话、顺藤摸瓜和假设反证，题目相对复杂。但它们具有以下共性：

先观察题干中是否有**条件间关系**、**确定条件**，若有，则分别优先使用**做减法**以及**选言、条件和关系命题的传递**解题。

若题干中没有上述切入点，则观察是否存在**限定较多的条件**（尤其是**重复要素**），然后再将限定较多的条件所涉及的内容结合，再使用**选言、条件和关系命题的传递**解题。

若无法使用做减法以及选言、条件和关系命题的传递解题，则观察**选项、要素和情况**是否存在**效用思维（关注特殊）**——选项是否穷举要素？选项间是否内容重复？某选项是否为条件命题？某选项是否限定较多？某要素是否重复？某要素是否为条件命题的前件或后件？某情况是否极端？某情况是否刚好临界？等等，并结合**假设法**解题。

在假设时，要运用**效用思维（不完全代入和复用情况）**，以减轻多次假设的负担；要注意**假设的两类情况**，以防止错误假设；无法快速找到优先假设的内容时，可采用**支点策略**——直接逐一假设看起来相对简单的选项、要素或情况。

具有明显数学思想的试题，只有数字题型这一种，而且当下考查趋势明显，因此题目相对简单，具体解题思路如下：

若试题中**存在数据**（具体数值或数量比较），则优先观察题干的条件是否可以做**定性分析**——设特值、列公式、找规律、看性质。

若不可以做定性分析则**列式计算**，但计算时要懂得**设未知数**（设完尽量用到所给数据）以及利用**暗示四则运算的条件**。

现总结出以下内容。

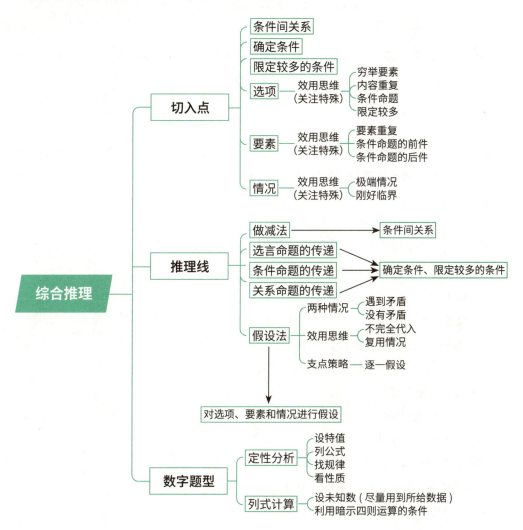

> **高能提示**
>
> 　　这样便将前述四章内容总结为"需要切入点和推理线""运用数学思想"这两大条件反射。
> 　　这便是寻找本质，这便是返璞归真，这便是先学厚、再学薄。

综合推理题型练习 I

本练习共 18 道小题，每个 2 分，共 36 分。下列每题给出的 A、B、C、D、E 五个选项中，只有一个选项符合试题要求。建议用时 36 分钟。

得分：_____   用时：_____

练1 在 LH 公司，从董事长、总经理、总会计师到每个员工，所有人都有不信任的人。总会计师不信任董事长，总经理信任所有信任董事长的人。

如果上述断定为真，则以下哪项不可能为真？

Ⅰ. 总经理信任总会计师。

Ⅱ. 总经理不信任总会计师。

Ⅲ. 所有的人都信任董事长。

A. 仅Ⅰ。   B. 仅Ⅱ。   C. 仅Ⅲ。

D. 仅Ⅱ和Ⅲ。   E. Ⅰ、Ⅱ和Ⅲ。

练2 小王参加了某公司招工面试，不久，他得知以下消息：

（1）公司已决定，他与小陈至少录用一人；

（2）公司可能不录用他；

（3）公司一定录用他；

（4）公司已录用小陈。

其中两条消息为真，两条消息为假。

如果上述断定为真，则以下哪项为真？

A. 公司已录用小王，未录用小陈。

B. 公司未录用小王，已录用小陈。

C. 公司既录用了小王，又录用了小陈。

D. 公司未录用小王，也未录用小陈。

E. 不能确定录用结果。

题源：2007—1—36

练3 储存在专用电脑中的某财团的商业核心机密被盗窃。该财团的三名高级雇员甲、乙、丙三人涉嫌被拘审。经审讯，查明了以下事实：

（1）机密是在电脑密码被破译后窃取的；破译电脑密码必须受过专门训练；

（2）如果甲作案，那么丙一定参与；

（3）乙没有受过破译电脑密码的专门训练；

（4）作案者就是这三人中的一人或一伙。

根据上述条件可推出以下哪项结论?

A. 作案者中有甲。　　B. 作案者中有乙。　　C. 作案者中有丙。
D. 作案者中有甲和丙。　　E. 甲、乙和丙都是作案者。

题源：2004—1—51

练4~练5题基于以下题干：

三个高中生赵、钱、孙和三个初中生张、王、李参加一个课外学习小组。可选修的课程有：文学、经济学、历史和物理。

(1) 赵选修的是文学或经济学；

(2) 王选修物理；

(3) 如果一门课程没有任何一个高中生选修，那么任何一个初中生也不能选修该课程；

(4) 如果一门课程没有任何初中生选修，那么任何一个高中生也不能选修该课程；

(5) 一个学生只能选修一门课程。

练4 如果上述断定为真，且钱选修历史，则以下哪项一定为真？

A. 孙选修物理。　　B. 赵选修文学。　　C. 张选修经济学。
D. 李选修历史。　　E. 赵选修经济学。

练5 如果题干的断定为真，且有人选修经济学，则选修经济学的学生中不可能同时包含：

A. 赵和钱。　　B. 钱和孙。　　C. 孙和张。
D. 孙和李。　　E. 张和李。

题源：2002—1—29~30

练6 在某公司的招聘会上，公司行政部、人力资源部和办公室拟各招聘一名工作人员，来自中文系、历史系和哲学系的三名毕业生前来应聘这三个不同的职位。招聘信息显示，历史系毕业生比应聘办公室的年龄大，哲学系毕业生和应聘人力资源部的着装颜色相近，应聘人力资源部的比中文系毕业生年龄小。

根据以上陈述，可以得出以下哪项？

A. 哲学系毕业生比历史系毕业生年龄大。

B. 中文系毕业生比哲学系毕业生年龄大。

C. 历史系毕业生应聘行政部。

D. 中文系毕业生应聘办公室。

E. 应聘办公室的比应聘行政部的年龄大。

题源：2012—10—32

练7 A、B、C、D、E、F、G、H 八个人去参加他们共同的朋友 M 的婚礼，他们一共开了两辆车去，每辆车上有四个人。已知：

(1) A 和 B 没有在一辆车上；

(2) C 和 D 没有在一辆车上；

(3) H 在第二辆车上；

287

(4) 如果E在第二辆车上，那么F也在第二辆车上。

依据上述信息，以下哪项一定为真？

A. A在第一辆车上。　　B. D在第二辆车上。　　C. E在第一辆车上。
D. F在第二辆车上。　　E. G在第一辆车上。

练8 路飞打算在自己家的花园里种一些新的花，有关种什么花，园艺师给出了以下建议，同时他也采用了全部建议。

(1) 如果种玫瑰花，则一定种百合花。

(2) 种紫薇花。

(3) 除非不种百合花，否则种牡丹花。

(4) 种牡丹花，就一定种玉兰花和丁香花。

(5) 或者没种丁香花或者没种茉莉花。

依据上述信息，以下哪项可能为真？

A. 他只种了紫薇花和百合花。

B. 除了种紫薇花和玫瑰花，他只种了三种花。

C. 除了种紫薇花和玫瑰花，他只种了四种花。

D. 他种的花中有玫瑰花和茉莉花。

E. 他只种了紫薇花、玫瑰花和百合花。

练9 甲乙两个班级，每个班级都采购了一批礼物。如果基于班级总人数计算每个人获得的礼物数量，甲班是乙班的130%。如果仅基于各自班级的男同学，甲班每个人获得的礼物是乙班的60%。

A. 甲班男生占总人数的比值比乙班大。

B. 甲班人数比乙班人数多。

C. 甲班人数比乙班人数少。

D. 甲班男生人数比乙班人数多。

E. 甲班男生人数比乙班人数少。

练10～练11题基于以下题干：

F、G、J、K、L和M六人应聘某个职位，只有被面试才能被聘用。以下条件必须满足：

(1) 如果面试G，则面试J；

(2) 如果面试J，则面试L；

(3) F被面试；

(4) 除非面试K，否则不聘用F；

(5) 除非面试M，否则不聘用K。

练10 以下哪项可能为真？

A. 只有F、J和M被面试。

B. 只有F、J和K被面试。

C. 只有G和另外一位应聘者被面试。

D. 只有G和另外两位应聘者被面试。

E. 只有G和另外三位应聘者被面试。

练11 如果M未被面试，则以下哪项一定为真？

A. K未被面试。

B. K被面试但未被聘用。

C. F被面试，但K未被聘用。

D. F被聘用，但K未被聘用。

E. F被聘用。

题源：2008—10—59~60

练12 某大学寝室的四个学生小陆、小乙、小章、芳芳打算选修四门课程，四门课程分别为经济学、法学、会计学、审计学。每个人只选修一门课程且各不相同。另外还知道：

(1) 如果芳芳选修会计学，那么小陆选修法学；

(2) 如果小乙不选修经济学，那么小陆选修经济学且小章选修审计学；

(3) 如果小乙选修经济学，那么小章选修审计学且芳芳也选修经济学。

根据以上陈述，可以得出以下哪项？

A. 小陆选修会计学。　　B. 小章选修经济学。　　C. 小陆选修法学。

D. 小乙选修会计学。　　E. 芳芳选修审计学。

练13 张亮、刘琦和李丽是外国语学院的学生，他们之中，有两位精通日语，有两位精通德语，有两位精通法语，有两位精通英语，每位学生至多只会三门外语。对于张亮来说，如果精通日语，那么他（她）也精通英语；对于刘琦和李丽来说，如果精通德语，那么他（她）也精通法语；对于张亮和李丽来说，如果精通英语，那么他（她）也精通法语。

根据以上信息，以下哪项一定为真？

A. 刘琦精通三种语言。

B. 张亮和李丽精通英语。

C. 刘琦精通德语。

D. 李丽和刘琦都精通法语。

E. 李丽不精通英语。

练14 某公司的三名员工分别穿了不同颜色的衣服来公司，已知这三人是甲、乙、丙，衣服的颜色有蓝色、粉色、白色。已知信息如下：

(1) 甲穿的衣服或者是白色或者是粉色；

(2) 穿蓝色衣服的或者是甲或者是丙；

(3) 乙没穿粉色衣服。

根据以上信息，可以得出以下哪项？

　　A. 甲穿蓝色衣服。　　B. 丙穿蓝色衣服。　　C. 乙没穿白色衣服。
　　D. 甲穿白色衣服。　　E. 丙穿粉色衣服。

练15 某次期中考试，三年级五班的成绩排名结果出来后，已知小张、小王、小李、小赵、小周、小吴、小郑、小王八个人恰好排在前八名，还已知：

(1) 小王如果排在第七名，那么小李排在第一名或者第二名；

(2) 小张排在第二名；

(3) 如果小周排在第八名或者小张排在第二名，那么小吴排在第一名；

(4) 如果小王不排在第七名或者小郑不排在第五名，那么小李排在第三名；

(5) 小吴排在第一名同时小王排在第八名，那么小周排在第五名。

根据上述信息，以下一定为真的是：

　　A. 小周排在第五名。　　B. 小李排在第三名。　　C. 小王排在第八名。
　　D. 小赵排在第六名。　　E. 小郑排在第七名。

练16 某公司员工老张、老李和老王，三个人岗位各不同，分别是后勤、文秘和网管中的一种，他们所在的办公室也各不同，是101室、102室和103室中的一个。已知：

(1) 老王不是网管，网管不在102室；

(2) 老张不是文秘，也不在101室；

(3) 如果在101室的是文秘或者网管，则老王就在103室；

(4) 如果老王是文秘或者后勤，则老李不在101室。

根据以上信息，以下哪一项为真？

　　A. 老李在102室。　　B. 文秘在103室。　　C. 老张在102室。
　　D. 网管在101室。　　E. 老王是文秘。

练17 某公司财务部共20名职员，其中有6名男职员考过了中级；或者是男职员或者是税务师的有13名；考过中级但不是税务师的有8名；女职员中没考过中级又不是税务师的有5名。

请问财务部男职员中有多少人既考过了中级又是税务师？

　　A. 4。　　B. 3。　　C. 2。　　D. 1。　　E. 0。

练18 有五支球队参加比赛，对于比赛结果，观众有如下议论：

(1) 冠军队不是山南队，就是江北队；

(2) 冠军队既不是山北队，也不是江南队；

(3) 冠军队只能是江南队；

(4) 冠军队不是山南队。

比赛结果显示，只有一条议论是正确的。

那么获得冠军队的是：

　　A. 山南队。　　B. 江南队。　　C. 山北队。　　D. 江北队。　　E. 江东队。

题源：2012—10—42

综合推理题型练习Ⅰ解析

练1 答案为 C 项。

解析 题干条件可提炼为：（1）所有人→有不信任的人；（2）总会计师不信任董事长；（3）信任董事长→被总经理信任。因为（2）否定了（3）的前件，因此总会计师是否被总经理信任是不能确定的，复选项Ⅰ、复选项Ⅱ都可能为真；复选项Ⅲ，所有的人都信任董事长，代入（3）可得，所有的人都被总经理信任，与（1）矛盾，因此复选项Ⅲ不可能为真。

练2 答案为 A 项。

解析 由题干条件可知，（2）和（3）为矛盾关系，必有一真和一假，所以（1）和（4）必有一真和一假。如果（4）为真，则（1）也一定为真，违反题干条件。所以，（4）为假，即公司不录用小陈；（1）一定为真，即公司录用小王，故选 A 项。

练3 答案为 C 项。

解析 由（1）和（3）可知，乙是否作案不能确定，甲、丙中至少有一人作案；再由（2）可知，如果丙不作案，则甲也不作案。因此丙一定作案，而甲是否作案，则不能确定。

练4 答案为 A 项。

解析 依据题干可知，一门课程，高中生选↔初中生选。本题可从确定条件入手。如果钱选修历史，那么一定有初中生选修历史；如果王选修物理，那么一定有高中生选修物理。依据题干条件可排除赵和钱，因此只能是孙选修物理。

练5 答案为 B 项。

解析 本题可从确定条件入手。王选修物理，那么一定有高中生选修物理，排除赵，则钱和孙中至少有一个人选修物理，因此钱和孙不能都选修经济。

练6 答案为 B 项。

解析 本题可从重复最多的"应聘人力资源部"这个信息切入。依据"应聘人力资源部的比中文系毕业生年龄小"，列出如下：

应聘部门：　　　　人力资源部

毕业生系：中文系

依据"哲学系毕业生和应聘人力资源部的着装颜色相近"，可知应聘人力资源部的也不是哲学系，只能是历史系，列出如下：

应聘部门：　　　　人力资源部

毕业生系：中文系　历史系

依据"历史系毕业生比应聘办公室的年龄大"，列出如下：

应聘部门：行政部　人力资源部　办公室

毕业生系：中文系　历史系　　　哲学系

练7 答案为 C 项。

解析 本题可以利用无差异的思路解题，依据（1）和（2）把 A 和 C 放在第一辆车上，B 和 D 放在第二辆车上，若 E 在第二辆车上，那么第二辆车上会有 B、D、H、E、F，不符合题干条件，因此 E 只能在第一辆车上。

练8 答案为 C 项。

解析 看到"可能为真"，考虑用排除法。题干条件可串联为：玫瑰花→百合花→牡丹花→玉兰花∧丁香花→¬茉莉花。只要有百合花，就一定有牡丹花、玉兰花、丁香花，因此排除 A 项；有玫瑰花，就一定有百合花、牡丹花、玉兰花和丁香花，排除 B、E 两项；C 项是可能的；有玫瑰花就一定没有茉莉花，因此排除 D 项。

练9 答案为 A 项。

解析 题干对比的是相对值，因此不能由题干判断绝对值的情况。观察各个选项，只有 A 项是相对值，其余选项都是绝对值，因此不能判定其余选项的真假。本题还可以用列公式的方法解题，具体如下：

（1）甲班礼物数量÷甲班总人数＝乙班礼物数量÷乙班总人数×130%；

（2）甲班礼物数量÷甲班男生人数＝乙班礼物数量÷乙班男生人数×60%。

利用（1）÷（2）可得：甲班男生占比＝乙班男生占比×130%÷60%。

由此可得，甲班男生占比大。

练10 答案为 E 项。

解析 题干条件可提炼为：①被聘用→被面试；②面试 G→面试 J→面试 L；③F 被面试；④聘用 F→面试 K；⑤聘用 K→面试 M。题目要求选择"可能为真"的选项，由题干条件难以得出新的确定条件，因此采用选项代入排除法。若面试 J，则一定面试 L，排除 A、B 两项；面试 G，则一定面试 J、L，F 也会被面试，排除 C、D 两项。

练11 答案为 C 项。

解析 本题可从补充条件切入，将"M 未被面试"代入条件⑤得出，不聘用 K；再将"M 未被面试"代入①得出，不聘用 M。其余信息均无法确定。因此，答案为 C 项。

练12 答案为 D 项。

解析 因为题干没有确定条件可以代入，所以考虑利用肯定假言的前件，看推出的后件是否与题干限定条件冲突。条件（3）与题干限定条件冲突，因此小乙不选修经济学。将"小乙不选修经济学"代入条件（2）可得，小章选修审计学，小陆选修经济学。再继续利用条件（1）的逆否可知，芳芳不选修会计学，因此小乙选修会计学，芳芳选修法学。

练13 答案为 E 项。

解析 依据"有两位精通日语，有两位精通德语，有两位精通法语，有两位精通英语"可得，这四门语言一共精通的总人次是八，相当于把"八"分到三个人身上，看每个人精通几门语言。因为每位学生最多精通三门语言，意味着每位学生至少得精通两门语言，可得分组情况为：有两位学生精通三门语言；一位学生精通两门语言。

张：日语→英语→法语。刘：德语→法语。李：德语→法语；英语→法语。

题干都是假言命题，没有可直接利用的确定条件，利用肯定假言命题前件，也不能推出与题干限定冲突的条件。此时可以考虑用逆向思维解题，这个思路在 2015 年管综逻辑第 55 题中用到过。对于张来说，如果他不精通法语，那么也不精通英语和日语，不符合"每个人至少得精通两门语言"的条件。因此张精通法语，同理李精通法语，精通法语的两个人已经确定，因此刘不精通法语，代入题干可得，刘不精通德语，因此刘精通英语和日语。他是精通两门语言的人，张和李都精通三门语言，再继续利用逆向思维推理，如果张不精通英语，那么也不精通日语，不符合"张精通三门语言"的条件，因此张精通英语，最后可确定张精通法语、英语、德语，李精通法语、日语、德语。

[练14] **答案为 B 项。**

[解析] 题干条件可提炼为：(1) 甲：白∨粉；(2) 蓝色：甲∨丙；(3) 乙没穿粉色。(1) 和 (2) 结合可得，穿蓝色衣服的是丙，再利用 (3) 可知，乙穿白色衣服，甲穿粉色衣服。

[练15] **答案为 B 项。**

[解析] 本题可从确定条件出发。将 (2) 代入 (3) 可得小吴排在第一名，利用"小吴排在第一名"无法代入 (5)，但此时第一名和第二名的位置已被占据，因此小李不能排在第一名或第二名，利用 (1) 的逆否可得小王不排在第七名，再继续代入 (4) 可得小李排在第三名。因此选 B 项。

[练16] **答案为 A 项。**

[解析] (1) 和 (2) 是相对确定的条件，(1) 中的"老王不是网管"，肯定了 (4) 的前件，推出老李不在 101 室，结合 (2)"老张也不在 101 室"，推出老王在 101 室，再代入 (3) 可得在 101 室的是后勤，再结合 (2)"老张不是文秘"，推出他是网管，老李是文秘，结合 (1)"网管不在 102 室"，推出网管在 103 室。

[练17] **答案为 E 项。**

[解析] 这个题目是数据划分题目，因此可以考虑利用列表格的方式解题。如下表所示。

	中级、税务师	中级、非税务师	非中级、税务师	非中级、非税务师
男	A	B	C	D
女	E	F	G	H

(1) $A+B+C+D+E+F+G+H=20$。

(2) $A+B=6$。

(3) $A+B+C+D+E+G=13$。

(4) $B+F=8$。

(5) $H=5$。

本题求的是 A 的值。(1) — (3) — (5) 可得，F=2；代入 (4) 可得，B=6；再代入 (2) 可得，A=0。

练18 **答案为 C 项。**

解析 题干条件可提炼为：(1) 山南队 ∨ 江北队；(2) ¬山北 ∧ ¬江南；(3) 江南队；(4) ¬山南。(1) 和 (4) 是至少一真的关系，因此 (2) 和 (3) 都为假，所以山北队是冠军。

综合推理题型练习 2

本练习共 26 道小题，每个 2 分，共 52 分。下列每题给出的 A、B、C、D、E 五个选项中，只有一个选项符合试题要求。建议用时 60 分钟。

得分：_____　　　　　　　用时：_____

练19 张、王、李、赵四人进入乒乓球的半决赛。甲、乙、丙、丁四位教练对半决赛结果有如下预测：

甲：小张未进半决赛，除非小李进半决赛。

乙：小张进半决赛，小李未进半决赛。

丙：如果小王进半决赛，则小赵未进半决赛。

丁：小王和小李都未进半决赛。

如果四位教练的预测只有一个不对，则以下哪项一定为真？

A. 甲的预测错，小张进半决赛。

B. 乙的预测对，小李未进半决赛。

C. 丙的预测对，小王未进半决赛。

D. 丁的预测错，小王进半决赛。

E. 甲和乙的预测都对，小李未进半决赛。

题源：2010—10—30

练 20 ~ 练 21 题基于以下题干：

高新公司有五名员工，名字分别是甲、乙、丙、丁、戊。该公司实行灵活的休息日制度，她们五个在周一至周五中恰好各休息一天，且没有人在同一天休息。她们的身份分别是会计、销售、保洁、技术和前台。她们在穿着上的爱好不同，分别喜欢穿长裙、穿高跟鞋、穿西装、穿平底鞋和穿运动装。名字、休息日、身份和穿着喜好未完全对应。已知信息如下：

（1）周二休息的员工喜欢穿长裙，但不是会计甲；

（2）销售喜欢穿高跟鞋，乙不是销售；

（3）丁周三休息，她不是销售或保洁；

（4）丙是技术，她和戊周四不休息；

（5）喜欢穿西装的人周一休息，前台不喜欢穿平底鞋，丙周二也不休息。

练20 根据上述信息可知，谁是销售？

A. 甲。　　　　　　　B. 乙。　　　　　　　C. 丙。

D. 丁。　　　　　　　E. 戊。

练21 根据以上信息,销售周几休息?

　　A. 一。　　B. 二。　　C. 三。　　D. 四。　　E. 五。

练22 公司派三位年轻的工作人员乘动车到南方出差,他们三人恰好坐在一排。坐在24岁右边的两人中至少有一个人是20岁,坐在20岁左边的两人中也恰好有一个人是20岁;坐在会计左边的两人中至少有一个人是销售员,坐在销售员右边的两人中也恰好有一个人是销售员。

　　根据以上陈述,可以得出三位出差的年轻人是:

　　A. 20岁的会计、20岁的销售员、24岁的销售员。
　　B. 20岁的会计、24岁的销售员、24岁的销售员。
　　C. 24岁的会计、20岁的销售员、20岁的销售员。
　　D. 20岁的会计、20岁的会计、24岁的销售员。
　　E. 24岁的会计、20岁的会计、20岁的销售员。

题源:2012—10—36

练23 S市规定凡是用水量在全市排名中处于前5%的家庭就属于用水超标家庭(仅涉及用水家庭)。据统计,S市2019年用水超标的家庭数量比2018年扩大了一倍,对此有市民提出以下观点:

Ⅰ. 2019年用水未超标家庭数量比2018年降低了。
Ⅱ. 2019年用水家庭数量比2018年增加了。
Ⅲ. 2019年用水家庭数量和2018年一样多。

市民的观点中,一定真的是:

　　A. 只有Ⅰ。　　B. 只有Ⅱ。　　C. 只有Ⅰ和Ⅲ。
　　D. 只有Ⅰ和Ⅱ。　　E. Ⅰ、Ⅱ和Ⅲ。

练24 在编号为1、2、3、4的4个盒子中装有红豆、绿豆、花生和黄豆四种粮食,每个盒子只装一种粮食,每种粮食只装一个盒子。已知:

(1) 装红豆和绿豆的盒子在1、2号范围之内;
(2) 装绿豆和花生的盒子在1、2、3号范围之内;
(3) 装黄豆的盒子在2、3、4号范围之内。

根据上述信息,可以得出以下哪项?

　　A. 红豆在1号。　　B. 花生在3号。　　C. 黄豆在3号。
　　D. 绿豆在2号。　　E. 红豆在2号。

练25~练28题基于以下题干:

某队教练要从张华、郭莎、李佳、郑逵、高思、孟圆和齐文这7名队员中挑选4名参加比赛,挑选必须符合下列条件:

(1) 要么张华参加要么郭莎参加;

(2) 要么高思参加要么孟圆参加；

(3) 如果高思参加，则李佳参加；

(4) 除非郭莎参加，否则齐文不参加。

练25 如果郑逵不参加比赛，则参加比赛的队员必然包括以下哪两名？

A. 郭莎和李佳。　　B. 张华和齐文。　　C. 郭莎和孟圆。

D. 李佳和孟圆。　　E. 张华和郑逵。

练26 以下哪项列出的队员一定会参加比赛？

A. 郭莎或齐文。　　B. 李佳或郑逵。　　C. 郑逵或高思。

D. 高思或齐文。　　E. 孟圆或郑逵。

练27 以下哪项列出的队员不可能共同参加比赛？

A. 张华和高思。　　B. 郭莎和李佳。　　C. 张华和齐文。

D. 郭莎和高思。　　E. 李佳和齐文。

练28 以下哪项列出的四名队员可以共同参加比赛？

A. 张华、郭莎、郑逵、孟圆。

B. 张华、李佳、高思、齐文。

C. 张华、郑逵、高思、齐文。

D. 郭莎、郑逵、孟圆、齐文。

E. 郭莎、齐文、高思、孟圆。

练29 李青青计划在周末完成六件事，这六件事分别是打扫卫生、写周报、运动、看望爷爷、洗衣服、看书。有关做事的顺序，青青对自己有以下要求：

(1) 只有先写周报，才能运动；

(2) 只有先看书，才能洗衣服；

(3) 如果运动，就要先洗衣服；

(4) 打扫卫生是第四个要做的事。

依据上述信息，以下哪项不可能为真？

A. 第一件事是看望爷爷。

B. 第二件事是写周报。

C. 第三件事是看书。

D. 第三件事是运动。

E. 第六件事是运动。

练30 清北大学有五个留学生在讨论他们去年的旅游行程，他们分别是来自英国的汤姆、美国的杰克、法国的约翰、德国的路斯、波兰的吉姆，已知去年他们都去了英国、美国、德国、法国、波兰中的两个国家，而且他们都没回自己的国家，每个国家都有他们中的两个人去过。他们还说了以下信息：

(1) 汤姆：如果我去了美国或者德国，那么我也去了英国。

(2) 杰克：我去了法国，除非没去波兰。

(3) 约翰：如果我去了波兰，那么一定也会去英国和德国。

(4) 路斯：如果我没去法国，那么汤姆也没去法国。

(5) 吉姆：如果我去了德国，那我一定也去英国。

根据上述信息，可以得出以下哪项？

A. 约翰去了德国和美国。

B. 吉姆去了英国和德国。

C. 路斯去了波兰和美国。

D. 杰克去了英国和波兰。

E. 汤姆没去法国或者美国。

练31 S 市召开大学生运动会，有甲、乙、丙、丁四人参加了 3 000 米长跑，这四个人来自不同的城市，他们来自的城市是沈阳、天津、长春、保定中的一个。还已知：

(1) 如果甲来自沈阳，那么乙来自保定或者丁来自保定；

(2) 如果甲没来自沈阳，那么乙、丙和丁都不来自沈阳；

(3) 如果丙不来自保定，那么丁来自长春。

根据以上陈述，可以得出以下哪项？

A. 甲来自长春。   B. 乙来自保定。   C. 丁来自保定。

D. 乙来自天津。   E. 以上均不能确定。

练 32~练 33 题基于以下题干：

张亮、刘夕、李帅、赵义和王洋是模范丈夫，他们每个人都具备乐观、勤奋、勇敢和节俭这四个特点中的两个，而且每个特点至少有两个丈夫具备。已知：

(1) 张亮具备的特点刘夕都具备；

(2) 李帅和赵义具备勇敢和节俭的特点；

(3) 如果张亮具备乐观的特点，那么王洋也具备。

练32 如果每个特点最多有三个丈夫具备，那么以下除了哪项都可能为真？

A. 王洋具备乐观的特点。

B. 勤奋、勇敢和节俭这三个特点中，王洋至多具备一个。

C. 王洋具备勤奋和勇敢的特点。

D. 如果王洋具备勤奋的特点，那么他不具备勇敢的特点。

E. 如果王洋不具备勇敢的特点，那么他不具备节俭的特点。

练33 如果将条件（1）改为：张亮、刘夕、李帅和赵义只具备一个相同的特点，那么可以得出以下哪项？

A. 张亮具备勇敢的特点。

B. 刘夕具备节俭的特点。

C. 张亮不具备乐观的特点。

D. 王洋具备勇敢的特点。

E. 王洋具备乐观的特点。

练34 老张家共有三个女儿，名字是心心、乐乐和暖暖。她们每个人都报了两个兴趣班，这六个兴趣班是绘画班、舞蹈班、书法班、钢琴班、小提琴班和围棋班。还已知：

（1）报舞蹈班的和报围棋班的住一个房间；

（2）报围棋班的和乐乐有共同的书房；

（3）报绘画班的比报书法班的年龄大，又比另一个姐妹年龄小。

根据以上信息，以下可能为真的是：

A. 暖暖报了绘画和书法班；心心报了钢琴和小提琴班；乐乐报了舞蹈和围棋班。

B. 暖暖报了舞蹈和围棋班；心心报了钢琴和小提琴班；乐乐报了绘画和书法班。

C. 暖暖报了书法和舞蹈班；心心报了钢琴和书法班；乐乐报了绘画和围棋班。

D. 暖暖报了书法和围棋班；心心报了钢琴和书法班；乐乐报了绘画和舞蹈班。

E. 暖暖报了书法和绘画班；心心报了钢琴和书法班；乐乐报了围棋和舞蹈班。

练35 某市优化投资环境，2010年累计招商引资10亿元。其中外资5.7亿元，投资第三产业4.6亿元，投资非第三产业5.4亿元。

根据以上陈述，可以得出以下哪项结论？

A. 投资第三产业的外资大于投资非第三产业的内资。

B. 投资第三产业的外资小于投资非第三产业的内资。

C. 投资第三产业的外资等于投资非第三产业的内资。

D. 投资第三产业的外资和投资非第三产业的内资无法比较大小。

E. 投资第三产业的外资为4.3亿元。

题源：2011—10—37

练36 某市的红光大厦工程建设任务进行招标，有四个建筑公司投标。为简便起见，称它们为公司甲、乙、丙、丁。在标底公布以前，各公司经理分别做出猜测。

甲公司经理说："我们公司最有可能中标，其他公司不可能。"

乙公司经理说："中标的公司一定出自乙和丙两个公司之中。"

丙公司经理说："中标的若不是甲公司就是我们公司。"

丁公司经理说："如果四个公司中必有一个中标，那就非我们莫属了！"

标底公开后得知，四人中只有一个人的预测成真了。

以下哪项判断最可能为真？

A. 甲公司经理猜对了，甲公司中标了。
B. 乙公司经理猜对了，丙公司中标了。
C. 乙公司和丁公司的经理都说错了。
D. 甲公司和乙公司的经理都说错了。
E. 丙公司、丁公司和乙公司的经理都说错了。

题源：2000—10—29、1999—1—48

练37 最近南方某保健医院进行为期 10 周的减肥试验，参加者平均减肥 9 公斤。男性参加者平均减肥 13 公斤，女性参加者平均减肥 7 公斤。医生将男女减肥差异归结为男性参加者减肥前体重比女性参加者重。

从上文可推出以下哪项结论？

A. 女性参加者减肥前体重都比男性参加者轻。
B. 所有参加者体重均下降。
C. 女性参加者比男性参加者多。
D. 男性参加者比女性参加者多。
E. 男性参加者减肥后体重都比女性参加者轻。

题源：2000—1—34

练38 今年双十一活动后，某宿舍的同学讨论买了什么物品，已知每个人都只买了一件东西。
还已知：

(1) 如果小王没有买书架，就买了笔筒；
(2) 小李买了背包；
(3) 如果小赵没有买拖鞋，那么小张买了袜子；
(4) 小王没有买书架，且没有买笔筒；
(5) 小李买了电脑；
(6) 小张没买袜子。

上述六个信息中有两个是假的。

根据上述情况，以下哪项不可能为假？

A. 小王买了书架。　　　B. 小李买了背包。　　　C. 小李买了电脑。
D. 小张买了袜子。　　　E. 小赵买了拖鞋。

练39 某本科专业按如下原则选拔特别奖学金的候选人。将本专业的同学按德育情况排列名次，均分为上、中、下三个等级（三个等级的人数相等，下同），候选人在德育方面的表现必须为上等。将本专业的同学按学习成绩排列名次，均分为优、良、中、差四个等级，候选人的学习成绩必须为优。将本专业的同学按身体状况排列名次，均分为好与差两个等级，候选人的身体状况必须为好。

假设该专业共有 36 名本科学生，则除了以下哪项，其余都可能是这次选拔的结果？

A. 恰好有四个学生被选为候选人。

B. 只有两个学生被选为候选人。

C. 没有学生被选为候选人。

D. 候选人数多于本专业学生的 1/4。

E. 候选人数少于本专业学生的 1/3。

题源：2002—10—17、396—2017—14、396—2016—12

练40 小明、小红和小强三个人做了同一份测试，测试中一共有 7 个判断题，答案要么是对要么是错，认为错就画"×"，认为对就画"√"。测完之后，发现每个人都做错了 2 个题，已知三个人的答题结果如下表所示。

	1	2	3	4	5	6	7
小明	×	×	×	√	×	×	√
小红	√	√	√	√	×	√	√
小强	√	×	×	×	×	√	×

根据以上信息，可以得出以下哪项？

A. 第 2 题答案是对。

B. 第 4 题答案是对。

C. 第 6 题答案是错。

D. 第 1 题答案是错。

E. 第 3 题答案是对。

练41 学校组织亲子活动，有四位妈妈，彤彤妈妈、乐乐妈妈、果果妈妈和佳佳妈妈参加了一个游戏，游戏要求四位妈妈和四个孩子分成四组，每组有一个妈妈和一个孩子，但每个妈妈都不跟自己的孩子在一组，已知：

(1) 如果乐乐妈妈和果果在一组，那么果果妈妈和佳佳在一组；

(2) 佳佳妈妈没有和彤彤在一组。

依据上述信息，以下哪种分组与题干冲突？

A. 果果妈妈和乐乐在一组。

B. 彤彤妈妈和乐乐在一组。

C. 果果妈妈和佳佳在一组。

D. 乐乐妈妈和果果在一组。

E. 彤彤妈妈没和佳佳在一组。

练42 甲、乙、丙、丁、戊、己、庚七个人排成一排，从左到右分别是第一至第七的位置。关于他们的顺序可知：

(1) 甲没有在最边上；

(2) 乙和庚相邻；

(3) 丙和丁相邻；

(4) 戊和己相邻，且戊在靠边的位置。

依据上述信息，以下一定为真的是：

A. 如果甲不在第一的位置，那么一定在第三的位置。

B. 如果甲不在第一的位置，那么也不在第三的位置。

C. 如果甲不在第三的位置，那么在第五的位置。

D. 如果甲不在第三的位置，那么在第六的位置。

E. 甲可以在除了第一和第七的任意位置。

练43 同宿舍的小王、小李、小赵和小周报名选修课。每个人只报了一门选修课，且每个人报名的课程都不同。已知：

(1) 小王或者报名了经济学或者报名了高数或者报名了战略管理；

(2) 小李报名的是经济学、高数和战略管理中的一个；

(3) 小赵或者报名高数或者报名经济学；

(4) 小周要么报名战略管理要么报名中级会计；

(5) 如果小周报名中级会计，那么小赵报名经济学。

如果上述信息为真，那么以下哪项一定为真？

A. 小赵报名经济学。

B. 小周报名战略管理。

C. 小王报名高数。

D. 小李报名战略管理。

E. 每个人的报名情况均不能确定。

练44 杰克、汤姆、汉斯、辛迪、露丝和鲍勃六位留学生申请了生活补助费，经过筛选，最终只有三个人符合要求，有关哪几位学生符合要求，可知以下信息：

(1) 如果辛迪符合要求，那么杰克也符合要求；

(2) 杰克不符合要求，除非露丝符合要求；

(3) 要么汉斯符合要求要么鲍勃符合要求。

依据上述信息，以下哪项一定为真？

A. 汉斯符合要求。　　　B. 杰克符合要求。　　　C. 汤姆符合要求。

D. 辛迪符合要求。　　　E. 露丝符合要求。

综合推理题型练习 2 解析

练19 答案为 C 项。

解析 甲：非张∨李。乙：张∧非李。丙：非王∨非赵。丁：非王∧非李。四句话中一假三真，由于甲和乙的话是矛盾关系，因此丙和丁都说真话，由此可得王和李都没进半决赛。甲和乙的话的真假情况仍不能确定。注：此题在选项设置上，未考虑半决赛结果要求四进二。

练20 答案为 E 项。

解析 本题可从问题入手，利用排除法解题。依据（1）排除甲，依据（2）排除乙，依据（3）排除丁，依据（4）排除丙，因此戊是销售。

练21 答案为 E 项。

解析 本题可从问题入手，利用排除法解题。依据（2）可知销售喜欢穿高跟鞋，结合（1）排除周二，依据（3）排除周三，依据（4）和"戊是销售"排除周四，依据（5）排除周一，因此戊周五休息。

练22 答案为 A 项。

解析 依据"坐在 24 岁右边的两人中至少有一个人是 20 岁"和"坐在 20 岁左边的两人中也恰好有一个人是 20 岁"可知，坐在中间的人是 20 岁；依据"坐在会计左边的两人中至少有一个人是销售员"和"坐在销售员右边的两人中也恰好有一个人是销售员"可知，坐在中间的人是销售员。所以他们分别是 24 岁的销售员、20 岁的销售员和 20 岁的会计。

练23 答案为 B 项。

解析 用水超标家庭数量＝所有用水家庭数量×5%。依据"2019 年用水超标家庭数量＞2018 年用水超标家庭数量"可得，2019 年所有用水家庭数量＞2018 年所有用水家庭数量，因此复选项Ⅱ为真，复选项Ⅲ为假；用水未超标家庭数量＝所有用水家庭数量×95%，2019 年用水未超标家庭数量比 2018 年多，因此复选项Ⅰ为假。

练24 答案为 B 项。

解析 依据（1）可得，红豆和绿豆已经将 1 号和 2 号的位置占据，但不能确定红豆在 1 号还是在 2 号；再结合（2）可得，花生一定在 3 号，进而可知，黄豆在 4 号。

练25 答案为 A 项。

解析 题干条件可提炼为：（1）张∨郭；（2）高∨孟；（3）高→李；（4）齐→郭。依据（1）和（2）再结合题干"7 人中选出 4 人"可得，李、郑、齐 3 人中必有 2 人参加。如果郑不参加，那么李和齐一定参加，代入（4）可得郭参加，再继续代入（1）可得张不参加，最后确定郭、李和齐一定参加。

练26 答案为 B 项。

解析 依据（1）和（2）再结合"7 人中选出 4 人"可得，李、郑、齐 3 人中必有 2 人参加，因此从这 3 人中任取 2 人，都至少有 1 个人会参加，因此 B 项一定真。

练27 **答案为 C 项。**

解析 串联（2）和（3）可得：（5）非孟→高→李。串联（1）和（4）可得：（6）齐→郭→非张。C 项与（6）的首尾截取矛盾，因此张华和齐文不能共同参赛。

练28 **答案为 D 项。**

解析 选项是穷举，因此可以用排除法解题。依据（1）可排除 A 项；依据（2）可排除 E 项；依据（3）可排除 C 项；依据（4）可排除 B 项。

练29 **答案为 D 项。**

解析 涉及排序的题目，可以按先后顺序列出信息，而不按假言命题去提炼。例如，依据（1）把"周报"放在"运动"前面，依据（1）、（2）、（3）可知对"运动"的限定要求较多，排在"运动"前面的至少有三个，所以"运动"排在第五或者第六的位置。因此 D 项不可能为真。

练30 **答案为 A 项。**

解析 题干是多对多，可以用列表格的方式解题。依据题干限定可知，表格每行每列都是两个"√"和三个"×"。依据每个人都不回自己的国家，可以得出下表。

	英国	美国	法国	德国	波兰
汤姆	×				
杰克		×			
约翰			×		
路斯				×	
吉姆					×

观察到题干条件都是假言命题，可以考虑利用肯定假言命题前件看是否会推出与题干限定冲突的条件。利用（1）的逆否可得，汤姆既不去美国也不去德国，因此他去法国和波兰。（2）不能直接利用，可跳过。因为每个人只去了两个国家，因此依据（3）可得，约翰不去波兰。汤姆去了法国，代入（4）可得，路斯去了法国，此时法国这一列满足两个"√"，因此杰克不去法国，代入（2）可得杰克没去波兰，因此他去了英国和德国，补上后面内容，再依据（5）可得吉姆不能去德国，可将表格补充完整。

	英国	美国	法国	德国	波兰
汤姆	×	×	√	×	√
杰克	√	×	×	√	×
约翰	×	√	×	√	×
路斯	×	×	√	×	√
吉姆	√	√	×	×	×

练31 **答案为 B 项。**

解析 将条件（2）与题干限定条件结合，可得甲来自沈阳，代入（1）可得来自保定的是乙或者丁，因此丙不能来自保定，代入（3）可得丁来自长春，因此乙来自保定，丙来自天津。

练32 **答案为 C 项。**

解析 依据补充条件可知，有两个特点有三个丈夫具备，有两个特点有两个丈夫具备。因为题干是多对多的情况，因此考虑列表格解题，依据（2）可得下表。

	乐观	勤奋	勇敢	节俭
张亮				
刘夕				
李帅	×	×	√	√
赵义	×	×	√	√
王洋				

依据（1）可得，如果张具备勇敢的特点，那么刘也具备，勇敢这个特点就会有四个人具备，与补充条件冲突，因此，张不具备勇敢、节俭的特点，而具备乐观和勤奋的特点，进而刘也具备乐观和勤奋的特点，利用（3）可得王具备乐观的特点，因此 C 项一定假。

	乐观	勤奋	勇敢	节俭
张亮	√	√	×	×
刘夕	√	√	×	×
李帅	×	×	√	√
赵义	×	×	√	√
王洋	√			

练33 **答案为 E 项。**

解析 依据补充条件可知，有一个特点出现四个人具备的情况，因此题干的分组情况会变成有一个特点四个人具备，有三个特点两个人具备。依据（2）可得下表。

	乐观	勤奋	勇敢	节俭
张亮				
刘夕				
李帅	×	×	√	√
赵义	×	×	√	√
王洋				

依据补充条件可知，四个人都具备的这个特点不是乐观、勤奋，只能是勇敢或者节俭中的一个。假定是勇敢，那么勇敢这一列出现四个"√"，因此王洋一定不具备勇敢的特点；节俭这一列满足两个"√"，因此王洋一定也不具备节俭的特点。因此无论四人具

备的这个特点是勇敢还是节俭，都会得出王洋不具备勇敢、节俭的特点，因此王洋具备乐观和勤奋的特点。

	乐观	勤奋	勇敢	节俭
张亮			√	
刘夕			√	
李帅	×	×	√	√
赵义	×	×	√	√
王洋	√	√	×	×

练34 答案为 D 项。

解析 选项穷举，可以用排除法解题。利用（1）可知报舞蹈班和围棋班的不是一个人，可排除 A、B、E 三项；依据（2）可知乐乐不能报围棋班，排除 C 项。

练35 答案为 A 项。

解析 数据划分题目，可借助列表格的方式解题。

	第三产业	非第三产业
内资	A	B
外资	C	D

根据题干可得：（1）$A+B+C+D=10$；（2）$C+D=5.7$；（3）$A+B=4.3$；（4）$A+C=4.6$；（5）$B+D=5.4$。

第三产业的外资是 C，非第三产业的内资是 B。因为 (2) + (4) > (3) + (5)，所以 $C > B$。

练36 答案为 D 项。

解析 题干条件可提炼为：（1）甲中∧乙不中∧丙不中∧丁不中；（2）乙中∨丙中；（3）甲中∨丙中；（4）四个可能都不中∨丁中。如果甲公司中标，则（1）和（3）都为真，因此甲不中标，（1）为假，排除 A 项。如果丙公司中标，则（2）和（3）都为真，因此丙不中标，（3）为假，排除 B 项。进而可得（2）和（4）中一真一假，排除 C、E 两项。

练37 答案为 C 项。

解析 题干说参加者平均减肥 9 公斤，如果男女参加者人数一样，那么参加者平均减肥 10 公斤 [(13 + 7) /2 = 10（公斤）]，因为 9 小于 10，所以可知女性参加者多于男性参加者。故选 C 项。

练38 答案为 E 项。

解析 题干条件可提炼为：（1）小王：书架∨笔筒；（2）小李：背包；（3）小赵拖鞋∨小张袜子；（4）小王：非书架∧非笔筒；（5）小李：电脑；（6）小张：非袜子。条件中有两个为假，四个为真。（1）和（4）是矛盾关系，必然一真一假；因为每个人只买了一件东西，所以（2）和（5）至少一假，因此（3）和（6）都必然为真，二者结合可得小赵买了拖鞋。

综合推理题型练习 2

练39 答案为 D 项。

解析 德育排在上等的有 12 人，成绩排在优的有 9 人，身体状况排在好的有 18 人，候选人必须是三者的交集，因此候选人最多只能是 9 人，最少是 0 人，因为有可能成绩为优的 9 人德育都没排在上等。

练40 答案为 B 项。

解析 因为答案要么是对要么是错，因此可以采取两两对照的形式观察答题结果。比如观察小明和小红，发现他们两个人在第 1、2、3、6 题上的答案不一样，而每个题目必然有一个人答对了一个人答错了，因此他们两个人一共错的 4 个题目就是第 1、2、3、6 题，这意味着第 4 题答案为对，第 5 题答案为错，第 7 题答案为对。因此小强第 4 题和第 7 题答错了，那么他其余的题目都答对了。

练41 答案为 D 项。

解析 本题可用列表的方法先填上可用的条件，对于条件（1）只能采用假设法，假设乐乐妈妈和果果在一组，推出果果妈妈和彤彤在一组，此时可以补全表格。

	彤彤	乐乐	果果	佳佳
彤彤妈妈	×	×	×	√
乐乐妈妈	×	×	√	×
果果妈妈	√	×	×	×
佳佳妈妈	×	√	×	×

该表格与条件（1）中的"果果妈妈和佳佳在一组"冲突，因此乐乐妈妈不能和果果在一组。

练42 答案为 C 项。

解析 一共七个人，依据乙和庚相邻，丙和丁相邻，戊和己相邻，可得甲只可能在第一、第三、第五、第七的位置，再结合（1）可知，甲既可能在第三的位置也可能在第五的位置。

练43 答案为 A 项。

解析 依据"每个人报名的课程都不同"，结合（1）、（2）、（3）可知，经济学、高数、战略管理三个课程被小王、小李和小赵占据了，再利用（4）可得小周报名中级会计，代入（5）可得小赵报名经济学。小王和小李的报名情况仍然不能确定。

练44 答案为 E 项。

解析 （1）和（2）串联可得：（4）辛迪符合→杰克符合→露丝符合。由（3）可知，在汉斯和鲍勃中只能选择一个人，那么要在辛迪、杰克、汤姆、露丝中选出两个人。肯定（4）的前件，不能确定符合要求的学生，所以可以考虑否后，即如果露丝不符合，那么杰克和辛迪都不符合，其与在这四个人中选出两个人的要求相冲突，因此露丝一定符合要求。

综合推理题型练习 3

本练习共 18 道小题，每个 2 分，共 36 分。下列每题给出的 A、B、C、D、E 五个选项中，只有一个选项符合试题要求。建议用时 38 分钟。

得分：_____   用时：_____

练45 人民公园计划增加一些绿色植物，园艺师给出如下建议：（1）如果种杨树，那么也要种柳树；（2）如果不种雪松，那么必须种龙柏；（3）水杉和银杏不能都种；（4）如果不种杨树而种雪松，则需要种水杉。最终园方参考了园艺师的建议。

如果种了银杏，那么以下哪项为真？

A. 没有种雪松。
B. 种了雪松。
C. 种了柳树。
D. 并非既种柳树又种龙柏。
E. 种了柳树或者龙柏。

练46 某大学有两个候选上马的项目，实验楼和新图书馆。在一次讨论基础建设的会议上，王处长建议两个项目都上马；李处长主张两个项目至少上马一个。校长问主管基础建设的张副校长的意见。张副校长说："两位处长的意见我支持一位，反对另一位。"

以下哪项最符合张副校长的意见？

A. 实验楼和新图书馆都上马。
B. 实验楼和新图书馆都不上马。
C. 实验楼上马，新图书馆不上马。
D. 实验楼不上马，新图书馆上马。
E. 要么实验楼上马，要么新图书馆上马。

练47 某矿山发生了一起严重的安全事故。关于事故原因，甲、乙、丙、丁四位负责人有如下断定：

甲：如果造成事故的直接原因是设备故障，那么肯定有人违反操作规程。
乙：确实有人违反操作规程，但造成事故的直接原因不是设备故障。
丙：造成事故的直接原因确实是设备故障，但并没有人违反操作规程。
丁：造成事故的直接原因是设备故障。

如果上述断定中只有一个人的断定为真，则以下各项都不可能为真，除了：

A. 甲的断定为真，有人违反了操作规程。
B. 甲的断定为真，但没有人违反操作规程。

C. 乙的断定为真。

D. 丙的断定为真。

E. 丁的断定为真。

题源：2002—1—46

练 48 ~ 练 49 题基于以下题干：

华中大学会计系三班有一个保送本校研究生的名额，班级中有八位同学，分别是甲、乙、丙、丁、戊、己、庚、辛在争夺这个名额。关于他们的情况，可知以下信息：

(1) 如果乙的绩点比庚高，那么丁获得保送名额；

(2) 如果辛的绩点比丙高，或者丁的绩点比戊高，那么己获得保送名额；

(3) 如果丙的绩点比辛高，同时庚的绩点比乙高，那么甲获得保送名额。

练48 如果己获得了保送名额，那么以下哪项一定为真？

A. 庚的绩点比乙高。

B. 丁的绩点比戊高。

C. 乙的绩点不比庚高。

D. 辛的绩点比丙高。

E. 丙的绩点比辛高。

练49 如果庚的绩点比乙高，且甲没有获得保送名额，那么以下哪项一定为真？

A. 辛的绩点不比丁高。

B. 丙的绩点不比辛高。

C. 丁的绩点比戊高。

D. 己获得了保送名额。

E. 丁获得了保送名额。

练50 有五个小朋友小红、小明、小强、小东和小立做游戏，他们的站位如下图所示，每个人恰好占据一个格子，其中小红和小明不在一排，小红和小强也不在一排，小东和小红不相邻。

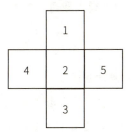

根据以上陈述，可以得出以下哪项？

A. 小立和小明不在一排。

B. 小东和小红在一排。

C. 小明和小强相邻。

D. 小明和小东在一排。

E. 小红和小立不相邻。

练51 今年双十一活动后，某宿舍的同学讨论买了什么物品，已知每个人都至少买了一件东西。还已知：

(1) 如果小王没有买书架，就买了笔筒；

(2) 小李买了背包；

(3) 如果小赵没有买拖鞋，那么小张买了袜子；

(4) 小王没有买书架，且没有买笔筒；

(5) 小李买了电脑；

(6) 小张没买袜子。

上述六个信息中只有两个是真的。

根据上述情况，以下哪项不可能为假？

A. 小王买了书架。　　B. 小王买了笔筒。　　C. 小李没买电脑。

D. 小张买了袜子。　　E. 小赵没买拖鞋。

练52 在世界总人口中，男女比例相当，但黄种人是远远多于黑种人的；在其他肤色的人种中，男性比例大于女性。

由此可见：

A. 黄种女性多于黑种男性。

B. 黄种男性多于黑种女性。

C. 黄种男性多于黑种男性。

D. 黄种女性多于黑种女性。

E. 以上均不对。

题源：396—2016—7

练53 如果比较全日制学生的数量，东江大学的学生数量是西海大学学生数量的70%，如果比较学生总数量（全日制学生加上成人教育学生），则东江大学的学生数量是西海大学的120%。

由上文最能推出以下哪项结论？

A. 东江大学比西海大学更注重教学质量。

B. 东江大学成人教育学生数量所占学生总数量的比例比西海大学的高。

C. 西海大学的成人教育学生数量比全日制学生数量多。

D. 东江大学的成人教育学生数量比西海大学的少。

E. 东江大学的全日制学生数量比成人教育学生数量多。

题源：2004—10—50

练54 佳佳面包店共有五名员工，分别是欣欣、亮亮、璇璇、豆豆和朱朱，每人每周只能休息一天，且休息日只能选择周五、周六和周日中的某天。还已知：

(1) 欣欣、亮亮和豆豆三个人的休息日都不相同；

(2) 亮亮和璇璇要么都在周五休息，要么都不在周五休息；

(3) 他们中有两个人在周日休息；

如果璇璇在周日休息，则以下除了哪项都可能成立？

A. 朱朱在周日休息。

B. 亮亮在周日休息。

C. 欣欣在周六休息。

D. 豆豆在周日休息。

E. 朱朱在周六休息。

练55~练56题基于以下题干：

有A、B、C三组评委投票决定是否通过一个提案。A组评委共两人，B组评委共两人，C组评委共三人。每个评委都不能弃权，并且同意、反对必选其一，关于他们投票的真实信息如下：

(1) 如果A组两个评委的投票结果相同，并且至少有一个C组评委的投票结果也与A组所有评委的投票结果相同，那么B组两个评委的投票结果也都与A组的所有评委的投票结果相同。

(2) 如果C组三个评委的投票结果相同，则A组没有评委的投票结果与C组的投票结果相同。

(3) 至少有两个评委投同意票。

(4) 至少有两个评委投反对票。

(5) 至少有一个A组评委投反对票。

练55 如果B组两个评委的投票结果不同，则下列哪项可能为真？

A. A组评委都投反对票并且恰有两个C组评委投同意票。

B. 恰有一个A组评委投同意票并且恰有一个C组评委投同意票。

C. 恰有一个A组评委投同意票并且C组所有评委都投同意票。

D. A组所有评委都投同意票并且恰有一个C组评委投同意票。

E. A组所有评委都投同意票并且恰有两个C组评委投同意票。

练56 下列哪项一定为真？

A. 至少有一个A组评委投同意票。

B. 至少有一个C组评委投同意票。

C. 至少有一个C组评委投反对票。

D. 至少有一个B组评委投反对票。

E. 至少有一个B组评委投同意票。

题源：396—2013—16~17

练57 某班共有30个同学，他们按身高站成一列，已知部分同学的身高信息如下：

(1) 小王的身高是小李和小张身高的平均值，且小张比小李高；

(2) 小赵不如小李高；

(3) 小李比小吴高，比小周低；

(4) 小郑不比小王低。

以下从左到右依次是从高到低的排序，根据以上信息，哪项是不可能的？

A. 郑、张、王、吴、赵。

B. 张、周、王、李、吴。

C. 张、郑、王、周、李。

D. 吴、郑、王、周、赵。

E. 周、王、李、吴、赵。

练58 在公司业务培训大会上，坐在同一张桌子上的四个人分别是刘迪、华静、佳欣和邓琪。四个人来自不同的部门：一个来自业务部；一个来自财务部；一个来自运营部；一个来自销售部。还已知：

(1) 邓琪不是业务部的，也不来自财务部；

(2) 佳欣不是财务部的，也不来自运营部；

(3) 刘迪不是销售部的，也不来自财务部；

(4) 如果佳欣不来自销售部，那么华静也不来自财务部。

根据以上信息，以下一定为真的是：

A. 刘迪是运营部的。

B. 华静是运营部的。

C. 佳欣是业务部的。

D. 邓琪是运营部的。

E. 华静是销售部的。

练59 某商场失窃，员工甲、乙、丙、丁涉嫌被拘审。

甲说："是丙作的案。"

乙说："我和甲、丁三人中至少有一人作案。"

丙说："我没作案。"

丁说："我们四人都没作案。"

如果四人中只有一人说真话，则可推出以下哪项结论？

A. 甲说真话，作案的是丙。

B. 乙说真话，作案的是乙。

C. 丙说真话，作案的是甲。

D. 丙说真话，作案的是丁。

E. 丁说真话，四人中无人作案。

题源：2004—10—48

练60 有五名喜欢养宠物的女生，她们是欢欢、乐乐、青青、玉玉、露露。她们中有两个人养了猫，两个人养了狗，两个人养了乌龟，两个人养了鱼，两个人养了鹦鹉，且每种动物都有两个人喜欢。已知：

(1) 欢欢和玉玉分别养了乌龟和鹦鹉中的一种；

(2) 青青、乐乐和露露都不喜欢养鱼；

(3) 青青和乐乐没有养同一种动物，她们在猫和狗中至少养了一种。

如果每个人养的动物都是喜欢养的，则可以得出以下哪项？

A. 欢欢养了乌龟和鱼。

B. 乐乐养了狗和乌龟。

C. 玉玉养了鱼和鹦鹉。

D. 露露养了猫和狗。

E. 青青养了猫和鹦鹉。

练61 有三个法官，徐艺、颜哲和高路。他们中有两个人在丰台区工作过，有两个人在海淀区工作过，有两个人在朝阳区工作过，有两个人在西城区工作过，并且他们没在其他地方工作过，每个人最多在三个区工作过。已知：

(1) 徐艺和颜哲都在朝阳区工作过；

(2) 颜哲和徐艺工作过的地方不完全一致；

(3) 高路只在两个地方工作过；

(4) 如果高路在海淀区工作过，则徐艺和颜哲也在海淀区工作过。

根据以上陈述，可以得出以下哪项？

A. 徐艺在丰台区工作过。

B. 颜哲在丰台区工作过。

C. 如果徐艺在丰台区工作过，那么颜哲在西城区工作过。

D. 如果徐艺没在丰台区工作过，那么颜哲也没在丰台区工作过。

E. 如果徐艺在西城区工作过，那么颜哲也在西城区工作过。

练62 有一个盒子里有 100 个分别涂有红、黄、绿三种颜色的球。

张三说："盒子里至少有一种颜色的球少于 33 个。"

李四说："盒子里至少有一种颜色的球不少于 34 个。"

王五说："盒子里任意两种颜色的球的总数不会超过 99 个。"

以下哪项论断是正确的?

A. 张三和李四的说法正确，王五的说法不正确。
B. 李四和王五的说法正确，张三的说法不正确。
C. 王五和张三的说法正确，李四的说法不正确。
D. 张三、李四和王五的说法都不正确。
E. 张三、李四和王五的说法都正确。

题源：1999—1—69

综合推理题型练习 3 解析

练45 答案为 E 项。

解析 本题可从补充条件出发，将"种了银杏"代入（3）可得，不种水杉。再利用（4）的逆否可得，种杨树或者不种雪松。结合（1）和（2）可得，或者种柳树或者种龙柏。注意：D 项展开为"或者没种柳树或者没种龙柏"，依据"或者种柳树或者种龙柏"不能确定该项的真假。

练46 答案为 E 项。

解析 如果张副校长支持王处长，那么也一定支持李处长，因此他不支持王处长，而支持李处长。由"不支持王处长"可得，至少一个项目不上马，结合"两个项目至少上马一个"可得，两个项目中上马一个，而另一个不上马。E 项最符合，C、D 两项都只是张副校长意见中包含的意思，而不与其等价。

练47 答案为 B 项。

解析 题干条件可提炼为：（1）不是设备故障 ∨ 有人违反；（2）有人违反 ∧ 不是设备故障；（3）是设备故障 ∧ 没有人违反；（4）是设备故障。四个条件中一真三假。（1）和（3）是矛盾关系，必然一真一假，因此（2）和（4）都为假，（2）的矛盾为：没有人违反 ∨ 是设备故障。"不是设备故障"为真，进而可得"没有人违反"为真，因此（1）为真，（3）为假。

练48 答案为 C 项。

解析 本题可从补充条件出发，将"己获得了保送名额"代入（1）可得，乙的绩点不比庚高。故选 C 项。

练49 答案为 B 项。

解析 本题可从补充条件出发，将"庚的绩点比乙高，且甲没有获得保送名额"代入（3）可得，丙的绩点不比辛高。其余两个条件均不能使用。

练50 答案为 B 项。

解析 观察到 2 的位置最特殊，处在 2 号位的小朋友和其余每个小朋友都相邻，也都在一排。

结合题干条件可知，处在 2 号位的不是小红、小明、小强、小东，只能是小立。依据"小红和小明不在一排""小红和小强也不在一排"可得，与小红在一排的是小东。

练51 答案为 C 项。

解析 题干条件可提炼为：(1) 小王：书架∨笔筒；(2) 小李：背包；(3) 小赵拖鞋∨小张袜子；(4) 小王：非书架∧非笔筒；(5) 小李：电脑；(6) 小张：非袜子。六个条件中两真四假，且每人至少买了一件东西。(1) 和 (4) 是矛盾关系，必然一真一假；(3) 和 (6) 是至少一真的关系，因此 (2)(5) 都是假的，它们的矛盾为真，即"小李没买背包且小李没买电脑"。

练52 答案为 A 项。

解析 数据划分题目，可采用列表格的方式解题。在世界总人口中，男女比例相当，而在除黄种人和黑种人以外的人中，男性比例大于女性比例，这意味着在黄种人和黑种人中，男性比例小于女性比例。针对黄种人和黑种人这个整体，有两类划分标准，一个是按性别，一个是按肤色。列表如下。

	男性	女性
黄种人	A	B
黑种人	C	D

依据"黄种人远远多于黑种人"，可得：(1) $A+B > C+D$。
依据"男性比例小于女性比例"，可得：(2) $B+D > A+C$。
二者结合可得：$B > C$。

练53 答案为 B 项。

解析 依据题干可得：(1) 东江全日制 = 西海全日制 ×0.7；(2) 东江总人数 = 西海总人数 ×1.2。由 (1) ÷ (2) 可得：东江全日制占比 = 西海全日制占比 ×0.7÷1.2，因此东江大学全日制学生占比较小，成人教育学生占比较大。

练54 答案为 A 项。

解析 如果璇璇在周日休息，结合 (1) 和 (3) 可得，同在周日休息的人是欣欣、亮亮和豆豆中的某个人，不可能是朱朱。

练55 答案为 B 项。

解析 题目要求选择"可能为真"的选项，考虑用排除法解题。A、D、E 三项与 (1) 冲突，排除；不能直接利用假言命题判断 B 项，可先跳过；利用 (2) 可排除 C 项。故选 B 项。

练56 答案为 B 项。

解析 条件 (5) 中提到"至少有一个 A 组评委投反对票"，那意味着 A 组评委不能都投同意票，结合 (2) 可得 C 组评委不能都投反对票，即至少有一个 C 组评委投同意票。

练57 答案为 D 项。

解析 选项列举了部分同学的情况，考虑用排除法解题。依据（1）可得，由高到低是张、王、李；依据（2）可得，由高到低是李、赵；依据（3）可得，由高到低是周、李、吴。由此可得 D 项一定假。

练58 答案为 D 项。

解析 依据（1）、（2）、（3）可得，"财务部"是重复最多的要素，结合题干限定条件可得华静来自财务部，再代入（4）可得佳欣来自销售部，再结合（1）"邓琪不是业务部的"可得，她来自运营部，刘迪来自业务部。此题也可用列表格的方式解题。

练59 答案为 A 项。

解析 题干条件可提炼为：（1）丙；（2）甲∨乙∨丁；（3）¬丙；（4）¬甲∧¬乙∧¬丙∧¬丁。四个条件中一真三假，（1）和（3）是矛盾关系，必然一真一假，因此（2）和（4）都为假，结合可得作案的是丙，进而可得（1）为真（3）为假。

练60 答案为 D 项。

解析 题干是多对多的匹配，考虑用列表格的方法解题。结合题干限定条件可知，表格每行每列都是两个"√"和三个"×"，优先考虑放确定的条件，利用（2）可得表格如下。

	猫	狗	乌龟	鱼	鹦鹉
欢欢				√	
乐乐				×	
青青				×	
玉玉				√	
露露				×	

依据（3）可得，青青和乐乐分别养了猫和狗中的一种，即使（3）和（1）都是不确定信息，此时也可知道，答案为 D 项，因为欢欢、乐乐、青青、玉玉的情况不能确定，如果继续列表格的话，也是假定的情况。例如，假定欢欢养了乌龟，玉玉养了鹦鹉，青青养了猫，乐乐养了狗，除了假定的情况，其余都是可确定的信息，如下表所示。

	猫	狗	乌龟	鱼	鹦鹉
欢欢	×	×	假定√	√	假定 ×
乐乐	假定 ×	假定√		×	
青青	假定√	假定 ×		×	
玉玉	×	×	假定 ×	√	假定√
露露	√	√	×	×	×

练61 答案为 C 项。

解析 题干是多对多的匹配，考虑用列表格的方法解题。共有八人次在丰台区、海淀区、朝阳区、西城区工作过,分配到三个人的身上,每个人最多在三个区工作过,可得分组情况是 3、3、2,即有两个人在三个区工作过,一个人在两个区工作过。结合题干限定条件可知,每列是两个"√"一个"×",高路这一行是两个"√"两个"×",徐艺和颜哲这两行分别是三个"√"一个"×"。依据(1)可得下表。

	丰台区	海淀区	朝阳区	西城区
徐艺			√	
颜哲			√	
高路			×	

因为有两个人在海淀区工作过,结合(4)可得高路没在海淀区工作过,进而可得徐艺和颜哲在海淀区工作过,利用(2)可得徐艺和颜哲分别在丰台区和西城区中的一个地方工作过。列表如下。

	丰台区	海淀区	朝阳区	西城区
徐艺		√	√	
颜哲		√	√	
高路	√	×	×	√

练62 **答案为 B 项。**

解析 本题可以从每个人所述信息的矛盾是否可能成立入手,如果有可能成立,则所述信息不一定真。例如,如果每种颜色的球都大于等于 33 个,红色 33 个、黄色 33 个、绿色 34 个,是可能成立的情况,因此张三说的话不一定为真;如果盒子中所有的球都少于 34 个,该情况不能成立,因此李四说的话为真;因为一共有三种颜色的球,每种颜色的球至少有一个,因此王五说的话一定为真。

综合推理题型练习 4

本练习共 28 道小题，每个 2 分，共 56 分。下列每题给出的 A、B、C、D、E 五个选项中，只有一个选项符合试题要求。建议用时 84 分钟。

得分：_____   用时：_____

练63 阳光小区在东南西北四个不同的方位栽种了四种不同的树，已知四种树木分别是杨树、柳树、银杏和松树。关于每个方位分别栽种了什么树，可知以下信息：

(1) 北面种植的树木可能是杨树，可能是银杏，也可能是松树；

(2) 西面种植的或者是杨树或者是松树；

(3) 东面种植的可能是松树也可能是杨树；

(4) 西面种植的或者是柳树或者是松树。

依据以上信息，以下一定为真的是：

A. 西面种植的是杨树。

B. 东面种植的是杨树。

C. 北面种植的是杨树。

D. 南面种植的是银杏。

E. 西面种植的是柳树。

练 64～练 65 题基于以下题干：

果维同学在整理自己的书架，他的书架共有 12 个格子，分为上下两层，每层有 6 个格子，恰好上下 6 个格子一一对应。每个格子中可以放一本书，现在有 3 本少儿书、1 本外语书、3 本文学书、3 本社科书、2 本工具书需要摆放进去。关于摆放有以下要求：

(1) 外语书放在第一层最边上的位置；

(2) 文学书和社科书不能放在同一层；

(3) 同一种类的书必须相邻摆放。

练64 根据以上信息，以下哪两本书不可以放在上下对应的位置？

A. 少儿书和文学书。

B. 外语书和工具书。

C. 工具书和社科书。

D. 工具书和文学书。

E. 少儿书和社科书。

练65 如果将条件（2）改成：排在第一层的社科书和排在第二层的文学书，没有完全上下对应，那么以下哪项一定为真？

A. 工具书挨着外语书摆放。

B. 社科书挨着外语书摆放。

C. 文学书和外语书对应。

D. 如果社科书和少儿书上下完全对应，那么工具书挨着外语书摆放。

E. 如果社科书挨着外语书摆放，那么工具书与少儿书对应。

练66 学校在为失学儿童义捐活动中收到两笔没有署真名的捐款，经过多方查找，可以断定是周、吴、郑、王中的某两位捐的。经询问，周说："不是我捐的。"吴说："是王捐的。"郑说："是吴捐的。"王说："我肯定没有捐。"最后经过详细调查证实，四个人中只有两个人说的是真话。

根据已知条件，请你判断下列哪项可能为真？

A. 是吴和王捐的。

B. 是周和王捐的。

C. 是郑和王捐的。

D. 是郑和吴捐的。

E. 是郑和周捐的。

题源：2000—1—39

练67 老张有一个圆形的养鱼池，鱼池外围需要放五种花将其围住，他将外围的圆形分成了五份，并标记了 1~5 的数字，但他不是按顺序写的。例如，1 和 2 未必挨着。他在这五个位置上放置了菊花、月季、茉莉、芍药和牡丹中的一种，每个位置都互不重复。已知：

(1) 茉莉在 1 号位置上，菊花在茉莉右边的第二个位置上；

(2) 月季在 5 号位置左边的第二个位置上；

(3) 茉莉的位置紧挨着 3 号位置，且在其左边；

(4) 芍药的位置紧挨着 2 号位置，且在其左边。

根据上述信息，可得菊花在几号位置？

A. 1。　　B. 2。　　C. 3。　　D. 4。　　E. 5。

练68 某校以年级为单位，把学生的成绩分为优、良、中、差四等。在一学年中，各门考试分前 10% 的为优，后 30% 的为差，其余的为良和中。在上一学年中，高二年级成绩为优的学生多于高一年级成绩为优的学生。

如果上述为真，则以下哪项一定为真？

A. 高二年级成绩为差的学生少于高一年级成绩为差的学生。

B. 高二年级成绩为差的学生多于高一年级成绩为差的学生。

C. 高二年级成绩为优的学生多于高一年级成绩为良的学生。

D. 高二年级成绩为优的学生少于高一年级成绩为良的学生。

E. 高二年级成绩为差的学生多于高一年级成绩为中的学生。

题源：2008—1—53

练69 某集团的年会上有来自甲、乙两个子公司的五位同事小张、小王、小李、小赵和小刘在玩游戏，每个人都知道其他人来自哪个子公司，要求每个人都对同一子公司的人说真话，对另外一个子公司的人说假话。他们每人各说了一句话，如下：

(1) 小张对小王说：你是甲子公司的。

(2) 小王对小李说：你和小赵都是甲子公司的。

(3) 小李对小赵说：你和小王都是乙子公司的。

(4) 小赵对小刘说：你和小王都是甲子公司的。

(5) 小刘对小张说：你和小李都不是甲子公司的。

根据上述信息，来自甲子公司的都有谁？

A. 小张、小王、小赵。

B. 小张、小王、小刘。

C. 小李、小赵、小刘。

D. 小张、小刘、小李。

E. 小李、小张、小王。

练70 王嫂面条店经营困难，为了解决四个店员面临的失业问题，王嫂建议大家尝试摆摊赚生活费，并且承诺资助每个人两千元启动资金，但是她有以下要求：每个人摆摊卖的东西必须是手机壳、耳环、发饰、遮阳帽、太阳镜中的两种。有关四人的选择可知：每个人的选择结果都不相同；只有大李选择了卖耳环；大张和小张的选择中没有相同的，且大张选了手机壳和发饰。

根据上述信息，关于小李的选择一定为真的是：

A. 如果小李没选择遮阳帽，则他一定选择了发饰。

B. 如果小李没选择遮阳帽，则他一定选择了太阳镜。

C. 如果小李没选择发饰，则他一定选择了遮阳帽。

D. 如果小李选择了发饰，则他一定选择了太阳镜。

E. 如果小李没选择发饰，则他一定选择了太阳镜。

练71 一个村子里一共有100户人家，每家每户都养了一只狗。村主任说村里面有病狗，每户人家都可以查看其他人家的狗是不是病狗，但是不准检查自己家的狗。如果推断出自家的狗是病狗的话，就必须自己把自家的狗杀死；但是每个人在看到别人家的狗是病狗的时候不准告诉别人，也没有权力杀死别人家的狗。第一天没有听到枪声，第二天也没有，第三天却传来了一阵枪声。

请问：这个村子里一共有几只病狗？

A. 2。　　　　B. 3。　　　　C. 4。　　　　D. 25。　　　　E. 50。

题源：396—2016—6

练72 来自管理学院、勘测学院和建筑学院的三名同学竞选学生会三个部长的职位，已知这三个职位分别是宣传部部长、外联部部长和组织部部长，学院与竞选职位顺序不完全对应。

已知：

(1) 管理学院的同学比竞选组织部部长的同学年龄大；

(2) 建筑学院的同学和竞选外联部部长的同学都穿了正装；

(3) 勘测学院的同学比竞选外联部部长的同学年龄大。

根据以上陈述，可以得出以下哪项？

A. 竞选宣传部部长的同学年龄最大。

B. 管理学院的同学竞选宣传部部长。

C. 建筑学院的同学竞选宣传部部长。

D. 建筑学院的同学比勘测学院的同学年龄大。

E. 管理学院的同学比勘测学院的同学年龄大。

练73 旅游社团中有五名成员，她们的称呼为张阿姨、王阿姨、李阿姨、赵阿姨和刘阿姨，她们五个人来自不同的省（自治区、直辖市），这五个省（自治区、直辖市）是北京、河北、天津、内蒙古和辽宁。还已知以下信息：

(1) 张阿姨和其他三位阿姨共同出游过；

(2) 来自北京的那位阿姨只和赵阿姨、刘阿姨出游过；

(3) 来自河北、天津、内蒙古和辽宁的阿姨都两两互相结伴出游过；

(4) 李阿姨只和两位阿姨出游过；

(5) 王阿姨来自天津，赵阿姨不是辽宁人；

(6) 来自河北的阿姨只和其他三位阿姨共同出游过。

根据以上信息，可以得出以下哪项？

A. 张阿姨来自辽宁。

B. 王阿姨来自北京。

C. 刘阿姨来自河北。

D. 李阿姨来自天津。

E. 赵阿姨来自内蒙古。

练74～练75题基于以下题干：

王科、张广、李一、徐文、刘嘟、周周六个人的身高各不相同。有关他们身高的信息如下：

(1) 李一低于周周；

(2) 如果张广低于李一，则徐文低于刘嘟和周周；

(3) 如果李一低于张广，则刘嘟低于徐文和周周；

(4) 王科的身高要么低于张广，要么低于李一。

练74 如果张广是第二矮的，则以下哪项陈述可能为真？

A. 刘嘟低于王科。

B. 刘嘟低于徐文。

C. 李一低于王科。

D. 李一低于张广。

E. 周周低于王科。

练75 如果周周低于王科，则以下哪项陈述可能为真？

A. 张广低于李一。

B. 张广低于徐文。

C. 王科低于李一。

D. 王科低于刘嘟。

E. 张广低于刘嘟。

练76～练77题基于以下题干：

王书记要调查七个村的农业收成情况，这七个村分别是甲、乙、丙、丁、戊、己和庚。他调查的顺序需要符合以下要求：

(1) 调查己村和庚村的顺序紧紧相邻；

(2) 如果第二个调查丙村，那么第四个调查丁村；

(3) 如果调查甲村的时间早于乙村，那么第二个调查丙村；

(4) 除非第五个调查丙村，否则调查甲村的时间早于乙村。

练76 如果调查完丙村之后，再调查戊村和庚村，那么以下哪项一定真？

A. 第一个调查甲村。

B. 第二个调查甲村。

C. 第三个调查戊村。

D. 第四个调查戊村。

E. 第五个调查戊村。

练77 如果调查丁村的时间早于丙村，那么以下哪项不可能真？

A. 第一个调查乙村。

B. 第二个调查乙村。

C. 第一个调查己村。

D. 第二个调查己村。

E. 第五个调查甲村。

练78 某宿舍住着四位研究生，分别是四川人、安徽人、河北人和北京人。他们分别在中文、国政和法律三个系就读。其中：

Ⅰ．北京籍研究生单独在国政系。

Ⅱ．河北籍研究生不在中文系。

Ⅲ．四川籍研究生和另外某个研究生在同一个系。

Ⅳ．安徽籍研究生不和四川籍研究生在同一个系。

以上条件可以推出四川籍研究生所在的系为哪个？

A. 中文系。　　　　　　B. 国政系。　　　　　　C. 法律系。

D. 中文系或法律系　　　E. 无法确定。

题源：1998—10—24

练79 刘欢、张欢、李欢和赵欢四人参加一个晚宴，有关她们四位穿的礼服颜色可知以下要求：如果张欢穿白色礼服，那么刘欢穿粉色礼服；如果刘欢穿黑色礼服，那么张欢穿香槟色礼服；如果李欢穿红色礼服，那么赵欢和刘欢中至少有一个人穿蓝色礼服。

如果上述为真，则以下哪项符合上述要求？

A. 刘欢、张欢、李欢和赵欢四人穿的礼服颜色依次是红色、白色、黑色、香槟色。

B. 刘欢、张欢、李欢和赵欢四人穿的礼服颜色依次是蓝色、粉色、红色、白色。

C. 刘欢、张欢、李欢和赵欢四人穿的礼服颜色依次是粉色、白色、红色、香槟色。

D. 刘欢、张欢、李欢和赵欢四人穿的礼服颜色依次是黑色、蓝色、粉色、白色。

E. 刘欢、张欢、李欢和赵欢四人穿的礼服颜色依次是香槟色、白色、蓝色、黑色。

练80 某综合性大学只有理科与文科，理科学生多于文科学生，女生多于男生。

如果上述断定为真，则以下哪项关于该大学学生的断定也一定为真？

Ⅰ．文科的女生多于文科的男生。

Ⅱ．理科的男生多于文科的男生。

Ⅲ．理科的女生多于文科的男生。

A. 只有Ⅰ和Ⅱ。　　　　B. 只有Ⅲ。　　　　C. 只有Ⅱ和Ⅲ。

D. Ⅰ、Ⅱ和Ⅲ。　　　　E. Ⅰ、Ⅱ和Ⅲ都不一定是真的。

题源：2009—1—33

练81 某个班级中共有 13 个小朋友，老师将他们分成了四组，恰好每组穿不同颜色的外套，小组内颜色都相同。还已知以下信息：

(1) 外套颜色分别为蓝色、白色、粉色、灰色；

(2) 每个小组的人数不同；

(3) 穿蓝色外套和白色外套的小朋友共 5 人；

(4) 穿蓝色外套和粉色外套的小朋友共 6 人；

(5) 穿其中一种颜色外套的小朋友有 2 人。

根据以上信息，可知穿哪种颜色外套的小朋友有 2 人？

  A．蓝色。   B．白色。   C．粉色。

  D．灰色。   E．不能确定。

练82 小红、小明和小强三个人都报了课外班。关于他们报课外班的情况可知以下信息：

(1) 有两个人报了绘画班，两个人报了舞蹈班，两个人报了钢琴班，两人报了书法班；

(2) 每个人报的课外班数目都小于四；

(3) 如果小红报了绘画班，那么她也报了书法班；

(4) 小明和小强两个人，都是如果报舞蹈班，那么也报钢琴班；

(5) 小红和小强两个人，都是如果报书法班，那么报钢琴班。

根据上述信息，可以得出以下哪项？

  A．小强报了两个课外班。

  B．小强没报绘画。

  C．小明没报书法。

  D．小强既报了绘画班又报了舞蹈班。

  E．小红报了绘画班。

练83 甲、乙、丙、丁、戊、己、庚七个人，分成两组去爬山。已知：

(1) 如果庚在第一组，那么乙也在第一组；

(2) 如果甲在第一组，那么乙在第二组；

(3) 如果丙在第一组，那么丁和戊都在第二组；

(4) 己和庚不在同一组；

(5) 甲和戊不在同一组。

如果丁和己都在第一组，那么以下哪项可能真？

  A．甲和丙都在第一组。

  B．甲和庚都在第一组。

  C．己和丙都在第一组。

  D．丙和戊都在第二组。

  E．庚和丁都在第一组。

练84 老张退休后计划去六个省（自治区、直辖市）旅游，分别是北京、天津、内蒙古、辽宁、河北和山东。有关游览顺序可知以下信息：

(1) 只有先去天津，才去辽宁；

(2) 只有先去山东，才去河北；

(3) 如果去辽宁，就要先去河北；

(4) 第四个去的省份是北京。

依据上述信息，以下哪项不可能真？

A. 第一个去的是内蒙古。

B. 第二个去的是天津。

C. 第三个去的是辽宁。

D. 第五个去的是河北。

E. 第六个去的是内蒙古。

练85 某公司在招聘中选定了三位候选人，对他们分别进行英语口语和逻辑思维能力测试。如果两个测试均合格，则录用；如果两个测试不都合格，则不录用。由测试结果可知，其中两人英语口语测试合格，两人逻辑思维能力测试合格。

依据上述信息，可以得出以下哪项？

Ⅰ．三人中至少有一人被录用。

Ⅱ．三人中至少有一人不被录用。

Ⅲ．三人中，只有一人被录用。

A. 只有Ⅰ。　　　　　　B. 只有Ⅱ。　　　　　　C. 只有Ⅱ和Ⅲ。

D. 只有Ⅰ和Ⅱ。　　　　E. Ⅰ、Ⅱ和Ⅲ。

练86 从赵、张、孙、李、周、吴六个博士生中选出三个人组成一个小组，去西北一些缺少老师的地区支教。有关小组人员的组成情况，可知以下信息：

(1) 赵、孙两个人中至少要选出一个人；

(2) 张、周两个人中至少选出一个人；

(3) 孙、周两个人中的每一个都不与张共同入选；

(4) 周未入选。

根据以上条件，以下哪两位必同时入选？

A. 赵、吴。　　　　　　B. 张、李。　　　　　　C. 张、吴。

D. 赵、李。　　　　　　E. 赵、张。

练87 一个师傅在配置养生茶，可供使用的配料有枸杞、山楂、金银花、玫瑰花、菊花、大枣六种。一个合格的配方至少由两种配料组成，除此之外，还要满足3个条件：

(1) 如果放枸杞或者菊花，那么不能放大枣；

(2) 如果放玫瑰花，那么也放大枣；

(3) 如果放山楂，那么也放菊花。

以下除了哪项，两种配料都可能单独或者与其他配料组成一份合格的配方？

A. 大枣和金银花。

B. 玫瑰花和山楂。

C. 金银花和山楂。

D. 菊花和枸杞。

E. 山楂和枸杞。

练88 有来自三个学校的大学生，参加了一个公益支教项目。第一个学校的成员有甲、乙、丙，第二个学校的成员有王光、李光、赵光，第三个学校的成员有小周、小吴、小郑。依据要求，将他们分成三组，每组三个人，每组分别由来自这三个学校的一名成员构成。另还有以下要求：

(1) 甲不和赵光在同一组；

(2) 小吴必须与李光或者丙在同一组；

(3) 小郑和赵光在同一组。

根据以上信息，可以得出以下哪项？

A. 甲和小郑不在同一组。

B. 甲和小吴不在同一组。

C. 乙和小周不在同一组。

D. 乙不和王光在同一组。

E. 以上均不能得出。

练89~练90题基于以下题干：

甲、乙、丙、丁、戊、己六个人，每个人养了一种花，两个人养了玫瑰花、两个人养了百合花、两个人养了太阳花。有关他们养什么花的信息，还有以下：

(1) 丁和乙中至多有一个人养了玫瑰花；

(2) 如果丙养了玫瑰花或者戊养了玫瑰花，那么丁没有养玫瑰花；

(3) 乙没养玫瑰花，甲就养百合花。

练89 如果丁养了玫瑰花，那么可以得出以下哪项？

A. 己养了百合花或者太阳花。

B. 甲养了玫瑰花。

C. 己和甲都没有养玫瑰花。

D. 己养了玫瑰花。

E. 丙养了百合花。

练90 如果戊养了玫瑰花，同时如果乙养玫瑰花，那么丁养玫瑰花，那么可以得出以下哪项？

A. 如果丙不养玫瑰花，则己养玫瑰花。

B. 如果丙不养玫瑰花，则己不养玫瑰花。

C. 如果丙养玫瑰花，则己养玫瑰花。

D. 如果丙不养玫瑰花，则甲养玫瑰花。

E. 丙养玫瑰花而己没有养。

综合推理题型练习 4 解析

练63 答案为 B 项。

解析 题干条件可提炼为：（1）北面：杨树∨银杏∨松树；（2）西面：杨树∨松树；（3）东面：松树∨杨树；（4）西面：柳树∨松树。结合（2）和（3）可得松树和杨树被西面和东面占据，结合（1）可得北面种植银杏，结合（2）和（4）可得西面只能种植松树，进而得东面种植杨树，南面种植柳树。

练64 答案为 B 项。

解析 依据（2）和（3）可得，文学书和社科书分别放在上下两层，但不能确定谁放在第一层。此时第一层只剩下两个位置，第二层剩下三个位置，因此 2 本工具书只能放在第一层，3 本少儿书只能放在第二层。

练65 答案为 D 项。

解析 依据补充条件可知，第一层放工具书和社科书，第二层放少儿书和文学书。当符合所有条件时，A、B、C 三项都不一定真；D 项，如果社科书和少儿书上下完全对应，那么书籍摆放如下表所示。

外语书	工具书	工具书	社科书	社科书	社科书
文学书	文学书	文学书	少儿书	少儿书	少儿书

E 项，如果社科书挨着外语书摆放，那么少儿书和文学书怎么放都不会与题干条件冲突，因此 E 项不一定真。

练66 答案为 C 项。

解析 因为一共有两个人捐款，选项属于穷举，所以可以考虑用排除法解题，即假定选项为真，代入题干观察是否符合两真两假，如果符合就是可能为真。例如 A 项，如果是吴和王捐款，则四个条件中三真一假，不符合，可排除，剩余选项可依次进行假定。

练67 答案为 D 项。

解析 依据条件（1）和（3）可得下图。

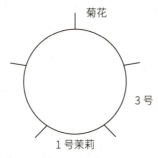

（2）和（4）都是不能直接利用的条件，因此用假设法进行分析。假设菊花是 5 号位

置，那么它左边的第二个位置是茉莉，而不是月季，因此不成立；假设1号位置的左边是5号位置，那么它左边的第二个位置是菊花，也不是月季，因此不成立。所以5号位置紧挨着菊花，并在其右侧，再利用（4）可得5号位置是芍药，5号位置的右侧是2号位置，因此菊花在4号位置。

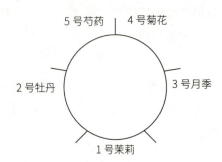

练68 答案为B项。

解析 某个年级成绩为优的学生人数＝年级总人数×10%。依据"高二年级成绩为优的学生多于高一成绩为优的学生"可得高二年级的总人数比高一年级的多，进而可得高二年级成绩为差的学生也多于高一年级成绩为差的学生。

练69 答案为A项。

解析 题干限定条件为"每个人都对同一子公司的人说真话，对另外一个子公司的人说假话"，观察五句话，只有第一句最特殊，可以从它入手。假定小张是甲子公司的人，如果小王是甲子公司的人，小张会对小王说：你是甲子公司的；如果小王是乙子公司的人，小张也会对小王说：你是甲子公司的。进而可分析出，如果小张是乙子公司的人，他会对别人说：你是乙子公司的。由此可确定小张是甲子公司的人。接下来找和小张相关的条件（5），可得小刘说假话，因此小刘是乙子公司的。利用（4）可知小赵对小刘说假话，因此小赵是甲子公司的。利用（3）可知小李对小赵说假话，因此小李是乙子公司的。利用（2）可知小王对小李说假话，因此小王是甲子公司的。

练70 答案为B项。

解析 题干是多对多，考虑用列表的方式解题。利用题干的条件可得下表。

	手机壳	耳环	发饰	遮阳帽	太阳镜
大张	√	×	√	×	×
小张	×	×	×	√	√
大李		√			
小李		×			

选项是有关小李的，小李的选择不可能和大李完全一致，所以只需小李和大张、小张不出现选择一致就可以。如果小李没选择遮阳帽，那为了不和大张选择一致，他必须选择

太阳镜，否则就会出现和大张选择一致的情况，因此 B 项一定真。如果小李没选择发饰，那为了避免和小张选择一致，他必须选择手机壳，因此 C、E 两项都不一定真。

练71 答案为 B 项。

解析 村民都知道村里至少有一条病狗，因此第一天如果有村民没有看到病狗，就会猜出自己家的狗是病狗，他就会选择开枪。第一天晚上没有人开枪，说明每户村民都看到了病狗。如果每户村民都看到了病狗，这意味着村里应该至少有两条病狗，那么在第二天如果有村民不能看到两条病狗，就会猜出自己家的狗是病狗，进而会开枪，而第二天没有人开枪，说明每户村民都至少看到了两条病狗，这意味着村里应该至少有三条病狗。第三天如果有村民没有看到至少三条病狗，那么他就会猜出自己家的狗是病狗。第三天有村民开枪，说明他们没有看到第三条病狗，进而猜自己家的狗是病狗。开枪的村民如果看到了第三条病狗，那么符合至少有三条病狗，他就不会开枪了。因此村里一共三条病狗。不可能大于三条，如果是四条，那么在第三天每户村民都至少能看到三条病狗，就不会有村民开枪。

练72 答案为 A 项。

解析 三个条件中重复较多的是"外联部"，结合（2）和（3）可得，竞选外联部部长的同学是管理学院的。结合（1）和（3）可得，年龄按照由大到小，从左到右依次如下表所示。

	竞选外联部部长	竞选组织部部长
勘测学院	管理学院	

下一步，把剩余的表格补全即可。

竞选宣传部部长	竞选外联部部长	竞选组织部部长
勘测学院	管理学院	建筑学院

练73 答案为 E 项。

解析 一一匹配的题目可以考虑用列表的方式解题。表格每行每列应对应一个"√"和四个"×"。结合（1）和（2）可得张阿姨不来自北京；依据（2）可得刘阿姨和赵阿姨都不来自北京；依据（3）可得来自河北、天津、内蒙古和辽宁的阿姨都至少和三位阿姨出游过；结合（3）和（4）可得李阿姨不来自河北、天津、内蒙古、辽宁，因此她来自北京；再将（5）的信息补充到表格中，如下表所示。

	北京	河北	天津	内蒙古	辽宁
张阿姨	×		×		
王阿姨	×	×	√	×	×
李阿姨	√	×		×	×
赵阿姨	×				×
刘阿姨	×		×		

（6）不能直接利用，题干的全部条件筛选一遍后，仍然不能补全表格，可以考虑把得出的新信息题干与条件结合，由"李阿姨来自北京"结合（2）和（3）可得赵阿姨、刘阿姨和北京的阿姨出游过一次，那么意味着赵阿姨和刘阿姨都至少和四位阿姨出游过，结合（6）可得赵阿姨和刘阿姨都不来自河北，由此所有人的情况都可确定。

	北京	河北	天津	内蒙古	辽宁
张阿姨	×	√	×	×	×
王阿姨	×	×	√	×	×
李阿姨	√	×	×	×	×
赵阿姨	×	×	×	√	×
刘阿姨	×	×	×	×	√

练74 答案为 A 项。

解析 依据（4）可得，要么张高于王，王高于李；要么李高于王，王高于张。如果张是第二矮的，那么可以确定李高于王，王高于张，则李高于张，代入（2）可得徐低于刘和周，据此排除 B 项。结合（1）可得周高于李，李高于王，王高于张，据此可以排除 C、D、E 三项。

练75 答案为 B 项。

解析 如果周低于王，结合（1）可得，李低于王；代入（4）可得，李低于张；再代入（3）可得刘低于徐和周。根据以上信息可排除 A、C、D、E 四项。

练76 答案为 A 项。

解析 本题可从补充条件入手，如果调查完丙村之后再调查戊村和庚村，再结合（1）可知丙村之后至少有三个村要调查，那么一定不是第五个调查丙村，代入（4）可得调查甲村的时间早于乙村，代入（3）可得第二个调查丙村，代入（2）可得第四个调查丁村。庚村、己村和戊村在第三、五、六、七的位置上选择，再结合"调查甲村的时间早于乙村"可得第一个调查的是甲村。其余几个村的调查顺序不能确定。

练77 答案为 E 项。

解析 本题可从补充条件入手，如果调查丁村的时间早于丙村，结合（2）可得不能第二个调查丙村，代入（3）取逆否可得调查甲村的时间晚于乙村，代入（4）可得第五个调查丙村。

练78 答案为 C 项。

解析 利用复选项Ⅰ、Ⅱ结合题干限定条件可得，河北籍研究生在法律系。利用复选项Ⅰ、Ⅲ、Ⅳ可得，四川籍研究生只能和河北籍研究生在同一个系，因此四川籍研究生也在法律系。

练79 答案为 B 项。

解析 选项是穷举，因此考虑用排除法解题。依据张穿白色，那么刘穿粉色，可排除 A、E 两项；依据刘穿黑色，那么张穿香槟色，可排除 D 项；依据李穿红色，那么赵和刘中至少有一个人穿蓝色，可排除 C 项。

综合推理题型练习 4

练80 答案为 B 项。

解析 数据划分题目，考虑用列表格的方法解题。如下表所示。

	男生	女生
理科	A	B
文科	C	D

依据题干可得：（1）$A+B > C+D$；（2）$B+D > A+C$。大于号左侧相加大于右侧相加，由此可得：$B > C$。因此复选项Ⅲ为真，复选项Ⅰ和复选项Ⅱ不一定为真。

练81 答案为 C 项。

解析 依据（3）可得，穿蓝色外套和白色外套的小朋友的分组情况既可能是 1 人和 4 人，也可能是 2 人和 3 人。依据（2）和（4）可得，穿蓝色外套的和粉色外套的小朋友的分组情况既可能是 1 人和 5 人，也可能是 2 人和 4 人。因为（3）和（4）都涉及蓝色，所以可以考虑从穿蓝色外套入手。结合分组情况，穿蓝色外套的小朋友可能是 1 人，也可能是 4 人，还可能有 2 人，因此可用假设法解题。假定穿蓝色外套的是 1 人，那么穿白色外套的是 4 人，穿粉色外套的是 5 人，穿灰色外套的是 3 人，不符合条件（5），因此不成立；假定穿蓝色外套的是 2 人，穿白色外套的是 3 人，穿粉色外套的是 4 人，穿灰色外套的是 4 人，不符合条件（2），因此不成立。因此穿蓝色外套的是 4 人，可得穿白色外套的是 1 人，穿粉色外套的是 2 人，穿灰色外套的是 6 人。

练82 答案为 D 项。

解析 题干是多对多的匹配，可以考虑用列表格的方式解题。依据（1）可知每列都是两个"√"和一个"×"。结合（1）和（2）可知分组情况是 3、3、2，即有两个人报了三个课外班，有一个人报了两个课外班。小红：绘画→书法→钢琴。小明：舞蹈→钢琴。小强：舞蹈→钢琴，书法→钢琴。因为每个人最少报两个班，因此小红一定报钢琴，同理小强也报钢琴，那么已经满足有两个人报钢琴，进而可知小明不报钢琴，推出他也不报舞蹈，则他报绘画和书法。此时舞蹈这一列满足一个"×"，因此可以补上两个"√"，如下表所示。

	绘画	书法	舞蹈	钢琴
小红			√	√
小明	√	√	×	×
小强			√	√

再依据小红如果不报书法，那么她也不报绘画，因此她一定报书法，进而表格剩余的部分都可以补全。

	绘画	书法	舞蹈	钢琴
小红	×	√	√	√
小明	√	√	×	×
小强	√	×	√	√

练83 **答案为 D 项。**

解析 本题可从补充条件入手。如果丁在第一组，代入（3）可得丙在第二组，据此可排除 A、C 两项。如果己在第一组，代入（4）可得庚在第二组，据此排除 B、E 两项。

练84 **答案为 C 项。**

解析 假定用">"表示旅游的先后顺序，">"左边代表先游览。根据题干（1）可得，天津＞辽宁，根据（2）和（3）可得，山东＞河北＞辽宁。观察两组信息中，"辽宁"出现最多，限定最高，在去辽宁之前至少要去三个地方，结合（4）可得只能第五个或者第六个去辽宁。

练85 **答案为 D 项。**

解析 依据"两人英语口语测试合格，两人逻辑思维能力测试合格"，可得至少有一人两项测试均合格，因此复选项Ⅰ一定真；也可得至少有一人两项测试不都合格，因此复选项Ⅱ一定真。有可能英语测试合格的两个人恰好也是逻辑思维能力测试合格的人，因此可能有两个人被录用，因此复选项Ⅲ不一定真。

练86 **答案为 E 项。**

解析 本题可从确定条件入手，将（4）代入（2）可得张一定入选，将"张入选"代入（3）可得孙和周都不入选，将"孙不入选"代入（1）可得赵入选。剩余的李、吴的情况不能确定。

练87 **答案为 B 项。**

解析 题干三个条件可提炼为：山楂→菊花→枸杞∨菊花→¬大枣→¬玫瑰花。找不能组成合格配方的，可以考虑找题干的矛盾。观察选项发现，只有 B 项与题干条件矛盾。

练88 **答案为 A 项。**

解析 （1）和（3）都涉及赵光，二者结合可得甲和小郑不在同一组，因此 A 项一定真。

练89 **答案为 D 项。**

解析 依据题干"六个人，每个人养了一种花，两个人养了玫瑰花、两个人养了百合花、两个人养了太阳花"可得，这是一个一一匹配题目。问题中有补充的确定条件，可以考虑从补充条件入手。将"丁养了玫瑰花"代入（1）可得乙没有养玫瑰花，再代入（3）可得甲养了百合花；将"丁养了玫瑰花"代入（2）可得丙和戊都没养玫瑰花，进而可得养玫瑰花的另外一个人是己。

练90 **答案为 A 项。**

解析 本题可从补充条件入手。将"戊养了玫瑰花"代入（2）可得丁没有养玫瑰花，再代入补充条件"如果乙养玫瑰花，那么丁养玫瑰花"中，可得乙没有养玫瑰花，再继续代入（3）可得甲养百合花。选项涉及了玫瑰花，依据前面的信息结合题干限定条件可得，丙和己里面有一个人会养玫瑰花。

到此综合推理结束

你已做完 400 道试题

离学完本书还剩余 30%

追逐梦想的你，棒极啦

第三篇

论证逻辑

论证逻辑满分指导

一、论证逻辑的本质

欢迎小伙伴们来到论证逻辑的世界！论证逻辑的本质是<u>套路化</u>，论证逻辑需要进行一定的语义理解，其虽不像形式逻辑一样有公式可循，但仍然可依照套路寻找答案。如下例所示：

例1 随着光纤网络带来的网速大幅度提高，高速下载电影、在线看大片等都不再是困扰我们的问题。即使在社会生产力发展水平较低的国家，人们也可以通过网络随时随地获得最快的信息、最贴心的服务和最佳体验。有专家据此认为：光纤网络将大幅提高人们的生活质量。

以下哪项如果为真，最能质疑该专家的观点？

A. 网络上所获得的贴心服务和美妙体验有时是虚幻的。
B. 即使没有光纤网络，同样可以创造高品质的生活。
C. 随着高速网络的普及，相关上网费用也随之增加。
D. 人们生活质量的提高仅决定于社会生产力的发展水平。
E. 快捷的网络服务可能使人们将大量时间消耗在娱乐上。

题源：2014—1—26

解析 本题所涉及的套路如下：

以"头发长会导致见识短"为待攻击的因果推理为例，列表示范如下。

攻击名称	攻击示范
因果无关	头发长与见识短无关
因果倒置	是见识短导致了头发长
有因无果	老杨头发很长，但见识不短
无因有果	小涵头发很短，同时见识也短
存在他因	如果多读书，见识就不会短

该专家观点可提炼为：使用光纤网络⇒提高生活质量。

"光纤网络""生活质量"可分别作为因和果，因此，本题适用"因果推理"的套路。

A项，表明用了光纤网络，服务和体验也是虚幻的，从而生活质量未必真正提高。因此A项是有因无果，削弱题干观点。B项，表明不用光纤网络，生活质量也会提高。因此B项是无因有果，削弱题干观点。C项，提及"上网费用也随之增加"，并不能表明会给人们带来压力，就算可以带来压力，这也不妨碍网络本身具有提高生活质量的可能。因此C项与题干观点无关。D项，表明生活质量只和社会生产力的发展水平相关，从而切断了其和光纤网络的关系。因此D项是因果无关，削弱题干观点。E项，提及"时间消耗在娱乐上"，仅提及网络用途，这并不影响网络的效果——提高生活质量。因此 E 项与题干观点无关。

A、B、D 三项均能削弱题干论证，此时需比较三者力度。A 项提及"有时"，拉低了其削弱力度；B 项没有提及任何有影响力度的程度词；D 项提及"仅"，拉高了其削弱力度。因此，从程度上看，D 项更符合题目"最能"质疑的要求。故选 D 项。

本题解析是针对题干的含义分析，由此可见论证逻辑确实需要语义理解。但是本处的理解也是遵循上述套路。这就是论证逻辑"套路化"的体现。

二、论证逻辑指导

（一）论证逻辑有解题套路可依

很多论证逻辑的题目选错答案的原因之一，在于过度推理——因为论证逻辑本身是需要进行语义理解的，而初学者只能凭借感觉做题，所以很多小伙伴会受到日常认知的影响，过度解读无关项的内容，从而认为可以对题干起到相应的作用。例如：

针对 例1 ，很多选 C 项的小伙伴会认为，既然上网费用增加，就会带来一定的经济压力，从而导致生活质量下降，因此光纤网络不能提高生活质量。

而很多选 E 项的小伙伴会认为，"大量时间消耗在娱乐上"是不好的，所以生活质量不高，因此光纤网络不能提高生活质量。

但"费用造成压力""时间消耗在娱乐上是不好的"并非事物固有属性，且试题也没有提及。所以，为了避免过度推理，我们一开始需学习相对"死板"的套路。等套路完全掌握后，哪怕不刻意遵循套路，也能避免过度推理，从而变得"灵活"。

当然，相比形式逻辑论证逻辑，更偏日常，所以对于日常逻辑较为严谨的小伙伴来说，本部分哪怕不用套路，也能较准确地选出答案。但是，你无法确保自己的"感觉"是 100% 正确的，而套路是可以确保的。因此，对于此类小伙伴，我也建议把套路学习一遍。

（二）论证逻辑需正反思路结合

很多论证逻辑题的目选错答案的原因之二，在于疏于比较——因为形式逻辑是必然性推理，符合推理的选项便是答案，所以很多小伙伴的思路还没有转变过来，在做论证逻辑的题目时，看到符合套路的选项就直接选了，但论证逻辑本质上是或然性的推理，可能有多个符合套路的选项。例如：

针对 例1 ，很多选 A 项 / B 项的小伙伴会认为，A 项 / B 项已符合套路特征，看都不看后面几个选项，便直接选择 A 项 / B 项。

这个问题出现得相对普遍，很多小伙伴选错答案后会问我："老师，A 项错在哪？我觉得它也削弱啊！"其实，论证逻辑不选某个选项，不代表它真的不具有评价题干的作用，只不过它的作用没有别的选项强而已。

所以，为了避免疏于比较，我们首先得有一个意识——论证逻辑题目的每个选项都要看一遍，然后，还要了解论证逻辑题目的误项的命题套路，从而将正反思路结合，"灵活"应对试题。

（三）学习论证逻辑的重要方法

小伙伴们在学习论证逻辑的过程中，需要做到以下两点：

1. 体会例题套路。

第1步，自己做一道题，做完后记录自己的做题思路，即正解选择和误项排除的原因。

第2步，对比自己和解析在做题思路上的差异——你在哪里过度推理或疏于比较等。

第3步，记录对比后的结果，并思考自己下一次如何才能运用正确的思路。

第4步，带着前述的总结，再去做下一道试题，从而反复之。

注意，一定是做一道题看一道题的解析，请避免提前看解析或者例题全部做完再看解析。因为，提前看解析，你便失去了你自己这边的比较对象（第2步）；例题全部做完再看解析，便再无试题以供验证你是否掌握和了解了思维的运用（第3步）。

2. 对于提高熟练度。

光知道套路还不够，只有让大脑形成快速反应的习惯，才能在考场上迅速破题。所以，这就需要小伙伴们反复磨炼了。

一方面，在 例1 中，凡是做错的、全凭感觉选的，均建议小伙伴们书写解析。

这里给出分析示范（以 例1 为例）：

定位论证：

根据题目针对处"该专家的观点"，可定位到题干结构词"有专家据此认为"，从而该专家观点可提炼为：使用光纤网络⇒提高生活质量。

正解分析：

D项（因果无关），人们生活质量的提高仅决定于（拉高力度）社会生产力的发展水平。

误项分析：

A项（有因无果，作用不足），网络上所获得的贴心服务和美妙体验有时是虚幻的。

B项（无因有果，作用不足），即使没有光纤网络，同样可以创造高品质的生活。

C项（无关），随着高速网络的普及，相关上网费用也随之增加。

E项（无关），快捷的网络服务可能使人们将大量时间消耗在娱乐上。

另一方面，再做适当的练习题。养成习惯的方法只有一个——重复。所以，做题是少不了的。本书配备的练习题，还有后续《MBA MPA MPAcc MEM 管理类联考逻辑历年真题全解》（题型分类版）中的真题，小伙伴们均可做。

第十九章 削弱题型

命题情况

数量情况

在论证逻辑中,削弱题型总体数量惊人,并且每年必考多道题目。但在当下经综真题中,考查数量有所下滑,具体列表如下。

	MBA 联考真题	管综真题	2020 年及以前经综真题
削弱题型	254	36	37

难度情况

在 2020 年及以前经综真题中,大部分削弱题型的论证提炼、正解思路相对简单,误项干扰度也较低,因此题目总体难度较低。但在管综真题中,削弱题型的论证提炼、正解思路逐渐简化,部分试题的误项有精心设计,从而更容易被过度推理,因此更容易误选。此点,当下经综真题的命题趋势正逐步向管综真题的命题趋势靠拢。

题型特征

- 题目涉及"削弱"或其同义替换词。
- 本题型容易被误认为是形式逻辑,区分方法在"第五章"的干扰陷阱中已有阐述。

论证定位

试题所削弱的对象是题干"论证",因此确定为削弱题型后,应先按以下步骤定位论证:

步骤①在题目中寻找针对处

部分削弱试题,会给出削弱所要针对的对象,如"以下哪项最能削弱张教授的观点?""以下每项均能质疑某专家的结论,除了:",等等。尤其在管综真题中,此点更为明显。首先抓住针对处,可让我们在繁多的信息中快速找到关键内容。

当然,部分削弱试题不会给出削弱所要针对的对象,如"以下哪项最能削弱题干论证?""以下每项均能质疑上述结论,除了:",等等。此时,便直接进入步骤②。

步骤②在题干中寻找结构词

根据步骤①中的针对处,找到题干的对应位置,然后利用所给结构词,快速确定论证,即前提和结论。若论证信息可理解且完整,则无须阅读其余信息。反之,则需根据指示代词等结构词逐步阅读。

在绝大多数情况下,论证往往在题干偏后的位置。

削弱题型 第十九章

> **高能提示**
> 本处论证定位的方法同样适用于支持题型、评价题型、假设题型和解释题型。

解题套路

套路①因果推理类型

若题干是一种推断原因或结果的论证，则可用因果推理的答题套路分析每个选项。

（一）因果无关

因果无关是因果推理的一种答案套路，其正解表述有以下两种：

1．"因"和_____相关，而"果"和_____相关，所以"因""果"之间没有联系。
2．"因/果"仅仅和_____相关，所以"因""果"之间没有联系。

这两种正解表述往往会有以下标志：

1．"因"或"果"的主题词或同义替换词会复现，往往因、果同时复现。
2．会有切断联系的词语出现，例如，无联系、不意味着、不代表着等。

> **高能提示**
> 上述两种正解表述均为标准形式，具体试题会在此基础之上加以变形。
> 例如，对于第一种，试题可以省略两个"和_____相关"；又如，对于第二种，试题可以省略"所以'因''果'之间没有联系"。当然，除了省略，还可替换词汇。
> 后续正解表述亦是如此。

（二）因果倒置

因果倒置是因果推理的一种答案套路，其正解表述如下：

"果"的发生，会带来_____，从而会导致"因"，因此未必是"因"导致"果"。

该正解表述往往会有以下标志：

1．"因"或"果"的主题词或同义替换词会复现，往往因、果同时复现。
2．会有构建因果关系的词语出现，例如，导致、会发生等。

> **高能提示**
> 在逻辑试题中，往往具有因果倒置表述的选项便是答案；但在论证有效性分析中，我建议大家忽略这种攻击方式。
> 若将真题中所有正解为因果倒置的试题加以汇总，小伙伴们会发现，这些试题的题干表述，均属于"两现象均发生，然后得出某一现象是另一现象的原因"的情况，没有一道试题属于"原因发生，推断结果"或者"结果发生，推断原因"的情况。
> 第一种表述的重点在于因果方向是什么——到底是A现象导致B现象，还是B现象导致A现象；而后两种表述的重点在于能得出什么——A原因的出现，能否得到B结果；B结果的发生，是否是A原因所带来的。

> 因果倒置所针对的就是因果方向，所以因果倒置对于第一种表述有较强的攻击性。但因果倒置并不会对 A 与 B 之间的因果关系加以否定，所以对于后两种表述的攻击力度较弱。

（三）因果分析

因果分析是因果推理的一种答案套路，其正解表述有以下两种：

1．"因"发生，但"果"未发生。

2．"因"未发生，但"果"发生了。

这两种正解表述往往会有以下标志：

1．"因"或"果"的主题词或同义替换词会复现，往往因、果同时复现。

2．会有表达否定的词语出现，例如，没有、难以等。

（四）存在他因

存在他因是因果推理的一种答案套路，该套路是削弱题型中使用最多的一种。

其正解表述需要区分以下两种情况：

1．若题干表述为原因发生，推断结果，即因⇒果，则要寻找可能<u>**使得结果不发生**</u>的原因，从而其正解表述为：

即使"因"发生，如果忽略_____，那么"果"便未必发生。

> **误项总结**
>
> 第 1 种情况的题干论证往往会设置以下误项：
> <u>存在其他因素会使得结果发生</u>。此选项基本不具有削弱力度。
> 原因在于，题干的论证是某因素能否导致某结果，即使别的因素可以导致某结果，也不影响某因素的作用。例如：
> 吸烟会导致肺癌。然而，核辐射也会导致肺癌。但吸烟与核辐射完全可以分别导致肺癌，所以后者无法攻击前者。

2．若题干表述为结果发生，推断原因，即果⇒因，则要寻找可能<u>**使得结果发生**</u>的其他原因，从而其正解表述为：

"果"的发生，更可能是因为_____，从而未必是由于"因"。

> **误项总结**
>
> 第 2 种情况的题干论证往往会设置以下误项：
> <u>存在其他因素会使得结果不发生</u>。此选项基本不具有削弱力度。
> 原因在于，题干的论证是寻找使得结果发生的原因，而结果不发生的原因与此无关。例如：
> W 先生能娶到老杨是因为帅气。然而，没钱难以娶到老杨。后者只能表明有钱是娶到老杨的必要条件，并不能说明 W 先生能娶到老杨的原因不在于帅气。

存在他因与前述三种答案套路不同，其正解表述往往不会复现因或果的主题词，相当于只提供三个分句中的第二个分句，如果理解不到位，很容易当成无关项加以排除。因此，我给小伙伴们提供以下策略：

将存疑选项代入对应正解表述中，观察是否**对"果"产生相应影响**——若存疑选项是所需答案，在"因⇒果"的试题中，便会造成**结果不发生**的影响；在"果⇒因"的试题中，便会造成**结果发生**的影响。

> **高能提示**
> 要代入的只是存疑选项，小伙伴们不要将 5 个选项全部代入，这样做题速度必然缓慢。况且，在 4 个误项中，往往有 2~3 个是比较容易排除的，所以并不需要将它们也代入。

例2 国外某教授最近指出，长着一张娃娃脸的人意味着他将享有更长的寿命，因为人们的生活状况很容易反映在脸上。从 1990 年春季开始，该教授领导的研究小组对 1 826 对 70 岁以上的双胞胎进行了体能和认知测试，并拍了他们的面部照片。在不知道他们确切年龄的情况下，三名研究助手先对不同年龄组的双胞胎进行年龄评估，结果发现，即使是双胞胎，被猜出的年龄也相差很大。然后，研究小组用若干年时间对这些双胞胎的晚年生活进行了跟踪调查，直至他们去世。调查表明：双胞胎中，外表年龄差异越大，看起来越老的那个就越可能先去世。

以下哪项如果为真，最能形成对该教授调查结论的反驳？

A. 如果把调查对象扩大到 40 岁以上的双胞胎，结果可能有所不同。
B. 三名研究助手比较年轻，从事该项研究的时间不长。
C. 外表年龄是每个人生活环境、生活状况和心态的集中体现，与生命老化关系不大。
D. 生命老化的原因在于细胞分裂导致染色体末端不断损耗。
E. 看起来老的人，在心理上一般较为成熟，对于生命有更深刻的理解。

题源：2011—1—45

解析 教授的调查结论可提炼为：看起来越老⇒越可能先去世。

A 项，表明教授所用实验对象不能代表整体情况，因此 A 项可以削弱题干结论。B 项，所提"助手年轻、研究时间短"难以得出研究结果有误，因此 B 项与题干结论无关。C 项，表明"外表年龄"与"老化"无关，因此 C 项可以削弱题干结论。D 项，所提"老化的原因"在于"染色体末端不断损耗"，并不能说明"看起来越老"的那个不会先去世，完全有可能"看起来老"是"染色体末端不断损耗"的标志，因此 D 项与题干结论无关。若小伙伴将 D 项当作存在他因，可回看存在他因情况 1 中的误项总结。E 项，所提"心理、理解"与"去世先后"无关，因此 E 项与题干结论无关。

A 项和 C 项均能削弱题干论证，此时需比较两者力度。A 项提及"可能"，拉低了其力度；C 项没有提及任何有影响力度的程度词。因此，从程度上看，C 项更符合题目"最能"反驳的要求。故选 C 项。

> **误项总结**
>
> 　　本题解析是按照完全理解的思路加以说明的，但考场上基本没有时间将每个选项进行逐一分析，因此小伙伴们可采用紧抓**主题词**的方式解题。
> 　　若某选项要削弱题干论证，必然会与题干论证紧密相关。因此，与题干论证关系不紧密的选项，便可定为无关项。无关项有以下两种情况：
> 　　第一种，完全无关。即选项所提主题词，均与题干论证的主题词无关，如本题 A 项和 B 项。
> 　　第二种，部分无关。即选项虽扣到了题干论证的部分主题词，却由此往其他方面扯开，并未回扣论证，如本题 D 项和 E 项。
> 　　通过这种方式，虽是不求甚解，但可在时间紧张的考场上，快速排除部分干扰选项。后续诸多试题均可采用此法。

例3 随着互联网的飞速发展，足不出户购买自己心仪的商品已经成为现实。即使在经济发展水平较低的国家和地区，人们也可以通过网络购物来满足自己对物质生活的追求。

以下哪项最能质疑上述观点？

A. 随着网购销售额的增长，相关税费也会随之增加。
B. 即使在没有网络的时代，人们一样可以通过实体店购买心仪的商品。
C. 网络上的商品展示不能完全反映真实情况。
D. 便捷的网络购物可能耗费人们更多的时间和精力，影响人际间的交流。
E. 人们对物质生活追求的满足仅仅取决于所在地区的经济发展水平。

题源：2014—10—30

解析 题干观点可提炼为：网络购物⇒满足物质生活的追求。

　　A 项，所提"税费也会随之增加"并不能表明会给人们带来压力，就算可以带来压力，这也不妨碍网购本身具有满足物质追求的可能，因此 A 项与题干观点无关。B 项，表明没有网购也能满足物质追求，因此 B 项是无因有果，可以削弱题干观点。C 项，所提"不能完全反映真实情况"并不能表明会使人们物质追求变得困难，从而更难以否定网购本身具有满足物质追求的可能，因此 C 项与题干观点无关。D 项，所提"人际间的交流"与"物质追求"无关，因此 D 项与题干观点无关。E 项，表明"物质追求"仅和"经济发展水平"相关，从而切断了"物质追求"与"网购"的联系，因此 E 项可以削弱题干观点。

　　B 项和 E 项均能削弱题干论证，此时需比较两者力度。B 项没有提及任何有影响力度的程度词；E 项提及"仅取决于"，拉高了其力度。因此，从程度上看，E 项更符合题目"最能"质疑的要求。故选 E 项。

> **误项总结**
>
> 　　联考的论证逻辑试题常常设置多个具有同一作用的选项，此时需要比较力度。力度的比较有两种，其中一种就是比较**程度词**，比如本题 B 项和 E 项的比较。

例4 一项研究将一组有严重失眠的人与另一组未曾失眠的人进行比较，结果发现，有严重失眠的人出现了感觉障碍和肌肉痉挛，例如，皮肤过敏或不停的"跳眼"症状。研究人员的这一结果有力地支持了这样一个假设：失眠会导致周围神经系统功能障碍。

以下哪项如果为真，最能质疑上述假设？

A. 感觉障碍或肌肉痉挛是一般人常有的周围神经系统功能障碍。

B. 常人偶尔也会严重失眠。

C. 该项研究并非由权威人士组织实施。

D. 周围神经系统功能障碍的人常患有严重的失眠。

E. 参与研究的两组人员的性别与年龄构成并不完全相同。

题源：2005—10—29

解析 题干假设可提炼为：失眠⇒周围神经系统功能障碍。

A项，表明"感觉障碍或肌肉痉挛"是"周围神经系统功能障碍"的表现，从而题干便能从实验中的"障碍和痉挛"推断结论中的"周围神经系统功能障碍"，因此A项支持了题干假设。注意，A项虽提及障碍或痉挛是"一般人常有"，但这不表明失眠者就不会更易出现感觉障碍或肌肉痉挛，毕竟，"常有"不等于"大家都有一样的频率"，"一般人"也未必包含"失眠者"。B项，提及失眠的普遍度，未构建与"周围神经系统功能障碍"的联系，因此B项与题干假设无关。C项，提及"并非由权威人士组织实施"，这不能表明实验有问题，因此C项与题干假设无关。D项，表明"周围神经系统功能障碍"是"失眠"的原因，因此D项削弱了题干假设。E项，所提"性别与年龄"，未构建与"周围神经系统功能障碍"的联系，因此E项与题干假设无关。故选D项。

例5 在我国北方严寒冬季的夜晚，车辆前挡风玻璃会因低温而结冰霜。第二天对车辆发动预热后玻璃上的冰霜会很快融化。何宁对此不解，李军解释道：因为车辆仅有除霜孔位于前挡风玻璃，而车辆预热后除霜孔完全开启，因此，是开启除霜孔使车辆玻璃冰霜融化。

以下哪项为真，最能质疑李军对车辆玻璃上的冰霜迅速融化的解释？

A. 车辆一侧玻璃窗没有出现冰霜现象。

B. 尽管车尾玻璃窗没有除霜孔，其玻璃上的冰霜融化速度与前挡风玻璃没有差别。

C. 当吹在车辆玻璃上的空气气温增加，其冰霜的融化速度也会增加。

D. 车辆前挡风玻璃除霜孔排出的暖气流排出后可能很快冷却。

E. 即使启用车内空调暖风功能，除霜孔的功能也不能被取代。

题源：2007—1—33

解析 李军的解释可提炼为：开启除霜孔⇒车辆玻璃冰霜融化。

A项，所提"没有出现冰霜现象"，与解释中的"冰霜融化"无关，因此A项与李军的解释无关。B项，表明没有除霜孔也能融化冰霜，因此B项可以削弱李军的解释。C项，所提"速度"，与解释中的"冰霜融化"无关，因此 C 项与李军的解释无关。注意，B 项虽也提到速度，但其更多是"与前挡风玻璃相比"，来反映没有除霜孔也能融化冰霜。D 项，所提"冷却"，并未与"冰霜融化"构建联系，因此 D 项与李军的解释无关。E 项，所提"功能被取代"与解释中的"冰霜融化"无关，因此 E 项与李军的解释无关。故选 B 项。

例6 在期货市场上，粮食可以在收获前就"出售"。如果预测歉收，粮价就上升；如果预测丰收，粮价就下跌。目前粮食作物正面临严重干旱，今晨气象学家预测，一场足以解除旱情的大面积降雨将在傍晚开始。因此，预期期货市场上的粮价会大幅度下跌。

以下哪项如果为真，最能削弱上述论证？

A. 气象学家气候预测的准确性并不稳定。
B. 气象学家同时提醒做好防涝准备，防备这场大面积降雨延续过长。
C. 农业学家预测，一种严重的虫害将在本季粮食作物的成熟期出现。
D. 和期货市场上的某些商品相比，粮食价格的波动幅度较小。
E. 干旱不是对粮食作物生长的最严重威胁。

题源：2005—1—26

解析 上述论证可提炼为：大面积降雨将开始⇒期货市场上的粮价会下跌。

A 项，表明降雨的预测未必准确，因此 A 项反驳了题干前提，削弱了题干论证。B 项，表明即使降雨开始，但降雨可能延续过长，从而可能发生洪涝灾害，那么粮食未必丰收，期货市场上的粮价便未必下跌，因此 B 项属于存在他因的情况 1，削弱了题干论证。C 项，表明即使降雨开始，但严重的虫害也要开始，从而粮食未必丰收，期货市场上的粮价便未必下跌，因此 C 项属于存在他因的情况 1，削弱了题干论证。D 项，所提"和其他商品相比，粮价波动较小"是相对情况，并不表明粮价不会大幅度下跌，完全有可能粮价和其他商品的价格都会大幅度变动，只不过粮价的变动比其他商品的价格变动稍小而已，因此 D 项与题干论证无关。E 项，所提"干旱不是最严重威胁"是相对情况，不能表明干旱并不是严重的威胁，完全有可能干旱和最严重的威胁都是致命的，只不过干旱比最严重的威胁的作用稍小而已，因此 E 项与题干论证无关。

A、B、C 三项均能削弱题干论证，此时需比较三者力度。A 项提及"不稳定"，没说预测一定不准确，拉低了其力度；B 项没有提到任何有影响力度的程度词；C 项提及"严重的""成熟期出现"，拉高了其力度。从程度上看，C 项更符合题目"最能"削弱的要求。故选 C 项。

高能提示

本题的 D 项和 E 项，尤其是 E 项，很多小伙伴会过度推理。这里，我建议大家可以把自己过度推理的选项总结下来，并分类汇总，从而逐渐提高自己的收敛思维能力。

对于 D 项和 E 项，小伙伴们可以记录以下内容：根据相对值大小无法直接推断绝对值大小。

例7 2005年打捞公司在南川岛海域调查沉船时意外发现一艘载有中国瓷器的古代沉船,该沉船位于海底的沉积层上。据调查,南川岛海底沉积层在公元1000年形成,因此,水下考古人员认为,此沉船不可能是公元850年开往南川岛的"征服号"沉船。

以下哪项如果为真,最严重地削弱上述论证?

A. 历史学家发现,"征服号"既未到达其目的地,也未返回其出发的港口。

B. 通过碳素技术测定,在南海沉积层发现的沉船是在公元800年建造的。

C. 经检查发现,"征服号"船的设计有问题,出海数周内几乎肯定会沉船。

D. 公元700年—900年,某些失传的中国瓷器在南川岛海底沉船中发现。

E. 在南川岛海底沉积层发现的沉船可能是搁在海底礁盘数百年后才落到沉积层上的。

题源:2009—10—43

【解析】题干论证可提炼为:沉船所在沉积层在公元1000年形成⇒该沉船不是公元850年开出的"征服号"。

A项,所提为"征服号"的情况,但未联系"该沉船",因此A项与题干论证无关。B项,提及"该沉船是公元800年建造的",从而仅从建造时间上看,有可能是公元850年开出的征服号,因此B项削弱了题干论证。C项,所提为"征服号"的情况,但未联系"该沉船",因此C项与题干论证无关。D项,所提为沉船中"瓷器"的情况,这不能推断沉船的年份,因此D项与题干论证无关。E项,表明沉船落在公元1000年的沉积层上,可能是搁浅后才沉下去的,所以该沉船搁浅时间会更早,从而有可能是公元850年开出的"征服号",因此E项属于存在他因的情况2,削弱了题干论证。

B项和E项均能削弱题干论证,此时需比较两者力度。B项虽提出建造时间是公元800年,但开出时间也可能是公元1000年以后,或者其他时间,所以本身削弱力度较弱,况且,B项无法解释沉积层的问题,因此E项更符合题目"最严重"削弱的要求。故选E项。

套路②因果无关扩展

前文所给正解表述均为标准形式,真题往往会加以变形——省略或替换。为了训练小伙伴们的识别能力,这里我汇总了几种常见的替换形式。

注意,本处所给内容,均是"因果无关"的表述变形,小伙伴们要掌握本质,借力打力,不要一味记忆。记住,联考考的是思维而不是记忆能力。

(一)偷换概念

偷换概念是指,将前提主题词的核心概念与结论主题词的核心概念混淆。

对应的正解往往是,指出前提主题词与结论主题词的核心概念,在本质上并不一致。

例8 临床试验显示,对偶尔食用一定量的牛肉干的人而言,大多数品牌牛肉干的添加剂并不会导致动脉硬化。因此,人们可以放心食用牛肉干而无须担心对健康的影响。

以下哪项如果为真,最能削弱上述论证?

A. 食用大量牛肉干不利于动脉健康。

B. 动脉健康不等于身体健康。

C. 肉类都含有对人体有害的物质。

D. 喜欢吃牛肉干的人往往也喜欢食用其他对动脉健康有损害的食品。

E. 题干所述临床试验大都是由医学院的实习生在医师指导下完成的。

题源:2008—1—39、396—2018—17

解析 题干论证可提炼为:牛肉干的添加剂不会导致动脉硬化⇒食用牛肉干不会影响健康。

A项,提及"食用大量",而题干是"偶尔食用一定量",因此A项与题干论证无关。B项,表明仅由动脉健康难以推断身体健康,因此B项削弱了题干论证。当然,B项也可近似当作因果无关。C项,表明牛肉干也含有"对人体有害的物质",从而攻击题干结论,所以C项削弱了题干论证。D项,提及"喜欢食用其他食品",而题干并未涉及,因此D项与题干论证无关。E项,所提"试验由实习生完成",不能表明试验结果有误,因此E项与题干论证无关。

B项和C项均能削弱题干论证,此时需比较两者力度。C项没有提及"添加剂并不会导致动脉硬化",因此B项更符合题目"最能"削弱的要求。故选B项。

(二)不当类比

不当类比是指,将前提对象所具有的属性直接类推到结论对象身上。

对应的正解往往是,指出与类推属性紧密相关的内容上,两对象并不一致。

例9 某中学发现有学生课余用扑克玩带有赌博性质的游戏,因此规定学生不得带扑克进入学校,不过即使是硬币,也可以用作赌具,但禁止学生带硬币进入学校是不可思议的,因此,禁止学生带扑克进学校是荒谬的。

以下哪项如果为真,最能削弱上述论证?

A. 禁止带扑克进学校不能阻止学生在校外赌博。

B. 硬币作为赌具远不如扑克方便。

C. 很难查明学生是否带扑克进学校。

D. 赌博不但败坏校风,而且影响学生学习成绩。

E. 有的学生玩扑克不涉及赌博。

题源:2009—1—26

解析 题干论证可提炼为:可作为赌具的硬币没被禁止带入校园⇒可作为赌具的扑克不应被禁止带入校园。

A项,提及"校外赌博",而题干并未涉及,因此A项与题干论证无关。B项,表明硬币与扑克在赌具的方便性上并不一致,因此B项削弱了题干论证。当然,B项也可近似当作因果无关。C项,所提"很难查明学生是否带扑克"是执行问题,与是否应该禁止带扑克无关,况且C项也没有说明扑克与硬币之间的联系,因此C项与题干论证无关。D项,提及

"赌博",却没构建"硬币"与"扑克"之间的联系,因此 D 项与题干论证无关。E 项,意图说明不应该禁止学生带扑克进入校园,因此 E 项支持了题干论证。故选 B 项。

例10 毫无疑问,未成年人吸烟应该加以禁止。但是,我们不能为了防止给未成年人吸烟以可乘之机,就明令禁止自动售烟机的使用。马路上不是到处都有避孕套自动销售机吗?为什么不担心有人从中购买了避孕套去嫖娼呢?

以下哪项如果为真,最能削弱上述论证?

A. 嫖娼是触犯法律的,但未成年人吸烟并不触犯法律。
B. 公众场合是否适合置放避孕套自动销售机,一直是一个有争议的问题。
C. 人工售烟营业点明令禁止向未成年人售烟。
D. 在司法部门的严厉打击下,卖淫嫖娼等丑恶现象逐年减少。
E. 据统计,近年来未成年吸烟者的比例有所上升。

题源:2003—10—51、2001—10—60

解析 题干论证可提炼为:没有因嫖娼而禁止避孕套自动销售机⇒不能因未成年人吸烟而禁止自动售烟机。

A 项,指出嫖娼与未成年人吸烟的不同,但题干重点是销售机之间的推理,小伙伴们不要过度推理,因此 A 项与题干论证无关。B 项,所提"放置避孕套自动销售机有争议"与"自动售烟机"无关,因此 B 项与题干论证无关。C 项,表明未成年人无法在人工售烟点购买香烟,从而若禁止自动售烟机,未成年人便难有获取香烟的途径;但人工销售点无法分辨避孕套购买者的用途,从而难以禁止人工销售点向嫖客出售避孕套,所以禁止避孕套销售机便失去了意义。所以 C 项指出了禁止避孕套自动销售机和禁止自动售烟机在效果上的不同,因此 C 项削弱了题干论证。D 项,所提"卖淫嫖娼现象逐年减少"与题干"自动售烟机"无关,因此 D 项与题干论证无关。E 项,所提"未成年人吸烟比例提高"与题干"自动售烟机"无关,因此 E 项与题干论证无关。故选 C 项。

套路③存在他因扩展

注意,本处所给内容,均是"存在他因"的表述变形,小伙伴们要掌握本质,借力打力,不要一味记忆。记住,联考考的是思维而不是记忆能力。
其中,"措施目标"是考查较多的一种变形形式,小伙伴们要格外注意。

(一)以偏概全

以偏概全是指,<u>由样本具有某种属性便直接得出整体也具有该属性</u>。

对应的正解往往是,<u>指出与推理属性紧密相关的内容上,该样本很聚集,并没有分散在整体之中</u>。

例11 《花与美》杂志受 A 市花鸟协会委托,就 A 市评选市花一事对杂志读者群进行了民意调查,结果 60% 以上的读者将荷花选为市花,于是编辑部宣布,A 市大部分市民赞成将荷花定为市花。

以下哪项如果属实，最能削弱该编辑部的结论？

A. 有些《花与美》杂志的读者并不喜欢荷花。

B. 《花与美》杂志的读者主要来自 A 市一部分收入较高的女性市民。

C. 《花与美》杂志的有些读者并未在调查中发表意见。

D. 市花评选的最后决定权是 A 市政府而非花鸟协会。

E. 《花与美》杂志的调查问卷将荷花放在十种候选花的首位。

题源：2010—10—51

【解析】编辑部的结论可提炼为：《花与美》60% 以上的读者将荷花选为市花⇒A 市大部分市民赞成将荷花定为市花。

A 项，题干提到的是比例，"有些读者不喜欢荷花"并不影响这个比例，因此 A 项与题干论证无关。B 项，表明《花与美》的读者大多为女性，所以难以代表 A 市市民，因此 B 项削弱了编辑部的结论。当然，B 项也可近似当作存在他因。C 项，题干提到的是比例，所以，"有些读者并未在调查中发表意见"并不影响这个比例，因此 C 项与题干论证无关。D 项，所提"决定权"与题干市民意见无关，因此 D 项与题干论证无关。E 项，所提"荷花放在十种候选花的首位"，并不能表明一定有诱导选择的作用，因此 E 项与题干论证无关。故选 B 项。

例12 某网络论坛将最近一年与五年前网友曾经发布的有关社会问题的帖子进行了统计比较，发现像拾金不昧、扶贫急难、见义勇为这样的帖子增加了 50%，而与为非作歹、作恶逃匿、杀人越货有关的帖子却增加了 90%。由此可见，社会风气正在迅速恶化。

以下哪项如果为真，最能削弱上述论证？

A. "好事不出门，坏事传千里"。古往今来，都是如此。

B. 最近五年，上网的用户翻了两番。

C. 最近几年，有些人在网上用造谣的方式达到营利的目的。

D. 最近一年，通过网络举报清查出一批贪污腐败分子。

E. 该网络论坛是一个法制论坛。

题源：2013—10—53

【解析】题干论证可提炼为：某论坛见义勇为等帖子增加 50%，而为非作歹等帖子增加 90%⇒社会风气正在恶化。

A 项，所提"传千里"是距离，而题干提及的是增长速度，因此 A 项与题干论证无关。B 项，提及"用户增长"，但并未表明增长的用户会看何种帖子，因此 B 项与题干论证无关。C 项，仅表明有人"盈利的方式"是造谣，并不能说明相应的帖子就增长快，况且，造的也可能是见义勇为等帖子的谣，从而更不能说明为何为非作歹的帖子增长快，因此 C 项与题干论证无关。D 项，所提"清查出了贪污腐败分子"，与帖子数量增长速度无关，因此 D 项与题干论证无关。E 项，表明该网站本就更关注为非作歹等案件，所以其反映的该现象，并不能代表整个社会，因此 E 项削弱了题干论证。当然，E 项也可近似当作存在他因。故选 E 项。

（二）数字陷阱——均值陷阱

均值陷阱是指，由某均值数据便直接得出整体属性。

对应的正解往往是，指出整体在分布上有不均的现象。

例13 受多元文化和价值观的冲击，甲国居民的离婚率明显上升。最近一项调查表明，甲国的平均婚姻存续时间为 8 年。张先生为此感慨，现在像钻石婚、金婚、白头偕老这样的美丽故事已经很难得，人们淳朴的爱情婚姻观一去不复返了。

以下哪项如果为真，最能表明张先生的理解不确切？

A. 现在有不少闪婚一族，他们经常在很短的时间里结婚又离婚。
B. 婚姻存续时间长并不意味着婚姻的质量高。
C. 过去的婚姻主要由父母包办，现在主要是自由恋爱。
D. 尽管婚姻存续时间短，但年轻人谈恋爱的时间比以前增加很多。
E. 婚姻是爱情的坟墓，美丽感人的故事更多体现在恋爱中。

题源：2011—1—33

解析 张先生的理解可提炼为：甲国平均婚姻存续时间为 8 年 ⇒ 人们淳朴的爱情婚姻观消失。

A 项表明，甲国平均婚姻存续时间短是由于"闪婚一族"拉低了整体均值，人们的婚姻普遍存续时间未必短，因此 A 项削弱了张先生的理解。B 项，所提婚姻"质量"与题干婚姻"存续时间"无关，因此 B 项与题干论证无关。C 项，所提"恋爱"与题干"婚姻"无关，因此 C 项与题干论证无关。D 项，所提"恋爱"与题干"婚姻"无关，因此 D 项与题干论证无关。E 项，所提"恋爱"与题干"婚姻"无关，因此 E 项与题干论证无关。故选 A 项。

（三）数字陷阱——占比陷阱

占比陷阱是指，由某部分的占比数据便直接得出整体属性。

对应的正解往往是，指出整体在占比上有不均的现象。举例如下：

论证：某校成绩前百名的学生中女生占 60% ⇒ 该校女生更加优秀。

要想削弱上述论证，则需知道该校女生在全校学生中的占比情况，若该比例本来就大（≥60%），则是对上述论证的削弱。要想支持上述论证，也需知道该校女生在全校学生中的占比情况，若该比例本来就小（<60%），则是对上述论证的支持。具体如下表所示。

情况	判断
$\dfrac{\text{分析内容}}{\text{部分}} \leqslant \dfrac{\text{分析内容}}{\text{整体}}$（本来就大）	削弱
$\dfrac{\text{分析内容}}{\text{部分}} > \dfrac{\text{分析内容}}{\text{整体}}$（本来就小）	支持

例14 某校的一项抽样调查显示：该校经常泡网吧的学生中家庭经济条件优越的占 80%；学习成绩下降的也占 80%。因此家庭条件优越是学生泡网吧的重要原因，泡网吧是学习成绩下降的重要原因。

以下哪项如果为真,最能削弱上述论证?

A. 该校位于高档住宅区,学生九成以上家庭条件优越。

B. 经过清理整顿,该校周边网吧管理规范。

C. 有的家庭条件优越的学生并不泡网吧。

D. 家庭条件优越的家长并不赞成学生泡网吧。

E. 被抽样调查的学生占全校学生的 30%。

题源:2005—1—40

[解析] 题干论证可提炼为:经常泡网吧的学生中家庭条件优越的占 80% ⇒ 家庭条件优越导致泡网吧;经常泡网吧的学生中学习成绩下降的占 80% ⇒ 泡网吧导致学习成绩下降。

本题题干有两组论证,削弱任何一组都是对题干论证的攻击。

A 项,表明该校家庭条件优越的学生本来就多,所以该校经常泡网吧的学生中家庭条件优越便是正常现象,因此 A 项削弱了题干论证。B 项,所提"网吧管理"与学生情况无关,因此 B 项与题干论证无关。C 项,题干为比例,所以"有些家庭条件优越的学生不泡网吧"并不影响这个比例,因此 C 项与题干论证无关。D 项,所提"家长态度"与学生情况无关,因此 D 项与题干论证无关。E 项,首先,样本数量占 30% 已不算较小比例,其次,抽取样本的关键在于是否具有代表性,因此 E 项与题干论证无关。故选 A 项。

(四)数字陷阱——比较陷阱

比较陷阱是指,<u>用某数据来对比两对象。</u>

对应的正解往往是,<u>指出忽略了某关键数据。</u>

[例15] 在"非典"期间,某地区共有 7 名参与治疗"非典"的医务人员死亡,同时也有 10 名未参与"非典"治疗工作的医务人员死亡。这说明参与"非典"治疗并不比日常医务工作危险。

以下哪项相关断定如果为真,最能削弱上述结论?

A. 参与"非典"治疗后死亡的医务人员的平均年龄,略低于未参与"非典"治疗而死亡的医务人员。

B. 参与"非典"治疗的医务人员的体质,一般高于其他医务人员。

C. 个别参与"非典"治疗工作后死亡的医务人员的死因,并非感染"非典"病毒。

D. 医务人员中只有一小部分参与了"非典"治疗工作。

E. 经过治疗的"非典"患者死亡人数,远低于未经治疗的"非典"患者死亡人数。

题源:2007—10—31

[解析] 题干结论可提炼为:参与和非参与治疗的医务人员分别有 7 名和 10 名死亡 ⇒ 参与治疗并不比日常医务工作危险。

A 项,表明参与非典治疗的医务人员年龄较低,所以更不容易死亡,但两者数量接近,因此 A 项削弱了题干结论。B 项，表明参与"非典"治疗的医务人员体质更好，所以更不容易死亡，但两者数量接近，因此 B 项削弱了题干结论。C 项，表明参与"非典"治疗的医务人员，死于"非典"的人数应该更少，从而相比而言，有更多未参与治疗的医务人员死亡，所以"非典"治疗并没有更危险，因此 C 项支持了题干结论。D 项，表明参与"非典"治疗的医务人员总数要比未参与的人少很多，所以，若比较参与和未参与治疗医务人员的死亡率，则很有可能得出不一样的结论，因此 D 项削弱了题干结论。E 项，所提"患者"与题干"医务人员"无关，因此 E 项与题干结论无关。

A、B、D 三项均能削弱题干论证，此时需比较三者力度。A 项和 B 项分别提及"略低于""一般高于"，拉低了其力度；D 项提及"只有一小部分"，拉高了其力度。从程度上看，D 项更符合题目"最能"削弱的要求。故选 D 项。

（五）数字陷阱——变化陷阱

变化陷阱是指，<u>用某数据的变化来推断另一数据的变化</u>。

对应的正解往往是，<u>指出忽略了某关键数据</u>。

例16 一份报告显示，截至 3 月份的一年内，中国内地买家成为购买美国房产的第二大外国买家群体，交易额达 90 亿美元，仅次于加拿大。这比上一年 73 亿美元的交易额高出 23%，比前年 48 亿美元的交易额高出 88%。有人据此认为，中国有越来越多的富人正在把财产转移到境外。

以下哪项如果为真，最能反驳上述论证？

A. 有许多中国人购房是给子女将来赴美留学准备的。
B. 尽管成交额上升了 23%，但是今年中国买家的成交量未见增长。
C. 中国富人中存在群体炒房的团体，他们曾经在北京、上海等地炒房。
D. 近年来美国的房产市场风险很小，具有一定的保值、增值功能。
E. 一部分准备移居美国的中国人事先购房为移民做准备。

题源：2012—10—45

解析 题干论证可提炼为：中国内地买家购买美国房产交易额增长⇒中国有越来越多的富人把财产转移到境外。

A 项，表明中国人购房的目的是给子女准备，从而购房有可能不是为了转移财产，因此 A 项削弱了题干论证。B 项，表明题干交易额的增长，可能是由于每个买家购买量增长，而非买家数量增长，因此 B 项削弱了题干论证。C 项，表明中国人购房的目的是炒房，从而购房有可能不是为了转移财产，因此 C 项削弱了题干论证。D 项，表明中国人购房的目的是保值、增值，从而购房有可能不是为了转移财产，因此 D 项削弱了题干论证。E 项，表明部分中国人购房的目的是为移民做准备，因此 E 项支持了题干论证。

A、B、C、D 四项均能削弱题干论证，此时需比较四者力度。A、C、D 三项并未提及转移财产,更未提及购买量,完全有可能购房的目的还包括转移财产,而 B 项恰恰相反。因此,从主题词贴合度上,B 项更符合题目"最能"反驳的要求。故选 B 项。

> **误项总结**
>
> 论证逻辑试题常常设置多个具有同一作用的选项,此时需要比较力度。力度的比较有两种,一种是前面提到的比较程度词,而另一种就是比较**主题词贴合度**,比如本题 A、B、C、D 四项的比较。

(六)穆勒五法——求异法

求异法是指,题干运用了求异实验,即题干前提为两组对照实验,一组有某因素和某现象,另一组对应因素和现象均无,由此断定该因素和现象之间存在因果关系。

对应的正解往往是:两组实验因素实际相同;两组实验存在其他差异因素;两组实验现象实际不同。其中,第二种考查较多。

例17 在村庄东西两块玉米地中,东面的地施过磷酸钙单质肥料,西面的地则没有。结果,东面的地亩产玉米 300 公斤,西面的地亩产仅 150 公斤。因此,东面的地比西面的地产量高的原因是由于施用了过磷酸钙单质肥料。

以下哪项如果为真,最能削弱上述论证?

A. 给东面地施用的过磷酸钙是过期的肥料。
B. 北面的地施用过硫酸钾单质化肥,亩产玉米 220 公斤。
C. 每块地种植了不同种类的四种玉米。
D. 两块地的田间管理无明显不同。
E. 东面和西面两块地的土质不同。

题源:2008—10—34

[解析] 题干论证可提炼为:东面地施过磷酸钙单质肥料亩产高,同时,西面地不施该肥料亩产低⇒该肥料能增产。

A 项,所提虽为两地的差异,但"过期"不能直接与"亩产高"挂钩,因此 A 项与题干论证无关。B 项,所提为"北面地",因此 B 项与题干论证无关。C 项,所提为两地共性,且题干并未提及玉米种类与亩产的关系,因此 C 项与题干论证无关。D 项,排除了管理层面的干扰,因此 D 项支持了题干论证。E 项,表明两地亩产量不同可能是由于土质不同,从而未必是由于该肥料,因此 E 项削弱了题干论证。故选 E 项。

(七)穆勒五法——共变法

共变法是指,题干运用了共变实验,即题干前提中某现象随某因素变化而单调变化,由此断定该因素和现象之间存在因果关系。

对应的正解往往是:存在其他变化因素;现象不随因素单调变化。

例18 人们普遍认为适量的体育运动能够有效降低中风，但科学家还注意到有些化学物质也有降低中风风险的效用。番茄红素是一种让番茄、辣椒、西瓜和番木瓜等蔬果呈现红色的化学物质。研究人员选取一千余名年龄在 46 至 55 岁之间的人，进行了长达 12 年的跟踪调查，发现其中番茄红素水平最高的四分之一的人中有 11 人中风，番茄红素水平最低的四分之一的人中有 25 人中风。他们由此得出结论：番茄红素能降低中风的发生率。
以下哪项如果为真，最能对上述研究结论提出质疑？

A. 番茄红素水平较低的中风者中有三分之一的人病情较轻。
B. 吸烟、高血压和糖尿病等会诱发中风。
C. 如果调查 56 岁至 65 岁之间的人，情况也许不同。
D. 番茄红素水平高的人约有四分之一喜爱进行适量的体育运动。
E. 被跟踪的另一半人中有 50 人中风。

题源：2014—1—30、396—2018—20

解析 题干研究结论可提炼为：番茄红素水平最高的四分之一的人中有 11 人中风，而番茄红素水平最低的四分之一的人中有 25 人中风 ⇒ 番茄红素能降低中风的发生率。

A 项，所提为"病情严重度"，而题干为"发病率"，因此 A 项与题干论证无关。B 项，所提为"发病原因"，而题干为"发病率"，因此 B 项与题干论证无关。C 项，题目所问为"上述研究结论"，即从上述实验现象能否得到对应结论，若切换实验对象，则是另外一个实验，因此 C 项与题干论证无关。D 项，所提为"番茄红素水平高的人"，但并未提及具体数值多少算高，因此未必与"番茄红素水平最高的四分之一的人"相关，因此 D 项与题干论证无关。E 项，将实验人群按照番茄红素水平分成四等分，设番茄红素水平排第三等分的人群中的中风患者有 a 人，则根据 E 项，番茄红素水平排第二等分的人群中的中风患者有 $(50-a)$ 人。又因为番茄红素水平最低的四分之一的人群中的中风患者有 25 人，因此 $a<25$，进而，$50-a>25$。从而可知，$50-a>a$，也就是说，番茄红素水平排第二等分的人群中的中风患者数量大于番茄红素水平排第三等分的人群中的中风患者数量，即表明中风人数无法随番茄红素水平增加而单调递减，因此 E 项削弱了研究结论。为让小伙伴们更好理解此点，现画图如下。

| 25 人 | a 人 | $(50-a)$ 人 | 11 人 |

故选 E 项。

> **高能提示**
>
> 本题 E 项考查的是共变法的第二种攻击方式——现象不随因素单调变化。该点在此题之前从未考查过，而且本题 E 项并没有将此点明确指出，而是做了包装，这就更加提高了其识别难度。但此题其余四个选项是很明显的无关项。
>
> 所以，小伙伴们日后做论证逻辑题时，要学会将正反思路结合，如此，在一条道路不通时，还有后路可循。这也体现了联考"活"的本质。

（八）措施目标

措施目标的试题，需要区分以下两种情况：

1. 若题干表述为采用某措施能实现某目标，即措施⇒目标，则要寻找可能使得目标不发生的因素，从而其正解表述为：

即使采用"措施"，如果忽略_____，那么"目标"未必实现。

> **误项总结**
>
> 第 1 种情况的题干论证，往往会设置以下误项：
> 第一种，措施存在副作用。此选项虽有削弱力度，但力度较弱。
> 有削弱力度的原因在于，毕竟副作用是不利的，所以对执行者而言，该措施不可取。
> 力度较弱的原因在于，题干的论证是某措施能否实现某目标，因此，只要措施能实现目标，哪怕副作用再大，对于题干的论证而言都是成立的。例如：
> 杨晶老师用"王霸牌"洗发水解决脱发问题。哪怕"王霸牌"洗发水会导致毛发旺盛从而杨晶老师的老公不乐意，但只要该洗发水有治疗脱发问题的功能，那么论证本身是成立的。
> 第二种，措施无实施条件。此选项虽有削弱力度，但力度较弱。
> 有削弱力度的原因在于，毕竟不具备执行条件，所以对执行者而言，该措施不可行。
> 力度较弱的原因在于，题干的论证是某措施能否实现某目标，因此，只要措施能实现目标，哪怕执行难度再大，对于题干的论证而言都是成立的。例如：
> 杨晶老师用"王霸牌"洗发水解决脱发问题。哪怕"王霸牌"洗发水价值一个亿，只要该洗发水有治疗脱发问题的功能，那么论证本身是成立的。
> 第三种，存在其他措施。此选项基本不具有削弱力度。
> 原因在于，题干的论证是某措施能否实现某目标，即措施对目标来说是否充分，别的措施可以实现目标，并不影响本措施的效果。例如：
> 杨晶老师用"王霸牌"洗发水解决脱发问题。然而，植发也可以解决脱发问题。但洗发水和植发完全可以分别治疗脱发，所以后者无法攻击前者。
> 因此，对于情况 1，在没有任何程度词等区分力度的限定下，本类试题的选择顺序为：情况 1 正解表述 > 措施存在副作用 / 措施无实施条件，同时，不选存在其他措施。

2. 若题干表述为只有某一措施能实现目标，即目标⇒措施（会有绝对化的词，例如，必须、只有等），则要寻找能使得目标实现的其他措施，从而其正解表述为：

"目标"的实现，还可依靠_____，从而未必仅能采用"措施"。

> **误项总结**
>
> 第 2 种情况的题干论证，往往会设置以下误项：
> 第一种，措施存在副作用。第二种，措施无实施条件。
> 这两种方法虽有削弱力度，但力度较弱。原因与第 1 种情况类似，本处不再赘言。
> 第三种，措施达不到目标。此选项基本不具有削弱力度。
> 原因在于，题干的论证是某目标的实现是否必须有某措施，即措施对目标来说是否必要，该措施哪怕达不到目标，仅是不具有充分性而已，这并不影响该措施的必要性。
> 例如：

小涵要考上研究生必须通过初试。然而，仅通过初试是无法考上研究生的。通过初试虽不具有充分性，但这不影响其必要性，所以后者无法攻击前者。

因此，对于情况 2，在没有任何程度词等区分力度的限定下，本类试题的选择顺序为：情况 2 正解表述 > 措施存在副作用 / 措施无实施条件，同时，不选措施达不到目标。

例19 某乡间公路附近经常有鸡群聚集。这些鸡群对这条公路上高速行驶的汽车的安全造成了威胁。为了解决这个问题，当地交通部门计划购入一群猎狗来驱赶鸡群。

以下哪项如果为真，最能对上述计划构成质疑？

A. 出没于公路边的成群猎狗会对交通安全构成威胁。
B. 猎狗在驱赶鸡群时可能伤害鸡群。
C. 猎狗需要经过特殊训练才能够驱赶鸡群。
D. 猎狗可能会有疫病，有必要进行定期检疫。
E. 猎狗的使用会增加交通管理的成本。

题源：2004—1—41

解析 题干计划可提炼为：猎狗驱赶鸡群⇒解决鸡群对汽车安全构成的威胁。

A 项，表明正是因为引入猎狗，从而新增了能影响交通安全的动物，所以使得问题依然存在，因此 A 项削弱了题干计划。B 项，表明引入猎狗有副作用，但并未说明副作用难以承受，因此仅有削弱措施可行性的可能，况且，其也未提及目标——驱赶鸡群，因此对措施能否实现目标而言，B 项的削弱力度很低。C 项，表明引入猎狗无法立刻解决题干问题，但题干并未提及该问题的紧迫性，因此 C 项与题干计划无关。D 项，表明引入猎狗有相应成本，但并未说明成本难以负担，因此仅有削弱措施可行性的可能，况且，其也未提及目标——驱赶鸡群，因此对措施能否实现目标而言，D 项的削弱力度很低。E 项，表明引入猎狗有相应成本，但并未说明成本难以负担，因此仅有削弱措施可行性的可能，况且，其也未提及目标——驱赶鸡群，因此对措施能否实现目标而言，E 项的削弱力度很低，故选 A 项。

例20 借助动物化石和标本中留存的 DNA，运用日益先进的克隆和基因技术，人类已经能够"复活"一些早已灭绝的动物，如猛犸象、渡渡鸟、恐龙等。与此同时，科学界对"人类是否应该复活灭绝动物"也展开了一场大讨论。支持者们相信，复活动物有望恢复某些地区被破坏的生态环境。例如，猛犸象生活在西伯利亚广阔的草原上，其排泄物是滋养草原的绝佳肥料。猛犸象灭绝后，缺少肥料的草原逐渐被苔原取代。如果能让猛犸象复活，重回西伯利亚，将有助于缩小苔原面积，逐渐恢复草原生态系统。

以下哪项如果为真，最能反驳上述支持者的观点？

A. 如果投入大量时间、精力和成本去复活已经消失的生物，势必牵制和削弱对现存濒危动物的保护，结果得不偿失。
B. 仅仅克隆出某种灭绝动物的个体，并不等于人类有能力复活整个种群。

C. 即便灭绝动物能够成批复活，适宜它们生长的栖息地或许早已消失，如果不能给予重生物种一个适宜生存的环境，一切努力都将成为徒劳。

D. 这些动物绝大多数是在人类发展过程中逐渐消失的，正是人类活动，才导致了它们的灭绝。

E. 地球资源有限，复活灭绝了的动物势必对现存生物造成威胁。

题源：2013—10—55

[解析] 支持者的观点可提炼为：复活灭绝动物⇒有望恢复被破坏的生态环境。

A 项，表明复活灭绝动物有关于保护濒危动物的副作用，但题干并未说明一定会投入大量成本去复活灭绝动物，因此仅有削弱措施可行性的可能，况且，其也未提及目标——恢复生态，因此对措施能否实现目标而言，A 项的削弱力度很低。B 项，表明现在不具有让群体复活的条件，即措施无实施条件，但题干仅提及"有望"，所以只是在设想——若能复活灭绝动物群体，则生态系统会得以恢复，从而不用考虑是否具备措施实施条件，况且，其也未提及目标——恢复生态，因此对措施能否实现目标而言，B 项无法削弱题干观点。C 项，表明就算复活了灭绝动物群体，但因为其适宜生存的环境已经消失，从而长期生存都有困难，更难以实现恢复生态环境的目的，即措施达不到目标，因此 C 项削弱了题干观点。D 项，所提为"灭绝动物消失的原因"，题干为"灭绝动物复活的效果"，因此 D 项与题干观点无关。E 项，表明复活灭绝动物有关于现存生物的副作用，但并未提及副作用是否难以承受，因此仅有削弱措施可行性的可能，况且，其也未提及目标——恢复生态，因此对措施能否实现目标而言，E 项的削弱力度很低。故选 C 项。

> **高能提示**
>
> 这里我们做一个扩展，如果此题改为"现在就要去复活灭绝动物，来恢复生态环境"，那么 B 项的削弱力度就变得很强了，因为当下立刻执行措施的必要条件是当下"措施有实施条件"。
>
> 但是，本题并不是要立刻执行，而是在设想如果措施执行了，是否能够实现目标，所以此点不是本题的必要条件。这就是上述所言不选 B 项的理由。
>
> 以前小伙伴提过这样的问题——如果试题为"措施要立刻执行"，选项中又有"措施无实施条件"，又有"措施达不到目标"，那么应该选择谁呢？
>
> 此点大可不必担心。因为这都是强削弱，如果都涉及，命题人一定会用程度词的力度或主题词的贴合度来区分。就过往真题来看，还未在削弱题型中考查过此点。（假设题有，但是是另一种思路）

[例21] 阔叶树的降尘优势明显，吸附 PM2.5 的效果最好，一棵阔叶树一年的平均滞尘量达 3.16 公斤。针叶树叶面积小，吸附 PM2.5 的功效较弱。全年平均下来，阔叶林的吸尘效果要比针叶林强不少。阔叶树也比灌木和草的吸尘效果好得多。以北京常见的阔叶树国槐为例，成片的国槐林吸尘效果比同等面积的普通草地约高 30%。有些人据此认为，为了降尘，北京应大力推广阔叶树，并尽量减少针叶林面积。

以下哪项如果为真,最能削弱上述有关人员的观点?

A. 阔叶树与针叶树比例失调,不仅极易暴发病虫害、火灾等,还会影响林木的生长和健康。

B. 针叶树冬天虽然不落叶,但基本处于"休眠"状态,生物活性差。

C. 植树造林既要治理 PM2.5,也要治理其他污染物,需要合理布局。

D. 阔叶树冬天落叶,在寒冷的冬季,其养护成本远高于针叶树。

E. 建造通风走廊,能把城市和郊区的森林连接起来,让清新的空气吹入,降低城区的 PM2.5。

题源:2019—1—53

解析 有关人员观点可提炼为:推广阔叶树并减少针叶林面积⇒北京降尘。

A 项,表明推广阔叶树存在病虫害、火灾、影响林木生长等严重副作用,因此削弱了措施的可行性,况且,其并未提及目标——降尘,因此对措施能否实现目标而言,A 项的削弱力度较低。B 项,表明针叶树存在活性差的劣势,因此支持了减少针叶林面积的措施。C 项,所提为植树造林的具体目的是什么,因此 C 项与题干措施能否实现目标无关。D 项,表明推广阔叶树的措施成本较高,但并未说明成本难以负担,因此仅有削弱措施可行性的可能,况且其也未提及目标——降尘,因此对措施能否实现目标而言,D 项的削弱力度很低。E 项,所提"通风走廊",题干并未提及,因此 E 项与题干论证无关。故选 A 项。

例22 番茄红素、谷胱甘肽、谷氨酰胺是有效的抗氧化剂,这些抗氧化剂可以中和人体内新陈代谢所产生的自由基。体内自由基过量会加速细胞的损伤从而加速人的衰老。因而为了延缓衰老,人们必须在每天饮食中添加这些抗氧化剂。

以下哪项如果为真,最能削弱上述论证?

A. 体内自由基不是造成人衰老的唯一原因。

B. 每天参加运动可有效中和甚至清除体内的自由基。

C. 抗氧化剂的价格普通偏高,大部分消费者难以承受。

D. 缺乏锻炼的超重者在体内极易出现自由基过量。

E. 吸烟是导致体内细胞损伤的主要原因之一。

题源:2005—10—28

解析 题干论证可提炼为:想要延缓衰老⇒必须每天添加抗氧化剂。

A 项,表明抗氧化剂对延缓衰老来说不具有"充分性",但题干论证所指的是,延缓衰老必须添加抗氧化剂,即抗氧化剂对延缓衰老来说的"必要性",因此 A 项与题干论证无关。B 项,表明每天运动也可以延缓衰老,从而未必需要每天添加抗氧化剂,因此 B 项削弱了题干论证。C 项,表明抗氧化剂的成本较高,因此 C 项削弱了措施的可行性,但 C 项并不涉及延缓衰老是否必须有抗氧化剂,因此 C 项的削弱力度较低。D 项,所提为"自由基过量的原因"，与衰老无关，因此 D 项与题干论证无关。E 项，所提为"细胞损伤"，与衰老无关，因此 E 项与题干论证无关。故选 B 项。

套路④ 直接针对类型

有些削弱试题的答案直接针对题干论证的**前提**或**结论**。此类试题往往相对简单。

(一) 攻击前提

例23 迄今为止，年代最久远的智人遗骸在非洲出现，距今大约 20 万年。据此，很多科学家认为，人类起源于非洲，现代人的直系祖先——智人在约 20 万年前于非洲完成进化后，然后在约 15 万年到 20 万年前，慢慢向北迁徙，穿越中东到达欧洲和亚洲，逐步迁徙至世界其他地方。

以下哪项如果为真，最能反驳上述科学家的观点？

A. 现代智人，生活在旧石器时代晚期，大约距今 4 万年至 1 万年左右。我国境内，许多地方都有晚期智人化石或者文化遗址发现，地点数以百计。

B. 在南美洲的一处考古发掘中，人们发现生活于大约 17 万年前的智人头骨化石。

C. 智人具备了个体之间能够相互沟通、能够制订计划、能够解决种种困难问题的那种非凡的能力。

D. 在很短的时间里，智人达到了令人瞠目结舌的繁荣，从热带到寒带，全世界凡是有陆地的地方基本上有智人居住。

E. 在以色列特拉维夫以东 12 千米的 Qesem 洞穴中发现了 8 颗 40 万年前的智人牙齿，这是科学家迄今为止在全球发现的年代最为久远的智人遗骸。

题源：2013—10—40

解析 科学家的观点可提炼为：距今最久远的（约 20 万年前）智人遗骸出现在非洲⇒人类起源于非洲。

A 项，所提为"现代智人"，与"智人起源"无关，因此 A 项与科学家观点无关。B 项，该发现并不与题干发现冲突，因此 B 项与科学家观点无关。C 项，所提为"智人的能力"，与"智人起源"无关，因此 C 项与科学家观点无关。D 项，所提为"智人的发展速度"，与"智人起源"无关，因此 D 项与科学家观点无关。E 项，表明"距今最久远的"智人遗骸并非出现在非洲，攻击了题干前提，因此 E 项削弱了科学家的观点。故选 E 项。

(二) 攻击结论

例24 张珊一直是甲班学习成绩最差的学生，但此次期末考试各科成绩均及格。因此，甲班在此次期末考试中将不会有学生不及格。

以下哪项如果为真，最能削弱上述论证？

A. 张珊此次期末考试各科的平均成绩不是甲班最差的。

B. 张珊不是甲班学习成绩最差的学生。

C. 考试成绩不能成为评价学生的唯一标准。

D. 甲班学生李思由于迷恋网络，学习成绩急剧下降。

E. 甲班学生王武在此次期末考试中有一门课程不及格。

题源：2008—10—53

解析 上述论证可提炼为：张珊是甲班最差学生且张珊此次各科成绩均及格⇒甲班所有学生此次考试成绩均及格。

A项，所提为"平均成绩"，题干为"单科成绩"，因此A项与题干论证无关。B项攻击了题干前提，因此B项削弱了题干论证。C项，所提为"评价标准"，因此C项与题干论证无关。D项，所提为"成绩下降"，这不等同于"考试不及格"，因此D项与题干论证无关。E项，为题干结论的反例，因此E项削弱了题干论证。

B项和E项均能削弱题干论证，此时需比较两者力度。B项攻击的是前提，而E项攻击的是结论，对于论证而言，最为重要的是结论。因此，从论证的角度来看，E项更符合题目"最能"削弱的要求。故选E项。

第二十章　支持题型

命题情况

数量情况

在论证逻辑中，支持题型总体数量较少。但在管综真题中，基本每年必考，甚至有反超削弱题型的态势，具体列表如下。

	MBA 联考真题	管综真题	2020 年及以前经综真题
支持题型	101	49	14

难度情况

在 2020 年及以前经综真题中，大部分支持题型的论证提炼、正解思路相对简单，误项干扰度也较低，因此题目总体难度较低。但在管综真题中，支持题型的论证提炼、正解思路逐渐简化，部分试题的误项有精心设计，从而更容易被过度推理，因此更容易误选。此点，当下经综真题的命题趋势正逐步向管综真题的命题趋势靠拢。

题型特征

- 题目涉及"支持"或其同义替换词。
- 本题型容易被误认为是形式逻辑，区分方法在"第五章"的干扰陷阱中已有阐述。

解题套路

本质上，支持题型是削弱题型的反面，将削弱题型答题套路取反，就得到了支持题型的答题套路。不过，在出题时，支持题型与削弱题型在侧重点和具体细节上会有所不同。

套路①因果推理类型

若题干是一种推断原因或结果的论证，则可用因果推理的答题套路分析每个选项。

（一）因果相关

因果相关是因果推理的一种答案套路，该套路是支持题型中使用最多的一种。

其正解表述有以下两种：

1．"因"与"果"之间有联系。

2．正是有了"因"，从而带来_____，进而带来"果"。

其中，第 1 种正解表述往往会有以下标志：

1．"因"或"果"的主题词或同义替换词会复现，往往因、果同时复现。

2．会有构建联系的词语出现，例如，相关、如果……那么……、只有……才……，等等。

但第 2 种正解表述则不同，其往往不会复现因或果的主题词，相当于只提供三个分句中的第二个分句，如果理解不到位，很容易当成无关项加以排除。因此，我给小伙伴们提供以下策略：

将存疑选项代入对应正解表述中，观察是否**构建了因果联系**。

（二）因果不倒

因果不倒是因果推理的一种答案套路，其正解表述如下：

"果"的发生不会导致"因"，或"果"的发生不以"因"为前提。

该正解表述往往会有以下标志：

1．"因"或"果"的主题词或同义替换词会复现，往往因、果同时复现。

2．会有表达否定的词语出现，例如，没有、难以等。

（三）因果分析

因果分析是因果推理的一种答案套路，其正解表述如下：

"因"没发生，则"果"不会发生。

该正解表述往往会有以下标志：

1．"因"或"果"的主题词或同义替换词会复现，往往因、果同时复现。

2．会有表达否定的词语出现，例如，没有、难以等。

（四）排除他因

排除他因是因果推理的一种答案套路，其正解表述需要区分以下两种情况：

1．若题干表述为原因发生，推断结果，即因⇒果，则要排除可能**使得结果不发生**的原因，从而其正解表述为：

使得"果"不发生的_____，并不会出现。

2．若题干表述为结果发生，推断原因，即果⇒因，则要排除能**使得结果发生**的其他原因，从而其正解表述为：

"果"的发生，不是因为_____。

这两种正解表述往往不会复现因或果的主题词，甚至命题人会用肯定形式来表达上述否定含义，如果理解不到位，很容易当成无关项加以排除。因此，我给小伙伴们提供以下策略：

将存疑选项取反，然后代入对应正解表述中，观察是否**对"果"产生相应影响**：若存疑选项是所需答案，在"因⇒果"的试题中，便会造成**结果不发生**的影响；在"果⇒因"的试题中，便会造成**结果发生**的影响。

例25 陈先生：昨天我驾车时被警察出具罚单，理由是我超速。警察这样做是不公正的。我敢肯定，当时我看到很多车都超速，为什么受罚的只有我一个？

贾女士：你并没有受到不公正的对待，因为警察当时不可能制止所有的超速汽车。事实上，当时每个超速驾驶的人都同样可能被出具罚单。

确定以下哪项原则，最能支持贾女士的观点？

A. 任何处罚的公正性，只能是相对的，不是绝对的。绝对公正的处罚，是一种理想化的标准，不具有可操作性。

B. 对违反交通规则的处罚不是一种目的，而是一种手段。

C. 违反交通规则的处罚对象，应当是所有违反交通规则的人。

D. 任何处罚，只要有法规依据，就是公正的。

E. 如果每个违反交通规则的人被处罚的可能性均等，那么对其中任何一个人的处罚都是公正的。

题源：2008—10—37

解析 贾女士的观点可提炼为：警察不可能制止所有超速汽车且超速者都可能被出具罚单⇒你被罚并非受到不公正对待。

A 项，表明公正并不绝对，从而有削弱贾女士观点的可能，因此 A 项削弱了贾女士观点。B 项，所提为"处罚属性"，而贾女士围绕的是"公正"，因此 B 项与贾女士观点无关。C 项，所提为"应当"，理论层面不能推断实际层面，因此 C 项与贾女士观点无关。D 项，所提"法规"贾女士并未提及，因此 D 项与贾女士观点无关。E 项，若对任何人的处罚都是公正的，则对陈先生的处罚是公正的，从而构建了前提与结论的联系，因此 E 项支持了贾女士观点。故选 E 项。

例26 尽管外界有放宽货币政策的议论，但某国中央银行在日前召开的各分支行行长座谈会上传递出明确信息，下半年继续实施好稳健的货币政策，保持必要的政策力度。有学者认为，这说明该国决策层仍然把稳定物价作为首要任务，而把经济增速的回落控制在可以承受的范围内。

以下哪项可以支持上述学者的观点？

A. 如果保持必要的政策力度，就不能放宽货币政策。

B. 只有实施好稳健的货币政策，才能稳定物价。

C. 一旦实施好稳健的货币政策，经济增速就要回落。

D. 只有稳定物价，才能把经济增速的回落控制在可以承受的范围内。

E. 如果放宽货币政策，就可以保持经济的高速增长。

题源：2011—10—35

解析 学者观点可提炼为：实施稳健货币政策且保持政策力度⇒首要任务是稳定物价且控制住经济增速的回落。

A 项，表明"必要的政策力度"与宽松货币政策冲突，但未提及"稳健的货币政策"和相关结论，因此 A 项与学者观点无关。B 项，表明"稳健的货币政策"与"稳定物价"相关，因此 B 项支持了学者观点。C 项，表明"稳健的货币政策"带来的是"经济增速的回落"，因此 C 项削弱了学者观点。D 项构建的是学者两项结论间的联系，但由此难以断定，该结论是否可由央行信息得出，因此 D 项与学者观点无关。E 项，所提"放宽货币政策""经济的高速增长"学者并未提及，因此 E 项与学者观点无关。故选 B 项。

> **高能提示**
>
> 本题小伙伴们会问，题干是"稳健货币政策⇒稳定物价"，而 B 项是"稳定物价→稳健货币政策"，明明两者相反，为何 B 项还能支持题干呢？
> 这涉及一个细节知识（历年真题中仅两题考查过该知识），现分析如下：
> 因果推理与条件命题之间无法互相推断，但条件命题可支持因果推理。
> 先解释前句：
> 因果推理所探讨的是事物之间的因果作用关系，必然是事实；而条件命题所探讨的是事物之间的条件作用关系（充分、必要、充要关系），未必是事实。
> 例如，吸烟有 50% 的概率会导致肺癌。
> 此例中，吸烟必然是导致肺癌的原因，所以可得出因果推理"吸烟⇒肺癌"，但因为吸烟不是 100% 导致肺癌，所以吸烟并不是导致肺癌的充分条件，从而无法得出条件命题"吸烟→肺癌"。
> 又如，如果我爱你，那么猪上树。
> 此例中，"我爱你"是"猪上树"的充分条件，所以可得出条件命题"我爱你→猪上树"，但"我爱你"不可能是"猪上树"的原因，从而无法得出因果推理"我爱你⇒猪上树"。
> 所以，我们不可以由一个因果推理直接得出一个条件命题，反之亦然。
> 再解释后句：
> 条件命题至少构建了前件与后件之间的联系，因此，一个条件命题可以支持由其前后件所构成的因果推理。
> 例如，吸烟导致肺癌。如果吸烟那么会导致肺癌。只有吸烟才会导致肺癌。后两句均可支持首句。
> 至于因果推理成立能否支持条件命题，小伙伴们无须知晓。因为考查条件命题的试题，都只需用形式逻辑的公式来解决。因此，小伙伴们遇到形式逻辑试题，就用形式逻辑公式；遇到论证逻辑试题中带有条件命题的情况，知道条件命题可支持因果推理即可。

例27 有钱并不意味着幸福。有一项覆盖面相当广的调查显示，在自认为有钱的被调查者中，只有 1/3 的人感觉自己是幸福的。

以下哪项有关上述调查的断定如果为真，最能支持上述论证？

A. 绝大多数自认为有钱的人，实际上都达到中等以上的富裕程度。
B. 许多感觉不幸福的人，实际上十分幸福。
C. 许多不认为自己有钱的人，实际上很有钱。
D. 被调查的有钱人绝大多数是合法致富。
E. 被调查的有钱人中，许多是非法致富。

题源：2002—10—20

[解析] 上述论证可提炼为：在自认为有钱的调查者中仅 1/3 的人感觉幸福⇒有钱不意味着幸福。

A 项构建了"自认为有钱"与"实际有钱"之间的关系，因此 A 项支持了上述论证。B 项，表明无法用"感觉"来测量幸福情况，从而质疑了调查的可信度，因此 B 项削弱了上述论证。C 项，所提"不认为自己有钱的人"不在题干调查范围之内，因此 C 项与上述论证无关。D 项，所提"致富"是否合法，不能直接推断"幸福情况"，此两者间无直接联系，非法致富者完全有可能很幸福，因此，D 项与上述论证无关。E 项，所提"致富"是否合法，不能直接推断"幸福情况"，因此，E 项与上述论证无关。故选 A 项。

[例28] 陈先生：北欧人具有一种特别明显的乐观精神。这种精神体现为日常生活态度，也体现为理解自然、社会和人生的哲学理念。北欧人的人均寿命历来是最高的，这正是导致他们具备乐观精神的重要原因。

贾女士：你的说法难以成立。因为你的理解最多只能说明，北欧的老年人为何具备乐观精神。

以下哪项如果为真，最能加强陈先生的观点并削弱贾女士的反驳？

A. 人均寿命是影响社会需求和生产的重要因素；经济发展水平是影响社会情绪的重要因素。

B. 北欧的一些国家人均寿命不高，但并不缺乏乐观的民族精神。

C. 医学研究表明，乐观精神有利于长寿。

D. 经济发展水平是影响人的寿命及其情绪的决定因素。

E. 一家权威机构的最新统计表明，目前全世界人均寿命最高的国家是日本。

题源：2006—1—49

[解析] 陈先生的观点可提炼为：北欧人寿命高⇒北欧人有乐观精神。

A 项，社会情绪包含"乐观精神"，所以构建了"寿命高"与"乐观精神"的联系，因此 A 项支持了陈先生观点。B 项，表明寿命不高，但也具有乐观精神，属于无因有果，因此 B 项削弱了陈先生观点。C 项，表明"乐观精神"对"寿命高"有促进作用，从而说明陈先生可能弄错了因果方向，属于因果倒置，因此 C 项削弱了陈先生观点。D 项，提及"寿命"高低的原因，但陈先生提及的是"寿命高"的结果，因此 D 项与陈先生论证无关。E 项，"人均寿命最高的国家"与陈先生观点无关。故选 A 项。

[例29] 一份对北方山区先天性精神分裂症患者的调查统计表明，大部分患者都出生在冬季。专家们指出，其原因很可能是那些临产的孕妇营养不良，因为在这一年最寒冷的季节中，人们很难买到新鲜食品。

以下哪项如果为真，最能支持题干中的专家的结论？

A. 在精神分裂症患者中，先天性患者只占很小的比例。

B. 调查中相当比例的患者有家族史。

C. 与引起精神分裂症有关的大脑区域的发育，大部分发生在产前一个月。

D. 新鲜食品与腌制食品中的营养成分对大脑发育的影响是相同的。

E. 虽然生活在北方山区，但被调查对象的家庭大都经济条件良好。

题源：2002—10—15

解析 专家的结论可提炼为：精神分裂症患者的患病原因⇒临产孕妇营养不良。

A 项，所提疾病先天性的"占比情况"与题干疾病的"原因"无关，因此 A 项与专家结论无关。B 项，所提疾病的"家族史"与"临产孕妇营养情况"无关，因此 B 项与专家结论无关。C 项与题干结合表明，患者在发育"与精神分裂症有关的大脑区域"时，恰好碰上了难买到新鲜食材的冬季，而难买到新鲜食材确实容易导致"临产孕妇营养不良"，所以构建了患病与"临产孕妇营养不良"的关系，因此 C 项支持了专家结论。D 项，所提"腌制食品"题干并不涉及，因此 D 项与专家结论无关。E 项，所提"经济条件情况"不能直接与"精神分裂症"构建联系，完全有可能经济条件好的家庭，因买不到食物，从而孩子依然患病，因此，E 项与上述论证无关。故选 C 项。

例30 从"阿克琉斯基猴"身上，研究者发现了许多类人猿的特征。比如，它脚后跟的一块骨头短而宽。此外，"阿克琉斯基猴"的眼眶较小，科学家据此推测它与早期类人猿的祖先一样，是在白天活动的。

以下哪项如果为真，最能支持上述科学家的推测？

A. 短而宽的后脚骨使得这种灵长类动物善于在树丛中跳跃捕食。

B. 动物的视力与眼眶大小不存在严格的比例关系。

C. 最早的类人猿与其他灵长类动物分开的时间，至少在 5 500 万年以前。

D. 以夜间活动为主的动物，一般眼眶较大。

E. 对"阿克琉斯基猴"的基因测序表明，它和类人猿是近亲。

题源：2013—10—37

解析 科学家的推测可提炼为："阿克琉斯基猴"眼眶较小⇒"阿克琉斯基猴"白天活动。

A 项，所提"捕食方式"与题干"活动时期"无关，因此 A 项与科学家推测无关。B 项，所提"视力情况"与题干"活动时期"无关，因此 B 项与科学家推测无关。C 项，所提"分开时间"与题干"活动时期"无关，因此 C 项与科学家推测无关。D 项，表明眼眶不小，不会以白天活动为主，属于无因无果，因此 D 项支持了科学家推测。E 项，所提"种间关系"与题干"活动时期"无关，因此 E 项与科学家推测无关。故选 D 项。

例31 "本公司自 1980 年以来生产的轿车，至今仍有一半在公路上奔驰；其他公司自 1980 年以来生产的轿车，目前至多有 1/3 没有被淘汰。"杜尔公司希望以此广告向消费者显示，本公司生产的轿车的耐用性能极佳。

下列哪项如果为真，能够最有效地支持上述广告的观点？

A. 扣除通货膨胀的因素，该公司目前生产的新车的价格只比 1980 年生产的稍高一点。

B. 自 1980 年以来，其他公司轿车的年产量有显著增长。

C. 该公司轿车的车主，经常都把车保养得很好。

D. 自 1980 年以来，该公司在生产轿车上的改进远远小于其他公司对轿车的改进。

E. 自 1980 年以来，该公司每年生产的轿车数量没有显著增加。

解析 该广告的论证可提炼为：本公司汽车超一半还在使用而其他汽车不到 1/3 ⇒ 本公司汽车耐用性能佳。

A 项，所提"价格"与题干"耐用性"无关，因此 A 项与广告论证无关。B 项，表明其他公司还能使用的汽车占比较少的原因在于"产量增加"，未必在于耐用性较差，因此 B 项削弱了广告论证。C 项表明，该公司有半数以上汽车现在还在使用，很可能是因为车主注意保养，未必是因为耐用性好，因此 C 项削弱了广告论证。D 项，所提"改进"未必改进的就是"耐用性"，因此 D 项与题干论证无直接关系。E 项取反，即该公司汽车年产量显著增加，则该公司有半数以上汽车现在还在用，很可能是因为大部分汽车是当下生产的，未必是因为耐用性好。而 E 项排除了该原因，因此 E 项支持了广告论证。故选 E 项。

套路②排除他因扩展

> **高能提示**
>
> 目前真题当中，支持题型不像削弱题型一样，有许多扩展，下面所展示的扩展，已是真题中考查数量相对较多的内容。
>
> 其中，"措施目标"是考查最多的一种变形形式，小伙伴们要格外注意。

（一）以偏概全

以偏概全是指，<u>由样本具有某种属性便直接得出整体也具有该属性</u>。

对应的正解往往是，<u>排除在与推理属性紧密相关的内容上，该样本很聚集，并没有分散在整体之中</u>。

例32 美国俄亥俄州立大学的研究人员对超过 1.3 万名 7 至 12 年级的中学生进行调查。在调查中，研究人员要求这些学生各列举 5 名男性朋友和女性朋友，然后统计这些被提名的朋友总的得票数，选取获得 5 票的人进行调查统计。研究发现，在获得 5 票的人当中，独生子女出现的比例与他们在这一年龄段人口中的比例是一致的，这说明他们与非独生子女的社交能力没有明显差别，并且这一结果不受父母年龄、种族和经济地位的影响。

以下哪项如果为真，最能支持上述研究发现？

A. 在没有获得选票的人当中，独生子女出现的比例高于他们在这一调查对象中的比例。

B. 获得选票的独生子女人数所占比例和他们在这一调查对象中的比例基本相当。

C. 在获得 1 票的人当中，独生子女出现的比例远高于他们在这一调查对象中的比例。

D. 在得票前 500 名当中，独生子女出现的比例和他们在这一调查对象中的比例相当。

E. 没能列举出 5 名男性朋友和 5 名女性朋友的学生中，独生子女出现的比例较高。

题源：2011—10—52

解析 研究发现可提炼为：$\dfrac{独生}{5票} = \dfrac{独生}{中学生} \Rightarrow$ 独生子女社交能力与非独生子女没有差别。

A 项，表明独生子女更不容易获得选票，从而说明题干调查忽略了这部分人群的比例情况，以偏概全，因此 A 项削弱了研究发现。B 项，研究所给数据其实存在两个问题：第一，仅统计了获得 5 票的人，忽略了获得其他票数的情况，若其他票数，独生子女占比较少，则未必能说明其结论；第二，题干并未说明 $\dfrac{独生}{调查对象}$ 与 $\dfrac{独生}{中学生}$ 是否一致，若前者比后者多，则也未必能说明其结论。B 项重新提供了一组数据 "$\dfrac{独生}{得票} = \dfrac{独生}{调查对象}$"，一方面，扩大了统计范围，解决了第一个问题；另一方面，只是和调查对象中独生子女占比相比，也解决了第二个问题。因此，B 项支持了研究发现。C 项，因为比例是"远高于"，表明在获得 1 票的人群当中，独生子女社交能力更强，所以攻击了题干的"没差别"，因此 C 项削弱了研究发现。D 项表明，在前 500 名获得选票的人群当中，独生子女社交能力确实与非独生子女差不多，因此 D 项支持了研究发现。E 项，表明独生子女更不容易交到 5 名男性及 5 名女性朋友，因此 E 项削弱了研究发现。

B 项和 D 项均支持研究发现，此时需比较两者力度。B 项调查了全体得票人群的情况；而 D 项仅统计了部分人群，有较大以偏概全的可能。所以从程度上来看，B 项更符合题目"最能"支持的要求。故选 B 项。

（二）数字陷阱——比较陷阱

比较陷阱是指，用某数据来对比两对象。

对应的正解往往是，排除了某关键数据。

例33 威尔和埃克斯这两家公司，对使用他们字处理软件的顾客提供 24 小时的热线电话服务。既然顾客仅在使用软件有困难时才打电话，并且威尔收到的热线电话比埃克斯收到的热线电话多四倍，因此，威尔的字处理软件一定比埃克斯的字处理软件难用。

下列哪项如果为真，最能够有效地支持上述论证？

A. 平均每个埃克斯热线电话比威尔热线电话时间长两倍。

B. 拥有埃克斯字处理软件的顾客数比拥有威尔字处理软件的顾客数多三倍。

C. 埃克斯收到的关于字处理软件的投诉信比威尔多两倍。

D. 这两家公司收到的热线电话数量逐渐上升。

E. 威尔热线电话的号码比埃克斯的号码更公开。

题源：1998—1—19、396—2014—11

解析 上述论证可提炼为：威尔的电话数量是埃克斯的四倍⇒威尔的软件更难使用。

A项，所提"电话时长"，并不能直接与软件难用度挂钩，因此A项与上述论证无关。B项表明，埃克斯用户数量更多，排除了威尔投诉量大是因为其用户多的可能，因此B项支持上述论证。C项表明，可能很多埃克斯的顾客采用信件的方式投诉，因此C项削弱了上述论证。D项，两家收到的热线电话数量都在上升，无法说明为何威尔投诉量更大，因此D项与上述论证无关。E项表明，威尔投诉量更大，是因为电话号码"更公开"，因此E项削弱了上述论证。故选B项。

（三）穆勒五法——求异法

求异法是指，题干运用了求异实验。

对应的正解往往是，两组实验因素实际不同；两组实验没有其他差异因素；两组实验现象实际相同。其中，第二种考查较多。

例34 在一项试验中，第一组被试验者摄取了大量的人造糖，第二组则没有吃糖。结果发现，吃糖的人比没有吃糖的人认知能力低。这一试验说明，人造糖中所含的某种成分会影响人的认知能力。

以下哪项如果为真，最能支持上述结论？

A. 在上述试验中，第一组被试验者吃的糖大大超出日常生活中糖的摄入量。

B. 上述人造糖中所含的该种成分也存在于大多数日常食物中。

C. 第一组被试验者摄取的糖的数量没有超出卫生部门规定的安全范围。

D. 两组被试验者的认知能力在试验前是相当的。

E. 两组被试验者的人数相等。

题源：2004—10—37

解析 上述结论可提炼为：吃糖的人比没有吃糖的人认知能力低⇒人造糖影响人的认知能力。

A项，所提"添加数量"与"人造糖"是否会有影响无关，因此A项与上述论证无关。B项，所提"日常食物"与"人造糖"是否会有影响无关，因此B项与上述论证无关。C项，所提"添加数量"与"人造糖"是否会有影响无关，因此C项与上述论证无关。D项，排除了一种可能——两组人群认知能力不同是因为他们原本认知能力就有差异，因此D项支持了上述论证。E项，哪怕两组"人数"不同，也可以通过比值来做比较，因此E项与上述论证无关。故选D项。

（四）措施目标

措施目标的试题，需要区分以下两种情况：

1. 若题干表述为采用某措施能实现某目标，即措施⇒目标，其正解表述有以下两种：

（1）"措施"与"目标"之间有联系。

（2）正是有了"措施"，从而带来_____，进而带来"目标"。

2. 若题干表述为只有某一措施能实现目标，即目标⇒措施（会有绝对化的词，例如，必须、只有等），则要排除能使得目标实现的其他措施，从而其正解表述为：

"目标"的实现，无法依靠_____。

> **误项总结**
>
> 支持题型的措施目标，往往会设置以下误项：
> 第一种，措施没有副作用。
> 第二种，措施有实施条件。
> 这两种选项虽有支持力度，但力度较弱。原因与削弱题型部分的措施目标类似，本处不再赘言。
> 因此，在没有任何程度词等区分力度的限定下，本类试题的选择顺序为：
> 正解表述 > 措施没有副作用 / 措施有实施条件。

例35 有专家指出，我国城市规划缺少必要的气象论证，城市的高楼建得高耸而密集，阻碍了城市的通风循环。有关资料显示，近几年国内许多城市的平均风速已下降10%。风速下降，意味着大气扩散能力减弱，导致大气污染物滞留时间延长，易形成雾霾天气和热岛效应。为此，有专家提出建立"城市风道"的设想，即在城市里建造几条畅通的通风走廊，让风在城市中更加自由地进出，促进城市空气的更新循环。

以下哪项如果为真，最能支持上述建立"城市风道"的设想？

A. 有风道但没有风，就会让城市风道成为无用的摆设。
B. 有些城市已拥有建立"城市风道"的天然基础。
C. 风从八方来，"城市风道"的设想过于主观和随意。
D. 城市风道不仅有利于"驱霾"，还有利于散热。
E. 城市风道形成的"穿街风"，对建筑物的安全影响不大。

题源：2016—1—39

解析 上述设想可提炼为：建立"城市风道"⇒空气循环。

A项表明，如果没风的话，设想就难以奏效，因此A项削弱了上述设想。B项表明，设想具有执行的条件，属于措施有实施条件，但并不涉及目标——空气循环，况且其涉及"有些"，因此B项的支持力度较低。C项表明，设想并不好，因此C项削弱了上述设想。D项，"驱霾、散热"与空气循环相关，因此D项直接构建措施和目标的关系，因此D项支持了上述设想。E项表明，设想没有太大危害，属于措施没有副作用，但并不涉及目标——空气循环，因此E项的支持力度较低。故选D项。

例36 过去，人们很少在电脑上收到垃圾邮件。现在，只要拥有自己的电子邮件地址，人们一打开电脑，每天可以收到几件甚至数十件包括各种广告和无聊内容的垃圾邮件。因此，应该制定限制各种垃圾邮件的规则并研究反垃圾的有效方法。

以下哪项如果为真，最能支持上述论证？

A. 目前的广告无孔不入，已经渗透到每个人的日常生活领域。

B. 目前，电子邮箱地址探测软件神通广大，而防范的软件和措施却软弱无力。

C. 现在的电脑性能与过去的电脑相比，功能十分强大。

D. 对于经常使用计算机的现代人来说，垃圾邮件是他们的最主要烦恼之一。

E. 广告公司通过电子邮件发出的广告，被认真看过的不足千分之一。

题源：2010—10—39

解析 上述论证可提炼为：人们会收到垃圾邮件⇒研究制定限制垃圾邮件的规则和方法。

A项，所提"广告渗透"与"反垃圾邮件"无关，因此A项与题干论证无关。B项，排除了一种可能——当下存在有效防范的方法，从而目前无法解决垃圾邮件的问题，"研究"就显得更加必要，因此B项支持了上述论证。C项，所提"电脑性能"与"反垃圾邮件"无关，因此C项与题干论证无关。D项，垃圾邮件是"烦恼"，仅表明"需解决"该问题，但不能推出"要研究"，毕竟，若已存在有效方法，那么直接使用该方法解决问题即可，去研究方法反而是多此一举，因此D项与上述论证无关。E项，所提"广告效果"与"反垃圾邮件"无关，因此E项与题干论证无关。故选B项。

高能提示

容易误选的D项，命制得非常漂亮，命题人考虑到了大多数考生的惯性思维，才如此命制该项（一起给命题人鼓掌吧！），选D项的你，快把满分指导所言记下来吧！

再次强调下，当下所命制的真题，思路很少会这样复杂，而很多试题做错的根源就在于命题人诱导考生过度推理或者考生不懂得比较选项力度，所以小伙伴们一定要按照满分指导所言，解决这两个问题。

套路③ 直接针对类型

有些支持试题的答案直接针对题干论证的**前提**或**结论**。此类试题往往相对简单。

（一）支持前提

例37 葡萄酒中含有白藜芦醇和类黄酮等对心脏有益的抗氧化剂。一项新研究表明，白藜芦醇能防止骨质疏松和肌肉萎缩。由此，有关研究人员推断，那些长时间在国际空间站或宇宙飞船上的宇航员或许可以补充一下白藜芦醇。

以下哪项如果为真，最能支持上述研究人员的推断？

A. 研究人员发现由于残疾或者其他因素而很少活动的人会比经常活动的人更容易出现骨质疏松和肌肉萎缩等症状，如果能喝点葡萄酒，则可以获益。

B. 研究人员模拟失重状态，对老鼠进行试验，一个对照组未接受任何特殊处理，另一组则每天服用白藜芦醇。结果对照组的老鼠骨头和肌肉的密度都降低了，而服用白藜芦醇的一组则没有出现这些症状。

C. 研究人员发现由于残疾或者其他因素而很少活动的人，如果每天服用一定量的白藜芦醇，则可以改善骨质疏松和肌肉萎缩等症状。

D. 研究人员发现，葡萄酒能对抗失重所造成的负面影响。

E. 某医学博士认为，白藜芦醇或许不能代替锻炼，但它能减缓人体某些机能的退化。

题源：2012—1—46

解析 研究人员的推断可提炼为：白藜芦醇能防止骨质疏松和肌肉萎缩⇒宇航员可补充白藜芦醇。

A项提及的是"葡萄酒"，题干是"白藜芦醇"，因此A项与研究人员的推断无关。B项，使用关于老鼠的求异实验，得出白藜芦醇能预防老鼠骨质和肌肉问题，支持了研究人员的前提，因此B项支持了研究人员的推断。C项提及的是"改善疾病"，题干是"预防疾病"，因此C项与研究人员的推断无关。D项提及的是"葡萄酒"，题干是"白藜芦醇"，因此D项与研究人员推断无关。E项提及的是"减缓疾病"，题干是"预防疾病"，因此E项与研究人员推断无关。故选B项。

注意，收敛思维和比较思维都在本题有所体现：

收敛思维：

C项和E项分别是"改善""减缓"，均是得病之后的事情，而题干是"预防"，这是得病之前的事情，因此C项、E项与题干论证无关。

比较思维：

虽然B项针对的是"老鼠"，且只支持前提，但这也是支持，哪怕力度再低，在别的选项无法支持时，就得选择B项。排除所有不可能，剩下的再难以置信，也是答案。

（二）支持结论

例38 某国海滨城市发生了一场特大的地震，引发了多年未见的海啸，使几个核电站进水，被核辐射污染的水有可能被排入大海。

以下各项都有助于得出被核辐射污染的水已经排入大海的结论，除了：

A. 事后5天，发现万里之外的南极附近一条死鱼的内脏受到了核辐射的影响。

B. 事后10天，通过在100海里以外的海水取样检验，发现放射性超标。

C. 受影响的1号核电站电源中断，原来设计的防护措施难以发挥作用。

D. 受影响的2号核电站冷却系统失灵，高温的水蔓延出来。

E. 受影响的3号核电站的防护壳有裂缝，一场核灾难危在旦夕。

题源：2011—10—33

解析 注意本题相反的陷阱，寻找的是"都有助于得出……除了"，即选择"无法得出"的选项。题干结论可提炼为：被核辐射污染的水已经排入大海。

A项，所提"核辐射"并不能直接和"被核辐射污染的水"挂钩，况且这是离事发地万里之外的死鱼，且事故又过了5天，很难想象这与题干所提"被污染的水"相关，因此A项与题干结论无关。B项，表明海洋中已有被核辐射污染的水，因此B项支持了题干结论。C项，表明被核辐射污染的水有可能突破防护措施，进而有进入大海的可能，因此C项支持了题干结论。D 项，表明被核辐射污染的水蔓延出来，进而有进入大海的可能，因此 D 项支持了题干结论。E 项，表明被核辐射污染的水有可能突破防护壳，进而有进入大海的可能，因此 E 项支持了题干结论。故选 A 项。

注意，收敛思维和比较思维都在本题有所体现：

收敛思维：

A 项所言并不涉及"水"，所以不能直接与"被核辐射污染的水"挂钩。

E 项所言"危在旦夕"指代的是"核灾"，而题目所要支持的结论是被核辐射污染的水"排入大海"，核灾的造成必然要"大量"被污染的水排入大海才行，而被污染的水排入大海只要"有"就行。所以，认为 E 项"危在旦夕"能表达水排入大海的小伙伴，又过度推理了。

比较思维：

本题选择的是"无法得出"，所以这题要比较的根本不是支持力度的高低，但凡可以支持的选项，哪怕力度很低，也应该排除。要比较的只是能否支持。

就算本题 A 项难以直接看出，通过比较会发现，B 项和 D 项是直接支持结论，而 C 项和 E 项都指代防护不力，若 E 项入选，C 项也应入选，所以同时排除。此时，排除所有不可能，剩下的 A 项再难以置信，也是答案。

第二十一章　评价题型

命题情况

数量情况

在论证逻辑中，评价题型基本不会考查，具体列表如下。

	MBA 联考真题	管综真题	2020 年及以前经综真题
评价题型	18	1	3

难度情况

评价题型的答案一般比较明显，极少数试题会设置相反陷阱，题目稍有难度。

题型特征

- 题目要求寻找关于结论正确性最重要的选项，往往涉及"评价"或其同义替换词。
- 选项往往为疑问句，部分选项带有"是否"这个词。

解题套路

本质上，评价题型是削弱题型和支持题型的结合，因此，其正解处于削弱和支持的中间点，如下所示：

<u>肯定正解，则是对题干论证的支持或削弱。</u>
<u>否定正解，则是对题干论证的削弱或支持。</u>

评价题型解题套路与削弱和支持题型完全一致，本处便不再列举。

另外，评价题型所设置的选项很少需要我们进行比较，基本上要么正解，要么无关，所以评价题型的难度一般较低。

综上，评价题型的解题思路如下：

先根据**主题词**排除无关项；再将剩余选项做**肯定和否定**两方面处理，看是否有不同效果。

例39 在北欧一个称为古堡的城镇的郊外，有一个不乏凶禽猛兽的天然猎场。每年秋季吸引了来自世界各地富于冒险精神的狩猎者。一个秋季下来，古堡镇的居民发现，他们之中在此期间在马路边散步时被汽车撞伤的人的数量，比在狩猎时受到野兽意外伤害的人数多出了两倍！因此，对于古堡镇的居民来说，在狩猎季节，待在猎场中比在马路边散步更安全。

为了评价上述结论的可信程度，最可能提出以下哪个问题？

A. 在这个秋季，古堡镇有多少数量的居民去猎场狩猎？
B. 在这个秋季，古堡镇有多少比例的居民去猎场狩猎？

C. 古堡镇的交通安全记录在周边的几个城镇中是否是最差的？

D. 来自世界各地的狩猎者在这个季节中有多少比例的人在狩猎时意外受伤？

E. 古堡镇的居民中有多少好猎手？

题源：2001—10—45、396—2017—2

解析 上述结论可提炼为：在马路边被车撞伤者是因狩猎而受野兽伤害者的两倍⇒待在猎场比在马路边安全。

A项，仅知道去狩猎的人数还不够，还需要知道在马路边散步的居民有多少，才可以对两方面进行比较，因此A项不是评价题干的关键。B项，当知道多少比例的居民去狩猎后，就能通过计算得知在马路边散步的居民的比例，因此B项是评价题干的关键。C项，所提"周边城镇"与"古堡镇"自身安全情况的比较无关，因此C项不是评价题干的关键。D项，所提"世界狩猎者比例"与"在马路边散步"无关，因此D项不是评价题干的关键。E项，所提"好猎手"与"古堡镇"自身安全情况无关，因此E项不是评价题干的关键。故选B项。

> **高能提示**
>
> 本题符合数字陷阱中的比较陷阱，比较两者谁更安全，在不知道两者参与人数的情况下，应该比较的是受伤率，而不是仅仅比较受伤人数。
>
> 另外，B项其实也存在问题，因为除了狩猎和散步，古堡镇的居民完全可以选择待在家中，因此仅知道狩猎的比例是不能真正得出散步比例的。不过，鉴于没有更好的选项，而且，一般居民不可能完全待在家中，所以B项相对为最好的答案。

例40 据一项统计显示，在婚后的13年中，妇女的体重平均增加了15公斤，男子的体重平均增加了12公斤。因此，结婚是人变得肥胖的重要原因。

为了对上述论证做出评价，回答以下哪个问题最为重要？

A. 为什么这项统计要选择13年这个时间段作为依据？为什么不选择其他时间段，例如为什么不是12年或14年？

B. 在上述统计中，婚后体重减轻的人有没有？如果有的话，占多大的比例？

C. 在被统计的对象中，男女各占多少比例？

D. 这项统计的对象，是平均体重较重的北方人，还是平均体重较轻的南方人？如果二者都有的话，则各占多少比例？

E. 在上述13年中，处于相同年龄段的单身男女的体重增减状况是怎样的？

题源：2001—10—43

解析 上述论证可提炼为：结婚13年后的人会发胖⇒结婚是人变得肥胖的重要原因。

A项，所提"时间"与题干所关注的"结婚"无关，因此A项不是评价题干的关键。B项，题干为"平均体重"，已经考虑到了体重减轻人群的情况，因此B项不是评价题干的关键。C 项，题干分别根据"男性、女性"统计了平均体重，因此 C 项不是评价题干的关键。D 项，所提"地域"与题干所关注的"结婚"无关，因此 D 项不是评价题干的关键。E 项可与题干构成求异试验，因此 E 项是评价题干的关键。故选 E 项。

例41 一种流行的看法是，人们可以通过动物的异常行为来预测地震。实际上，这种看法是基于主观类比，不一定能揭示客观联系。一条狗在地震前行为异常，这自然会给它的主人留下深刻印象。但事实上，这个世界上的任何一刻，都有狗出现行为异常。

为了评价上述论证，回答以下哪个问题最不重要？

A. 两种不同类型的动物，在地震前的异常行为是否类似？

B. 被认为是地震前兆的动物异常行为，在平时是否也同样出现过？

C. 地震前有异常行为的动物在整个动物中所占的比例是多少？

D. 在地震前有异常行为的动物中，此种异常行为未被注意的比例是多少？

E. 同一种动物，在两次地震前的异常行为是否类似？

题源：2009—10—44

解析 注意本题的相反陷阱，寻找的是"最不重要"的选项。

上述论证可提炼为：地震前的动物异常行为容易受到关注，但这种异常行为平时也会出现⇒无法通过动物的异常行为来预测地震。

A 项，既然动物种类不同，那么地震前的异常行为不同便是自然的，例如，苍蝇的异常行为，狗就基本难以做到，因此 A 项不是评价上述论证的关键。B 项是"地震是否与异常行为有联系"的关键，因此 B 项是评价上述论证的关键。C 项是"异常行为是否值得作为观察对象"的关键，因此 C 项是评价上述论证的关键。D 项，若某种地震前的异常行为，很难被关注到，则难以用其作为预测地震的标志，因此 D 项是评价上述论证的关键。E 项，若每次地震前的异常行为都不同，则很难断定何种行为才属于地震前的异常行为，因此 E 项是评价上述论证的关键。故选 A 项。

例42 我国博士研究生中女生的比例近年来有显著的增长。说明这一结论的一组数据是：2000 年，报考博士生的女性考生的录取比例是 30%；而 2004 年这一比例上升至 45%。另外，这两年报考博士生的考生中男女的比例基本不变。

为了评价上述论证，对 2000 年和 2004 年的以下哪项数据进行比较最为重要？

A. 报考博士生的男性考生的录取比例。

B. 报考博士生的考生的总数。

C. 报考博士生的女性考生的总数。

D. 报考博士生的男性考生的总数。

E. 报考博士生的考生中理工科的比例。

题源：2005—10—24

[解析] 上述论证可提炼为：报考博士生的女性考生录取比例提高而报考男女比例不变⇒博士生中女性比例提高。

题干结论为比值，所以与其相关的数据不可能是某一绝对数值，因此，根据**定性思维**，B、C、D 三项可以定性排除，而 E 项所提"理工科"，题干并未提及，因此也可排除。故选 A 项。

当然，本题也可列出公式以具体判断，与题干结论相关的公式为：

$$\frac{女生}{博士生}$$

$$= \frac{女生录取率 \times 女生报考数}{女生录取率 \times 女生报考数 + 男生录取率 \times 男生报考数}$$

$$= \frac{女生录取率 \times 报考总数 \times 女生报考率}{女生录取率 \times 报考总数 \times 女生报考率 + 男生录取率 \times 报考总数 \times 男生报考率}$$

$$= \frac{女生录取率 \times 女生报考率}{女生录取率 \times 女生报考率 + 男生录取率 \times 男生报考率}$$

已知，女生录取率提高，而男女生报考率均不变，因此就剩下男生录取率未知。

第二十二章　假设题型

命题情况

数量情况

在论证逻辑中，假设题型总体数量很多，基本每年必考，具体列表如下。

	MBA 联考真题	管综真题	2020 年及以前经综真题
假设题型	130	17	24

难度情况

在 2020 年及以前经综真题中，大部分假设题型的论证提炼、正解思路相对简单，误项干扰度也较低，因此题目总体难度较低。但在管综真题中，假设题型的论证提炼、正解思路逐渐简化，部分试题的误项有精心设计，从而更容易被过度推理，因此更容易误选。此点，当下经综真题的命题趋势正逐步向管综真题的命题趋势靠拢。

题型特征

- 题目涉及"假设"或其同义替换词。
- 本题型容易被误认为是形式逻辑，区分方法在"第五章"的干扰陷阱中已有阐述。

我们在形式逻辑中也遇到过"假设"，这里特做分析。

假设的本质，是使论证成立的**必要条件**。而"必要条件"我们在"考点⑬"中有过阐述，共有两种含义本质，假设也与其一一对应，具体如下：

少了不行——假设不成立，其对应的论证必然不成立。
有了未必就行——假设成立，其对应的论证未必成立。

例如，手推墙⇒墙倒塌。"手去推墙，能使墙晃动"是上例论证的假设。

否定这个假设，即"手去推墙，墙巍然不动"，则上例论证必然不成立。

肯定这个假设，即"手去推墙，墙晃动"，微晃未必会倒塌，所以上例论证未必成立，但这也支持了上例论证。

由此，假设与支持、削弱的关系为：

<u>否定假设是**强力度削弱**</u>，并且，<u>假设是**必要支持**</u>，只不过支持力度未必高。

　　假设是论证成立的必要条件，必要条件的表述是"只有……才……""……是……的基础""……是……的标准"等。
　　因此，当看到选项中有此类必要条件的表述时，其往往是正确答案。

综上，假设的含义本质给我们提供了解决此类试题的方法：

先把**假设题当支持题**去做，排除无关、作用相反项后，便可能会剩下仅为支持、过度假设和正解三种选项；然后再用**否定代入**的方式，选择削弱力度最大的选项。

误项总结

针对假设题型，命题人会设置如下两种专门的误项：

第一种，仅为支持。

该误项，是对题干论证的支持，但仅仅是支持，却起不到假设作用——否定该误项，论证依然可以成立。

我还是用"手推墙⇒墙倒塌"来举例说明。例如，墙年久失修，如果该误项成立，表明墙很脆弱，手推墙，墙容易倒塌。但如果该误项不成立，若手推的力量很大，或者，墙没有砌好，则依然容易倒塌。

第二种，过度假设。

该误项，是对题干论证的支持，也踩到了假设点上，但程度过强，并不必要。

我再次用"手推墙⇒墙倒塌"来举例说明。例如，轻轻一碰，墙破碎坍塌，该误项是上例论证假设"手去推墙，能使墙晃动"的威力加强版，"破碎坍塌"并不必要，"晃动"才是上例论证成立的基础。

当然，若在假设题型当中，没有一个选项是非常基础的假设，则过度假设就相对最好。

解题套路

既然假设是必要的支持，那么假设题型便是支持题型的特例，所以其正解模型与支持题型一致。不过，在出题时，假设题型与支持题型在侧重点和具体细节上会有所不同。

套路①因果推理类型

若题干是一种推断原因或结果的论证，则可用因果推理的答题套路分析每个选项。

（一）因果相关

因果相关是因果推理的一种答案套路，该套路是假设题型中使用最多的一种。

其正解表述有以下两种：

1．"因"与"果"之间有联系。

2．正是有了"因"，从而带来_____，进而带来"果"。

其中，第一种正解表述往往会有以下标志：

1．"因"或"果"的主题词或同义替换词会复现，往往因、果同时复现。

2．会有构建联系的词语出现，例如，相关、如果……那么……、只有……才……等。

但第二种正解表述则不同，其往往不会复现因或果的主题词，相当于只提供三个分句中的第二个分句，从而如果理解不到位，很容易当成无关项加以排除。因此，我给小伙伴们提供以下策略：

将存疑选项代入对应正解表述中，观察是否**构建了因果联系**。

（二）因果不倒

因果不倒是因果推理的一种答案套路，其正解表述如下：

"果"的发生不会导致"因"，或"果"的发生不以"因"为前提。

该正解表述往往会有以下标志：

1．"因"或"果"的主题词或同义替换词会复现，往往因、果同时复现。

2．会有表达否定的词语出现，例如，没有、难以等。

（三）因果分析

因果分析是因果推理的一种答案套路，其正解表述如下：

"因"没发生，则"果"不会发生。

该正解表述往往会有以下标志：

1．"因"或"果"的主题词或同义替换词会复现，往往因、果同时复现。

2．会有表达否定的词语出现，例如，没有、难以等。

（四）排除他因

排除他因是因果推理的一种答案套路，其正解表述需要区分以下两种情况：

1．若题干表述为原因发生，推断结果，即因⇒果，则要排除可能**使得结果不发生**的原因，从而其正解表述为：

使得"果"不发生的_____，并不会出现。

2．若题干表述为结果发生，推断原因，即果⇒因，则要排除能**使得结果发生**的其他原因，从而其正解表述为：

"果"的发生，不是因为_____。

这两种正解表述往往不会复现因或果的主题词，甚至命题人会用肯定形式来表达上述否定含义，从而如果理解不到位，很容易当成无关项加以排除。因此，我给小伙伴们提供以下策略：

将存疑选项取反，然后代入对应正解表述中，观察是否**对"果"产生相应影响**：若存疑选项是所需答案，在"因⇒果"的试题中，便会造成**结果不发生**的影响；在"果⇒因"的试题中，便会造成**结果发生**的影响。

例43 英国科学家在 2010 年 11 月 11 日出版的《自然》杂志上撰文指出，他们在苏格兰的岩石中发现了一种可能生活在约 12 亿年前的细菌化石，这表明，地球上的氧气浓度增加到人类进化所需的程度这一重大事件发生在 12 亿年前，比科学家以前认为的要早 4 亿年。新研究有望让科学家重新理解地球大气以及依靠其为生的生命演化的时间表。

以下哪项是科学家上述发现所假设的？

A．先前认为，人类进化发生在大约 8 亿年前。

B．这种细菌在大约 12 亿年前就开始在化学反应中使用氧气，以便获取能量维持生存。

C．氧气浓度的增加标志着统治地球的生物已经由简单有机物转变为复杂的多细胞有机物。

D. 只有大气中的氧气浓度增加到一个关键点，某些细菌才能生存。

E. 如果没有细胞，也就不可能存在人类这样的高级生命。

题源：2011—10—49

解析 科学家的发现可提炼为：发现生活在约12亿年前的细菌化石⇒氧气浓度增加到人类进化所需程度在12亿年前。

A项，所提"先前认为"和"现在实际情况"无关，因此A项与科学家的发现无关。B项，虽然构建了"细菌存在"和"使用氧气"之间的联系，但作为题干假设，并不需要在"化学反应"中使用氧气，因此B项过度假设。C项，所提"细胞"和题干"细菌"无关，因此C项与科学家的发现无关。D项，构建了"细菌存在"和"氧气浓度"之间的联系，因此D项是科学家的发现的假设。E项，所提"细胞"和题干"细菌"无关，因此E项与科学家的发现无关。故选D项。

例44 张教授：在西方经济萧条时期，由汽车尾气造成的空气污染状况会大大改善，因为开车上班的人大大减少了。

李工程师：情况恐怕不是这样。在萧条时期买新车的人大大减少。而车越老，排放的超标尾气造成的污染越严重。

张教授的论证依赖以下哪项假设？

A. 只有就业人员才开车。

B. 大多数上班族不使用公共交通工具上班。

C. 空气污染主要是由上班族的汽车所排放的尾气造成的。

D. 在萧条时期，开车上班人数的减少一定会造成汽车运行总量的减少。

E. 在萧条时期，开车上班人员的失业率高于不开车上班人员。

题源：2009—10—46

解析 张教授的论证可提炼为：开车上班的人数减少⇒由汽车尾气造成的空气污染状况改善。

A项，所提"就业人员"与"空气污染状况"无关，因此A项与张教授的论证无关。B项，"不用公共交通工具"不代表"一定开车"，且未提及与"空气污染状况"的联系，因此B项与张教授的论证无关。C项，张教授的论证只是探讨汽车减少能不能带来"尾气造成的空气污染"的改善，并不是探讨能不能带来"空气污染"的改善，所以空气污染的主要原因是什么，与张教授的论证无关，因此C项与张教授的论证无关。D项，因为"开车上班人数"减少，会带来"汽车运行总量"减少，从而才能带来"汽车尾气减少"，所以D项构建了"开车上班人数"减少与"尾气造成的空气污染"改善的联系，因此D项是张教授的论证的假设。E项，所提"失业率"与"空气污染状况"无关，因此E项与张教授的论证无关。故选D项。

> **高能提示**
> 其实D项的"一定"程度过强，但是因为没有更好的选项，此时答案便只能是D项。

例45 有医学研究显示,行为痴呆症患者大脑组织中往往含有过量的铝。同时有化学研究表明,一种硅化合物可以吸收铝。陈医生据此认为,可以用这种硅化合物治疗行为痴呆症。

以下哪项是陈医生最可能依赖的假设?

A. 行为痴呆症患者大脑组织中的含铝量通常过高,但具体数量不会变化。
B. 该硅化合物在吸收铝的过程中不会产生副作用。
C. 用来吸收铝的硅化合物的具体数量与行为痴呆症患者的年龄有关。
D. 过量的铝是导致行为痴呆症的原因,患者脑组织中的铝不是痴呆症引起的结果。
E. 行为痴呆症患者脑组织中的铝含量与病情的严重程度有关。

题源:2011—1—55、396—2018—12

解析 陈医生的论证可提炼为:一种硅化合物可以吸收铝⇒可用硅化合物治疗行为痴呆症。

A项,所提铝的"含量"与硅化合物的"效果"无关,因此A项与陈医生的论证无关。B项,没有副作用是对硅化合物可行性的支持,但就算有副作用,若其能实现治疗行为痴呆症,则陈医生的论证依然成立,因此B项仅为支持。C项,所提患者的"年龄"与硅化合物的"效果"无关,因此C项与陈医生的论证无关。D项,陈医生的论证隐含了一种因果关系——铝是造成行为痴呆症的原因,D项表明该因果关系没有倒置,因此D项是陈医生论证的隐含假设。E项,所提铝的"含量"与硅化合物的"效果"无关,因此E项与陈医生的论证无关。故选D项。

例46 西式快餐已被广大的中国消费者接受。随着美国快餐之父艾德熊的大踏步迈进并立足中国市场,一向生意火爆的麦当劳在中国的利润在今后几年肯定会有较明显地下降。

要使上述推测成立,以下哪项是必须假设的?

Ⅰ. 今后几年中,中国消费者用于西式快餐的消费总额不会有大的变化。
Ⅱ. 今后几年中,中国消费者用于除麦当劳、艾德熊以外的西式快餐(例如肯德基)上的消费总额不会有太大的变化。
Ⅲ. 今后几年中,艾德熊的经营规模要达到和麦当劳相当。

A. 只有Ⅰ。　　　　　　B. 只有Ⅱ。　　　　　　C. 只有Ⅲ。
D. 只有Ⅰ和Ⅱ。　　　　E. Ⅰ、Ⅱ和Ⅲ。

题源:2003—10—52

解析 上述推测可提炼为:艾德熊进入中国市场⇒麦当劳在中国的利润会下降。

复选项Ⅰ,排除了总额增加的可能,表明艾特熊要想获得利润就只能抢占竞争对手的市场,因此复选项Ⅰ是上述推测的假设,排除B项和C项。复选项Ⅱ,排除了艾特熊抢占其他竞争对手的市场的可能,表明艾特熊要想获得利润就很有可能要抢占麦当劳的市场,因此复选项Ⅱ是上述推测的假设,排除A项。复选项Ⅲ,所提"规模"与推测的"利润"无关,因此复选项Ⅲ与上述推测无关,排除E项。故选D项。

例47 莱布尼兹是17世纪伟大的哲学家。他先于牛顿发表了他的微积分研究成果。但是当时牛顿公布了他的私人笔记，说明他至少在莱布尼兹发表其成果的10年前已经运用了微积分的原理。牛顿还说，在莱布尼兹发表其成果的不久前，他在给莱布尼兹的信中提过自己关于微积分的思想。但是事后的研究说明，牛顿的这封信中，有关微积分的几行字几乎没有涉及这一理论的任何重要之处。因此，可以得出结论，莱布尼兹和牛顿各自独立地发现了微积分。

以下哪项是上述论证必须假设的？

A. 莱布尼兹在数学方面的才能不亚于牛顿。
B. 莱布尼兹是个诚实的人。
C. 没有第三个人不迟于莱布尼兹和牛顿独立地发现了微积分。
D. 莱布尼兹发表微积分研究成果前从没有把其中的关键性内容告诉任何人。
E. 莱布尼兹和牛顿都没有从第三渠道获得关于微积分的关键性细节。

题源：2004—1—46

解析 上述论证可提炼为：牛顿的信很少说到微积分⇒莱布尼兹和牛顿各自独立地发现了微积分。

A项，所提"数学才能"与"独立发现"无关，因此A项与上述论证无关。B项，所提"诚实"与"独立发现"无关，因此B项与上述论证无关。C项，表明"牛顿与莱布尼兹"是最早发现微积分的人，但这与"独立发现"无关，因此C项与上述论证无关。D项，只能表明莱布尼兹没有告诉别人，但这与他们是否是从别人那里听到的无关，因此D项与上述论证无关。E项，排除了莱布尼兹和牛顿从第三方渠道获得关键信息的可能，因此E项是上述推测的假设。故选E项。

套路②排除他因扩展

高能提示

> 同样，假设题型也没有许多扩展。下面所展示的扩展，已是真题中考查数量相对较多的内容。其中，"措施目标"是考查最多的一种变形形式，小伙伴们要格外注意。

（一）数字陷阱——变化陷阱

变化陷阱是指，用某数据的变化来推断另一数据的变化。

对应的正解往往是，排除忽略了某关键数据。

 在过去的五年中，W市的食品价格平均上涨了25%。与此同时，居民购买食品的支出占该市家庭月收入的比例却仅仅上涨了约8%。因此，过去两年间W市家庭的平均收入上涨了。

以下哪项最有可能是上述论证的假设？

A. 在过去五年中，W市的家庭生活水平普遍有所提高。
B. 在过去五年中，W市除了食品外，其他商品平均价格上涨了25%。
C. 在过去五年中，W市居民购买食品数量增加了8%。

D. 在过去五年中，W市每个家庭年均购买的食品数量没有变化。

E. 在过去五年中，W市每个家庭年均购买的食品数量减少了。

题源：2014—10—36

解析 上述论证可提炼为：食品价格上涨25%，且食品支出占月收入的比例上涨8% ⇒ 家庭平均收入上涨。

A项，所提"生活水平"与"月收入数额"无关，因此A项与上述论证无关。B项，所提"其他商品"与"月收入数额"无关，因此B项与上述论证无关。C项，食品支出占月收入的比例满足于公式"$\frac{食品均价 \times 购买数量}{月收入}$"，上述论证并未提及购买数量，若购买数量下降，那么未必能得出月收入上涨的结论，但C项所言"食品购买数量上涨"程度过强，因此C项属于过度假设。D项，根据C项中的阐述，D项排除了这个问题，因此D项是上述论证的假设。E项，根据C项中的阐述，E项削弱了题干论证。故选D项。

高能提示

其实，最好的假设应该是食品购买数量不会下降，但此题并无此选项，从而D项相对最好。

（二）穆勒五法——求异法

求异法是指，题干运用了求异实验。

对应的正解往往是，两组实验因素实际不同；两组实验没有其他差异因素；两组实验现象实际相同。其中，第二种考查较多。

 最近发现，19世纪80年代保存的海鸟标本的羽毛中，汞的含量仅为目前同一品种活鸟的羽毛汞含量的一半。由于海鸟羽毛中汞的积累是海鸟吃鱼所导致，这就表明现在海鱼中汞的含量比100多年前要高。

以下哪项是上述论证的假设？

A. 进行羽毛汞含量检测的海鸟处于相同年龄段。

B. 海鱼的汞含量取决于其活动海域的污染程度。

C. 来源于鱼的汞被海鸟吸收后，残留在羽毛中的含量会随时间的变化而改变。

D. 在海鸟的食物结构中，海鱼所占的比例，在19世纪80年代并不比现在高。

E. 用于海鸟标本制作和保存的方法并没有显著减少海鸟羽毛中的汞含量。

题源：2009—10—36

解析 上述论证可提炼为：海鸟汞含量来自海鱼，海鸟标本汞的含量仅为活鸟的一半 ⇒ 现在海鱼汞含量比过去高。

A项，所提海鸟"年龄段"与海鸟"汞含量"无关，因此A项与上述论证无关。B项，所提海鱼"汞含量原因"与海鸟"汞含量"无关，因此B项与上述论证无关。C项，表明现在海鸟标本的汞含量是无法代表过去海鸟的，因此 C 项削弱了上述论证。D 项，所提海鱼"比例"与海鸟"汞含量"无关，因此 D 项与上述论证无关。E 项，排除了海鸟标本汞含量会下降的可能，从而表明标本是能代表过去海鸟的，因此 E 项是上述论证的假设。故选 E 项。

> **高能提示**
>
> 　　求异法中，考得比较多的，是寻找两者有无其他差异（具体如 例17 所示），对此，会有两种特殊情况，总结如下：
> 　　（1）若是两个不同事物的比较，则看两者起始点是否相同。具体如 例34 所示。
> 　　（2）若是某一事物前后的比较，则看现在得到的关于过去的数据是否能代表过去。具体如 例49 所示。

（三）措施目标

措施目标的试题，需要区分以下两种情况：

1. 若题干表述为采用某措施能实现某目标，即措施⇒目标，其正解表述有以下四种：

（1）"措施"与"目标"之间有联系。

（2）正是有了"措施"，从而带来＿＿＿＿，进而带来"目标"。

（3）排除可能使得目标不发生的原因，从而其正解表述为：

会使得"目标"不发生的＿＿＿＿，并不会出现。

（4）具备实施＿＿＿＿的条件。

2. 若题干表述为只有某一措施能实现目标，即目标⇒措施（会有绝对化的词，例如，必须、只有，等等），其正解表述有以下两种：

（1）排除能使得目标实现的其他措施，从而其正解表述为：

"目标"的实现，无法依靠＿＿＿＿。

（2）具备实施＿＿＿＿的条件。

> **误项总结**
>
> 　　在假设题型中，往往会设置以下误项：
> 　　措施没有副作用。这种选项虽有支持力度，但力度较弱。原因与削弱题型部分的措施目标类似，本处不再赘言。
> 　　但是，与支持、削弱题型不同的是，措施有实施条件，在假设题型中是论证成立的必要条件。毕竟，要通过某指定措施实现目标，前提当然是该措施能够实施。但是，该措施就算能实施，并不代表该措施就能实现目标，也不代表实现目标就一定需要该措施。
> 　　因此，措施有实施条件，在假设题型中是较好的正解，但在支持题型中则力度相对较弱。这也符合假设作为论证必要条件的本质——少了不行，有了未必就行。小伙伴们可结合 例35 和 例52 对比学习。

例50 　林教授患有支气管炎，为了取得疗效，张医生要求林教授立即戒烟。

　　为使张医生的要求有说服力，以下哪项是必须假设的？

A. 张医生是经验丰富的治疗支气管炎的专家。
B. 抽烟是引起支气管炎的主要原因。
C. 支气管炎患者抽烟，将严重影响治疗效果。
D. 严重支气管炎将导致肺气肿。
E. 张医生本人并不抽烟。

题源：2008—10—41

解析 张医生的要求可提炼为：林教授有支气管炎，立即戒烟⇒取得疗效。

A项，所提"经验丰富"不代表张医生所提策略就有效，因此A项与张医生的要求无关。B项，虽然该项成立能支持张医生的要求，但即使抽烟不是原因，如果戒烟有助于取得疗效的话，张医生的要求依然成立，因此B项仅为支持。C项，构建了"支气管炎患者抽烟"与"疗效"的联系，因此C项是张医生的要求的假设。D项，所提"肺气肿"与"戒烟"无关，因此D项与张医生的要求无关。E项，所提"张医生本人的情况"与"林教授戒烟"无关，因此E项与张医生的要求无关。故选C项。

例51 研究显示，大多数有创造性的工程师，都有在纸上乱涂乱画，并记下一些看来稀奇古怪想法的习惯。他们的大多数最有价值的设计，都直接与这种习惯有关。而现在的许多工程师都用电脑工作，在纸上乱涂乱画不再是一种普遍的习惯。一些专家担心，这会影响工程师的创造性思维，建议在用于工程设计的计算机程序中匹配模拟的便条纸，能让使用者在上面涂鸦。

以下哪项最可能是上述建议所假设的？

A. 在纸上乱涂乱画，只可能产生工程设计方面的灵感。
B. 对计算机程序中所匹配的模拟便条纸，只能用于乱涂乱画，或记录看来稀奇古怪的想法。
C. 所有用计算机工作的工程师都不会备有纸笔以随时记下有意思的想法。
D. 工程师在纸上乱涂乱画所记下的看来稀奇古怪的想法，大多数都有应用价值。
E. 乱涂乱画所产生的灵感，并不一定只能通过在纸上的操作获得。

题源：2006—1—54

解析 上述建议可提炼为：在计算机程序中匹配便条纸，让使用者涂鸦⇒保证工程师的创造性思维。

A项，所提"哪方面的灵感"与"创造性思维"无关，因此A项与上述建议无关。B项，即使模拟便条纸能用来做其他事情，但这并不与创造性思维冲突，只要保证其能带来后者，则建议便是成立的，因此B项与上述建议无关。C项，所提"工程师备有笔纸"与"模拟便条纸是否有效"无关，因此C项与上述建议无关。D项，所提"应用价值"与"创造性思维"无关，因此D项与上述建议无关。E项，排除了灵感必须来源于纸的可能，从而使得用模拟便条纸有可能保证工程师的创造性思维，因此E项是上述建议的假设。故选E项。

例52 赵家村的农田比马家村少得多，但赵家村的单位生产成本近年来明显比马家村低。马家村的人通过调查发现：赵家村停止使用昂贵的化肥，转而采用轮作和每年两次施用粪肥的方法。不久，马家村也采用了同样的措施，很快，马家村获得很好的效果。

以下哪项最可能是上文所做的假设？

A. 马家村有足够的粪肥来源可以用于农田施用。

B. 马家村比赵家村更善于促进农作物生长的田间管理。

C. 马家村经常调查赵家村的农业生产情况，学习降低生产成本的经验。

D. 马家村用处理过的污水软泥代替化肥，但对生产成本的影响不大。

E. 赵家村和马家村都减少使用昂贵的农药，降低了生产成本。

题源：2010—10—41

解析 题干论证可提炼为：马家村采用轮作并施用粪肥⇒马家村获得很好的效果。

A项，是否有足够的粪肥，是采用粪肥浇灌的前提，A项确保了此点，因此A项是题干论证的假设。B项，所提"田间管理"与"施用粪肥"本身的效果无关，因此B与题干论证无关。C项，所提"学习"与"实际效果"无关，因此C项与题干论证无关。D项，所提"软泥"与"施用粪肥"无关，因此D项与题干论证无关。E项，所提"减少使用农药、降低生产成本"直接支持了题干结论，但并不影响"施用粪肥"本身的效果，因此仅为支持。故选A项。

例53 林教授患有支气管炎，为了取得疗效，张医生要求林教授立即戒烟。

以下哪项是张医生的要求所预设的？

A. 林教授抽烟。

B. 林教授的支气管炎非常严重。

C. 林教授以前戒过烟，但失败了。

D. 林教授抽的都是劣质烟。

E. 林教授有支气管炎家族史。

题源：2008—10—42

解析 张医生的要求可提炼为：林教授有支气管炎，立即戒烟⇒取得疗效。

A项，若林教授不抽烟，则戒烟无从谈起，所以A项保证了措施有实施条件，因此A项是张医生要求的预设。B项，所提"严重程度"与"戒烟效果"无关，因此B项与张医生的要求无关。C项，所提"以前"与"现在"无关，因此C项与张医生的要求无关。D项，所提"香烟质量"与"戒烟效果"无关，因此D项与张医生的要求无关。E项，所提"病史"与"戒烟效果"无关，因此E项与张医生的要求无关。故选A项。

例54 面试是招聘的一个不可取代的环节，因为通过面试，可以了解应聘者的个性。那些个性不适合的应聘者将被淘汰。

以下哪项是上述论证最可能假设的?

A. 应聘者的个性很难通过招聘的其他环节展示。

B. 个性是确定录用应聘者的最主要因素。

C. 只有经验丰富的招聘者才能通过面试准确把握应聘者的个性。

D. 在招聘的各环节中，面试比其他环节更重要。

E. 面试的唯一目的是了解应聘者的个性。

题源：2005—1—32

[解析] 上述论证可提炼为：了解个性⇒必须面试。

A项，排除了可以通过其他方法了解个性的可能，显示了面试的必要性，因此A项是上述论证的假设。B项，所提"个性重要性"与"面试必要性"无关，因此B项与上述论证无关。C项，所提"准确面试的必要条件"与"面试必要性"无关，因此C项与上述论证无关。D项，所提"面试重要性"与"面试必要性"无关，因此D项与上述论证无关。E项，所提"面试目的"与"面试必要性"无关，因此E项与上述论证无关。故选A项。

[例55] 超市中销售的苹果常常留有一定的油脂痕迹，表面显得油光滑亮。牛师傅认为，这是残留在苹果上的农药所致，水果在收摘之前都喷洒了农药，因此，消费者在超市购买水果后，一定要清洗干净方能食用。

以下哪项最可能是牛师傅看法所依赖的假设?

A. 除了苹果，其他许多水果运至超市时也留有一定的油脂痕迹。

B. 超市里销售的水果并未得到彻底清洗。

C. 只有那些在水果上能留下油脂痕迹的农药才可能被清洗掉。

D. 许多消费者并不在意超市销售的水果是否清洗过。

E. 在水果收摘之前喷洒的农药大多数会在水果上留下油脂痕迹。

题源：2016—1—46

[解析] 牛师傅看法可提炼为：水果被喷了农药⇒食用前一定要清洗水果。

A项，牛师傅重点在于"农药"而不是"油脂痕迹"，因此A项与牛师傅的看法无关。B项，若已实现彻底清洗，则使用前清洗便无从谈起，所以B项保证了措施有实施条件，因此B项是牛师傅看法所依赖的假设。C项，表明能洗掉的只能是农药，即"农药"对于"能洗掉"来说有必要性，而牛师傅强调的是"清洗"对于去除"农药"来说有必要性，两者并不等同。实际上，牛师傅的看法，只需要农药能洗掉即可，并不需要只有农药才能洗掉，因此C项过度假设。D项，所提"在意情况"与"清洗"的必要性无关，因此D项与牛师傅的看法无关。E项，所提农药能否留下痕迹，与"清洗"能否去掉痕迹无关，因此E项与牛师傅的看法无关。故选B项。

> **高能提示**
>
> 例54 和 例55 选 C 项的小伙伴们是不是在骂我——老师！你不是说有必要条件表达的选项就是假设题的答案吗？这题怎么不选 C 项？
>
> 我前面说的是"往往"，没说必要条件"就是"答案，你要知道，命题人给无关的内容附加必要条件的表述，那还是无关，还是不能选的。如果光凭这样的表述就能断定为答案，联考岂不是太简单，这还符合"活"的本质吗？
>
> 我就知道有小伙伴会过度推理我的意思，特意在前面没说此点，这里挖好坑等你跳进去了，我才告诉你，然后再嘲笑你，这样印象深刻了吧！不是说过论证逻辑要收敛思维吗？我白纸黑字写在那儿还过度推理可不行！

第二十三章 解释题型

命题情况

数量情况

在论证逻辑中，解释题型总体数量较少。但在管综真题中，解释题型基本每年必考，具体列表如下。

	MBA 联考真题	管综真题	2020 年及以前经综真题
解释题型	53	19	13

难度情况

解释题型一般非常简单，所以答案比较明显，只有极少数试题略有难度。

题型特征

▶ 题目涉及"解释"或其同义替换词。

解题套路

套路①解释现象

解释现象的试题需要题干给出**一个现象**，让解释该现象为何存在。此类试题更为简单，因此考查数量非常少。

在解此类试题时，可把题干现象**当作一组论证**，再用**支持题型的解题套路**加以应对。具体如 所示。

套路②解释矛盾

解释矛盾的试题需要题干给出**两个看似矛盾的现象**，让**缓和两者矛盾**，使其可以共存。

> **高能提示**
>
> 题干矛盾双方的寻找非常简单：找到题干中表达**转折的结构词**，比如然而、但是等，题干矛盾双方必然在**该结构词的前后**。

此类试题的题干表述以及解题套路可细分为以下两种（模型 II 考查较多）。

	模型 I	模型 II
题干表述	现象1：A 现象2：B ⇒ ¬A	现象1：A 现象2：B
解题套路	按**削弱题型**套路，攻击现象 2，使得 B 推不出 ¬A	按削弱题型中"**存在他因**"套路，找到他因 C，平衡两个现象

由此可知，解释题型本质上也是削弱和支持题型的变形，只不过与评价题型不同的是：解释现象等同于支持，解释矛盾等同于削弱；而评价题型本身既是削弱又是支持。

误项总结

考研学生沉迷于学习久了，难免会有些厌烦。所以他们的授课老师，往往会成为"下饭"谈资。一天午间休息，泡芙就八卦道：老杨和小涵都是我的老师，小涵是如此的帅气，所以老杨虽美，小伙伴们还是会更喜欢小涵。然而，实际上，小伙伴们更喜欢老杨。

以下哪项如果为真，最能解释泡芙的分析与实际情况不一致？

A. 小伙伴们喜欢老杨的温柔式授课。
B. 在受小伙伴们青睐的温柔式授课上，老杨比小涵更有优势。
C. 老杨和小涵备课都很充分。
D. 小伙伴们确实更喜欢老杨。
E. 小涵其实不帅气。

下述误项，共用以上试题：

针对解释矛盾试题，命题人会设置以下三种专门的误项：

第一种，<u>作用不足</u>。

在解释矛盾试题中，<u>优选直接指出矛盾双方就应该有如此差异的选项，其次选仅触及差异点的选项</u>，即优选"踩下去"，而非"仅踩到"的选项。如上例中，A 项仅踩到差异点上，而 B 项直接在此点上踩了下去。因此，B 项比 A 项更好。

当然，这是需要比较的，如果试题当中，没有"踩下去"的选项，则"仅踩到"也可入选。

第二种，<u>双方一致</u>。

既然是要解释两者的不同，那么必然要排除这样的选项——<u>指出双方在某种情况下一致</u>。如上例中的 C 项。

第三种，<u>单方涉及</u>。

既然是要解释两者的不同，那么必然要排除这样的选项——<u>只和某一方相关，不论是支持单方，还是削弱单方</u>。如上例中的 D 项和 E 项。

例56 为了更好地理解人类个性的特征及其发展，一些心理学家对动物的个性进行了研究。

以下各项如果为真，都能对上述行为提供解释，除了：

A. 人类和动物的行为都产生于类似的本能，但动物的本能较为明显。
B. 对人的某些实验受到法律的限制，但对动物的实验一般不受限制。
C. 和对动物的实验相比，对人的实验的费用较为昂贵。
D. 在数年中可完成对某些动物个体从幼年至老年个性发展的全程观察。
E. 对人的个性的科学理解，能为恰当理解动物的个性提供模式。

题源：2005—10—36

解析 注意本题的相反陷阱，寻找的是"都能对上述行为提供解释，除了"，即选择"无法解释"的选项。题干现象可提炼为：研究动物个性⇒理解人类个性。

A 项，构建了"动物个性"与"人类个性"的联系，因此 A 项解释了题干现象。B 项表明，从限制层面来看，研究动物个性是容易实施的，但研究人类却难以实施，因此B项解释了题干现象。C项表明，从费用层面来看，研究动物个性是容易实施的，但研究人类却难以实施，因此C项解释了题干现象。D项表明，从研究周期层面来看，研究动物个性是容易实施的，但研究人类却难以实施，因此D项解释了题干现象。E项表明，研究人类可以为研究动物提供参考，这与题干现象相反，因此E项无法解释题干现象。故选E项。

例57 马晓敏是眼科医院眼底手术的一把手，也是胡城市最好的眼底手术医生。但是，令人费解的是，经马晓敏手术后患者视力获得明显提高的比例较低。

以下哪项如果为真，最有助于解释以上陈述？

A. 眼底手术大多是棘手的手术，需要较长的时间才能完成。
B. 除了马晓敏以外，胡城市眼科医院缺乏能干的眼底手术医生。
C. 除了眼底手术，马晓敏同时精通其他眼科手术。
D. 目前经马晓敏手术后患者视力获得明显提高的比例比过去有所提高。
E. 胡城市眼科医院难治的眼底疾病患者的手术大多数都是由马晓敏医生完成的。

题源：2006—10—40

解析 题干矛盾处为：马晓敏是胡城市最好的眼底手术医生，但马晓敏患者的视力获得明显提高的比例较低（马晓敏眼底手术不行）。

A项，所提"时间"与题干"医术""视力提高比例"均无关，因此A项与题干陈述无关。B项，所提"缺乏"与题干"马晓敏"无关，因此B项与题干陈述无关。C项，所提"其他眼科"与题干"视力提高比例"无关，因此C项与题干陈述无关。D项，所提为马晓敏医生过去和现在的比较，而题干是马晓敏与"他人"的比较，因此D项与题干陈述无关。E项，表明马晓敏的患者，视力获得提高的比例低是因为来找她的病人本身手术难度大，而不是因为马晓敏医术不高，因此E项是题干陈述的解释。故选E项。

例58 汽车保险公司的统计数据显示：在所处理的汽车被盗索赔案中，安装自动防盗系统汽车的比例明显低于未安装此种系统的汽车。这说明，安装自动防盗系统能明显减少汽车被盗的风险。但警察局的统计数据却显示：在报案的被盗汽车中，安装自动防盗系统的比例高于未安装此种系统的汽车。这说明，安装自动防盗系统不能减少汽车被盗的风险。

以下哪项如果为真，最有利于解释上述看来矛盾的统计结果？

A. 许多安装了自动防盗系统的汽车车主不再购买汽车被盗保险。
B. 有些未安装自动防盗系统的汽车被盗后，车主报案但未索赔。
C. 安装自动防盗系统的汽车大都档次较高；汽车的档次越高，越易成为盗窃的对象。
D. 汽车失盗后，车主一般先到警察局报案，再去保险公司索赔。
E. 有些安装了自动防盗系统的汽车被盗后，车主索赔但未报案。

题源：2006—10—43

解析 题干矛盾处为：

保险公司：被盗索赔案中，安装防盗系统的汽车比例低于不安装的→安装减少被盗风险。

警察局：被盗申报案中，安装防盗系统的汽车比例高于不安装的→安装难减少被盗风险。

A 项表明，购买保险的汽车中，安装防盗系统的本来就少，所以被盗索赔案中，安装防盗系统的汽车比例较低也是正常现象，因此保险公司是无法推出其相应结论的，因此 A 项解释了题干的矛盾。B 项表明，被盗索赔案中，未安装防盗系统的汽车本来就少，但保险公司的数据却显示，未安装的比例更高，因此 B 项加剧了题干的矛盾。C 项，既然安装防盗系统的汽车容易被盗，那为何保险公司的数据却显示，安装的汽车被盗的比例低？C 项与保险公司的数据相冲突，因此 C 项加剧了题干的矛盾。D 项所提"先后顺序"与题干"比例"无关，因此 D 项与题干矛盾无关。E 项表明，被盗申报案中，安装防盗系统的汽车本来就少，但警察局的数据却显示，安装的比例更高，因此 E 项加剧了题干的矛盾。故选 A 项。

> **高能提示**
>
> 注意，A 项并不与题干的任何数据相违背，而是表明保险公司根据数据的推理是错误的，这与 C 项和 E 项——直接与保险公司、警察局的数据相违背，是不一样的。

例59 某市警察局的统计数字显示，汽车防盗装置降低了汽车被盗的危险性。但是汽车保险业却不以为然，他们声称，装了汽车防盗装置的汽车反而比那些没有装此类装置的汽车更有可能被偷。

下面哪一项如果正确，最能解释这个明显的矛盾？

A. 被盗汽车的失主总是在案发后向警察局报告失窃事件，却延缓向保险公司发出通知。

B. 大多数被盗汽车都没有安装防盗装置，大多数安装防盗装置的汽车都没被偷。

C. 最常见的汽车防盗装置是发声报警器，这些报警器对每一起试图偷车的事件通常都会发出过多的警报。

D. 那些最有可能给他们的汽车安装防盗系统的人，都是汽车特别容易被盗的人，而且都居住在汽车被盗事件高发地区。

E. 大多数汽车被盗事件都是职业窃贼所为，对他们的手段和能力来说，汽车防盗装置所提供的保护是不够的。

题源：396—2012—17

解析 题干矛盾处为：

警察局：汽车防盗装置降低了汽车被盗的危险性。

保险公司：装了汽车防盗装置的汽车更容易被偷。

A 项，所提"先后顺序"与题干矛盾无关，因此 A 项与题干矛盾无关。B 项，所提为求异实验，表明安装防盗系统确实能降低被盗风险，从而直接支持了警察局的观点，因此 B 项加剧了题干矛盾。C 项，所提"发声警报器"与题干矛盾无关，因此 C 项与题干矛盾无关。

D 项，表明安装防盗系统的汽车，容易被盗的原因是汽车本身就太容易被盗了，所以即使安装了防盗系统，也没法降低这些汽车被盗的可能性，从而缓和了两者的冲突，D 项可以解释题干矛盾。E 项表明，安装防盗系统不能降低被盗风险，从而直接攻击警察局的观点，因此 E 项加剧了题干矛盾。故选 D 项。

> **高能提示**
>
> 　　这里，上一题选 C 项的小伙伴们是不是要问我，哎！这题为什么又选 D 项了呢？这是因为，例58 的其中一方有明确给出，"安装防盗系统的汽车比例低于不安装的"，因此，若给出安装防盗系统的汽车本身更容易被盗，那么实际上就算防盗系统有效，比例也应该是安装的高于不安装的，从而这道题的 C 项就违背了这组数据。
> 　　而 例59 的双方均没有给出这样的数据，所以 D 项并不与任何一方冲突，反而如上述解析所言，缓和了两者冲突——警察局只看到了防盗系统的效果，保险公司只看了安装防盗系统的汽车本身的属性。
> 　　这两道例题，非常考验小伙伴们能否辨别不同情况下，选项对题干的作用，虽然当下大概率不会考查这么细的内容，但作为平时提高分析能力的练习题目，还是很值得大家对比学习的。

例60 在十九世纪，法国艺术学会是法国绘画及雕塑的主要赞助部门，当时个人赞助者已急剧减少。由于该艺术学会并不鼓励艺术创新，十九世纪的法国雕塑缺乏新意；然而，同一时期的法国绘画却表现出很大程度的创新。

以下哪项如果为真，最有助于解释十九世纪法国绘画与雕塑之间创新的差异？

　A. 在十九世纪，法国艺术学会给予绘画的经费支持比雕塑多。
　B. 在十九世纪，雕塑家比画家获得更多的来自艺术学会的支持经费。
　C. 由于颜料和画布价格比雕塑用的石料便宜，十九世纪法国的非赞助绘画作品比非赞助雕塑作品多。
　D. 十九世纪极少数的法国艺术家既进行雕塑创作，也进行绘画创作。
　E. 尽管艺术学会仍对雕塑家和画家给予赞助，十九世纪的法国雕塑家和画家得到的经费支持明显下降。

题源：2010—10—49

解析 题干矛盾处为：

法国雕塑家受到不鼓励创新的艺术学会赞助，法国雕塑缺乏新意。

法国绘画家受到不鼓励创新的艺术学会赞助，法国绘画不缺乏新意。

　A 项表明，绘画应该更缺乏新意，因此 A 项加剧了矛盾。B 项能够解释为什么雕塑比绘画更缺乏新意，但没法解释为何绘画不缺乏新意，因此 B 项不能解释题干差异。C 项表明，有更多绘画是没有受到艺术学会赞助的，因此 C 项解释了题干差异。D 项所提"创作数量"与题干"新意"无关，因此 D 项不能解释题干差异。E 项，两者得到的经费都下降，属于双方一致，因此 E 项不能解释题干差异。故选 C 项。

例61 新疆的哈萨克人用经过训练的金雕在草原上长途追击野狼。某研究小组为研究金雕的飞行方向和判断野狼群的活动范围，将无线电传导器放置在一只金雕身上进行追踪。野狼为了觅食，其活动范围通常很广，因此，金雕追击野狼的飞行范围通常也很大。然而两周以来，无线电传导器不断传回的信号显示，金雕仅在放飞地3千米范围内飞行。以下哪项如果为真，最有助于解释上述金雕的行为？

A. 金雕的放飞地周边山峦叠嶂、险峻异常。
B. 金雕的放飞地2千米范围内有一牧羊草场，成为狼群袭击的目标。
C. 由于受训金雕的捕杀，放飞地广阔草原的野狼几乎灭绝了。
D. 无线电传导器信号仅能在有限的范围内传导。
E. 无线电传导器的安放并未削弱金雕的飞行能力。

题源：2007—1—27

解析 题干矛盾处为：金雕追击野狼的飞行范围通常也很大；传回的信号显示，金雕仅在放飞地3千米范围内飞行。

A项，虽然山地环境与狼群活动范围有关，但并未直接说明狼群只会在"3千米"范围内行动，因此A项作用力度不足。B项表明，狼群因为羊群而大多在2千米范围内活动，因此B项解释了题干矛盾。C项，既然野狼灭绝，那么金雕应该往更远的地方飞行，因此C项加剧了题干矛盾。D项，题干的信号显示的是金雕仅在3千米范围内"飞行"，而不是金雕的信号消失，因此D项与题干矛盾无关。E项，既然没有削弱金雕的飞行能力，那么金雕就有飞得更远的能力，因此E项加剧了题干矛盾。故选B项。

第二十四章 相似题型

命题情况

数量情况

在论证逻辑中,相似题型总体数量较少。但在管综真题中,相似题型基本每年必考,具体列表如下。

	MBA 联考真题	管综真题	2020 年及以前经综真题
相似题型	37	24	10

难度情况

在 2020 年及以前经综真题中,相似题型的结构容易识别,误项干扰度较低,因此题目非常简单。但在管综真题中,则恰恰相反,相似题型的结构难以识别,误项干扰度也高,甚至还会设置古文和陷阱,从而难度有较大提高。此点,当下经综真题的命题趋势正逐步向管综真题的命题趋势靠拢。

题型特征

▶ 题目涉及"相似"或其同义替换词。

解题套路

套路①结构相似

结构相似试题需要在选项中,寻找与题干推理或论证结构最为一致的选项。

在解此类试题时,要注意以下两点:

第一,**每个选项都要看完**,因为是寻找"最为一致"的选项,不看完就不知道哪个选项更好。

第二,**需要注意选项细节**,当下真题往往会设置细节陷阱,若不注意,则易错选。

但是,上述两点都做到的话,很容易降低解题速度,因此给小伙伴们提出如下建议:

第一,不要全部读完再看选项,因为在题干句式复杂的时候,大脑很难快速记住每个特征,因此,你应该**每找到一个题干特征,就做选项排除**。

第二,找题干特征的时候,**优先抓宏观特征**。例如,整体是不是常见结构?句子类型是什么?第二句话针对第一句话哪个部分?等等。当宏观特征比较完毕后,还无法排除四个选项时,**再看细节特征**。例如,选项推理或论证的有效性是否与题干一致?选项主题词的细节是否与题干一致?等等。

第三,上述操作主要针对的是题干句式较长或较复杂的试题,若题干句式短而简单时,正常阅读也可快速把控。

有些题干所给结构是有名称且相对常见的，因此事先知道这些结构，有利于我们快速解题。具体列表如下。

	结构名称	举例
形式逻辑常见结构	——有效推理 考点③：全称命题逆否、特称命题互换。 考点④：性质命题串联截取。 考点⑤：性质命题传递。 考点⑫：选言命题传递。 考点⑭：条件命题逆否。 考点⑰：条件命题串联截取。 考点⑱：条件命题传递。	本处推理在形式逻辑篇中已有过阐述，这里不再赘言，若小伙伴们还不熟悉，可根据所给考点序号，哪里不会看哪里
	——无效推理 考点③：全称命题互换、特称命题逆否。 考点⑤：性质命题无效传递。 考点⑫：选言命题无效传递。 考点⑭：条件命题互换。 考点⑱：条件命题无效传递。	本处推理在形式逻辑篇中已有过阐述，这里不再赘言，若小伙伴们还不熟悉，可根据所给考点序号，哪里不会看哪里
论证逻辑常见结构	类比推理	聪聪常喝牛奶，他长得很高。 因此，小涵常喝牛奶也会长得很高
	统计推理	某机构以技术部为样本，发现技术部员工普遍谢顶。 因此，该机构员工普遍谢顶
	穆勒五法——求异法	杨大涵是男人，而且是大猪蹄子。 杨小涵不是男人，而且不是大猪蹄子。 因此，男人会导致大猪蹄子
	穆勒五法——求同法	杨大涵是男人，而且是大猪蹄子。 杨小涵是男人，而且是大猪蹄子。 因此，男人会导致大猪蹄子
	穆勒五法——求同求异共用法	管综老师都是男人，都是大猪蹄子。 经综老师都是女人，都不是大猪蹄子。 因此，男人会导致大猪蹄子
	穆勒五法——共变法	杨小涵吸烟1年，肺癌初期。 杨中涵吸烟10年，肺癌中期。 杨老涵吸烟100年，肺癌晚期。 因此，吸烟导致肺癌
	穆勒五法——剩余法	杨老涵吸烟、酗酒、贪吃。 杨老涵得了肺癌、高血压、高血脂。 杨老涵酗酒导致了他得高血压。 杨老涵贪吃导致了他得高血脂。 因此，杨老涵吸烟导致了他得肺癌
	归谬法	王二博不会喜欢杨老涵。 如果他喜欢杨老涵，那么猪都会上树。 因此，王二博确实不会喜欢杨老涵

套路②漏洞相似

漏洞相似试题需要在选项中，寻找与题干错误最为一致的选项。

因为漏洞在推理或论证中才会得以体现，因此，漏洞相似的解题思路与结构相似是完全一致的。另外，因为漏洞的标志往往比较明显，所以，漏洞相似考查得相对较少。

真题中有可能出现的常见漏洞如下表所示。

	漏洞定义	举例
形式逻辑常见漏洞	考点③：全称命题互换、特称命题逆否。 考点⑤：性质命题无效传递。 考点⑫：选言命题无效传递。 考点⑭：条件命题互换。 考点⑱：条件命题无效传递	本处推理在形式逻辑篇中已有过阐述，这里不再赘言，若小伙伴们还不熟悉，可根据所给考点序号，哪里不会看哪里
论证逻辑常见漏洞	偷换概念是在同一思维中，将不同概念当作同一概念使用的逻辑谬误	我能自己起床、穿衣和吃饭。 因此，我很独立
	分解谬误是误认为整体具有的属性个体也具有的逻辑谬误	男人是大猪蹄子。 因此，杨小涵这个男人是大猪蹄子
	合成谬误是误认为个体具有的属性整体也具有的逻辑谬误	杨晶、杨涵讲课超棒。 因此，双杨组合天下无敌
	不当同一替代是误认为知道某概念A的含义，便认为知道该概念B的含义的逻辑谬误	杨老涵知道鲁迅。 因此，杨老涵知道周树人
	不当类比是以本质上不具有相似属性的对象为依据，推测另一对象属性的逻辑谬误	聪聪常喝牛奶，他长得很高。 因此，小涵常喝牛奶也会长得很高
	以偏概全是以本质上不具有代表性的样本为依据，推测全体属性的逻辑谬误	某机构以技术部为样本，发现普遍谢顶。 因此，该机构员工普遍谢顶
	非黑即白是误把反对关系理解成矛盾关系的逻辑谬误	快下课时，杨老涵问同学们："课间，大家要做一套逻辑题还是写一篇作文呢？"
	条件谬误是误把充分条件与必要条件混淆的逻辑谬误。 在逻辑试题中，共有右边两种情况	情况1：考上研究生，就能迎娶白富美。杨中涵娶了白富美，所以他考上研究生。 情况2：考上研究生，就能迎娶白富美。杨中涵娶了白富美，为什么没考上研究生
	诉诸类谬误是仅以某一无关却有倾诉性的对象为依据，便得出结论的逻辑谬误。 诉诸类谬误的种类较多，这里仅列示4种	诉诸权威：单黄连肯定能治绝症，因为这是专家说的。 诉诸人身：钱肯定是他偷的，因为他曾经坐过牢。 诉诸众人：考古肯定不是好专业，因为大家都这么说。 诉诸无知：肯定没有外星人，因为还没有发现外星人
	循环论证是在证明结论时，结论又成为论据的推理的逻辑谬误	不喜欢小涵的很难考上，可见，不喜欢小涵的人是无法成功考上的

上述谬误中，有以下三点要提醒各位同学：

第一，小伙伴们常常把分解谬误和以偏概全混淆，这里特做区分：

分解谬误，是**每一个个体**都具有某一属性，来推断整体也具有该属性。

以偏概全，是**某一部分群体**具有某一属性，来推断整体也具有该属性。

第二，论证有效性分析中也有非黑即白，但表达方式与逻辑试题不同，这里特做区分：

论证有效性分析的表达方式为"如果有A，那么没B"或"如果没A，那么有B"。

逻辑的表达方式为"二选一"，例如，"你是要A还是要B？"

第三，考试当中若出现本书从未说明的逻辑谬误，直接**以结构相似的方式**作答即可。

例62 科学离不开测量，测量离不开长度单位。千米、米、分米、厘米等基本长度单位的确立完全是一种人为约定，因此，科学的结论完全是一种人的主观约定，谈不上客观的标准。

以下哪项与题干的论证最为类似？

A. 建立良好的社会保障体系离不开强大的综合国力，强大的综合国力离不开一流的国民教育。因此，要建立良好的社会保障体系，必须有一流的国民教育。

B. 做规模生意离不开做广告。做广告就要有大额资金投入。不是所有人都能有大额资金投入。因此，不是所有人都能做规模生意。

C. 游人允许坐公园的长椅。要坐公园长椅就要靠近它们。靠近长椅的一条路径要踩踏草地。因此，允许游人踩踏草地。

D. 具备扎实的舞蹈基本功必须经过长年不懈的艰苦训练。在春节晚会上演出的舞蹈演员必须具备扎实的基本功。长年不懈的艰苦训练是乏味的。因此，在春节晚会上演出是乏味的。

E. 家庭离不开爱情，爱情离不开信任。信任是建立在真诚基础上的。因此，对真诚的背离是家庭危机的开始。

题源：2009—1—51

解析 题干共有四句话（两处"离不开"是两句话），而A项只有三句话，因此排除A项。题干第一项"科学"，在结论中是主语，而B项第一项"规模生意"、E项第一项"家庭"，在结论中是宾语，因此排除B项和E项。题干"离不开"表达的是必要条件，而C项"允许"没有表达必要条件的意思，因此排除C项。故选D项。

例63 商场调查人员发现，在冬季选购服装时，有些人宁可忍受寒冷也要挑选时尚但并不御寒的衣服。调查人员据此得出结论：为了在众人面前获得仪表堂堂的效果，人们有时宁愿牺牲自己的舒适感。

以下哪项情形与上述论证最相似？

A. 有些人的工作单位就在住所附近，完全可以步行或骑自行车上下班，但他们仍然购买高档汽车并作为上下班的交通工具。

B. 有些父母在商场为孩子购买冰鞋时，受到孩子的影响，通常会挑选那些式样新潮的漂亮冰鞋，即使别的种类的冰鞋更安全可靠。

C. 一对夫妇设宴招待朋友，在挑选葡萄酒时，他们选择了价钱更贵的A型葡萄酒，虽然他们更喜欢喝B型葡萄酒，但他们认为A型葡萄酒可以给宾客留下更深刻的印象。

D. 有些人在很热的夜晚睡觉，宁可不使用空调或少使用空调，他们认为这样做不但可以省电，也可以减少因为大量使用空调所导致的对环境的破坏。

E. 杂技团的管理人员认为，让杂技演员穿上昂贵而又漂亮的服装，才能完美地配合他们的杂技表演，从而更好地感染现场观众。

题源：2010—10—53

解析 题干有明确提出行为的优势，而 A 项并未提出其行为的优势，因此排除 A 项。题干的行为是为自己而做，而 B 项的行为是为他人而做，因此排除 B 项。题干有明确提出行为的劣势，而 D 项和 E 项并未提出其行为的劣势，因此排除 D 和 E 项。故选 C 项。

例64 甲：知难行易，知然后行。

乙：不对。知易行难，行然后知。

以下哪项与上述对话方式最为相似？

A. 甲：知人者智，自知者明。

　　乙：不对。知人不易，知己更难。

B. 甲：不破不立，先破后立。

　　乙：不对。不立不破，先立后破。

C. 甲：想想容易做起来难，做比想更重要。

　　乙：不对。想到就能做到，想比做更重要。

D. 甲：批评他人易，批评自己难；先批评他人后批评自己。

　　乙：不对。批评自己易，批评他人难；先批评自己后批评他人。

E. 甲：做人难做事易，先做人再做事。

　　乙：不对。做人易做事难，先做事再做人。

题源：2018—1—51

解析 题干甲的第一句话，就提到"知""行"两个事物，而 A 项仅提及一个事物，因此排除 A 项。题干是在做"难易"的比较，而 B 项并没有进行比较，因此排除 B 项。题干甲的第一句话是"先"难"后"易，而 C 项和 D 项恰好相反，因此排除 C 项和 D 项。故选 E 项。

例65 "有些好货不便宜，因此，便宜不都是好货。"

与以下哪项推理做类比说明以上推理不成立？

A. 湖南人不都爱吃辣椒，因此，有些爱吃辣椒的不是湖南人。

B. 有些人不自私，因此，人并不自私。

C. 好的动机不一定有好的效果，因此，好的效果不一定都产生好的动机。

D. 金属都导电，因此，导电的都是金属。

E. 有些南方人不是广东人，因此，广东人不都是南方人。

题源：2008—1—52

解析 题干是特称命题逆否，而 B 项是以偏概全、C 项涉及模态命题、D 项是全称命题互换，因此排除 B、C、D 三项。此时，A 项和 E 项均为特称命题逆否，因此需要进一步比较细节。A 项结论是正确的，而 E 项结论是错误的，因此 E 项更能反映题干推理不成立。故选 E 项。

例66 作为一名环保爱好者，赵博士提倡低碳生活，积极宣传节能减排。但我不赞同他的做法，因为作为一名大学老师，他这样做，占用了大量的科研时间，到现在连副教授都没评上，他的观点怎么能令人信服呢？

以下哪项论证中的错误和上述最为相似？

A. 张某提出要同工同酬，主张在质量相同的情况下，不分年龄、级别一律按件计酬。她这样说不就是因为她年轻、级别低吗？其实她是在为自己谋利益。

B. 公司的绩效奖励制度是为了充分调动广大员工的积极性，它对所有员工都是公平的。如果有人对此有不同意见，则说明他反对公平。

C. 最近听说你对单位的管理制度提了不少意见，这真令人难以置信！单位领导对你差吗？你这样做，分明是和单位领导过不去。

D. 单位任命李某担任信息科科长，听说你对此有意见。大家都没有提意见，只有你一个人有意见，看来你的意见是有问题的。

E. 有一种观点认为，只有直接看到的事物才能确信其存在。但是没有人可以看到质子、电子，而这些都被科学证明是客观存在的。所以，该观点是错误的。

题源：2019—1—39

题干根据赵博士并非副教授，从而否定其观点，属于诉诸人身。而 B 项是偷换概念——反对制度不等于反对公平；C 项是稻草人谬误——直接将提建议歪曲成和领导过不去；D 项是诉诸众人——默认大家都赞同的观点就一定是对的；E 项是正确的推理。故选 A 项。

高能提示

本题 C 项的"稻草人谬误"在前文知识点中，我故意没有提到，就是要让小伙伴们体会，若试题中出现无法归类的谬误，应该如何处理，现展开如下：

考场上，通过宏观比较就能排除 B、D、E 三项，剩余的 A 项和 C 项则需要比较细节。题干和 A 项分别以"并非副教授"和"年轻"为得出结论的依据，这些都是事实，是对方本身所具有的属性，而 C 项所提"和领导过不去"是否为事实尚未可知，因此排除 C 项、选择 A 项。

所以考场上，大家其实根本不需要知道什么是"诉诸人身"、什么是"稻草人谬误"，通过比较细节，即可发现差别。

当然，既然这里提到了"稻草人谬误"，就给大家做下阐述。

稻草人谬误是将对方观点夸大或歪曲，再加以攻击的逻辑谬误。

本质上，稻草人谬误和诉诸类谬误都属于"前后无关"，只不过，稻草人谬误的前提是被夸大的内容，实际上并未发生，而诉诸类谬误的前提是实际上发生的内容。

第二十五章 概括题型

命题情况

◦ **数量情况**

在论证逻辑中，概括题型总体数量较多。但在管综真题中，概括题型基本不考，具体列表如下。

	MBA 联考真题	管综真题	2020 年及以前经综真题
概括题型	74	2	16

◦ **难度情况**

在 2020 年及以前经综真题中，概括题型往往正解难度较大，但其误项干扰度较低，很多选项一眼就能看出和题干无关，因此概括题型总体难度一般。在管综真题中，概括题型的正解大多比较直接，只有少部分正解比较隐晦，但不管正解如何，其误项干扰度非常低，很多选项一眼就能看出和题干无关，因此概括题型总体难度较低。此点，当下经综真题的命题趋势正逐步向管综真题的命题趋势靠拢。

题型特征

- 题目让概括题干的推理，或指出题干的漏洞。
- 选项为描述性的语句，不涉及具体的背景内容。

解题套路

概括题型的考查对象与相似题型完全一致，都是针对题干的"结构或漏洞"，不同的是，相似题型要找到相似的论证，而概括题型要做出文字层面的说明。

套路①结构概括

结构概括试题需要在选项中，<u>寻找最能准确概括题干推理或论证结构的选项</u>。

此类试题，题干主要分成以下两种情况：

第一种，**题干是一个单一论证**。思路主要是寻找题干的论证结构，即前提、结论分别是什么。正解往往是用某前提来支持某结论。

第二种，**题干是某一论证攻击另一论证**。思路主要是观察第二个论证用什么去攻击第一个论证的哪里。正解往往是质疑对方何处，或者提出某论据为某事物做出了不同解释。

本类试题正解思路会相对复杂，但干扰项往往力度很低，因此用反面思路解题会更加快捷。

套路②漏洞概括

漏洞概括试题需要在选项中，寻找最能准确概括题干错误的选项。

此类试题，**题目所要针对的是一个单一论证**。思路主要是寻找题干论证的漏洞。正解往往是描述性表达。考试中会用的漏洞，已在"第二十四章"中阐述，本处不再赘言。

另外，少部分试题的论证并不存在问题，但这主要出现在经综早年真题之中。

例67 松鼠在树干中打洞吮食树木的浆液。因为树木的浆液成分主要是水加上一些糖分，所以松鼠的目标是水或糖分。又因为树木周边并不缺少水源，松鼠不必费那么大劲打洞取水。因此，松鼠打洞的目的是摄取糖分。

以下哪项最为恰当地概括了上述论证方法？

A. 通过否定两种可能性中的一种，来肯定另一种。

B. 通过某种特例，来概括一般性的结论。

C. 在已知现象与未知现象之间进行类比。

D. 通过反例否定一般性的结论。

E. 通过否定某种现象存在必要条件，来判定此种现象不存在。

题源：2009—10—52

解析 题干论证可提炼为：松鼠目标是水或糖分但松鼠不必费劲打水⇒松鼠打洞的目的是糖分。

A项，题干论证是选言命题的传递，因此A项概括了题干论证方法。B项，所提"特例"，题干论证并未提到，因此B项与题干论证无关。C项，所提"类比"，题干论证并未提到，因此C项与题干论证无关。D项，所提"反例"，题干论证并未提到，因此D项与题干论证无关。E项，所提"必要条件"，题干论证并未提到，因此E项与题干论证无关。故选A项。

例68 纯种赛马是昂贵的商品。一种由遗传缺陷引起的疾病威胁着纯种赛马，使它们轻则丧失赛跑能力，重则瘫痪甚至死亡。因此，赛马饲养者认为，一旦发现有此种缺陷的赛马应停止饲养。这种看法是片面的。因为一般地说，此种疾病可以通过饮食和医疗加以控制。另外，有此种遗传缺陷的赛马往往特别美，这正是马术表演特别看重的。

以下哪项最为准确地概括了题干的论证所运用的方法？

A. 质疑上述赛马饲养者的动机。

B. 论证上述赛马饲养者的结论与其论据自相矛盾。

C. 指出上述赛马饲养者的论据不符合事实。

D. 指出新的思维，并不否定上述赛马饲养者的论据，但得出与其不同的结论。

E. 构造一种类比，指出上述赛马饲养者的论证与一种明显有误的论证类似。

题源：2008—10—51

解析 题干两方论证可分别提炼为：

某遗传缺陷严重威胁纯种赛马⇒发现赛马有该缺陷就应停止饲养。

此种缺陷可以通过饮食和医疗加以控制⇒发现赛马有该缺陷就停止饲养是片面的。

上述第二个论证是主要的,因此答案应围绕它来展开。

A 项所提"动机",上述第二个论证并未提到,因此 A 项与题干论证无关。B 项所提"自相矛盾",上述第二个论证并未提到,因此 B 项与题干论证无关。C 项所提"不符合事实",上述第二个论证并未提到,注意,题干第一个论证强调的是"威胁赛马",题干最后一句话是"特别美",两者无关,况且题干提及"另外"也表达出该句并不属于第二个论证,因此 C 项与题干论证无关。D 项,上述第二个论证提出了一个他因"饮食和医疗",从而否定了第一个论证的结论,属于存在他因的削弱方式,因此 D 项符合题干论证。E 项所提"类比",上述第二个论证并未提到,因此 E 项与题干论证无关。故选 D 项。

例69 在产品检验中,误检包括两种情况:一是把不合格产品定位合格;二是把合格产品定位不合格。有甲、乙两个产品检验系统,它们依据的是不同的原理,但共同之处在于:第一,它们都能检测出所有送检的不合格产品;第二,都仍有恰好 3% 的误差率;第三,不存在一个产品,会被两个系统都误检。现在把这两个系统合并为一个系统,使得被该系统测定为不合格的产品,包括且只包括两个系统分别工作时都测定的不合格产品。可以得出结论:这样的产品检验系统的误检率为 0。

以下哪项最为恰当地评价了上述推理?

A. 上述推理是必然性的,即如果前提真,则结论一定真。

B. 上述推理很强,但不是必然性的,即如果前提真,则为结论提供了很强的证据,但附加的信息仍可能削弱该论证。

C. 上述推理很弱,前提尽管与结论相关,但最多只为结论提供了不充分的根据。

D. 上述推理的前提中包含矛盾。

E. 该推理不能成立,因为它把某事件发生的必要条件的根据,当作充分条件的根据。

题源:2002—1—38、396—2017—20、396—2011—19

解析 题干论证可提炼为:同时使用两个系统(能测出所有不合格产品∧有 3% 误检概率∧没有同时误检的产品),两台机器都检测出的产品作为不合格产品⇒误检率为 0。

A 项,两台机器的第一个属性,相当于避免了"把不合格产品定位合格"的误检可能,从而两台机器 3% 的误检概率,只能是"把合格产品定位不合格"。又因为任何产品都不可能被两个系统同时误检,所以,不会出现两个系统都认为不合格但实际合格的产品,即该组合型系统不会出现"把合格产品定位不合格"的误检可能。因此 A 项符合题干论证。B 项,题干并未提及"附加信息",因此 B 项与题干论证无关。C 项,由 A 项分析可知,C 项的描述与题干论证违背。D 项所提"矛盾",上述论证并未提到,因此 D 项与题干论证无关。E 项所提"必要条件",上述论证并未提到,因此 E 项与题干论证无关。故选 A 项。

例70 许多人不了解自己,也不设法去了解自己。这样的人可能想了解别人,但此种愿望肯定是要落空的,因为连自己都不了解的人不可能了解别人。由此可以得出结论:你要了解别人,首先要了解自己。

以下哪项对上述论证的评价最为恰当？

A. 上述论证所运用的推理是成立的。

B. 上述论证有漏洞，因为它把得出某种结果的必要条件当作充分条件。

C. 上述论证有漏洞，因为它不当地假设：每个人都可以了解自己。

D. 上述论证有漏洞，因为它忽视了这种可能性：了解自己比了解别人更困难。

E. 上述论证有漏洞，因为它基于个别的事实轻率地概括出一般性的结论。

题源：2008—10—44

解析 题干论证可提炼为：(¬了解自己→¬了解别人) ⇒ (了解别人→了解自己)。

上述论证运用到了条件命题的逆否式，因此其推理本身是正确的。

A 项符合题目要求。B 项所提"必要条件"，题干论证并未提及，因此 B 项与题干论证无关。C 项所提"每个人"，题干论证并未提及，因此 C 项与题干论证无关。D 项所提"困难"，题干论证并未提及，因此 D 项与题干论证无关。E 项所提"个别"，题干论证并未提及，因此 E 项与题干论证无关。故选 A 项。

高能提示

论证和推理不同，推理只需要保证推理的形式正确即可，但论证还要保证内容正确，分析得当。所以，虽然对于论证而言，本题属于"循环论证"，并不正确，但对于推理而言，本题是条件命题的逆否，是正确的。这也是 A 项正确的原因。

小伙伴们后续做到 2016 年入学管理类联考真题第 47 题时，可与本题对比学习。

当然，本题无须正面思考这么多，通过反面排除的方式，就会发现，其余几个选项都是明显的无关项。

临近本科毕业，李明所有已修课程的成绩均是优秀。按照学校规定，如果最后一学期他的课程成绩也是优秀，就一定可以免试就读研究生。李明最后一学期有一门功课成绩未获得优秀，因此他不能免试就读研究生了。

以下哪项对上述论证的评价最为恰当？

A. 上述论证是成立的。

B. 上述论证有漏洞，因为它忽视了：课程成绩只是衡量学生素质的一个方面。

C. 上述论证有漏洞，因为它忽视了：所陈述的规定有漏洞，会导致理解的歧义。

D. 上述论证有漏洞，因为它把题干所陈述的规定错误地理解为：只要所有学期课程成绩均是优秀，就一定可以免试就读研究生。

E. 上述论证有漏洞，因为它把题干所陈述的规定错误地理解为：只有所有学习课程成绩均是优秀，才可以免试就读研究生。

题源：2008—10—52

解析 题干论证可提炼为：(最后优秀→推免) ∧ 李明 (¬最后优秀) ⇒ 李明 (¬推免)。

A 项，根据前述内容，从形式逻辑看，题干是条件命题的无效传递，从论证逻辑看，题干是条件谬误，把"最后优秀"这个充分条件，混淆成了必要条件，因此 A 项不正确。B 项所提"学生素质"，题干论证并未提到，因此 B 项与题干论证无关。C 项所提"规定有漏洞"，题干论证并未提到，因此 C 项与题干论证无关。D 项并未表达出"最后优秀"是推免的必要条件，因此，D 项与题干论证无关。E 项表达出"最后优秀"是推免的必要条件，因此 E 项符合题干论证。故选 E 项。

第二十六章　归纳题型

命题情况

数量情况

在论证逻辑中，归纳题型总体数量较多，具体列表如下。

	MBA 联考真题	管综真题	2020 年及以前经综真题
归纳题型	155	10	21

难度情况

归纳题型普遍比较简单，难点主要集中在两处：第一，题目问法多变，很多小伙伴容易会错题意；第二，少部分试题会诱导考生过度推理，从而造成误选。

题型特征

- 题目让选出符合题干信息、由题干信息可以推出或概括题干结论的选项。
- 本题型容易被误认为是形式逻辑，区分方法在"第五章"的干扰陷阱中已有阐述。

解题套路

> **高能提示**
> 归纳题型的难点之一，就在于对题目问法的理解。所以，接下来我会根据题目的问法做归类阐述，小伙伴们要认真学习。另外，这些归类阐述，对于其他题型也同样适用。

套路①符合题意

符合题意的试题需要观察选项是否与题干信息相符。

若题干所问为"最为符合"，优选**与题干信息完全一致**的选项，其次选**可被题干信息推出**的选项，最后选**可推出题干信息**的选项。

若题干所问为"不符合"或"都符合，除了"，优选**与题干信息违背**的选项，其次选**与题干信息无关**的选项。

若题目要求选择与指定内容相符的选项，如题干某一观点、概念、定义、规则等，则仅阅读指定内容即可。若题目并未指定具体内容，则选项符合题干任意一处即可。

套路②题意推断

题意推断的试题需要观察选项是否与题干具有对应的推理关系。

若题干所问为"由题干可推出以下哪项为真"，优选**与题干信息完全一致**的选项，其次选**可被题干信息推出**的选项。

若题干所问为"以下哪项不可能为真",必选与题干信息违背的选项。

若题干所问为"题干不支持以下哪项",优选与题干信息违背的选项,其次选与题干信息无关的选项。

套路③概括结论

概括结论的试题需要观察选项是否为题干结论。

此类试题,优选**概括题干结论**的选项,其次选**包含题干的隐含假设**的选项。

> **高能提示**
>
> 归纳题型的难点之二,就在于过度推理。所以,我专门挑选了带有误导性的试题,来锻炼小伙伴们的收敛思维。
>
> 注意,如果你因为过度推理而误选,一定要把对应试题整理下来并分类汇总。
>
> 下面就结合试题一起体会吧!Here We Go!

 最近的研究表明,和鹦鹉长期密切接触会增加患肺癌的危险。但是没人会因为存在这种危险性,而主张政府通过对鹦鹉的主人征收安全税来限制或减少人和鹦鹉的接触。因此,同样的道理,政府应该取消对滑雪、汽车、摩托车和竞技降落伞等带有危险性的比赛所征收的安全税。

以下哪项最不符合题干的意思?

A. 政府应该对一些豪华型的健身美容设施征收专门税以贴补教育。
B. 政府不应该提倡但也不应禁止新闻媒介对飞车越黄河这样的危险性活动的炒作。
C. 政府应运用高科技手段来提高竞技比赛的安全性。
D. 政府应拨专款来确保登山运动和探险活动参加者的安全。
E. 政府应设法通过增加成本的方式,来减少人们对带有危险性的竞技娱乐活动的参与。

题源:2010—10—32

解析 A项所提"教育",题干并未提及,因此A项与题干信息无关。B项所提"新闻媒介",题干并未提及,因此B项与题干信息无关。C项所提"高科技手段",题干并未提及,因此C项与题干信息无关。D项所提"专款",题干并未提及,因此D项与题干信息无关。E项所提"增加成本",但题干结论为"取消……安全税",相当于降低人们参与危险性娱乐活动的成本,因此E项与题干信息违背。故选E项。

> **高能提示**
>
> 本题的重点在于比较,与题干信息违背的选项要比无关项更符合"最不符合"的要求。

 某彩票销售站最近半年在出售一种不记名、不挂失的"刮刮看"彩票。该彩票左边有2个隐藏的两位数字,右边有6个隐藏的两位数字。顾客购买后就可以刮彩票。如果右边刮开的某个数字与左边的某个数字相同,在右边该数字下面刮出的字体更小的数字就是中奖的数额。根据福彩中心提供的信息：这种彩票可能中奖的数额有 60 元、800 元、6 000 元、80 000 元、60 000 元、100 000 元，每张彩票至多有一个中奖数字。张三下班后在某彩票销售站购买了一张彩票，刮开后发现右边的一个数字是 15，与左边刮出的一个数字相同，再看下边的小字体数字是 8 000 元，高兴之极，销售彩票的李四立刻给了他 8 000 元，张三高兴地去餐厅与朋友大吃了一顿。事后矛盾爆发，两人打起了官司。

以下哪项陈述是最不可能发生的？

A. 张三当真认为自己中奖 8 000 元。　　B. 李四当真认为张三中奖 8 000 元。

C. 张三认为自己真的中了彩票。　　　　D. 李四认为张三真的中了彩票。

E. 张三没有仔细地刮开彩票。

题源：2011—10—36

解析 A 项，只要李四不认为张三中了 8 000 元，即使张三如此认为，两人依旧可以打官司，所以 A 项不与题干信息违背。B 项，张三兑换的是 8 000 元现金，如果李四当真认为张三中了 8 000 元，那么李四就不会和张三打官司了，所以 B 项与题干信息违背。C 项，只要李四不认为张三中了 8 000 元，即使张三认为自己中奖，两人依旧可以打官司，所以 C 项不与题干信息违背。D 项，如果李四只是认为张三中的不是 8 000 元，那么完全有可能在认为张三中奖的情况下，和对方打官司，所以 D 项不与题干信息违背。E 项，所提"仔细地刮开"，题干并未提及，因此 E 项与题干信息无关。故选 B 项。

例74 图示方法是几何学课程的一种常用方法。这种方法使得这门课比较容易学，因为学生们得到了对几何概念的直观理解，这有助于培养他们处理抽象运算符号的能力。对代数概念进行图解相信会有同样的教学效果，虽然对数学的深刻理解从本质上说是抽象的而非想象的。

上述议论最不可能支持以下哪项判定？

A. 通过图示获得直观理解，并不是数学理解的最后步骤。

B. 具有很强的处理抽象运算符号能力的人，不一定具有抽象的数学理解能力。

C. 几何学课程中的图示方法是一种有效的教学方法。

D. 培养处理抽象运算符号的能力是几何学课程的目标之一。

E. 存在着一种教学方法，可以有效地用于几何学，又用于代数。

题源：2003—1—43、396—2018—10

解析 A 项，题干表明，得到直观理解后，有助于培养处理抽象运算符号的能力，因此，获得直观理解确实不是最后步骤，A 项可由题干内容得出。B 项所提"数学理解能力"，题干并未提及，因此 B 项与题干信息无关。C 项，题干表明，图示方法可让学生获得直观的理解，因此确实是"有效的教学方法"，C 项可由题干内容得出。D 项，题干表明，图示方法有助于培养学生处理抽象运算符号的能力，而此方法又属于几何学，因此 D 项可由题干内容得出。E 项，图示方法是可用于几何学与代数的方法，因此 E 项可由题干内容得出。故选 B 项。

> **高能提示**
> 本题要求选择"最不可能支持"的选项，B项与题干无关，其余选项均可得到，故B项是正确答案。

例75 一项对西部山区小塘村的调查发现，小塘村约五分之三的儿童进入中学后都会出现中度以上的近视，而他们的父母及祖辈，没有机会到正规学校接受教育，很少出现近视。

以下哪项作为上述断定的结论最为恰当？

A. 接受文化教育是造成近视的原因。

B. 只有在儿童期接受正式教育才易于出现近视。

C. 阅读和课堂作业带来的视觉压力必然会造成儿童的近视。

D. 文化教育的发展和近视现象的出现有密切关系。

E. 小塘村约五分之二的儿童是文盲。

题源：2009—1—29

解析 A项，题干提出，很多学生出现近视，而其长辈没上学，很少出现近视，但并未明确说明没有其他信息的干扰，因此A项直接构建因果关系，过于绝对。B项直接把"儿童期接受正式教育"当作近视的必要条件，相比A项，推理更加过度。C项，一方面，题干并未提及"阅读和课堂作业"，另一方面，由A项可知，C项中的"必然会造成儿童的近视"属于过度推理。D项，题干虽未明确排除其他信息的干扰，从而无法得出具体的因果关系，但由上述求异，确实可得出"教育"和"近视"有一定关系，因此D项是题干的结论。E项所提"文盲"，题干并未提及，因此E项与题干信息无关。故选D项。

例76 母鼠会对它所生的鼠崽立即显示出母性行为。而一只刚生产后的从未接触鼠崽的母鼠，在一个封闭的地方开始接触一只非己所生的鼠崽，七天后，这只母鼠显示出明显的母性行为。如果破坏这只母鼠的嗅觉，或者摘除鼠崽产生气味的腺体，上述七天的时间将大大缩短。

上述断定最能推出以下哪项结论？

A. 不同母鼠所生的鼠崽会发出不同的气味。

B. 鼠崽的气味是母鼠母性行为的重要诱因。

C. 非己所生的鼠崽的气味是母鼠对其产生母性行为的障碍。

D. 公鼠对鼠崽的气味没有反应。

E. 母鼠的嗅觉是老鼠繁衍的障碍。

题源：2005—10—30

解析 A项，题干并未调查多只母鼠与鼠崽，因此A项与题干信息无关。B项，题干提到的是，如果没有气味，那么母鼠会更快显示出母性行为，因此，结论应该是气味是阻碍母鼠产生母性行为的原因，B项与此违背。C项，由B项分析可知，C项是题干的结论。D项，所提"公鼠"，题干并未提及，因此D项与题干信息无关。E项，题干仅涉及一只母鼠，且调查的是非己所生的鼠崽，这难以推断"老鼠繁衍"的问题，因此，E项属于过度推理。故选C项。

第二十七章　焦点题型

命题情况

数量情况

在论证逻辑中，焦点题型基本不会考查，具体列表如下。

	MBA 联考真题	管综真题	2020 年及以前经综真题
焦点题型	14	3	2

难度情况

虽然在 MBA 联考真题中，焦点题型考查过许多较难的试题，但目前无论是管综真题还是经综真题，焦点题型的结构非常容易辨识，因此题目难度较低。

题型特征

▶ 题目涉及"焦点"或其同义替换词。

解题套路

套路①常规套路

焦点题型的题干必然是两方在争论，所以，双方争论的中心便是焦点。

因此，可以先把双方的**论证结构**划分出来，然后观察**后者在攻击前者什么位置**，从而后者所针对的位置便是争论的焦点。

但需要大家注意的是，后者无论攻击前者何处，其本质都是为了攻击对方的结论，因此，若选项中有涉及前者结论的，还是需要**优选结论**。

套路②蒙猜套路

因为选择的是争论的焦点，因此所提内容必然是双方均涉及的，从而可以**先排除仅单方提及**以及**双方均未提及**的选项。

又因为攻击所针对的是对方的结论，因此若剩余选项中涉及了**对方的结论**，便可直接入选。

例77 琼斯博士：远程医疗这种新技术将持续改善农村病患诊疗，因为它能让农村医生向住在很远的专家电视播放医疗检查，专家由此能够提供建议；倘若没有远程医疗，病人就得不到这些建议。

史密斯博士：并非如此。远程医疗可能在开始的时候能帮助农村病患诊疗。然而小医院不久会发现，它们能聘用那些能够运用远程诊疗以传送检查到大医疗机构的技术人员以替代医生，由此可将费用降至最低。结果将是，能接受传统的、直接医疗检查的病人更少了。最终导致只有极少的个体真正得到个性关怀。因此，与城市的病患诊疗一样，农村病患诊疗也将遭受损害。

以下哪项是琼斯博士与史密斯博士之间的争论焦点?

A. 医疗专家是否普遍会比农村医生提供更好的建议。
B. 是否仅在农村医院和医疗中心使用远程医疗技术。
C. 远程医疗技术是否可能在未来几年内被广泛采用。
D. 那些最需要医疗专家建议的病人是否可能通过远程医疗接收建议。
E. 远程医疗技术是否最终有益于农村病人。

题源:396—2020—14

解析 题干双方观点可分别提炼为:

琼斯博士:远程医疗可让专家远程提供建议⇒远程医疗将持续改善农村病患诊疗。

史密斯博士:农村聘用技术人员以替代医生⇒远程医疗让农村病患诊疗受损。

A 项所提"医疗专家的建议是否更好",题干双方均未涉及,因此 A 项不是两者争论的焦点。B 项所提"是否仅在农村医院和医疗中心使用远程医疗技术",题干双方均未涉及,因此 B 项不是两者争论的焦点。C 项所提"远程医疗技术是否在未来被广泛采用",题干双方均未涉及,因此 C 项不是两者争论的焦点。D 项所提"最需要……的病人",题干双方均未涉及,因此 D 项不是两者争论的焦点。E 项,题干的史密斯博士通过寻找一个他因"聘用技术人员",来攻击"远程医疗将持续改善农村病患诊疗"的观点,因此 E 项是双方争论的焦点。故选 E 项。

例78 陈先生:未经许可侵入别人的电脑,就好像开偷来的汽车撞伤了人,这些都是犯罪行为。但后者性质更严重,因为它既侵占了有形财产,又造成了人身伤害;而前者只是在虚拟世界中捣乱。

林女士:我不同意。例如,非法侵入医院的电脑,有可能扰乱医疗数据,甚至危及病人的生命。因此,非法侵入电脑同样会造成人身伤害。

以下哪项最为准确地概括了两人争论的焦点?

A. 非法侵入别人电脑和开偷来的汽车是否同样会危及人的生命?
B. 非法侵入别人电脑和开偷来的汽车伤人是否同样构成犯罪?
C. 非法侵入别人电脑和开偷来的汽车伤人是否是同样性质的犯罪?
D. 非法侵入别人电脑的犯罪性质是否和开偷来的汽车伤人一样的严重?
E. 是否只有侵占有形财产才构成犯罪?

题源:2010—1—51、396—2018—15

解析 题干双方观点可分别提炼为:

陈先生:侵入别人电脑不会伤人,而开车会撞伤人⇒侵入别人电脑的犯罪性质没后者严重。

林女士:侵入医院的电脑会危及病人生命⇒侵入别人电脑的犯罪性质与开偷来的汽车撞伤人一样严重。

A 项，题干林女士所举示例，确实是在反驳陈先生的前提，A 项指出了此点，但反驳前提的目的是针对对方结论，因此若所有选项都没有针对结论，则 A 项可以作为答案。B 项，林女士和陈先生都认为两者均构成犯罪，只不过一个人觉得开偷来的汽车撞伤人性质更严重，另一个人认为侵入电脑与开偷来的汽车撞伤人的性质一样严重，因此 B 项不是双方争论的焦点。C 项，林女士和陈先生都认为两者是同样性质的犯罪，只不过一个人觉得开偷来的汽车撞伤人性质更严重，另一个人认为侵入电脑与撞人的性质一样严重，因此 C 项不是双方争论的焦点。D 项针对的是陈先生的结论，由 A 项分析可知，D 项是更好的答案。E 项，题干双方均未涉及"犯罪的必要条件"，因此 E 项不是双方争论的焦点。故选 D 项。

例79 陈先生：有的学者认为，蜜蜂飞舞时发出的嗡嗡声是一种交流方式，例如蜜蜂在采花粉时发出的嗡嗡声，是在给同一蜂房的伙伴传递它们正在采花粉位置的信息。但事实上，蜜蜂不必通过这样费劲的方式来传递这样的信息。它们从采花粉处飞回蜂房时留下的气味踪迹，足以引导同伴找到采花粉的地方。

贾女士：我不完全同意你的看法。许多动物在完成某种任务时都可以有多种方式。例如，有些蜂类可以根据太阳的位置，也可以根据地理特征来辨别方位，同样，对于蜜蜂来说，气味踪迹只是它们的一种交流方式，而不是唯一的交流方式。

以下哪项最为恰当地概括了陈先生和贾女士所争论的问题？

A. 关于动物行为方式的一般性理论，是否只基于对某种动物的研究？
B. 蜜蜂飞舞时发出的嗡嗡声，是否可以有多种不同的解释？
C. 是否只有蜜蜂才有能力向同伴传递位置信息？
D. 蜜蜂在采花粉时发出的嗡嗡声，是否是在给同一蜂房的伙伴传递所在位置的信息？
E. 气味踪迹是否为蜜蜂的主要交流方式？

题源：2007—10—59

解析 题干双方观点可分别提炼为：

陈先生：气味能引导同伴找到采花粉的地方⇒蜜蜂不必通过发出嗡嗡声来传递信息。
贾女士：动物完成某种任务有多种方式⇒蜜蜂发出嗡嗡声也是传递信息的一种方式。

A 项，题干双方均未涉及"只基于对某种动物的研究"，因此 A 项不是双方争论的焦点。B 项，对于"蜜蜂飞舞时发出的嗡嗡声"，题干双方只提出"传递信息"这一种解释，因此 B 项不是双方争论的焦点。C 项，题干双方均未提及"传递信息的必要条件"，因此 C 项不是双方争论的焦点。D 项，贾女士通过举例表明，动物用某一方式可以完成某种任务，这并不妨碍用别的方式也可以完成该任务，以此来攻击"蜜蜂不必通过发出嗡嗡声来传递信息"的观点，因此 D 项是双方争论的焦点。E 项，题干双方均未提及"主要交流方式"，因此 E 项不是双方争论的焦点。故选 D 项。

论证逻辑返璞归真

老规矩，学完论证逻辑的套路，我们一起来看看论证逻辑的共性吧！
准备好了吗？Here We Go!

学到这里，小伙伴们可能有些疑惑——论证逻辑本身其实是有考点的，为什么前面没有涉及呢？这是因为它的考点实在是太简单了。例如，大家都知道，论证是指前提推结论的思维过程，所以我将需要讲解的内容，直接融入题型之中，这样能节约小伙伴们的时间，快速体会题目。

论证逻辑题型，按照考场处理方式，可以分为分析题型和描述题型。

分析题型，其选项是针对题干论证<u>正确性</u>的分析，主要包括削弱题型、支持题型、评价题型、假设题型和解释题型。

描述题型，其选项是针对题干论证<u>结构或内容</u>的描述，主要包括相似题型、概括题型、归纳题型和焦点题型。

在分析题型中，支持其实就是削弱的反面；评价的正解其实就是削弱和支持正解的结合；假设其实就是一种必要的支持，假设取反后是很强的削弱；解释其实就是对现象的支持以及对矛盾的削弱。所以，分析题型之间的关系可总结如下。

小伙伴们会发现，分析题型的套路基本是一样的，只不过略有侧重而已。因此，在考场中，小伙伴们完全可以这样应对分析题型：

在寻找论证时，分析题型所用的方法都是统一的——<u>先找题目针对处，再看题干结构词</u>。但是，<u>解释矛盾的试题，重点是寻找表达转折的结构词</u>。

在正解判断时，分析题型主要是考查因果推理——<u>是否**因果相关**？是否**因果倒置**？是否**因果共存**？是否**存在他因**</u>？但是，<u>削弱和解释题型侧重考查存在他因；支持和假设题型侧重考查因果相关</u>。

在误项排除时，分析题型主要包括三大情况——**无关项**（包括完全无关和部分无关）、**作用不足项**（包括从程度词比较和从主题词比较）、**作用相反项**。但是，<u>假设题型还包括仅为支持和过度假设，解释矛盾还包括方向一致和单方涉及</u>。

在描述题型中，归纳题型是针对论证的每一处细节；相似题型和概括题型都是针对论证的结构和漏洞，但相似题型要选的是与题干内容一致的选项，而概括题型要选的是阐述题干内容的选项；焦点题型要选的是针对论证的总结论的选项。所以，描述题型之间的关系可总结如下。

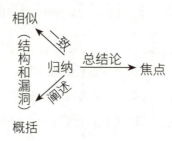

小伙伴们会发现，描述题型的套路基本是一样的，只不过略有侧重而已。因此，在考场上，小伙伴们完全可以这样应对描述题型：

首先阅读题目，观察**题目所求**是什么；然后阅读题干，重点**留意所求内容**，主要包括细节信息、题干推断、论证结论、论证焦点、论证结构和论证漏洞；最后，选择**对应选项**。

与此同时，在解题过程中，小伙伴们需要培养论证逻辑的**两大思维**：

收敛思维——防止自己过度推理！

小伙伴们在做题时，尽量进行**同义替换**，**最多推理一步**，如果要推理多步或思路比较烦琐时，过度推理就很有可能出现。

在做题后，大家要**汇总**自己过度推理的选项，**并标记原因**，这都是命题人研究大数据后分析出来的大家思维固化的地方！

比较思维——防止遗漏最好选项！

小伙伴们在做题时，要全部看完选项，分析题型重点比较**程度词力度**和**主题词贴合度**，描述题型重点比较**选项细节**是否与题干更为相符，论证逻辑不存在"已知答案，其余不看"的方法。

在做题后，大家要**汇总**自己选择的误项和没有选择的正解，**并标记原因**，这都是你容易疏忽的地方！

> 这样便将九个论证逻辑题型，总结为两大条件反射——分析题型和描述题型。
> 这便是寻找本质，这便是返璞归真，这便是先学厚、再学薄。

论证逻辑题型练习 I

本练习共 23 道小题，每个 2 分，共 46 分。下列每题给出的 A、B、C、D、E 五个选项中，只有一个选项符合试题要求。建议用时 40 分钟。

得分：_____　　　　　　用时：_____

练1 克鲁特是德国家喻户晓的"明星"北极熊，北极熊是北极名副其实的霸主，因此，克鲁特是名副其实的北极霸主。

以下除哪项外，均与上述论证中出现的谬误相似？

A. 儿童是祖国的花朵，小雅是儿童，因此，小雅是祖国的花朵。

B. 鲁迅的作品不是一天能读完的，《祝福》是鲁迅的作品，因此《祝福》不是一天能读完的。

C. 中国人是不怕困难的，我是中国人，因此，我是不怕困难的。

D. 康怡花园坐落在清水街，清水街的建筑属于违章建筑，因此，康怡花园的建筑属于违章建筑。

E. 西班牙语是外语，外语是普通高等学校招生的必考科目，因此西班牙语是普通高等学校招生的必考科目。

题源：2010—1—49

练2 世界卫生组织在全球范围内进行了一项有关献血对健康影响的跟踪调查。调查对象分为三组。第一组对象中均有两次以上的献血记录，其中最多的达数十次；第二组中的对象均仅有一次献血记录；第三组对象均从未献过血。调查结果显示，被调查对象中癌症和心脏病的发病率，第一组分别为 0.3% 和 0.5%，第二组分别为 0.7% 和 0.9%，第三组分别为 1.2% 和 2.7%。一些专家由此得出结论，献血有利于减少患癌症和心脏病的风险。这两种病已经不仅在发达国家而且也在发展中国家成为威胁中老年人生命的主要杀手。因此，献血利己利人，一举两得。

以下哪项如果为真，将削弱以上结论？

Ⅰ. 60 岁以上的调查对象，在第一组中占 60%，在第二组中占 70%，在第三组中占 80%。

Ⅱ. 献血者在献血前要经过严格的体检，一般具有较好的体质。

Ⅲ. 调查对象的人数，第一组为 1 700 人，第二组为 3 000 人，第三组为 7 000 人。

A. 只有Ⅰ。　　　　B. 只有Ⅱ。　　　　C. 只有Ⅲ。

D. 只有Ⅰ和Ⅱ。　　E. Ⅰ、Ⅱ和Ⅲ。

题源：2000—1—62

练3 最近，国内考古学家在北方某偏远地区发现了春秋时代古遗址。当地旅游部门认为：古遗址体现了春秋古代文明的特征，应立即投资修复，并在周围修建公共交通设施，以便吸引国内外游客。张教授对此提出反对意见：古遗址有许多未解之谜待破译，应先保护起来，暂不宜修复和进行旅游开发。

以下哪项如果为真，最能加强上述张教授的观点？

A. 只有懂得古遗址历史，并且懂得保护古遗址的人才能参与修复古遗址。

B. 现代人还难以理解和判断古代文明的重大意义。

C. 修复任何一个古遗址都应该展现此地区最古老的风貌。

D. 对古遗址的保护和利用不应该被商业利益所支配。

E. 在缺乏研究的情况下匆忙修复古遗址，可能对文物造成不可弥补的破坏。

题源：2010—10—43

练4 在高速公路上行驶时，许多司机都会超速。因此，如果规定所有汽车都必须安装一种装置，这种装置在汽车超速时会发出声音提醒司机减速，那么，高速公路上的交通事故将会明显减少。

上述论证依赖于以下哪项假设？

Ⅰ．在高速公路上超速行驶的司机，大都没有意识到自己超速。

Ⅱ．高速公路上发生交通事故的重要原因是司机超速行驶。

Ⅲ．上述装置的价格十分昂贵。

A. 只有Ⅰ。　　　　　B. 只有Ⅱ。　　　　　C. 只有Ⅲ。

D. 只有Ⅰ和Ⅱ。　　　E. Ⅰ、Ⅱ和Ⅲ。

题源：2008—10—43、396—2017—6

练5 光线的照射有助于缓解冬季抑郁症。研究人员曾对九名患者进行研究，他们均因冬季白天变短而患上了冬季抑郁症。研究人员让患者在清早和傍晚各接受三小时伴有花香的强光照射。一周之内，七名患者完全摆脱了抑郁，另外两人也表现出了显著的好转。由于光照会诱使身体误以为夏季已经来临，这样便治好了冬季抑郁症。

以下哪项如果为真，最能削弱上述论证的结论？

A. 研究人员在强光照射时有意使用花香伴随，对于改善患上冬季抑郁症的患者的适应性有不小的作用。

B. 九名患者中最先痊愈的三位均为女性，而对男性患者的治疗效果较为迟缓。

C. 该实验均在北半球的温带气候中进行，无法区分南北半球的实验差异，但也无法预先排除。

D. 强光照射对于皮肤的损害已经得到专门研究的证实，其中夏季比冬季的危害性更大。

E. 每天六小时的非工作状态，改变了患者原来的生活环境，改善了他们的心态，这是对抑郁症患者的一种主要影响。

题源：2000—1—45

练6 一位海关检查员认为，他在特殊工作经历中培养了一种特殊的技能，即能够准确地判定一个人是否在欺骗他。他的根据是，在海关通道执行公务时，短短的几句对话就能使他确定对方是否可疑；而在他认为可疑的人身上，无一例外地都查出了违禁物品。

以下哪项如果为真，能削弱上述海关检查员的论证？

Ⅰ．在他认为不可疑而未经检查的入关人员中，有人无意地携带了违禁物品。

Ⅱ．在他认为不可疑而未经检查的入关人员中，有人有意携带了违禁物品。

Ⅲ．在他认为可疑并查出违禁物品的入关人员中，有人无意地携带了违禁物品。

A. 仅Ⅰ。　　　　B. 仅Ⅱ。　　　　C. 仅Ⅲ。
D. 仅Ⅱ和Ⅲ。　　E. Ⅰ、Ⅱ和Ⅲ。

题源：2001—1—26、396—2011—12

练7 在欧洲历史上，封建主义这一概念在出现时首先假设了贵族阶级的存在。但是，除非贵族的封号和世袭地位受到法律的确认，否则，严格意义上的贵族阶级就不可能存在。虽然欧洲的封建主义早在公元八世纪就存在，但是，直到十二世纪，贵族世袭才开始受到法律确认。而到了十二世纪，不少欧洲国家的封建制度已走向衰弱。

如果上述断定为真，则以下哪项一定为真？

Ⅰ．在欧洲历史上，封建主义这一概念存在不同定义。

Ⅱ．如果一个国家通过法律确认贵族的封号和世袭地位，则这个国家一定存在严格意义上的贵族阶级。

Ⅲ．封建国家中可能不存在严格意义上的贵族阶级。

A. 只有Ⅰ。　　　B. 只有Ⅱ。　　　C. 只有Ⅲ。
D. 只有Ⅰ和Ⅲ。　E. Ⅰ、Ⅱ和Ⅲ。

题源：2009—10—33

练8 S市环保检测中心的统计分析表明，2009年空气质量为优的天数为150天，比2008年多出22天；二氧化碳、一氧化碳、二氧化氮、可吸入颗粒物四项污染物浓度平均值与2008年相比，分别下降了约21.3%、25.6%、26.2%、15.4%。S市环保负责人指出，这得益于近年来本市政府持续采取的控制大气污染的相关措施。

以下除哪项外，均能支持上述S市环保负责人的看法？

A. S市广泛展开环保宣传，加强了市民的生态理念和环保意识。

B. S市启动了内部控制污染方案，凡是不达标的燃煤锅炉停止运行。

C. S市执行了机动车排放国Ⅳ标准，单车排放比Ⅲ降低了49%。

D. S市市长办公室最近研究了焚烧秸秆的问题，并着手制定相关条例。

E. S市制定了"绿色企业"标准，继续加快污染重、能耗高的企业的退出。

题源：2010—1—41

练9 在两座"甲"字形大墓与圆形夯土台基之间，集中发现了五座马坑和一座长方形的车马坑。其中两座马坑各葬6匹马。一座坑内骨架分南北两排摆放整齐，前排2匹，后排

4匹，由西向东依序摆放；另一座坑内马骨架摆放方式较特殊，6匹马两两成对或相背放置，头向不一。比较特殊的现象是在马坑的中间还放置了一个牛角，据此推测该马坑可能和祭祀有关。

以下哪项如果为真，最能支持上述推测？

A. 牛角是古代祭祀时的重要物件。

B. 祭祀时殉葬的马匹必须成头向一致的基本形制。

C. 6匹马是古代王公祭祀时的一种基本形制。

D. 只有在祭祀时，才在马坑中放置牛角。

E. 如果马骨摆放的比较杂乱，那一定是由祭祀时混乱的场面造成的。

题源：2011—10—46

练10 精制糖含量高的食物不会引起后天性糖尿病的说法是不对的。因为精制糖含量高的食物会导致人的肥胖，而肥胖是引起后天性糖尿病的一个重要诱因。

以下哪项与以上论证最为相似？

A. 亚历山大是柏拉图的学生的说法是不对的。事实上，亚历山大是亚里士多德的学生，而亚里士多德是柏拉图的学生。

B. 施肥过度是引发草坪病虫害主要原因的说法是对的。因为过度施肥会造成青草的疯长，而疯长的青草对于疾病和虫害几乎没有抵抗力。

C. 经常参加剧烈运动的人可能会造成猝死是不对的。因为猝死的原因是心脑血管疾病，而剧烈运动并不一定会造成心脑血管疾病。

D. 接触冷空气易引起感冒的说法是不对的。因为感冒是由病毒引起的，而病毒易在人群拥挤的温暖空气中大量蔓延。

E. 劣质汽油不会引起非正常油耗的说法是不对的。因为劣质汽油会引起发动机阀门的非正常老化，而发动机阀门的非正常老化会引起非正常油耗。

题源：2014—10—52

练11 2010年，某国学校为教师提供培训的具体情况为：38%的公立学校有1%~25%的教师参加；18%的公立学校有26%~50%的教师参加；13%的公立学校有51%~75%的教师参加；30%的公立学校有76%甚至更多的教师参加了这样的培训。与此相对照，37%的农村学校有1%~25%的教师参加；20%的农村学校有26%~50%的教师参加；12%的农村学校有51%~75%的教师参加；29%的农村学校有76%甚至更多的教师参加。这说明，该国农村的学校教师和城市、市郊以及城镇的学校教师接受培训的概率相当。

以下哪项如果为真，最能反驳上述论证？

A. 教师培训的内容丰富多彩，各不相同。

B. 教师培训的条件差异性很大，效果也不相同。

C. 有些教师既在公立学校任职，也在农村学校兼职。

D. 教师培训的时间，公立学校一般较长，农村学校一般较短。

E. 农村也有许多公立学校，市郊也有许多农村学校。

题源：2011—10—44

练12 食用某些食物可降低体内自由基，达到排毒、清洁血液的作用。研究者将大鼠设定为实验动物，分为两组，A组每天喂养含菌类、海带、韭菜和绿豆的混合食物，B组喂养一般饲料。研究发现，A组大鼠的体内自由基比B组显著降低。科学家由此得出结论：人类食入菌类、海带、韭菜和绿豆的混合食物可以降低体内自由基。

以下哪项最可能是上述论证所假设的？

A. 一般人都愿意食入菌类、海带、韭菜和绿豆的混合食物。

B. 食入不含菌类、海带、韭菜和绿豆的混合食物将增加体内自由基。

C. 除食入菌类、海带、韭菜和绿豆的混合食物外，一般没有其他的途径降低体内自由基。

D. 体内自由基的降低有助于人体的健康。

E. 人对菌类、海带、韭菜和绿豆的混合食物的吸收和大鼠相比没有实质性的区别。

题源：2006—10—50

练13 人们经常使用微波炉给食品加热。有人认为，微波炉加热时食物的分子结构发生了改变，产生了人体不能识别的分子。这些奇怪的新分子是人体不能接受的，有些还具有毒性，甚至可能致癌。因此，经常吃微波食品的人或动物，体内会发生严重的生理变化，从而造成严重的健康问题。

以下哪项最能质疑上述观点？

A. 微波加热不会比其他烹调方式导致更多的营养流失。

B. 我国微波炉的生产标准与国际标准、欧盟标准一致。

C. 发达国家使用微波炉也很普遍。

D. 微波只是加热食物中的水分子，食品并未发生化学变化。

E. 自1947年发明微波炉以来，还没有因微波炉食品导致癌变的报告。

题源：2012—10—46

练14 2010年某省物价总水平仅上涨2.4%，涨势比较温和，涨幅甚至比2009年回落了0.6个百分点。可是，普通民众觉得物价涨幅较高，一些统计数据也表明，民众的感觉有据可依。2010年某月的统计报告显示，该月禽蛋类商品价格涨幅达12.3%，某些反季节蔬菜涨幅甚至超过20%。

以下哪项如果为真，最能解释上述看似矛盾的现象？

A. 人们对数据的认识存在偏差，不同来源的统计数据会产生不同的结果。

B. 影响居民消费品价格总水平变动的各种因素互相交织。

C. 虽然部分日常消费品涨幅很小，但居民感觉很明显。

D. 在物价指数体系中占相当权重的工业消费品价格持续走低。

E. 不同的家庭，其收入水平、消费偏好、消费结构都有很大的差异。

题源：2011—1—31

练15 某网络公司通过问卷对登录"心理医生之窗"网站寻求心理帮助的人群进行调查。结果显示：持续登录"心理医生之窗"网站 6 个月或更长时间的人群中，46% 的人声称与"心理医生之窗"网站的沟通与交流使他们心情变得好多了。因此，更长时间地登录"心理医生之窗"网站比短期登录会更有效改善人们的心理状态。

以下哪项如果为真，最能削弱上述论断？

A. 持续登录该网站 6 个月以上的人群中，10% 的人反映登录后心情变得更糟了。

B. 持续登录该网站 6 个月以上的人比短期登录的人更愿意回答问卷调查的问题。

C. 对"心理医生之窗"网站不满意的人往往是那些没有耐心的人，他们对问卷调查往往持消极态度。

D. 登录网站获得良好心情的人会更积极地登录，而那些感觉没有效果的人往往会离开。

E. 登录"心理医生之窗"网站不足半年的人多于登录该网站 6 个月以上的人。

题源：2010—10—48

练16 甲：从互联网上人们可以获得任何想要的信息和资料。因此，人们不需要听取专家的意见，只要通过互联网就可以很容易地学到他们需要的知识。

乙：过去的经验告诉我们，随着知识的增加，对专家的需求也相应地增加。因此，互联网反而会增加我们咨询专家的机会。

以下哪项是上述论证的焦点？

A. 互联网是否能有助于信息在整个社会的传播。

B. 互联网是否能增加人们学习知识时请教专家的可能性。

C. 互联网是否能使更多的人容易获得更多的资料。

D. 专家在未来是否将会更多地依靠互联网。

E. 互联网知识与专家的关系以及两者的重要性。

题源：2010—10—46

练17 一项研究发现：吸食毒品（例如摇头丸）的女孩比没有这种行为的女孩患忧郁症的可能性高出 2 至 3 倍；酗酒的男孩比不喝酒的男孩患忧郁症的可能性高出 5 倍。另外，忧郁会使没有不良行为的孩子减少犯错误的冲动，却会让有过上述不良行为的孩子更加行为出格。

如果上述判定为真，则以下哪项一定为真？

A. 行为出格的孩子容易忧郁，进而加重他们的出格行为。

B. 酗酒的男孩比食用摇头丸的女孩患忧郁症的可能性高。

C. 忧郁会让人失去生活的乐趣并导致行为出格。

D. 没有坏习惯的孩子大多是家庭和谐、快乐的。

E. 患有忧郁症的孩子都伴随有不良的行为出格。

题源：2010—10—35

练18 南口镇仅有一中和二中两所中学，一中学生的学习成绩一般比二中的学生好，由于来自南口镇的李明乐在大学一年级的学习成绩是全班最好的，因此，他一定是南口镇一中毕业的。

以下哪项与题干的论述方式最为类似？

A. 如果父母对孩子的教育得当，则孩子在学校的表现一般都较好，由于王征在学校的表现不好，因此他的家长一定教育失当。

B. 如果小孩每天背诵诗歌1小时，则会出口成章，郭娜每天背诵诗歌不足1小时，因此，她不可能出口成章。

C. 如果人们懂得赚钱的方法，则一般都能积累更多的财富，因此，彭总的财富来源于他的足智多谋。

D. 儿童的心理教育比成年人更重要，张青是某公司心理素质最好的人，因此，他一定在儿童时获得了良好的心理教育。

E. 北方人个子通常比南方人高，马林在班上最高，因此，他一定是北方人。

题源：2008—1—33

练19 这次新机种试飞只是一次例行试验，既不能算成功，也不能算不成功。

以下哪项对于题干的评价最为恰当？

A. 题干的陈述没有漏洞。

B. 题干的陈述有漏洞，这一漏洞也出现在后面的陈述中：这次关于物价问题的社会调查结果，既不能说明完全反映了民意，也不能说明一点也没有反映民意。

C. 题干的陈述有漏洞，这一漏洞也出现在后面的陈述中：这次考前辅导，既不能说完全成功，也不能说彻底失败。

D. 题干的陈述有漏洞，这一漏洞也出现在后面的陈述中：人有特异功能，既不是被事实证明的科学结论，也不是纯属欺诈的伪科学结论。

E. 题干的陈述有漏洞，这一漏洞也出现在后面的陈述中：在即将举行的大学生辩论赛中，我不认为我校代表队一定能进入前四名，我也不认为我校代表队可能进不了前四名。

题源：2009—1—43

练20 某学会召开的国家性学术会议，每次都收到近千篇的会议论文。为了保证会议交流论文的质量，学术会议组委会决定，每次只从会议论文中挑选出10%的论文作为会议交流论文。

学术会议组委会的决定最可能基于以下哪项假设？

A. 每次提交的会议论文中总有一定比例的论文质量是有保证的。

B. 今后每次收到的会议论文数量将不会有大的变化。

C. 90%的会议论文达不到会议交流论文的质量要求。

D. 学术会议组委会能够对论文质量做出准确判断。

E. 学会有足够的经费保证这样的学术会议能继续举办下去。

题源：2014—10—47

练21 在一次围棋比赛中,参赛选手陈华不时地挤压指关节,发出的声响干扰了对手的思考。在比赛封盘间歇时,裁判警告陈华:如果再次在比赛中挤捏指关节并发出声响,将判其违规。对此,陈华反驳说,他挤压指关节是习惯性动作,并不是故意的,因此,不应被判违规。

以下哪项如果成立,最能支持陈华对裁判的反驳?

A. 在此次比赛中,对手不时打开、合拢折扇,发出的声响干扰了陈华的思考。
B. 在围棋比赛中,只有选手的故意行为,才能成为判罚的根据。
C. 在此次比赛中,对手本人并没有对陈华的干扰提出抗议。
D. 陈华一向恃才傲物,该裁判对其早有不满。
E. 如果陈华为人诚实、从不说谎,那么他就不应该被判违规。

题源:2011—1—36

练22 某地区过去三年日常生活必需品平均价格增长了30%。在同一时期,购买日常生活必需品的开支占家庭平均月收入的比例并未发生变化。因此,过去三年中家庭平均收入一定也增长了30%。

以下哪项最可能是上述论证所假设的?

A. 在过去三年中,平均每个家庭购买的日常生活必需品数量和质量没有变化。
B. 在过去三年中,除生活必需品外,其他商品平均价格的增长低于30%。
C. 在过去三年中,该地区家庭的数量增加了30%。
D. 在过去三年中,家庭用于购买高档消费品的平均开支明显减少。
E. 在过去三年中,家庭平均生活水平下降了。

题源:2009—1—35

练23 对一群以前从不吸烟的青少年进行追踪研究,以确定他们是否抽烟及其精神健康状态的变化。一年后,开始吸烟的人患忧郁症的人数是那些不吸烟的人患忧郁症的四倍。因为香烟中的尼古丁令大脑发生化学变化,可能因而影响情绪。所以,吸烟很可能促使青少年患忧郁症。

以下哪项如果为真,最能加强上述论证?

A. 研究开始时就已患忧郁症的实验参与者与那时候那些没有患忧郁症的实验参与者,一年后吸烟者的比例一样。
B. 这项研究没有在参与者中区分偶尔吸烟与烟瘾很大者。
C. 研究中没有或者只有极少的参与者是朋友、亲戚关系。
D. 在研究进行的一年里,一些参与者开始出现忧郁症而后又恢复正常了。
E. 研究人员没有追踪这些青少年的酒精摄入量。

题源:396—2014—2

论证逻辑题型练习 I 解析

练1 答案为 D 项。

解析 题干中的谬误属于集合体性质误用：集合体具备的性质，构成它的部分未必具备。

A 项，"儿童"在这句话中是集合体概念，因此 A 项也犯了集合体性质误用的谬误。

B 项，"鲁迅的作品"在这句话中是集合体概念，因此 B 项也犯了集合体性质误用的谬误。

C 项，"中国人"在这句话中是集合体概念，因此 C 项也犯了集合体性质误用的谬误。

D 项，"清水街的建筑"是类概念，构成它的个体都具备"违章建筑"这一性质，因此 D 项的论证没有问题。

E 项，"外语"在这句话中是集合体概念，因此 E 项也犯了集合体性质误用的谬误。

练2 答案为 D 项。

解析 题干论证关系为：在献血两次以上、仅献血一次、从未献过血的人中，癌症和心脏病的发病率依次为 0.3% 和 0.5%、0.7% 和 0.9%、1.2% 和 2.7% ⇒ 献血有利于减少患癌症和心脏病的风险。

题干可以看成利用共变法得出因果关系，而共变法成立的条件是要求现象随着唯一因素呈单调性的变化。复选项 I 表明，除了题干中涉及的献血次数的差异，献血人员的年龄分布也有差异，如果第三组中 60 岁以上的人占比多，说明可能是由于年龄问题导致第三组的人癌症和心脏病的发病率高，因此可以削弱题干。复选项 II 表明，献血者有较好的体质，所以有可能多次献血；而体质不好的，可能不具备献血的条件，这表明题干的结论犯了因果倒置的谬误；复选项 III 涉及的是绝对值，而题干依据的发病率是相对值，所以依据绝对值不能削弱相对值。

练3 答案为 E 项。

解析 张教授的观点：古遗址有许多未解之谜待破译 ⇒ 应先保护起来，暂不宜修复和进行旅游开发。

A 项表明，懂得古遗址历史且懂得保护古遗址是参与修复的必要条件，而张教授的论证中表明暂时不宜修复，并不涉及修复应选什么样的人。

B 项，现代人是否能理解和判断，与题干的论证无关。

C 项，题干论证表明暂时不宜修复，因此修复应展现什么样的风貌与论证无关。

D 项，张教授的论证前提不是商业利益支配问题，而是还有未解之谜待破译。

E 项，如果在缺乏研究的情况下修复古遗址，进而造成不可弥补的破坏，那么有可能不能解开未解之谜，可以支持结论"应先保护遗址，暂不宜修复和进行旅游开发"。

练4 答案为 D 项。

解析 本题可以看成措施目标类题目。措施：汽车上安装超速时会发出声音提醒司机减速的装置。目标：明显减少交通事故。复选项Ⅰ，如果司机大都意识到了自己超速，那么即便安装了这个装置也不能达到"明显"减少交通事故的目标，因此复选项Ⅰ是假设；复选项Ⅱ，如果司机超速行驶不是发生交通事故的重要原因，那么即便安装提醒装置也可能达不到目标，因此复选项Ⅱ是假设；题干不涉及价格，因此复选项Ⅲ不是假设。

练5 答案为 E 项。

解析 题干结论为：光线的照射⇒治好冬季抑郁症。

A 项表明花香也起了作用，但是不能否认光照的作用。

B 项，对男性的治疗效果迟缓，仍然表明有效果，因此不能削弱。

C 项，无法确定南北半球一定存在实验差异，削弱力度弱。

D 项，对皮肤的损害与题干论证无关。

E 项，出现了程度词"主要"，是他因的削弱思路，表明是由于非工作状态治好了冬季抑郁症。

练6 答案为 D 项。

解析 题干论证关系为：在他认为可疑的人身上，无一例外地都查出了违禁物品⇒能够准确地判定一个人是否在欺骗他。

复选项Ⅰ，他认为不可疑，有人无意携带，说明他判断准确，不能削弱。

复选项Ⅱ，他认为不可疑，有人有意携带，说明他判断不准确，可以削弱。

复选项Ⅲ，他认为可疑，有人无意携带，说明他判断不准确，可以削弱。

练7 答案为 D 项。

解析 题干信息可提炼为：（1）封建主义出现→贵族阶级存在；（2）严格意义上的贵族阶级可能存在→贵族的封号和世袭地位受到法律的确认；（3）公元八世纪存在封建主义，但直到十二世纪，贵族世袭才开始受到法律确认。

将条件（1）和（3）结合，条件（3）中的"公元八世纪存在封建主义"，代入条件（1）可得，公元八世纪存在贵族阶级。将条件（2）和（3）结合，条件（3）中的"公元八世纪，贵族世袭不受法律确认"，代入条件（2）可得，不存在严格意义上的贵族阶级。此时出现了矛盾的结论，因此说明封建主义有不同定义，复选项Ⅰ一定真。

复选项Ⅱ的刻画与条件（2）不等价，因此不一定真。

复选项Ⅲ，条件（2）和（3）结合可得此结论，且表述是"可能"，因此一定真。

练8 答案为 D 项。

解析 题干的论证关系为：本市政府持续采取的控制大气污染的相关措施⇒2009 年空气质量为优的天数比 2008 年多 22 天，且四项污染物浓度平均值降低。

注意，题干问的是"除哪项外均能支持"，D 项说的是最近研究了焚烧秸秆的问题并着手制定相关条例，表明条例还没开始实施，而题干已是事实。其余选项均有支持作用。

练9 答案为 D 项。

解析 题干的论证关系为：在马坑的中间还放置了一个牛角⇒该马坑可能和祭祀有关。

A 项构建了牛角和祭祀的关系，但重要不代表充分。

B、C、E 三项提到的是马，主题词不一致，故可以快速排除。

D 项可提炼为：放置牛角→祭祀。D 项表明有牛角就一定是祭祀，力度最强。

练10 **答案为 E 项。**

解析 题干的推理结构为：X 不会引起 Y 的说法是不对的。因为 X 会引起 Z，而 Z 会引起 Y。

A 项，X 是 Y 的说法是不对的，题干是"不会引起"，表示否定，而 A 项是肯定。同理排除 B、C、D 三项。E 项与题干论证一致。

练11 **答案为 E 项。**

解析 题干的前提是在说农村学校和公立学校，结论却在说农村学校和城市、市郊以及城镇的学校。题干将公立学校和城市、市郊以及城镇的学校等同起来，E 项表明公立学校和农村学校之间存在交集，所以题干中两组数据的对比意义不大，其结论不一定成立。题干不涉及培训内容，排除 A 项；题干不涉及培训条件，排除 B 项；C 项，"有些"力度较弱；题干不涉及培训时间，排除 D 项。

练12 **答案为 E 项。**

解析 题干的论证关系为：A 组大鼠的体内自由基比 B 组显著降低⇒人类食入菌类、海带、韭菜和绿豆的混合食物可以降低体内自由基。

前提是大鼠，结论是人类，要使论证成立，必须假设 E 项，否则可能存在不当类比的谬误。

A 项，一般人是否愿意吃和这种东西是否对降低自由基起作用无关。

B 项，不含菌类、海带、韭菜和绿豆的混合食物不在题干的论证范围内。

C 项，题干论证没有涉及食入菌类、海带、韭菜和绿豆的混合食物是降低自由基的唯一途径，因此没有必要保证没有其他途径。

D 项，题干论证不涉及降低自由基与健康之间的关系。

练13 **答案为 D 项。**

解析 题干的论证关系为：微波炉加热时食物的分子结构发生了改变，产生了人体不能识别的分子⇒经常吃微波食品的人会造成严重的健康问题。

A 项，题干没有涉及营养流失问题，可排除。

B 项、C 项是诉诸权威，力度较弱。

D 项表明前提是不成立的，如果前提不成立，那么论证一定不成立。

E 项，没有出现报告不代表不能造成健康问题，以前没有也不代表以后不会有。

练14 **答案为 D 项。**

解析 题干的矛盾点在于，2010 年物价总水平仅上涨 2.4%，而民众认为物价涨幅较高。

民众的依据来源于接触较多的食品类价格，因为民众只接触部分商品，而不是全部的商品，因此要解释这个矛盾，可以从其余商品的价格对总物价水平的影响入手。D 项表明，虽然禽蛋类和蔬菜类商品价格涨幅高，但工业消费品价格走低，这会拉低物价总水平。A 项是削弱现象，而不是解释现象。题干不涉及影响价格总水平变动的因素，可排除 B 项。

练15 答案为 D 项。

解析 题干的论证关系为：长时间地登录"心理医生之窗"网站⇒有效改善人们的心理状态。

A 项是有因无果的削弱，但是"10%"这个程度词降低了力度。

B 项，是否愿意回答不能代表实际是否参与了问卷调查。

C 项仅能表明什么样的人对"心理医生之窗"不满意。

D 项是因果倒置的削弱方法，表明是由于人们改善了心理状态导致持续登录该网站。

E 项，题干依据的 46% 是相对值，选项比较的是绝对值，因此不能削弱。

练16 答案为 B 项。

解析 甲的结论为：互联网会使得人们不听取专家的意见。

乙的结论为：互联网会增加人们咨询专家的机会。

一个表明会增加咨询专家的可能性，一个表明会降低咨询专家的可能性，B 项是其争论焦点。两人结论均未涉及互联网知识与专家之间的关系及两者的重要性，可排除 E 项。

练17 答案为 A 项。

解析 A 项，依据题干"吸食毒品、酗酒行为会增加孩子患忧郁症的可能性以及忧郁会使有这两种不良行为的孩子更加行为出格"可知，A 项一定为真。

B 项，题干未对酗酒的男孩和食用摇头丸的女孩进行对比，可排除。

C 项，题干是行为出格增加患忧郁症的可能性，C 项表述相反，可排除。

D 项，题干未涉及家庭和谐，可排除。

E 项，"都"过于绝对，可排除。

练18 答案为 E 项。

解析 题干中二中和一中构成矛盾关系，且一中的学生和二中的学生在题干中都是集合体概念，依据某个个体具备了其中一个集合体概念的性质，得出他一定属于这个集合体，犯了集合体性质误用的谬误。

A、B、C 三项中都有"如果"，看到"如果"可以直接排除，因为题干不涉及条件命题。

D 项，儿童和成年人不能构成矛盾关系，可排除。

E 项，北方人和南方人是矛盾关系，和题干一样犯了集合体性质误用的谬误。

练19 答案为 E 项。

解析 题干的"成功"和"不成功"属于矛盾关系，同时否定两个矛盾的概念，会犯两不可的谬误。

B 项，完全反映民意和一点也没有反映民意，即完全不反映民意，是反对关系，可排除。

C 项，完全成功和彻底失败是反对关系，可排除。

D 项，科学和伪科学是反对关系，可排除。

E 项，一定能进入前四名和可能进不了前四名是矛盾关系，对二者同时否定，与题干谬误一致。

练20 答案为 A 项。

解析 本题可以看成措施目标类题目。措施：每次只从会议论文中挑选出 10% 的论文作为会议交流论文。目标：保证会议交流论文的质量。

A 项，如果没有一定比例的论文质量是有保证的，那么措施就不能达到目标。

B 项，没有必要保证论文数量不出现大的变化，不管数量多少，每次选出 10% 就行。

C 项是过度假设，选出的 10% 未必都能保证质量，剩余的 90% 也未必都不能保证质量。

D 项，题干没有涉及是谁去挑选论文，所以没有必要保证学术会议组委会能够对论文质量做出准确判断。

E 项，题干不涉及经费的问题，可排除。

练21 答案为 B 项。

解析 题干的论证关系为：不是故意⇒不应被判违规。

A、C 两项与陈华的论证无关。

B 项可提炼为：成为判罚的依据→选手故意。其等同于"不是故意→不能成为判罚的依据"，表明由前提可充分得出结论，可以支持题干论证，属于搭桥支持。

D 项是诉诸人身，且不能支持陈华的反驳。

E 项，题干的依据是否是故意行为，而不是为人诚实等品格。

练22 答案为 A 项。

解析 日常生活必需品开支占比 = 平均每月必需品开支 / 平均月收入 = （平均每月必需品开支数量 × 平均价格）/ 平均月收入。依据平均价格增长了 30%，比值未发生变化，可知有可能是平均月收入增长了，也有可能是数量发生了变化，而题干结论是确定月收入增长，因此一定要保证数量没有发生变化。

练23 答案为 A 项。

解析 题干的论证关系为：一年后，开始吸烟的人患忧郁症的人数是那些不吸烟的人患忧郁症的四倍⇒吸烟很可能促使青少年患忧郁症。

A 项是因果不倒置的支持，否定患忧郁症导致更可能吸烟。

B 项，题干确实未区分偶尔吸烟和烟瘾很大者，而题干探讨的是吸烟和忧郁症之间的关系。

C 项，朋友、亲戚关系与吸烟、患忧郁症之间没有确定的联系。

D 项，题干前提依据的是最后的统计结果，至于过程中是什么情况，影响不大。

E 项，酒精摄入量和题干无关。

论证逻辑题型练习 2

本练习共 24 道小题，每个 2 分，共 48 分。下列每题给出的 A、B、C、D、E 五个选项中，只有一个选项符合试题要求。建议用时 40 分钟。

得分：_____   用时：_____

练24 某博主宣称："我的这篇关于房价未来走势的分析文章得到了 1 000 余个网民的跟帖，我统计了一下，其中 85% 的跟帖是赞同我的观点的。这说明大部分民众是赞同我的观点的。"

以下哪项最能质疑该博主的结论？

A. 有些人虽然赞同他的观点，但是不赞同他的分析。

B. 该博主其他得到比较高支持率的文章后来被证实其观点是错误的。

C. 有些持反对意见的跟帖理由更充分。

D. 博主文章的观点迎合了大多数人的喜好。

E. 关注该博主文章的大部分人是其忠实粉丝。

题源：2014—10—48

练25 阿普崔帕洞穴位于马伊纳半岛的迪洛斯湾附近，有四个足球场大小。这一洞穴可追溯到新石器时代，但直到 20 世纪 50 年代才被一名遛狗的男子在无意中发现。经过几十年的科考工作之后，考古学家从该洞穴中挖掘出了工具、陶器、黑曜石、银质和铜质器具，并由此认为曾经有数百人在该洞穴生活过。

以下哪项如果为真，最能反驳上述论证？

A. 该洞穴对希腊神话中有关地狱的描述内容有所启发。

B. 该洞穴其实是古代的墓地和葬礼的举办地。

C. 在欧洲目前尚未发现比该洞穴更早的史前村落。

D. 该洞穴的入口在 5 000 年前坍塌。

E. 在离该洞穴不远处的平原地带，也挖掘出了类似的陶器和铁质器具。

题源：2013—10—49

练26 一艘远洋帆船载着 5 位中国人和几位外国人由中国开往欧洲。途中，除 5 位中国人外，全患上了败血症。同乘一艘船，同样是风餐露宿，漂洋过海，为什么中国人和外国人如此不同呢？原来这 5 位中国人都有喝茶的习惯，而外国人却没有。于是得出结论：喝茶是这 5 位中国人未得败血症的原因。

以下哪项和题干中得出结论的方法最为相似？

A. 警察锁定了犯罪嫌疑人，但是从目前掌握的事实看，都不足以证明他犯罪。专案组由此得出结论，必有一种未知的因素潜藏在犯罪嫌疑人身后。

B. 在两块土壤情况基本相同的麦地上，对其中一块施氮肥和钾肥，另一块只施钾肥。结果施氮肥和钾肥的那块麦地的产量远高于另一块。由此可见，施氮肥是麦地产量较高的原因。

C. 孙悟空："如果打白骨精，师父会念紧箍咒；如果不打，师父就会被妖精吃掉。"孙悟空无奈得出结论："我还是回花果山算了。"

D. 天文学家观测到天王星的运行轨道有特征a、b、c，已知特征a、b分别是由两颗行星甲、乙的吸引所造成的，于是猜想还有一颗未知行星造成天王星的轨道特征c。

E. 一定压力下的一定量气体，温度升高，体积增大；温度降低，体积缩小。气体体积与温度之间存在一定的相关性，说明气体温度的改变是其体积改变的原因。

题源：2011—1—40

练27 根据一个心理学理论，一个人想要快乐就必须和周围的人保持亲密的关系，但是世界上伟大的画家往往是在孤独中度过了他们的大部分时光，并且没有亲密的人际关系。所以，这种心理学理论的上述结论是不成立的。

以下哪项最可能是上述论证所假设的？

A. 该心理学理论是为了揭示内心体验与艺术成就的关系。
B. 有亲密人际关系的人几乎没有孤独的时候。
C. 孤独对于伟大的绘画艺术家来说是必需的。
D. 有些著名画家有亲密的人际关系。
E. 获得伟大成就的艺术家不可能不快乐。

题源：2008—1—44

练28 为了调查当前人们的识字水平，其实验者列举了20个词语，请30位文化人士识读，这些人的文化程度都在大专以上。识读结果显示，多数人只读对3~5个词语，极少数人读对15个以上，甚至有人全部读错。其中，"蹒跚"的辨识率最高，30人中有19人读对；"呱呱坠地"所有人都读错。20个词语的整体误读率接近80%。该实验者由此得出结论，当前人们的识字水平并没有提高，甚至有所下降。

以下哪项如果为真，最能对该实验者的结论构成质疑？

A. 实验者选取的20个词语不具有代表性。
B. 实验者选取的30位识读者均没有博士学位。
C. 实验者选取的20个词语在网络流行语言中不常用。
D. "呱呱坠地"这个词的读音，有些大学老师也经常读错。
E. 实验者选取的30位识读者中约有50%的人大学成绩不佳。

题源：2010—1—27

练29 美国某大学医学院的研究人员在《小儿科杂志》上发表论文指出,在对 2 702 个家庭的孩子进行跟踪调查后发现,如果孩子在 5 岁前每天看电视超过 2 小时,他们长大后出现行为问题的风险将会增加 1 倍多。所谓行为问题是指性格孤僻、言行粗鲁、侵犯他人、难与他人合作等。

以下哪项最好地解释了以上论述?

A. 电视节目会使孩子产生好奇心,导致孩子容易出现暴力倾向。

B. 电视节目中有不少内容容易使孩子长时间处于紧张、恐惧的状态。

C. 看电视时间过长会影响孩子与其他人的交往,久而久之,孩子便会缺乏与他人打交道的经验。

D. 儿童模仿能力强,如果只对电视节目感兴趣,长此以往,就会阻碍他们分析能力的发展。

E. 每天长时间地看电视,容易使孩子神经系统产生疲劳,影响身心发展。

题源:2010—1—37

练30 黑脉金蝴蝶幼虫先折断含毒液的乳草属植物的叶脉,使毒液外流,再食入整片叶子。一般情况下,乳草属植物叶脉被折断后,其内的毒液基本流掉,即便有极微量的残留,也不会对幼虫构成威胁。黑脉金蝴蝶幼虫就是采用这样的方式以有毒的乳草属植物为食物来源直到它们发育成熟。

以下哪项最可能是上文所做的假设?

A. 幼虫有多种方法对付有毒植物的毒液,因此,有毒植物是多种幼虫的食物来源。

B. 除黑脉金蝴蝶幼虫外,乳草属植物不适合其他幼虫食用。

C. 除乳草属植物外,其他有毒植物已经进化到能防止黑脉金蝴蝶幼虫破坏其叶脉的程度。

D. 黑脉金蝴蝶幼虫成功对付乳草属植物毒液的方法不能用于对付其他有毒植物。

E. 乳草属植物的叶脉没有进化到黑脉金蝴蝶幼虫不能折断的程度。

题源:2010—10—40

练31 在印度发现了一群不平常的陨石,它们的构成元素表明,它们只可能来自水星、金星和火星。由于水星靠太阳最近,它的物质只可能被太阳吸引而不可能落到地球上。这些陨石也不可能来自金星,因为金星表面的任何物质都不可能摆脱它和太阳的引力而落到地球上。因此,这些陨石很可能是某次巨大的碰撞后从火星落到地球上的。

上述论证方式和以下哪项最为类似?

A. 这起谋杀或是劫杀,或是仇杀,或是情杀。但作案现场并无财物丢失;死者家属和睦,夫妻恩爱,并无情人。因此,最大的可能是仇杀。

B. 如果张甲是作案者,那么必有作案动机和作案时间。张甲确有作案动机,但没有作案时间。因此,张甲不可能是作案者。

C. 此次飞机失事的原因，或是人为破坏，或是设备故障，或是操作失误。被发现的黑匣子显示，事故原因的确是设备故障。因此，可以排除人为破坏和操作失误。

D. 所有的自然数或是奇数，或是偶数。有的自然数不是奇数。因此，有的自然数是偶数。

E. 任一三角形或是直角三角形，或是钝角三角形，或是锐角三角形。这个三角形有两个内角之和小于90度。因此，这个三角形是钝角三角形。

题源：2007—1—41

练32 新华大学在北戴河设有疗养院，每年夏季接待该校的教职工。去年夏季该疗养院的入住率，即全部床位的使用率为87%，来此疗养的教职工占全校教职工的比例为10%。今年夏季来此疗养的教职工占全校教职工的比例下降至8%，但入住率却上升至92%。

以下各项如果为真，都有助于解释上述看来矛盾的数据，除了：

A. 今年该校新成立了理学院，教职工总数比去年有较大增长。

B. 今年该疗养院打破了历年的惯例，第一次有限制地对外开放。

C. 今年该疗养院的客房总数不变，但单人间的比例由原来的5%提高至10%；双人间由原来的40%提高至60%。

D. 该疗养院去年的部分客房，今年改为足疗保健室或棋牌娱乐室。

E. 经过去年冬季的改建，该疗养院的各项设施的质量明显提高，大大增加了对疗养者的吸引力。

题源：2005—1—50

练33 有90个病人，都患难治病T，服用过同样的常规药物。这些病人被分为人数相等的两组，第一组服用一种用于治疗T的试验药物W素，第二组服用不含W素的安慰剂。10年后的统计显示，两组都有44人死亡。因此，这种药物是无效的。

以下哪项为真，最能削弱上述论证？

A. 在上述死亡的病人中，第二组的平均死亡年份比第一组早两年。

B. 在上述死亡的病人中，第二组的平均寿命比第一组小两岁。

C. 在上述活着的病人中，第二组的比第一组病情更严重。

D. 在上述活着的病人中，第二组的比第一组的更年长。

E. 在上述活着的病人中，第二组的比第一组的更年轻。

题源：2008—1—54、396—2015—12

练34~练35题基于以下题干：

区别于知识型考试，能力型考试的理想目标，是要把短期行为的应试辅导对于成功应试所起的作用降低到最低限度。能力型考试从理念上不认同应试辅导。一项调查表明，参加各种专业硕士考前辅导班的考生的平均成绩，反而低于未参加任何考前辅导班的考生。因此，考前辅导不利于专业硕士考生的成功应试。

练34 以下哪项相关断定如果为真，能削弱上述论证？

Ⅰ. 参加考前辅导而实考成绩较差的考生，如果不参加考前辅导，实考成绩会更差。
Ⅱ. 未参加考前辅导而实考成绩较好的考生，如果参加考前辅导，实考成绩会更好。
Ⅲ. 基础较差的考生更会选择考前辅导。

A. 仅Ⅰ。　　　　B. 仅Ⅱ。　　　　C. 仅Ⅲ。
D. 仅Ⅰ和Ⅱ。　　E. Ⅰ、Ⅱ和Ⅲ。

题源：2006—10—54

练35 为使上述论证成立，以下哪项是必须假设的？

A. 专业硕士考试是能力型考试。
B. 上述辅导班都是名师辅导。
C. 在上述调查对象中，经过考前辅导的考生在辅导前的平均水平和未参加辅导的考生大致相当。
D. 专业硕士考试对于考生的水平有完全准确的区分度。
E. 在上述调查对象中，男女比例大致相当。

题源：2006—10—55

练36 科学研究中使用的形式语言和日常生活中使用的自然语言有很大的不同。形式语言看起来像天书，远离大众，只有一些专业人士才能理解和运用。但其实这是一种误解，自然语言和形式语言的关系就像肉眼与显微镜的关系。肉眼的视域广阔，可以从整体上把握事物的信息；显微镜可以帮助人们看到事物的细节和精微之处，尽管用它看到的范围小。所以，形式语言和自然语言都是人们交流和理解信息的重要工具，把它们结合起来使用，具有强大的力量。

以下哪项如果为真，最能支持上述结论？

A. 通过显微镜看到的内容可能成为新的"风景"，说明形式语言可以丰富自然语言的表达，我们应重视形式语言。
B. 正如显微镜下显示的信息最终还是要通过肉眼观察一样，形式语言表述的内容最终也要通过自然语言来实现，说明自然语言更基础。
C. 科学理论如果仅用形式语言表达，很难被普通民众理解；同样，如果仅用自然语言表达，有可能变得冗长且很难表达准确。
D. 科学的发展很大程度上改善了普通民众的日常生活，但人们并没有意识到科学表达的基础——形式语言的重要性。
E. 采用哪种语言其实不重要，关键在于是否表达了真正想表达的思想和内容。

题源：2011—1—39、396—2018—13

练37～练38题基于以下题干：

陈教授：中世纪初，欧洲与东亚之间没有贸易往来，因为在现存的档案中找不到这方面的任何文字记录。

李研究员：您的论证与这样一个论证是类似的，传说中的喜马拉雅雪人是不存在的，因为从来没有人作证亲眼看到过这种雪人。这一论证的问题在于，有人看到雪人当然能证明雪人存在，但没人看到不能证明雪人不存在。

练37 以下哪项最为准确地概括了李研究员所要表达的结论？

A. 断定中世纪初欧洲与东亚之间存在贸易往来，和断定存在喜马拉雅雪人一样，缺少科学根据。

B. 尽管缺少可靠的文学记录，但中世纪初欧洲与东亚之间非常可能存在贸易往来。

C. 不同内容的论证之间存在可比性。

D. 不能简单地根据缺乏某种证据证明中世纪初欧洲与东亚之间有贸易往来，就说这种贸易往来不存在。

E. 证明事物不存在要比证明它存在困难得多。

练38 以下哪项如果为真，最能反驳李研究员的论证？

A. 中世纪初欧洲与东亚之间存在贸易往来的证据，应该主要依赖考古发现，而不是依赖文字档案。

B. 虽然东亚保存的中世纪初文档中有关于贸易的记录，但这一时期的欧洲文档却几乎没有关于贸易的记录。

C. 有文字档案记载，中世纪初欧洲与南亚和北非之间存在贸易往来。

D. 中世纪初欧洲的海外贸易主要依赖海上运输。

E. 欧洲与东亚现存的中世纪初文档中没有当时两个地区贸易的记录，如果有这种贸易往来，不大可能不留记录。

题源：2008—10—46~47

练39 社会成员的幸福感是可以运用现代手段精确量化的。衡量一项社会改革措施是否成功，要看社会成员的幸福感总量是否增加，S市最近推出的福利改革明显增加了公务员的幸福感总量。因此，这项改革措施是成功的。

以下哪项如果为真，最能削弱上述论证？

A. 上述改革措施并没有增加S市所有公务员的幸福感。

B. S市公务员只占全市社会成员很小的比例。

C. 上述改革措施在增加公务员幸福感总量的同时，减少了S市民营企业人员的幸福感总量。

D. 上述改革措施在增加公务员幸福感总量的同时，减少了S市全体社会成员的幸福感总量。

E. 上述改革措施已经引起了S市市民的广泛争议。

题源：2007—1—45

练40 人们对于搭乘航班的恐惧其实是毫无道理的。据统计，仅1995年，全世界死于地面交通事故的人数超出80万，而在1990年至1999年的10年间，全世界平均每年死于空难的还不到500人，而在这10年间，我国平均每年罹于空难的还不到25人。

为了评价上述论证的正确性，回答以下哪个问题最为重要？

A. 在上述10年间，我国平均每年有多少人死于地面交通事故？
B. 在上述10年间，我国平均每年有多少人加入地面交通，有多少人加入航运？
C. 在上述10年间，全世界平均每年有多少人加入地面交通，有多少人加入航运？
D. 在上述10年间，1995年全世界死于地面交通事故的人数是否是最高的？
E. 在上述10年间，哪一年死于空难的人数最多？人数是多少？

题源：2001—10—44

练41 公达律师事务所以为刑事案件的被告进行有效辩护而著称，成功率达90%以上。老余是一位以专门为离婚案件的当事人成功辩护而著称的律师。因此，老余不可能是公达律师事务所的成员。

以下哪项最为确切地指出了上述论证的漏洞？

A. 公达律师事务所具有的特征，其成员不一定具有。
B. 没有确切指出老余为离婚案件的当事人辩护的成功率。
C. 没有确切指出老余为刑事案件的当事人辩护的成功率。
D. 没有提供公达律师事务所统计数据的来源。
E. 老余具有的特征，其所在工作单位不一定具有。

题源：2011—1—38

练42~练43题基于以下题干：

一般人认为，广告商为了吸引顾客不择手段，但广告商并不都是这样。最近，为了扩大销路，一家名为《港湾》的家庭类杂志改名为《炼狱》，主要刊登暴力与色情内容。结果，原先《港湾》杂志的一些常年广告客户拒绝续签合同，转向其他刊物。这说明这些广告商不只考虑经济效益，而且顾及道德责任。

练42 以下各项如果为真，都能削弱上述论证，除了：

A. 《炼狱》杂志所刊登的暴力与色情内容在同类杂志中较为节制。
B. 刊登暴力与色情内容的杂志通常销量较高，但信誉度较低。
C. 上述拒绝续签合同的广告商主要推销家具商品。
D. 改名后的《炼狱》杂志的广告费比改名前提高了数倍。
E. 《炼狱》因登载虚假广告被媒体曝光，一度成为新闻热点。

练43 以下哪项如果为真，最能加强题干的论证？

A. 《炼狱》的成本与售价都低于《港湾》。

B. 上述拒绝续签合同的广告商在转向其他刊物后效益未受影响。
C. 家庭类杂志的读者一般对暴力与色情内容不感兴趣。
D. 改名后《炼狱》杂志的广告客户并无明显增加。
E. 一些在其他家庭类杂志做广告的客户转向《炼狱》杂志。

题源：2008—1—41~42、396—2015—8~9

练44 英国纽克大学和曼彻斯特大学考古人员在北约克郡的斯塔卡发现一处有一万多年历史的人类房屋遗迹。测量结果显示，它为一个高约 3.5 米的木质圆形小屋，存在于公元前 8500 年，比之前发现的英国最古老房屋至少早 500 年。考古人员还在附近发现一个木头平台和一个保存完好的大树树干。此外他们还发现了经过加工的鹿角饰品，这说明当时的人已经有了一些仪式性的活动。

以下哪项如果为真，最能支持上述观点？

A. 木头平台是人类建造小木屋的工作场所。
B. 当时的英国人已经有了相对稳定的住址，而不是之前认为的居无定所的游猎者。
C. 人类是群居动物，附近还有更多的木屋等待发掘。
D. 人类在一万多年前就已经在约克郡附近进行农耕活动。
E. 只有举行仪式性的活动，才会出现经过加工的鹿角饰品。

题源：2011—10—51

练45 近几年来，研究生入学考试持续升温。与之相应，各种各样的考研辅导班应运而生，尤其是英语类和政治类辅导班几乎是考研一族的必须之选。刚参加工作不久的小庄也打算参加研究生入学考试，所以，小庄一定得参加英语辅导班。

以下哪项最能加强上述论证？

A. 如果参加英语辅导班，就可以通过研究生入学考试。
B. 只有打算参加研究生入学考试的人才参加英语辅导班。
C. 即使参加英语辅导班，也未必能通过研究生入学考试。
D. 即使不参加英语辅导班，也未必不能通过研究生入学考试。
E. 如果不参加英语辅导班，就不能通过研究生入学考试。

题源：2012—10—38

练46 张老师说："这次摸底考试，我们班的学生全都通过了，所以，没有通过的都不是我们班的学生。"

以下哪项和以上推理最为相似？

A. 所有摸底考试通过的学生都好好复习了，所以好好复习的学生都通过考试了。
B. 所有摸底考试没有通过的学生都没有好好复习，所以没有好好复习的学生都没有通过考试。
C. 所有参加摸底考试的学生都经过了认真准备，所以没有参加摸底考试的学生都没有认真准备。

D. 英雄都是经得起考验的,所以经不起考验的就不是英雄。

E. 有的学生虽然没有好好复习,但是也通过了。

题源:2014—10—34

练47 老林被誉为"股票神算家"。他曾经成功地预测了1994年8月"井喷式"上升行情和1996年下半年的股市暴跌,这仅是他准确预测股市行情的两个实例。

回答以下哪个问题对评价以上陈述最有帮助?

A. 老林准确预测股市行情的成功率是多少?

B. 老林是否准确地预言了2002年6月13日的股市大跌?

C. 老林准确预测股市行情的方法是什么?

D. 老林的最高学历和所学专业是什么?

E. 有多少人相信老林对股市行情的预测?

题源:2007—10—37

论证逻辑题型练习 2 解析

练24 **答案为 E 项。**

解析 题干的论证关系为:85% 的跟帖赞同我的观点⇒大部分民众赞同我的观点。前提的对象是跟帖网民,结论是民众,因此很可能存在以偏概全的谬误。对此的质疑可以考虑两个思路:一个是样本是特殊群体,不具有代表性;一个是样本数量不充足。E 项表明样本是其忠实粉丝,因此不能代表大部分民众。

A 项,"有些"降低了力度,且赞同他的观点属于支持项。

B 项,其他文章的情况和这篇文章未必具备可比性。

C 项,"有些"降低了力度,即便理由更充分,但跟帖中持反对意见的占比小。

D 项可以支持题干结论。

练25 **答案为 B 项。**

解析 题干的论证关系为:考古学家从该洞穴中挖掘出了工具、陶器、黑曜石、银质和铜质器具⇒曾经有数百人曾在该洞穴生活过。B 项直接削弱结论。其余选项均与题干论证无关。

练26 **答案为 B 项。**

解析 题干论证利用了求异法。B 项也利用了求异法。A、D 两项利用了剩余法。C 项是两难推理:打白骨精,师傅念紧箍咒,孙悟空回花果山;不打白骨精,师傅被妖精吃掉,孙悟空回花果山。因此,无论打还是不打,最终孙悟空都回花果山。E 项利用了共变法。

练27 **答案为 E 项。**

解析 题干的论证关系为:(1)快乐→和周围的人保持亲密的关系;(2)伟大的画家往往是孤

独的且没有亲密的人际关系⇒快乐→和周围的人保持亲密的关系是不成立的。要使得这个假言命题不成立，需找到其矛盾关系，即快乐但是不和周围的人保持亲密的关系，前提中缺少的是"肯定快乐"，因此选择 E 项。

练28 答案为 A 项。

解析 题干的论证关系为：20 个词语的整体误读率接近 80%⇒当前人们的识字水平并没有提高，甚至有所下降。此题需考虑实验的对象和内容是否具有代表性。

A 项表明实验的内容不具有代表性。

B 项，选取的实验对象文化程度均在大专以上，博士属于极端高的学历水平，即使都不具备博士学位，影响也很小，该项削弱力度弱。

C 项，题干结论与选取的词语是否在网络流行语言中常用无关，且网络流行语言本身就是特殊语言。

D 项仅提到一个词语，且提到"有些"，力度较弱，且大学老师未必代表所有人。

E 项，大学成绩不佳不能说明识字水平低。

练29 答案为 C 项。

解析 题干的论证关系为：孩子在 5 岁前每天看电视超过 2 小时⇒长大后出现行为问题的风险将会增加 1 倍多。

题干前提说的是时间问题，而不是电视节目的问题，因此排除 A、B、D 三项；C 项表明看电视时间长会存在问题，而这些问题恰好符合对行为问题的解释；E 项说的是使神经系统产生疲劳，影响身心发展，不符合题干中对行为问题的定义。

练30 答案为 E 项。

解析 本题可以看成措施目标类题目。措施：黑脉金蝴蝶幼虫通过折断含毒液的乳草属植物的叶脉，使毒液外流，再食入整片叶子的方式，以有毒的乳草属植物为食物来源。目标：发育成熟。这个过程必须保证黑脉金蝴蝶幼虫能折断有毒乳草属植物的叶脉，因此 E 项是假设。

要紧扣题干的论证对象，扩大范围的一般都不选，A 项说的是幼虫，而题干说的是黑脉金蝴蝶幼虫，排除 A 项，同理可排除 B 项。其他有毒植物不在题干的论证范围内，排除 C 项。黑脉金蝴蝶幼虫用什么方法对付其他有毒植物与题干无关，排除 D 项。

练31 答案为 A 项。

解析 题干的论证方式为：陨石只可能来自水星、金星和火星，由于它们不可能来自水星、金星，因此很可能来自火星。用符号可表示为"这个 A→B∨C∨D，由于 A→¬B∧¬C。因此 A→D"。

A 项，其论证方式可表示为"这个 A→B∨C∨D，由于 A→¬B∧¬D。因此 A→C"。A 项的论证方式与题干的论证方式最为类似。

B 项，其论证方式可表示为"A→B∧C，B∧¬C。因此¬A"。B 项的论证方式与题干的论证方式不相似。

C 项，其论证方式可表示为"这个 A→B∨C∨D，A→C。因此，A→¬B∧¬D"。该论证采用了相容选言命题的肯定否定式，属于无效推理。

D 项，其论证方式可表示为"所有 A→B∨C，有的 A→¬B。因此，有的 A→C"。该论证虽然采用了相容选言命题的否定肯定式，但与题干的论证方式不相似。

E 项，其论证方式可表示为"所有 A→B∨C∨D，这个 A→E。因此，这个 A→C"。E 项的论证方式与题干的论证方式不相似。

练32 答案为 E 项。

解析 题干的矛盾现象为：一方面，今年夏季来此疗养的教职工占全校教职工的比例下降至 8%；另一方面，入住率却上升至 92%。注意，题干让选择不能解释矛盾的选项。

A 项，虽然参加疗养的教职工占全校教职工的比例下降，但因为教职工总数有较大增长，因此，参加疗养的教职工的绝对人数可能增长，从而导致疗养院的入住率上升。

B 项，有外来人员导致入住率上升。

C 项，单人间和双人间增加了，意味着其他房型有减少。如果三人间和多人间减少了，那么可能总床位变少。比如一共三个房间，原来是一个三人间、一个两人间和一个单间，住满需要 6 个人，而如果把三人间变成单人间，则两个单人间和一个双人间住满只需要 4 个人。

D 项，表明床位减少了，因此可能较少的人也会使得入住率上升。

E 项，只说明增加吸引力，并不能说明来住的人是多了还是少了，即不能说明入住率的问题。

练33 答案为 A 项。

解析 题干的论证关系为：两组都有 44 人死亡⇒这种药物是无效的。

A 项表明，两组虽然都是死亡 44 人，但其实是有差异的，如果第二组的平均死亡年份比第一组早两年，那么说明药物还是有作用的，比如两个病情严重程度等都相似的人，其中服用了 W 素的人能晚死两年，说明该药物有作用。

B 项，对于病人来说，判断药物是否有效，比较的是用药后到死亡之间的生存年限，而不是寿命的长短及年龄。同理排除 D、E 两项。

C 项，活着的病人两组各只有 1 人，代表性较差，可以削弱，但力度弱。

练34 答案为 E 项。

解析 题干论证关系为：参加各种专业硕士考前辅导班的考生的平均成绩，反而低于未参加任何考前辅导班的考生⇒考前辅导不利于专业硕士考生的成功应试。

复选项 I 和复选项 II 表明参加辅导有利于考生的成绩提高，可以削弱。复选项 III 表明部分考生由于基础差所以选择考前辅导，说明题干存在因果倒置的谬误。

练35 答案为 C 项。

解析 题干的前提可以看成求异，求异法的成立要求除是否参加考前辅导这个差异之外，其他都是相同的因素。C 项表明考生在辅导前的平均水平相同，其是必须保证的。其余选项均与题干论证无关。

练36 答案为 C 项。

解析 题干表明形式语言和自然语言同等重要。C 项表明二者同等重要；A、D 两项表明形式语言更重要；B 项表明自然语言更重要；E 项表明二者都不重要。

练37 答案为 D 项。

解析 李研究员只是表明陈教授的论证存在着诉诸无知的谬误，而不涉及要断定确实存在贸易往来，需要什么证据，因此排除 A 项；题干也没有表明可能存在贸易往来，因此排除 B 项；C 项，是否存在可比性不是李研究员要表达的意思，题干主要说的是采用的方法，因此排除 C 项；题干不涉及证明哪个更困难，因此排除 E 项。

练38 答案为 E 项。

解析 李研究员认为，不能因为缺乏证据证明其有便说其没有。E 项可以提炼为：有贸易往来→有记录，这表明没有记录就一定不存在贸易往来，这与李研究员的观点"没有记录也可能有贸易往来"是矛盾的。

A 项，李研究员的论证不涉及要证明贸易往来的证据应依赖什么。

B 项，东亚保存的贸易记录是和哪个地区相关，与题干无关。

C 项，题干涉及的是欧洲和东亚，这和欧洲与南亚、北非之间未必具备可比性。

D 项，运输方式与题干论证无关。

练39 答案为 D 项。

解析 题干的论证关系为：S 市推出的福利改革明显增加了公务员的幸福感总量⇒这项改革措施是成功的。

A 项，题干的衡量标准是总量，并非每个人都要增加幸福感。

B 项表明，公务员的幸福感总量未必能代表社会整体，但也有可能社会成员的幸福感总量是增加的，对题干论证的削弱力度比较低。

C 项，民营企业人员只属于社会成员的一部分，其幸福感总量减少未必会使得社会成员的幸福感总量减少，因此该项的削弱力度较低。

D 项，上述改革减少了 S 市全体社会成员的幸福感总量，直接表明该项措施是不成功的，对题干结论具有削弱作用。

E 项，争议结果不能确定，支持该措施的人是多还是少也不能确定，且争议并不等于事实。

练40 答案为 C 项。

解析 题干的论证关系为：仅 1995 年，全世界死于地面交通事故的人数超出 80 万，而在

1990 年至 1999 年的 10 年间，全世界平均每年死于空难的还不到 500 人⇒人们对于搭乘航班的恐惧其实是毫无道理的。

题干的前提比较的是绝对值，而结论的得出依据是相对值，所以需要知道基数是多少，即 C 项中提到的基数，而不需要知道极端情况，故可排除 D、E 两项。A、B 两项说的是我国，故可以排除。

练41 答案为 A 项。

解析 这道题目考查了集合体性质误用的谬误。公达律师事务所具备的性质，构成其整体的部分不一定具备，因此公达事务所中的律师不一定都擅长为刑事案件辩护，老余仍可能是公达事务所的成员。A 项指出了问题所在。

练42 答案为 A 项。

解析 题干的论证关系为：原先《港湾》杂志的一些常年广告客户拒绝续签合同，转向其他刊物⇒这些广告商不只考虑经济效益，而且顾及道德责任。

A 项，刊登的暴力与色情内容较为节制，其对于消费者群体的影响不能确定，因此不能判定广告商的行为。

B 项，由于信誉度低，广告效果可能不会好，因此可能还是考虑了经济效益。

C 项，这些广告商主要推销家具商品，那么其与杂志刊登的内容无关，意味着杂志的受众群体大多可能不是目标群体，因此转向其他刊物，可能还是考虑了经济效益。

D 项，广告费增加数倍，可能使得广告带来的收益比广告费要低，因此还是考虑了经济效益，而不一定是因为顾及道德责任。

E 项表明，该杂志有负面的影响，广告商转向其他刊物可能是担心其影响经济效益。

练43 答案为 E 项。

解析 要支持题干论证，即要支持广告商转向其他刊物的行为不是只考虑经济效益，而且顾及道德责任。E 项表明《炼狱》在某种程度上是具备吸引力的，可以帮助广告商谋取利益。所以这些转向其他刊物的广告商，可能是在顾及道德责任。

A 项，成本低不代表销量好，该项为无关项。

B 项，如果拒绝续签的广告商在转向其他刊物后，经济效益受到影响，那么对题干有支持作用，但如果效益未受影响，则作用不能确定。

C 项有一定的削弱作用，如果家庭类杂志的读者对暴力和色情内容不感兴趣，那么有可能该刊物的读者数量会减少，因此拒绝续签可能是在考虑经济效益。

D 项，客户无明显增加，不能表明客户数量减少，因此对题干的作用不能确定。

练44 答案为 E 项。

解析 题干的论证关系为：发现鹿角饰品⇒当时的人已经有了一些仪式性的活动。

E 项，出现经过加工的鹿角饰品→举行仪式性活动，表明由前提能充分得出结论，是搭桥的思路。其余选项均与题干的论证无关。

练45 答案为 E 项。

解析 题干的论证关系为：参加研究生入学考试⇒参加英语辅导班。此处可以从搭桥的思路入手。E 项是对题干的搭桥，通过研究生入学考试→参加英语辅导班。A、B 两项与题干论证方向不一致，可排除；C、D 两项是联言命题，可排除。

练46 答案为 D 项。

解析 题干的推理形式为：所有 S 是 P，所以，所有非 P 是非 S。只有 D 项的推理与题干的推理完全一致。

练47 答案为 A 项。

解析 题干的论证关系为：老林成功预测了两次股市行情⇒老林被誉为"股票神算家"。

A 项，老林准确预测股市行情的成功率的高低能够说明他是否为"股票神算家"。如果成功率高，则说明他整体预测准确；如果成功率低，则不能表明他整体预测准确。

B 项，某次预测的成功与否，对于整体预测成功率的影响较小。

C 项，预测方法与预测成功率没有确定的联系。

D、E 两项与题干论述无关。

论证逻辑题型练习 3

本练习共 22 道小题，每个 2 分，共 44 分。下列每题给出的 A、B、C、D、E 五个选项中，只有一个选项符合试题要求。建议用时 38 分钟。

得分：_____   用时：_____

练48 某市主要干道上的摩托车车道的宽度为 2 米，很多骑摩托车的人经常在汽车道上抢道行驶，严重破坏了交通秩序，使交通事故频发。有人向市政府提出建议：应当将摩托车车道扩宽为 3 米，让骑摩托车的人有较宽的车道，从而消除抢道的现象。

以下哪项如果为真，最能削弱上述论点？

A. 摩托车车道宽度增加后，摩托车车速将加快，事故也许会随着增多。
B. 摩托车车道变宽后，汽车车道将会变窄，汽车驾驶者会有意见。
C. 当摩托车车道扩宽后，有些骑摩托车的人仍会在汽车车道上抢道行驶。
D. 扩宽摩托车车道的办法对解决汽车车道上的违章问题没有什么作用。
E. 扩宽摩托车车道的费用太高，需要进行项目评估。

题源：2010—10—37

练49 海拔越高，空气越稀薄。因为西宁的海拔高于西安，因此，西宁的空气比西安稀薄。

以下哪项中的推理与题干的最为类似？

A. 一个人的年龄越大，他就变得越成熟。老张的年龄比他的儿子大，因此，老张比他的儿子成熟。
B. 一棵树的年头越长，它的年轮越多。老张院子中槐树的年头比老李家的槐树年头长，因此，老张家的槐树比老李家的槐树年轮多。
C. 今年马拉松冠军的成绩比前年好。张华是今年的马拉松冠军，因此，他今年的马拉松成绩比他前年的好。
D. 在激烈竞争的市场上，产品质量越高并且广告投入越多，产品需求就越大。甲公司投入的广告费比乙公司的多，因此，对甲公司产品的需求量比对乙公司的需求量大。
E. 一种语言的词汇量越大，越难学。英语比意大利语难学，因此，英语的词汇量比意大利语大。

题源：2006—1—35

练50 一项关于婚姻状况的调查显示，那些起居时间明显不同的夫妻之间，虽然每天相处的时间相对较少，但每月爆发激烈争吵的次数，比起那些起居时间基本相同的夫妻明显要多。因此，为了维护良好的夫妻关系，夫妻之间应当注意尽量保持基本相同的起居规律。

以下哪项如果为真，最能削弱上述论证？

A. 夫妻间不发生激烈争吵，不一定关系就好。

B. 夫妻闹矛盾时，一方往往用不同时起居的方式以示不满。

C. 个人的起居时间一般随季节变化。

D. 起居时间的明显变化会影响人的情绪和健康。

E. 起居时间的不同很少是夫妻间争吵的直接原因。

题源：2005—1—51

练51 大城市相对于中小城市，尤其是小城镇来讲，其生活成本是比较高的。这必然限制农村人口的进入，因此，仅靠发展大城市实际上无法实现城市化。

以下哪项是上述论证所假设的？

A. 城市化是我国发展的必由之路。

B. 单纯发展大城市不利于城市化的推进。

C. 要实现城市化，就必须让城市充分吸纳农村人口。

D. 大城市对外地农村人口的吸引力明显低于中小城市。

E. 城市化不能单纯发展大城市，也要充分重视发展其他类型的城市。

题源：2012—10—43

练52 统计数字表明，近年来，民用航空飞行的安全性有很大提高。例如，某国 2008 年每飞行 100 万次发生恶性事故的次数为 0.2 次，而 1989 年为 1.4 次。从这些年的统计数字看，民用航空恶性事故发生率总体呈下降趋势。由此看出，乘飞机出行越来越安全。

以下哪项不能加强上述结论？

A. 近年来，飞机事故中"死里逃生"的概率比以前提高了。

B. 各大航空公司越来越注意对机组人员的安全培训。

C. 民用航空的空中交通控制系统更加完善。

D. 避免"机鸟互撞"的技术与措施日臻完善。

E. 虽然飞机坠毁很可怕，但从统计数字上讲，驾车仍然要危险很多。

题源：2011—1—54

练53 在计算机技术高度发达的今天，我们可以借助计算机完成许多工作，但正是因为对计算机的过度依赖，越来越多的青少年使用键盘书写，手写汉字的能力受到抑制，过多使用计算机解决学习和生活问题的青少年实际的手写汉字能力要比其他孩子差。

以下最能支持上述结论的一项为：

A. 过度依赖计算机的青少年和较少接触计算机的青少年在智力水平上差别不大。

B. 大多数青少年在使用计算机解决问题的同时也会自己动手解决一些问题。

C. 青少年能利用而非依赖计算机来解决实际问题本身也是对动手能力的训练。

D. 那些较少使用计算机的青少年手写汉字能力较强。

E. 书写汉字有利于弘扬中华民族精神。

题源：396—2019—4

练54 人们已经认识到，除了人以外，一些高级生物不仅能适应环境，而且能改变环境以利于自己的生存。其实，这种特性很普遍。例如，一些低级浮游生物会产生一种气体，这种气体在大气层中转化为硫酸盐颗粒，这些颗粒使水蒸气浓缩而形成云。事实上，海洋上空的云层的形成很大程度上依赖于这种颗粒。较厚的云层意味着较多的阳光被遮挡，意味着地球吸收较少的热量。因此，这些浮游生物使得地球变得凉爽，而这有利于它们的生存，当然也有利于人类。

以下哪项最为准确地概括了上述议论的主题？

A. 为了改变地球的温室效应，人类应当保护浮游生物。
B. 并非只有高级生物才能改变环境以利于自己的生存。
C. 一些浮游生物通过改变环境以利于自己的生存，同时也造福于人类。
D. 海洋上空云层形成的规模，很大程度上取决于海洋中浮游生物的数量。
E. 低等生物以对其他种类的生物无害的方式改变环境，而高等生物则往往相反。

题源：2004—10—28

练55 3月，300名大学生在华盛顿抗议削减学生贷款基金的提案，另外有35万名大学生在3月期间涌向佛罗里达的阳光海滩度春假。因为在佛罗里达度春假的人数要多一些，所以他们比在华盛顿提出抗议的学生更能代表当今的学生，因此，国会无须注意抗议学生的呼吁。

上面的论证进行了下面哪个假定？

A. 在佛罗里达度假的学生不反对国会削减学生贷款基金的提案。
B. 在佛罗里达度假的学生在削减学生贷款基金提议问题上与大多数美国公民意见一致。
C. 在华盛顿抗议的学生比在佛罗里达度假的学生更关心其学业。
D. 既没去华盛顿抗议，也没有去佛罗里达度假的学生对政府的教育政策漠不关心。
E. 影响国会关于某政治问题的观点的最好方法是国会与其选出来的代表进行交流。

题源：396—2019—6

练56 化学课上，张老师演示了两个同时进行的教学实验：一个实验是 $KClO_3$ 加热后，有 O_2 缓慢产生；另一个实验是 $KClO_3$ 加热后迅速撒入少量 MnO_2，这时立即有大量 O_2 产生。张老师由此指出：MnO_2 是 O_2 快速产生的原因。

以下哪项与张老师得出结论的方法类似？

A. 同一品牌的化妆品价格越高卖得越火。由此可见，消费者喜欢价格高的化妆品。
B. 居里夫人在沥青矿物中提取放射性元素时发现，从一定量的沥青矿物中提取的全部纯铀的放射性强度比同等数量的沥青矿物中放射线强度低数倍。她据此推断，沥青矿物中还存在其他放射线更强的元素。

C. 统计分析发现，30～60岁之间的人，年纪越大胆子越小，因此有理由相信：岁月是勇敢的腐蚀剂。

D. 将闹钟放在玻璃罩里，使它打铃，可以听到铃声；然后把玻璃罩里的空气抽空，再使闹钟打铃，就听不到铃声了。由此可见，空气是声音传播的介质。

E. 人们通过对绿藻、蓝藻、红藻的大量观察，发现结构简单、无根叶是藻类植物的主要特征。

题源：2010—1—30

练57 对东江中学全校学生进行调查发现，拥有 MP3 播放器人数最多的班级同时也是英语成绩最佳的班级。由此可见，利用 MP3 播放器可以提高英语水平。

以下哪项如果为真，最能加强上述结论？

A. 拥有 MP3 播放器的同学英语学习热情比较高。

B. 喜欢使用 MP3 播放器的同学都是那些学习自觉性较高的学生。

C. 随着 MP3 播放器性能的提高，其提高英语水平的作用将更加明显。

D. 拥有 MP3 播放器人数最多的班级是最会利用 MP3 播放器的班级。

E. 拥有 MP3 播放器人数最多的班级中的同学会更多地利用 MP3 进行英语学习。

题源：2007—10—47

练58 小红说："如果中山大道只允许通行轿车和不超过 10 吨的货车，大部分货车将绕开中山大道。"

小兵说："如果这样的话，中山大道的车流量将减少，从而减少中山大道的撞车事故。"

以下哪项如果为真，最能加强小兵的结论？

A. 中山大道的撞车事故主要发生在 10 吨以上的货车上。

B. 在中山大道上，大客车很少发生撞车事故。

C. 中山大道因为常发生撞车事故，交通堵塞严重。

D. 许多原计划购买 10 吨以上货车的单位转而购买 10 吨以下的货车。

E. 近来中山大道周围的撞车事故减少了。

题源：2006—1—45

练59 在司法审判中，所谓肯定性误判是指把无罪者判为有罪，简称错判；否定性误判是指把有罪者判为无罪，简称错放。司法公正的根本原则是"不放过一个坏人，不冤枉一个好人"。某法学家认为，衡量一个法院在办案中是否对司法公正的原则贯彻得足够的好，就看它的肯定性误判率是否足够低。

以下哪项能最有力地支持上述法学家的观点？

A. 各个法院的办案正确率有明显的提高。

B. 各个法院的否定性误判率基本相同。

C. 宁可错判，不可错放，是"左"的思想在司法界的反映。

D. 错放造成的损失，大多是可以弥补的；错判对被害人造成的伤害，是不可以弥补的。

E. 错放，只是放过了坏人；错判，则是既放过了坏人，又冤枉了好人。

题源：2014—10—49、2000—1—56

练60 近年来，立氏化妆品的销量有了明显的增长，同时，该品牌用于广告的费用也有同样明显的增长。业内人士认为，立氏化妆品销量的增长，得益于其广告的促销作用。

以下哪项如果为真，最能削弱上述结论？

A. 立氏化妆品的广告费用，并不多于其他化妆品。

B. 立氏化妆品的购买者中，很少有人注意到该品牌的广告。

C. 注意到立氏化妆品广告的人中，很少有人购买该产品。

D. 消费者协会收到的对立氏化妆品的质量投诉，多于其他化妆品。

E. 近年来，化妆品的销售总量有明显增长。

题源：2002—1—42

练61 北京市是个水资源严重缺乏的城市，但长期以来价格一直偏低。最近北京市政府根据价格规律拟调高水价，这一举措将对节约使用该市的水资源产生巨大的推动作用。

若上述结论成立，以下哪项必须是真的？

Ⅰ. 有相当数量的用水浪费是因为水的价格偏低造成的。

Ⅱ. 水的价格的上调幅度足以对浪费用水的用户产生经济压力。

Ⅲ. 水的价格的上调不会引起用户的不满。

A. 只有Ⅰ。　　　　B. 只有Ⅱ。　　　　C. 只有Ⅰ和Ⅱ。

D. 只有Ⅰ和Ⅲ。　　E. Ⅰ、Ⅱ和Ⅲ。

题源：396—2011—6

练62 在经历了全球范围的股市暴跌的冲击以后，T国政府宣称，它所经历的这场股市暴跌的冲击，是由于最近国内一些企业过快的非国有化造成的。

如果事实上是可操作的，则以下哪项最有利于评价T国政府的上述宣称？

A. 在宏观和微观两个层面上，对T国一些企业最近的非国有化进程的正面影响和负面影响进行对比。

B. 把T国受这场股市暴跌的冲击程度，和那些经济情况和T国类似，但最近没有实行企业非国有化的国家所受到的冲击程度进行对比。

C. 把T国受这场股市暴跌的冲击程度，和那些经济情况和T国有很大差异，但最近同样实行了企业非国有化的国家所受到的冲击程度进行对比。

D. 计算出在这场股市风波中T国的个体企业的平均亏损值。

E. 运用经济计量方法预测T国的下一次股市风波的时间。

题源：2000—1—60

练63 某公司总裁曾经说过:"当前任总裁批评我时,我不喜欢那感觉,因此,我不会批评我的继任者。"

以下哪项最有可能是该总裁上述言论的假设?

A. 当遇到该总裁的批评时,他的继任者和他的感觉不完全一致。

B. 只有该总裁的继任者喜欢被批评的感觉,他才会批评继任者。

C. 如果该总裁喜欢被批评,那么前任总裁的批评也不例外。

D. 该总裁不喜欢批评他的继任者,但喜欢批评其他人。

E. 该总裁不喜欢被前任总裁批评,但喜欢被其他人批评。

题源:2011—1—51

练64 在美国与西班牙作战期间,美国海军曾经广为散发海报,招募兵员。当时最有名的一个海军广告是这样说的:美国海军的死亡率比纽约市民还要低。海军的官员具体就这个广告解释说:"根据统计,现在纽约市民的死亡率是每千人有16人,而尽管是战时,美国海军士兵的死亡率也不过每千人只有9人。"

如果以上资料为真,则以下哪项最能解释上述这种看起来很让人怀疑的结论?

A. 在战争期间,海军士兵的死亡率要低于陆军士兵。

B. 在纽约市民中包括生存能力较差的婴儿和老人。

C. 敌军打击美国海军的手段和途径没有打击普通市民的手段和途径来得多。

D. 美国海军的这种宣传主要是为了鼓动入伍,所以,要考虑其中夸张的成分。

E. 尽管是战时,纽约的犯罪仍然很猖獗,报纸的头条不时有暴力和色情的报道。

题源:2000—1—36、396—2011—18

练65 一些人类学家认为,如果不具备应付各种自然环境的能力,人类在史前年代不可能幸存下来。然而相当多的证据表明,阿法种南猿,一种与早期人类有关的史前物种,在各种自然环境中顽强生存的能力并不亚于史前人类,但最终灭绝了。因此,人类学家的上述观点是错误的。

上述推理的漏洞也类似地出现在以下哪项中?

A. 大张认识到赌博是有害的,但就是改不掉。因此,"不认识错误就不能改正错误"这一断定是不成立的。

B. 已经找到了证明造成艾克矿难是操作失误的证据。因此,关于艾克矿难起因于设备老化、年久失修的猜测是不成立的。

C. 大李图便宜,买了双旅游鞋,穿不了几天就坏了。因此,怀疑"便宜无好货"是没道理的。

D. 既然不怀疑小赵可能考上大学,那就没有理由担心小赵可能考不上大学。

E. 既然怀疑小赵一定能考上大学,那就没有理由怀疑小赵一定考不上大学。

题源:2009—1—38

练66 对某高校本科生的某项调查统计发现：在因成绩优异被推荐免试攻读硕士研究生的文科专业学生中，女生占70%，由此可见，该校本科生专业的女生比男生优秀。

以下哪项如果为真，能最有力地削弱上述结论？

A. 在该校本科生专业学生中，女生占30%以上。

B. 在该校本科生专业学生中，女生占30%以下。

C. 在该校本科生专业学生中，男生占30%以下。

D. 在该校本科生专业学生中，女生占70%以下。

E. 在该校本科生专业学生中，男生占70%以上。

题源：2010—1—54

练67 一个国家要发展，最重要的是保持稳定。一旦失去稳定，经济的发展、政治的改革就失去了可行性。

上述议论的结构和以下哪项的结构最不类似？

A. 一个饭店，最重要的是让顾客觉得饭菜好吃。价格的合理、服务的周到、环境的优雅都只有在顾客吃得满意的情况下才有意义。

B. 一个人，最要紧的是不能穷。一旦没钱，有学问、有相貌、有品行，又能有什么用呢？

C. 高等院校，即使是研究型的高等院校，其首要任务也是培养学生。这一任务完成得不好，校园再漂亮、设施再先进、发表的论文再多，也是没有意义的。

D. 对于文艺作品来说，最重要的是它的可读性、观赏性。只要有足够多的读者，高质量的文艺作品就一定能实现它的社会效益和经济效益。

E. 一个品牌要能长期占领市场，最重要的是产品质量。一个产品如果质量不过关，广告或包装再讲究，也不能使它长期占领市场。

题源：2008—10—39

练68 维护个人利益是个人行为的唯一动机。因此，维护个人利益是影响个人行为的主要因素。

以下哪项如果为真，最能削弱题干的论证？

A. 维护个人利益是否是个人行为的唯一动机，这值得讨论。

B. 有时动机不能成为影响个人行为的主要因素。

C. 个人利益之间既有冲突，也有一致。

D. 维护个人利益的行为也能有利于公共利益。

E. 个人行为不能完全脱离群体行为。

题源：2008—10—54

练69 统计局报告指出，2011年中产家庭的收入较之2010年提高了1.6%。一般来说，家庭收入的提高会使贫困率下降。但是2011年国家的贫困率较之2010年却没有下降。

下面哪一项如果正确，最能解释上述矛盾？

A. 中等家庭的模式在2010—2011年发生了有利于家庭收入增长的改变。

B. 中等家庭的消费在 2010—2011 年有所增长。
C. 家庭的收入变化不会影响国家的贫困率。
D. 贫困人口的比例下降。
E. 2009—2010 年国家发生了经济萧条,而经济萧条的影响将会持续,并且会在 5 年之内使国家贫困率维持在较高的水平上。

题源:396—2013—10

论证逻辑题型练习 3 解析

练48 答案为 C 项。

解析 措施:拓宽摩托车车道。目的:消除抢道现象。

A 项,首先,"也许"表明可能,会降低削弱力度;其次,措施的目的是消除主要干道上的抢道现象,而不是消除摩托车车道上的事故。

B 项,汽车驾驶者是否有意见与措施能否达到目的没有关系。

C 项表明措施达不到消除抢道现象的目的。

D 项,题干的目的是消除抢道现象,而不是消除所有违章问题。

E 项,题干的措施和目的不涉及考虑成本费用的问题。

练49 答案为 B 项。

解析 "越……越……"凸显了共变的关系。海拔和空气之间既可以用于个体自身的比较,也可以用于不同个体之间的比较。

A 项,年龄和成熟之间只能用于个体自身的比较,而不能用于不同人之间的比较,因为即使小王比小张年龄大,未必小王就比小张成熟。

B 项,树木的年龄与年轮,既可以用于个体自身的比较,也可以用于不同个体之间的比较。

C 项不涉及共变关系。

D 项,影响需求的有两个因素,只比较广告费不能得出结论,D 项与题干不一致。

E 项,因是词汇量,果是难学,该项颠倒了因果关系。

练50 答案为 B 项。

解析 措施(因):夫妻之间保持基本相同的起居时间。目的(果):维护良好的夫妻关系。

A 项,题干构建的是起居时间和夫妻关系之间的关系,A 项只涉及夫妻关系而不涉及起居时间,削弱力度弱。

B 项表明,由于夫妻之间有矛盾,关系不好,导致了起居时间的不同,表明题干存在因果倒置的问题。

C 项不涉及夫妻起居时间是否相同,且不涉及夫妻关系问题。

D 项构建的是个人的起居时间变化与情绪、健康之间的关系,与题干论证主题不一致。

E 项，"很少是"不代表"不是"。即使不是直接原因，也不能否认其是原因之一，因为除了直接原因还有间接原因。

练51 **答案为 C 项。**
解析 题干的论证关系为：大城市限制农村人口进入⇒仅靠发展大城市无法实现城市化。此处可利用搭桥的思路，构建"限制农村人口进入"和"无法实现城市化"的关系。C 项，实现城市化→让城市充分吸纳农村人口，构建了二者的关系。其余选项均不是题干成立的必要条件。

练52 **答案为 E 项。**
解析 题干的结论为：乘飞机出行越来越安全。"越来越……"凸显的是现在与以前的比较，而 E 项只表明了驾车比乘飞机危险，但不能表明现在乘飞机比以前更安全。其余选项均可以支持结论。

练53 **答案为 D 项。**
解析 题干的结论为：过多使用计算机解决学习和生活问题的青少年实际的手写汉字能力要比其他孩子差。A 项是排他因的支持。B、E 两项与题干论证无关。C 项，题干说的是手写汉字能力，而不是泛指动手能力。D 项为无因无果的支持，支持力度比 A 项强。

练54 **答案为 B 项。**
解析 题干的主题为：适应环境而且改变环境以利于自己生存的特性很普遍。注意，后面的例子是在论证这个结论。通过例子可以知道有的低级浮游生物也具备这种特性，因此 B 项是相对准确的概括。易错项 C 项涉及的是用于说明主题而举的例子。

练55 **答案为 A 项。**
解析 题干的论证关系为：在佛罗里达度春假的人数要多一些→他们更能代表当今的学生⇒国会无须注意在华盛顿抗议的学生的呼吁。

A 项，如果度假的学生也反对提案，就不能依据度假的人数多得出题干的结论。

B 项，题干结论是忽略学生的呼吁，没有涉及大多数美国公民的意见。

C、E 两项是无关项。

D 项是过度假设。

练56 **答案为 D 项。**
解析 题干运用了求异法。通过标志词"越……越……"可知 A、C 两项是共变法；B 项是剩余法；D 项是求异法；E 项是归纳法，注意，求同法得到的是因果关系，而题干结论不是因果关系。

练57 **答案为 E 项。**
解析 题干结论中的关系为：MP3 播放器⇒提高英语水平。

A 项表明，可能是由于学习热情高导致了英语水平高，是他因削弱的思路。

B 项表明，可能是由于学习自觉性较高导致了英语水平高，是他因削弱的思路。

C 项，MP3 播放器未来提高英语水平的作用更加明显，现在如何则不可知。

D 项，最会利用 MP3 播放器不代表使用它会提高英语水平，没有明确 MP3 播放器与英语水平之间的关系。

E 项，利用 MP3 播放器来学习英语，支持了 MP3 播放器与提高英语水平之间具有关系。

练58 答案为 A 项。

解析 小兵的论证关系为：如果中山大道只允许通行轿车和不超过 10 吨的货车，大部分货车将绕开中山大道⇒中山大道的车流量将减少→减少中山大道的撞车事故。而要得到结论，隐含的条件是大部分的货车在 10 吨以上。而依据"10 吨以上货车的车流量减少"得出"减少撞车事故"，需要构建"10 吨以上的货车"与"撞车事故"之间的关系，A 项采用搭桥的思路构建了二者的关系。其余选项均与题干的论证无关。

练59 答案为 B 项。

解析 司法公正的条件有两个：一是不放过一个坏人；二是不冤枉一个好人。因此要做到司法公正就不能只谈一个条件，而应两个条件都具备。而法学家认为贯彻好司法公正原则只要满足一个条件，即"不冤枉一个好人"。要完善法学家的观点就必须加上另一个条件，加上 B 项正好弥补了这一缺陷，故选 B 项。C、D、E 三项均违背了司法公正原则。

练60 答案为 C 项。

解析 题干结论中的关系为：（因）广告的促销作用⇒（果）立氏化妆品销量增长。

A 项，立氏化妆品与其他化妆品之间未必具备可比性，因此二者广告费用的比较不能削弱题干结论。

B 项，购买者中很少有人注意到该品牌的广告，意味着大部分购买者没有看到广告也会买，是无因有果的削弱。

C 项，注意到广告但不购买，是有因无果的削弱，力度比 B 项强。

D 项，投诉与广告和销量之间没有确定的关系。

E 项，化妆品的销售总量增长，构成它的单独的每种化妆品，比如立氏化妆品的销量是增加还是降低则不能确定，因此这个选项的削弱力度较弱。

练61 答案为 C 项。

解析 措施：拟调高水价。目的：节约用水。

复选项Ⅰ，如果不是因为水价低导致的浪费，那么即便调高水价，这些人可能也不会节约用水，因此复选项Ⅰ是题干的假设。复选项Ⅱ，如果价格上调不会对浪费水的用户产生经济压力，那么他们仍然可能继续浪费水资源，因此复选项Ⅱ是题干的假设。因为题干没有说要在保证用户满意的前提下达到目的，因此复选项Ⅲ不是题干的假设。

练62 答案为 B 项。

解析 T 国政府的宣称为：国内一些企业过快的非国有化⇒受到股市暴跌的冲击。

A 项，题干要评价的是非国有化和股市暴跌之间的关系，并未探讨非国有化带来的正负两个方面影响的比较意义。

B 项可以与题干构成求异，如果没有实行非企业国有化的国家也受到了和 T 国相同程度的冲击或者比 T 国受到的冲击强，则削弱题干；如果受到的冲击程度比 T 国弱或者未受到冲击，则支持题干。

C 项，经济情况和 T 国有很大差异的国家与 T 国之间未必具有可比性。

D、E 两项是无关项。

练63 **答案为 B 项。**

解析 题干总裁论证的隐含条件：一是他不喜欢那种感觉，因此他的继任者也不喜欢那种感觉；二是如果继任者不喜欢那种感觉，他就不会批评继任者。B 项符合第二个隐含条件。

练64 **答案为 B 项。**

解析 题干的矛盾在于：美国海军士兵的死亡率要比纽约市民的死亡率低。

A 项并没有针对矛盾双方。

B 项可以解释为什么纽约市民的死亡率相对高。

C 项，打击未必造成死亡，且与敌军交手的主要对象还是美国的军人。

D 项意图削弱题干的矛盾现象，而不是对题干进行解释。

E 项，犯罪未必代表着致死。

练65 **答案为 A 项。**

解析 人类学家的观点可以提炼为：A → B，非 A ∧ B，因此"A → B"是错误的。题干的问题在于"非 A ∧ B"并不是"A → B"的矛盾，因此不能证明其有错。

A 项，非 A ∧ B，因此"A → B"是不成立的，与题干谬误一致。

B 项，操作失误不一定是唯一原因，该项结论未必成立，与题干推理不相似。

C 项，A ∧ B，因此不应怀疑"A → B"。C 项的结论不是表明某观点不成立，而是表明不应质疑，和题干推理不相似。

D 项，"可能 P"和"可能 ¬P"是下反对关系，至少有一真。当"可能考上"为真时，"可能考不上"既可能为真，也可能为假，所以担心是可能成立的。该选项是模态命题，题干是假言和联言命题，因此与题干不一致。

E 项，"必然 P"和"必然 ¬P"是上反对关系，至少有一假。当"一定考上"为假时，"一定考不上"既可能为真，也可能为假，所以怀疑是可能成立的。该选项是模态命题，题干是假言和联言命题，因此与题干不一致。

练66 **答案为 C 项。**

解析 前提是被推荐免试攻读研究生的文科专业男女比例的对比，并由此得出了一般性结论，要削弱题干结论则要从整体范围来看男女比例。若整体范围内，女生占比大于等于 70%，则削弱题干；若女生占比小于 70%，则加强题干。C 项，男生占 30% 以下，则女生占 70% 以上，可以削弱题干。

练67 **答案为 D 项。**

解析 题干论证可以提炼为：A 最重要的是 B，没有 B，其他没有意义。A、B、C、E 四项均与题干一致。D 项未表达出"没有 B，其他没有意义"的意思。

练68 **答案为 B 项。**

解析 题干的论证关系为：维护个人利益是个人行为的唯一动机⇒维护个人利益是影响个人行为的主要因素。题干隐含的假设是个人行为的动机是影响个人行为的主要因素。如果 B 项为真，则该假设为假，进而推出题干论证不能成立。

练69 **答案为 E 项。**

解析 题干矛盾在于两个方面：（1）家庭收入的提高会使贫困率下降并且 2011 年中产家庭收入提高了；（2）2011 年国家的贫困率较之 2010 年却没有下降。

A 项不能解释（2）。

B 项，依据（1）可知收入对贫困率有影响，且题干和消费无关。

C 项削弱了（1），但没有解释题干矛盾。

D 项与（2）矛盾，但没有解释题干矛盾。

E 项指出是经济萧条的影响造成了看似矛盾的现象。

论证逻辑题型练习 4

本练习共 21 道小题,每个 2 分,共 42 分。下列每题给出的 A、B、C、D、E 五个选项中,只有一个选项符合试题要求。建议用时 35 分钟。

得分:_____   用时:_____

练70 北大西洋海域的鳕鱼数量锐减,但几乎同时海豹的数量却明显增加。有人说是海豹导致了鳕鱼的减少。这种说法难以成立,因为海豹很少以鳕鱼为食。

以下哪项如果为真,最能削弱上述论证?

A. 海水污染对鳕鱼造成的伤害比对海豹造成的伤害严重。
B. 尽管鳕鱼数量锐减,海豹数量明显增加,但在北大西洋海域,海豹的数量仍少于鳕鱼。
C. 在海豹的数量增加以前,北大西洋海域的鳕鱼数量就已经减少了。
D. 海豹生活在鳕鱼无法生存的冰冷海域。
E. 鳕鱼只吃毛鳞鱼,而毛鳞鱼也是海豹的主要食物。

题源:2008—1—56

练71 对同一事物,有的人说"好",有的人说"不好",这两种人之间没有共同语言。可见,不存在全民族通用的共同语言。

以下除哪项外,都与题干推理所犯的逻辑错误相似?

A. 甲:"厂里规定,工作时禁止吸烟。"乙:"当然,可我吸烟时从不工作。"
B. 有的写作教材上讲,写作中应当讲究语言形式的美,我的看法不同。我认为语言就应该朴实,不应该追求那些形式主义的东西。
C. 有意杀人者应处死刑,行刑者是有意杀人者,所以行刑者应处死刑。
D. 象是动物,所以小象是小动物。
E. 这种观点既不属于唯物主义,又不属于唯心主义,我看两者都有点像。

题源:2000—10—33、396—2019—19

练72 巴斯德认为,空气中的微生物浓度与环境状况、气流运动和海拔高度有关。他在山上的不同高度分别打开装着煮过的培养液的瓶子,发现海拔越高,培养液被微生物污染的可能性越小。在山顶上,20 个装了培养液的瓶子,只有 1 个长出了微生物。普歇另用干草浸液做材料重复了巴斯德的实验,却得出不同的结果:即使在海拔很高的地方,所有装了培养液的瓶子都很快长出了微生物。

以下哪项如果为真,最能解释普歇和巴斯德实验所得到的不同结果?

A. 只要有氧气的刺激,微生物就会从培养液中自发地生长出来。
B. 培养液在加热消毒、密封、冷却的过程中会被外界细菌污染。

C. 普歇和巴斯德的实验设计都不够严密。
D. 干草浸液中含有一种耐高温的枯草杆菌，培养液一旦冷却，枯草杆菌的孢子就会复活，迅速繁殖。
E. 普歇和巴斯德都认为，虽然他们用的实验材料不同，但是经过煮沸，细菌都能被有效地杀灭。

题源：2011—1—26

练73 研究人员最近发现，在人脑深处有一个叫作丘脑枕的区域，它就像是信息总台接线员，负责将外界的刺激信息分类整理，将人的注意力放在对行为与生存最重要的信息上。研究人员指出，这一发现有望为缺乏注意力而导致的紊乱类疾病带来新疗法，如注意力缺陷多动障碍、精神分裂症等。

以下哪项是上述论证所假设的？

A. 有些精神分裂症并不是由于缺乏注意力而导致的。
B. 视觉信息只是通过视觉皮层区的神经网络来传输。
C. 研究人员已经开发出一种新技术，能直接跟踪视觉皮层区和丘脑枕区的神经集丛间的通信。
D. 大脑无法同时详细处理太多信息，大脑只会选择性地将注意力集中在与行为最相关的事物上。
E. 当我们注意重要视觉信息时，丘脑枕确保了信息通过不同神经集丛的一致性和行为相关性。

题源：2012—10—44

练74 对常兴市 23 家老人院的一项评估显示，爱慈老人院在疾病治疗水平方面受到的评价相当低，而在其他不少方面评价不错。虽然各老人院的规模大致相当，但爱慈老人院医生与住院老人的比率在常兴市的老人院中几乎是最小的。因此，医生数量不足是造成爱慈老人院在疾病治疗水平方面评价偏低的原因。

以下哪项如果为真，最能加强上述论证？

A. 和祥老人院也在常兴市，对其疾病治疗水平的评价比爱慈老人院还要低。
B. 爱慈老人院的医务护理人员比常兴市其他老人院都要多。
C. 爱慈老人院的医生发表的相关学术文章很少。
D. 爱慈老人院位于常兴市的市郊。
E. 爱慈老人院某些医生的医术一般。

题源：2006—1—43

练75 近年来，全球的青蛙数量有所下降，而同时地球接受的紫外线辐射有所增加。因为青蛙的遗传物质在受到紫外线辐射时会受到影响，且青蛙的卵通常为凝胶状而没有外壳或皮毛的保护，所以可以认为，青蛙数量的下降至少部分是由于紫外线辐射的上升导致的。

下列哪一项如果正确，最能支持以上论述？

A. 即使在紫外线没有显著上升的地方，青蛙的产卵数量仍然显著下降。

B. 在青蛙数量下降最少的地方，作为青蛙猎物的昆虫的数量显著下降。

C. 数量显著下降的青蛙种群中杀虫剂的浓度要高于数量没有下降的青蛙种群。

D. 在很多地方，海龟会和青蛙共享栖息地，虽然海龟的卵有外壳保护，海龟的数量仍然有所下降。

E. 有些青蛙种群会选择将它们的卵藏在石头或沙子下，而这些种群的数量下降要明显少于不这样做的青蛙种群。

题源：396—2016—19

练76 肖群一周工作五天，除非这周内有法定休假日。除了周五在志愿者协会，其余四天肖群都在大平保险公司上班。上周没有法定休假日。因此，上周的周一、周二、周三和周四，肖群一定在大平保险公司上班。

以下哪项是上述论证所假设的？

A. 一周内不可能出现两天以上的法定休假日。

B. 大平保险公司实行每周四天工作日制度。

C. 上周的周六和周日肖群没有上班。

D. 肖群在志愿者协会的工作与保险业有关。

E. 肖群是个称职的雇员。

题源：2009—1—45

练77 某些精神失常患者可以通过心理疗法而痊愈，例如癔病和心因性反应等。然而，某些精神失常是因为大脑神经递质化学物质不平衡，例如精神分裂症和重症抑郁，这类患者只能通过药物进行治疗。

上述论述是基于以下哪项假设？

A. 心理疗法对大脑神经递质化学物质的不平衡所导致的精神失常无效。

B. 对精神失常患者，药物疗法往往比心理疗法见效快。

C. 大多数精神失常都不是由脑神经递质化学物质的不平衡导致的。

D. 对精神失常患者，心理疗法比药物治疗疗效差些。

E. 心理疗法仅仅是减轻精神失常患者的病情，根治还是需要药物治疗。

题源：2007—10—40

练78 一种对偏头痛有明显疗效的新药正在推广，不过服用这种药可能加剧心脏病。但是只要心脏病患者在服用该药物时严格遵从医嘱，它的有害副作用完全可以避免。因此，关于这种药物副作用的担心是不必要的。

上述论证基于以下哪项假设?

A. 药物有害副作用的产生都是因为患者在服用时没有严格遵从医嘱。
B. 有心脏病的偏头痛患者在服用上述新药时不会违背医嘱。
C. 大多数服用上述新药的偏头痛患者都有心脏病。
D. 上述新药有多种副作用,但其中最严重的是会加剧心脏病。
E. 上述新药将替代目前其他治疗偏头痛的药物。

题源:2007—10—46

练79 一项时间跨度为半个世纪的专项调查研究得出肯定结论:饮用常规量的咖啡对人的心脏无害。因此,咖啡的饮用者完全可以放心地享用,只要不过量。

以下哪项最为恰当地指出了上述论证的漏洞?

A. 咖啡的常规饮用量可能因人而异。
B. 心脏健康不等同于身体健康。
C. 咖啡饮用者可能在喝咖啡时吃对心脏有害的食物。
D. 喝茶,特别是喝绿茶比喝咖啡有利于心脏的保健。
E. 有的人从不喝咖啡但心脏仍然健康。

题源:2007—1—40

练80 总经理:快速而准确地处理订单是一项关键商务。为了增加利润,我们应当用电子方式而不是继续用人工方式处理客户订单,因为这样,订单可以直接到达公司相关业务部门。

董事长:如果用电子方式处理订单,我们一定会赔钱。因为大多数客户喜欢通过与人打交道来处理订单。如果转用电子方式,我们的生意就会失去人情味,难以吸引更多的客户。

以下哪项最为恰当地概括了上述争论的问题?

A. 转用电子方式处理订单是否不利于保持生意的人情味?
B. 用电子方式处理订单是否比人工方式更为快速和准确?
C. 转用电子方式处理订单是否有利于提高商业利润?
D. 快速而准确的运作方式是否一定能提高商业利润?
E. 客户喜欢用何种方式处理订单?

题源:2009—10—51

练81 一般认为,剑乳齿象是从北美洲迁入南美洲的。剑乳齿象的显著特征是具有较直的长剑型门齿,颚骨较短,齿的齿冠隆起,齿板数目为七至八个,并呈乳状突起,剑乳齿象因此得名。剑乳齿象的牙齿比较复杂,这表明它能吃草,在南美洲的许多地方都有证据显示史前人类捕捉过剑乳齿象。由此可以推测,剑乳齿象的灭绝可能与人类的过度捕杀有密切关系。

以下哪项如果为真，最能反驳上述结论？

A. 史前动物之间经常发生大规模相互捕杀的现象。

B. 剑乳齿象在遇到人类攻击时缺乏自我保护本能。

C. 剑乳齿象也存在由南美洲进入北美洲的回迁现象。

D. 由于人类活动范围的扩大，大型食草动物难以生存。

E. 幼年剑乳齿象的牙齿结构比较简单，自我生存能力弱。

题源：2010—1—43

练82 S市持有驾驶证的人员数量较五年前增加了数十万，但交通死亡事故数量却较五年前有明显的减少。由此可以得出结论：目前S市驾驶员的驾驶技术熟练程度较五年前有明显的提高。

以下各项如果为真，都能削弱上述论证，除了：

A. 交通事故的主要原因是驾驶员违反交通规则。

B. 目前S市的交通管理力度较五年前有明显加强。

C. S市加强对驾校的管理，提高了对新驾驶员的标准。

D. 由于油价上涨，许多车主改乘公交车或地铁上下班。

E. S市目前的道路状况及安全设施较五年前有明显改善。

题源：2009—1—44

练83 也许令许多经常不刷牙的人感到意外的是，这种不良习惯已使他们成为易患口腔癌的高危人群。为了帮助这部分人早期发现口腔癌，市卫生部门发行了一本小册子，教人们如何使用一些简单的家用照明工具，如台灯、手电等，进行每周一次的口腔自检。

以下哪项如果为真，最能对上述小册子的效果提出质疑？

A. 有些口腔疾病的病症靠自检难以发现。

B. 预防口腔癌的方案因人而异。

C. 经常刷牙的人也可能患口腔癌。

D. 经常不刷牙的人不大可能做每周一次的口腔自检。

E. 口腔自检的可靠性不如医院更专业。

题源：2005—1—34

练84 据某国卫生部门统计，2004年全国糖尿病患者中，年轻人不到10%，70%为肥胖者。这说明，肥胖将极大增加患糖尿病的危险。

以下哪项如果为真，将严重削弱上述结论？

A. 医学已经证明，肥胖是心血管病的重要诱因。

B. 2004年，该国的肥胖者的人数比1994年增加了70%。

C. 2004年，肥胖者在该国中老年中所占的比例超过60%。

D. 2004 年，该国年轻人中的肥胖者所占的比例，比 1994 年提高了 30%。

E. 2004 年，该国糖尿病的发病率比 1994 年降低了 20%。

题源：2009—10—37

练85 新挤出的牛奶中含有溶菌酶等抗菌活性成分。将一杯原料奶置于微波炉加热至 50°C，其溶菌酶活性降低至加热前的 50%。但是，如果用传统热源加热原料奶至 50°C，其内的溶菌酶活性几乎与加热前一样，因此，让酶产生失活作用的不是加热，而是产生热量的微波。

以下哪项如果属实，最能削弱上述论证？

A. 将原料奶加热至 100°C，其中的溶菌酶活性会完全失活。

B. 加热对原料奶中的酶的破坏可通过添加其他酶予以补偿，而微波对酶的破坏却不能补偿。

C. 用传统热源加热液体奶达到 50°C 的时间比微波炉加热至 50°C 的时间长。

D. 经微波炉加热的牛奶口感并不比用传统热源加热的牛奶口感差。

E. 微波炉加热液体会使内部的温度高于液体表面达到的温度。

题源：2010—10—55

练86 希望自己撰写的书评获得著名的"宝言教育学评论奖"提名的教育学家，他们所投稿件不应评论超过三本书。这是因为，如果一篇书评太长，阅读起来过于费力，那它肯定不会被《宝言教育学评论》的编辑选中发表。在该期刊投稿指南中，编辑明确写道，每次讨论涉及超过三本书的书评都将被视为太长、阅读费力。

以下哪项表达了上述论证所依赖的一个假设？

A. 讨论涉及书最多的书评毕竟是最长的，读起来最费力的。

B. 如果一篇书评在《宝言教育学评论》发表了，则它将获得著名的"宝言教育学评论奖"。

C. 所有发表在《宝言教育学评论》上的文章必定被编辑限制在一定的篇幅以内。

D. 相比讨论两本书的书评，《宝言教育学评论》的编辑通常更喜欢涉及一本书的书评。

E. 书评想要获得"宝言教育学评论奖"提名，就必须发表在《宝言教育学评论》上。

题源：396—2014—10

练87 主持人：有网友称你为国学巫师，也有网友称你为国学大师。你认为哪个名称更适合你？

上述提问中的不当也存在于以下各项中，除了：

A. 你要社会主义的低速度，还是资本主义的高速度？

B. 你主张为了发展可以牺牲环境，还是主张宁可不发展也不能破坏环境？

C. 你认为人都自私，还是认为人都不自私？

D. 你认为"9·11"恐怖袭击必然发生，还是认为有可能避免？

E. 你认为中国队必然夺冠，还是认为不可能夺冠？

题源：2009—1—48

练88 成品油生产商的利润很大程度上受国际市场原油价格的影响,因为大部分原油是按国际市场价购进的。今年来,随着国际原油市场价格的不断提高,成品油生产商的运营成本大幅度增加,但某国成品油生产商的利润并没有减少,反而增加了。

以下哪项如果为真,最有助于解释上述看似矛盾的现象?

A. 原油成本只占成品油生产商运营成本的一半。

B. 该国成品油价格根据市场供需确定,随着国际原油市场价格的上涨,该国政府为成品油生产商提供相应的补助。

C. 在国际原油市场价格不断上涨期间,该国成品油生产商降低了个别高薪雇员的工资。

D. 在国际原油市场价格上涨之后,除进口成本增加外,成品油生产的其他成本也有所提高。

E. 该国成品油生产商的原油有一部分来自国内,这部分受国际市场价格波动影响较小。

题源:2010—1—35

练89 随着年龄的增长,人体对卡路里的日需求量逐渐减少,而对维生素和微量元素的需求却日趋增多。因此,为了摄取足够的维生素和微量元素,老年人应当服用一些补充维生素和微量元素的保健品,或者应当注意比年轻时食用更多含有维生素和微量元素的食物。

为了对上述断定做出评价,回答以下哪个问题最为重要?

A. 对老年人来说,人体对卡路里的需求量的减少幅度,是否小于维生素和微量元素需求量的增加幅度?

B. 保健品中的维生素和微量元素,是否比日常食品中的维生素和微量元素更易被人体吸收?

C. 缺乏维生素和微量元素所造成的后果,对老年人是否比对年轻人更严重?

D. 一般地说,年轻人的日常食品中的维生素和微量元素含量,是否较多地超过人体的实际需要?

E. 保健品是否会产生危害健康的副作用。

题源:2003—10—41

练90 近年来许多橱柜制造商赢得了比肩艺术家的美誉,但是,既然家具一定要有使用价值,橱柜制造商的技艺必须更关注产品的实际功用。由此,制造橱柜并非艺术。

以下哪项是一个有助于从上述理由推出其结论的假设?

A. 一些家具被陈列在博物馆里,从未被人使用。

B. 一个橱柜制造商比其他人更关心其产品的实际功用。

C. 橱柜制造商应当比目前更加关心其产品的实际功用。

D. 如果一件物品的制造者关注它的实际功用,那它就不是一件艺术品。

E. 艺术家不关心产品的市场价格。

题源:396—2014—13

论证逻辑题型练习 4 解析

练70 答案为 E 项。

解析 题干的论证关系为：海豹很少以鳕鱼为食⇒不是海豹导致了鳕鱼的减少。

A、C、D 三项均对题干论证起支持作用。

B 项，题干涉及的是数量的动态变化，因此比较二者的绝对值没有意义。

E 项表明海豹间接地导致了鳕鱼数量的减少。

练71 答案为 E 项。

解析 题干的两个"共同语言"是不同的概念，因此犯了偷换概念的谬误。第一个指观念不同，第二个指语言载体不同。

A 项，"工作时"指在工作这个时间段内，如朝九晚六属于工作时间，这个时间段内禁止吸烟；而乙说的是他吸烟时就停止工作。A 项也犯了偷换概念的谬误。

B 项，第一个语言形式说的是表达方法；第二个形式是指固定的、不具体问题具体分析的形式。B 项也犯了偷换概念的谬误。

C 项，第一个有意杀人指的是故意；第二个指的是在法律允许的范围内采取的措施。C 项也犯了偷换概念的谬误。

D 项，第一个"小"字代表年龄；第二个"小"字代表体型。D 项也犯了偷换概念的谬误。

E 项同时否定两个矛盾的概念，犯了两不可的谬误。

练72 答案为 D 项。

解析 题干中的差异在于，巴斯德用煮过的培养液做实验，海拔越高，被污染的可能性越小；普歇用干草浸液做实验，在海拔很高的地方，所有培养液都长出了微生物。

D 项指出，煮过的培养液和干草浸液存在的区别是，干草浸液中含有枯草杆菌，是它导致了结果的不同。A、B、C、E 四项指出的是共同之处，都适用于二者，因此不能解释二者实验结果的差异。

练73 答案为 D 项。

解析 题干的论证关系为：丘脑枕将人的注意力放在对行为与生存最重要的信息上⇒有望为缺乏注意力而导致的紊乱类疾病带来新疗法。

A 项，不由缺乏注意力而导致的精神分裂症与题干的论证无关。

B、E 两项，题干中未提及视觉信息如何传输。

C 项，没有必要保证已经开发出新技术。

D 项是对前提的加强描述，是题干的假设。

练74 答案为 B 项。

解析 题干的论证关系为：爱慈老人院医生与住院老人的比率在常兴市的老人院中几乎是最小

的⇒医生数量不足是造成爱慈老人院在疾病治疗水平方面评价偏低的原因。

A 项，因为爱慈老人院医生与住院老人的比率在常兴市的老人院中几乎是最小的，如果仅仅是因为医生数量的问题，那么和祥老人院的评价应该比爱慈老人院要高，因此 A 项是存在他因的削弱。

B 项，排除了是医务护理人员少导致了评价低这个原因，是排他因的支持。

C 项，题干没有提到发表学术文章很少与评价偏低有关系。

D 项是存在他因的削弱思路。

E 项是存在他因的削弱思路，认为可能是医术问题导致评价低，"有些"削弱力度弱。

练75 答案为 E 项。

解析 题干结论中的关系为：（因）紫外线辐射上升⇒（果）青蛙数量下降。

A 项是无因有果的削弱。

B 项，不能确定昆虫数量显著下降和青蛙数量下降之间的因果关系。

C 项是存在他因的削弱思路，可能是由于杀虫剂而导致了青蛙数量的下降。

D 项是无因有果的削弱，但出现了类比，因此是力度较低的削弱。

E 项是无因无果的支持。

练76 答案为 C 项。

解析 题干条件可提炼为：（1）这周内没有法定休假日→一周工作五天；（2）上周没有法定休假日。由（1）和（2）可得肖群上周工作了五天，但不能确定是哪五天，因此要得出上周的周一、周二、周三、周四肖群在大平保险公司上班，需要保证他周六和周日不能去大平保险公司上班。

练77 答案为 A 项。

解析 依据题干的论述可得，因大脑神经递质化学物质不平衡导致的精神失常，药物治疗是唯一的方法，即其他治疗方法均无效。因此选择 A 项。题干不涉及治疗效果的比较，B、D、E 三项均可排除。

练78 答案为 B 项。

解析 题干的论证关系为：心脏病患者严格遵从医嘱→新药的有害副作用完全可以避免⇒关于新药副作用的担心不必要。

A 项，看到"都"要注意是不是存在过度假设的问题。药物的有害副作用扩大了题干这种新药的讨论范围，而且没有遵从医嘱也未必会产生有害副作用，药物产生有害副作用不一定就是没有严格遵从医嘱所致。

B 项，如果心脏病患者违背医嘱，服用这种新药可能会加剧心脏病，因此担心还是必要的。

C 项，题干前提表明这种药物对心脏病患者可能有副作用，但不必保证多数服用药物的人有心脏病，可能服用药物的人都没有心脏病。

D 项，题干不涉及多种副作用，因此 D 项不是题干的假设。

E 项是无关项。

练79 **答案为 B 项。**

解析 题干的论证关系为：饮用常规量的咖啡对人的心脏无害⇒咖啡的饮用者完全可以放心的享用，只要不过量。

A 项，即便饮用量因人而异，也可能所有人的常规饮用量都在某限度内，不会过量。

B 项指出由前提不能充分得出结论，对心脏无害不代表对其他器官无害。

C 项，出现"可能"，削弱力度低，且题干探讨的是咖啡对身体健康的影响，而不是其他食品。

D 项，喝茶对心脏的影响与论证关系。

E 项，"不喝咖啡"不在题干论证的探讨范围内。

练80 **答案为 C 项。**

解析 总经理：用电子方式处理订单可以增加利润。董事长：用电子方式处理订单一定会赔钱。因此二者争论的问题是用电子方式处理订单是否有利于提高商业利润，C 项与其相符。

练81 **答案为 A 项。**

解析 题干的论证关系为：在南美洲的许多地方都有证据显示史前人类捕捉过剑乳齿象⇒剑乳齿象的灭绝可能与人类的过度捕杀有密切关系。

A 项是存在他因的削弱，且"经常"这个词削弱力度较强。

B、D 两项可以支持题干论证。

C 项与"剑乳齿象的灭绝和人类的过度捕杀行为"无关。

E 项，幼年剑乳齿象只能代表部分，且自我生存能力弱不排除有受到成年象的保护而存在得以生存的可能，所以此项削弱力度低。

练82 **答案为 C 项。**

解析 （因）驾驶员的驾驶技术熟练程度提高⇒（果）持有驾驶证的人员数量较五年前增加了数十万，但交通死亡事故数量却较五年前有明显的减少。

A、B、D、E 四项是存在他因的削弱思路。

C 项，S 市提高了对新驾驶员的标准，说明新驾驶员的驾驶技术可能得以提高，支持了题干论证。

练83 **答案为 D 项。**

解析 措施：发行小册子，教人们进行每周一次的口腔自检。目的：帮助经常不刷牙的人早期发现口腔癌。

A 项，口腔癌未必属于"难以发现"的范围。

B 项，即便方案因人而异，能对有些人起作用也可以达到目的。

C 项与题干的论证无关。

D 项表明措施不可行。

E 项，可靠性不如医院更专业并不代表不可靠。

练84 **答案为 C 项。**

解析 糖尿病患者中，年轻人不到 10%，很可能 90% 以上都是中老年人，再结合所有糖尿病患者中 70% 是肥胖者，可得中老年糖尿病患者中肥胖者占 60% 左右。C 项表明，全国的中老年人中肥胖者占比超过 60%，进而说明肥胖和糖尿病之间可能没有关系。

练85 **答案为 E 项。**

解析 题干的论证关系为：将一杯原料奶置于微波炉加热至 50℃，其溶菌酶活性降低至加热前的 50%；如果用传统热源加热原料奶至 50℃，其内的溶菌酶活性几乎与加热前一样⇒让酶产生失活作用的不是加热，而是产生热量的微波。

A 项，题干未提及加热方式，故排除。

B 项，题干提及的是"什么导致失活"，而不是可不可以补偿的问题。

C 项，题干未限定加热时长。

D 项，题干未比较口感。

E 项表明，用微波炉加热，内部的温度会高于外部，进而内部温度可能高于 50℃，因此仍然可能是由于加热到温度较高，使得溶菌酶活性降低。

练86 **答案为 E 项。**

解析 前提：讨论涉及超过三本书的→书评太长→不会被编辑选中发表。

结论：希望获得提名→不应评论超过三本书。（评论超过三本书→不希望获得提名）

此处可以考虑利用搭桥的思路构建关系：不会被编辑选中发表→不希望获得提名。E 项与其相符。

A 项，题干没有涉及"讨论书最多"的情况。

B 项，题干说的是"获得提名"，而不是获奖。

C 项，题干说的是"书评"，而不是所有文章，C 项过于绝对。

D 项，题干没有涉及编辑的主观喜好。

练87 **答案为 D 项。**

解析 题干犯了非黑即白的错误，把国学大师和国学巫师当成矛盾概念使用，二者实际上是上反对关系。

A 项，社会主义低速度和资本主义高速度是上反对关系，犯了非黑即白的错误。

B 项，"发展且牺牲环境"和"不发展且不牺牲环境"是上反对关系，犯了非黑即白的错误。

C 项，人都自私和人都不自私是上反对关系，犯了非黑即白的错误。

D 项，必然发生和可能避免是矛盾关系，该项没有逻辑问题。

E 项，必然夺冠和不可能夺冠是上反对关系，犯了非黑即白的错误。

练88 答案为 B 项。

解析 题干的矛盾在于：成品油生产商的运营成本大幅度增加，但某国成品油生产商的利润并没有减少，反而增加了。利润＝收入－成本。利润增加可以考虑其受到两方面的影响：一个是收入增加了；另一个是成本降低了。

A 项只表明原油成本占运营成本的一半，没有提到其他成本的变动情况。

B 项表明是政府的补贴增加了相应的利润。

C 项，个别高薪雇员的工资降低的影响是比较小的。

D 项拉大了题干的矛盾。

E 项，来自国内的原油受国际市场价格波动影响小不能表明总成本降低或者收入增加。

练89 答案为 D 项。

解析 措施：老年人应当服用一些补充维生素和微量元素的保健品，或者应当注意比年轻时食用更多含有维生素和微量元素的食物。目的：摄取足够的维生素和微量元素。

A 项，对卡路里的需求与措施和目的无关。

B 项，题干不涉及吸收难易程度的比较。

C 项，题干不涉及缺乏维生素和微量元素造成后果的比较。

D 项，如果年轻时，食品中的维生素和微量元素就已经超过了人体所需，那么老年时即使多吃食物也达不到补充的效果。

E 项，题干未考虑措施和目的的副作用。

练90 答案为 D 项。

解析 题干论证关系为：橱柜制造商的技艺必须更关注产品的实际功用⇒制造橱柜并非艺术。此处可以考虑用搭桥的思路构建"实际功用"和"艺术"之间的关系，即 D 项，注重实际功用→不是艺术品。

到此论证逻辑结束

你已做完 569 道试题

彻底学完本书全部内容

追逐梦想的你,好靓哇

但是,学完本书后要全面复盘

接下来就要告别分类训练,进入真题成套训练阶段啦